情報処理技術者試験対策書

令和6-7年 秋期

プロジェクト
マネージャ

2024
2025
PM

総仕上げ問題集

●アイテックIT人材教育研究部［編著］

iTEC

人間力を、企業力に

内容に関するご質問についてのお願い

　この度は本書籍をご購入いただき誠にありがとうございます。弊社では本書の内容に関するご質問を受け付けております。書籍内の記述に、誤りと思われる箇所がございましたら、お問い合わせください。正誤のお問い合わせ以外の、学習相談、受験相談にはご回答できかねますので、ご了承ください。恐れ入りますが、質問される際には下記の事項を確認してください。

● ご質問の前に

弊社 Web サイトで「正誤表」をご確認ください。
最新の正誤情報を掲載しております。

　　　　https://www.itec.co.jp/learn/errata/

● ご質問の際の注意点

　弊社ではテレワークを中心とした新たな業務体制への移行に伴い、全てのお問い合わせを Web 受付に統一いたしました。お電話では承っておりません。ご質問は下記のお問い合わせフォームより、書名（第○版第△刷）、ページ数、質問内容、連絡先をご記入いただきますようお願い申し上げます。

アイテック Web サイト　お問い合わせフォーム

　　　　https://www.itec.co.jp/contact

回答まで、1 週間程度お時間を要する場合がございます。
あらかじめご了承ください。

● 本書記載の情報について

　本書記載の情報は 2024 年 3 月現在のものです。内容によっては変更される可能性もございますので、試験に関する最新・詳細な情報は、「独立行政法人 情報処理推進機構」の Web サイトをご参照ください。

　　　　https://www.ipa.go.jp/shiken/index.html

刊行にあたって

　AI，IoT，ビッグデータ関連技術の進化に伴い，政府が策定した Society 5.0（ソサエティ 5.0）によるスマート社会の実現やデジタルトランスフォーメーションの実施が具体的に進んでいます。この動向に合わせて，情報処理技術者試験の出題内容も毎回新しくなり，また難易度も一昔前と比べてかなり上がってきています。情報処理技術者試験は，全体で 13 試験が現在実施されています。それぞれの試験ごとに定められた対象者像，業務と役割，期待する技術水準を基に出題内容が決められ，必要な知識と応用力があるかどうか試験で判定されます。

　情報処理技術者試験に合格するためには，午前試験で出題される試験に必要な知識をまず理解し，午後試験の事例問題の中で，学習した知識を引き出し応用する力が必要です。特に午後の試験は，出題された問題を読んで解答に関連する記述や条件を把握し，求められている結果や内容を導いたり，絞り込んだりする力が必要で，これは問題演習と復習を繰り返す試験対策学習を通じて，身に付けていくことが最短の学習方法といえます。

　この総仕上げ問題集は，試験対策の仕上げとして，実際に出題された直近の試験問題で出題傾向を把握しながら問題演習を行い，試験に合格できるレベルの実力をつけることを目的としています。非常に詳しいと好評を頂いている本試験問題や模擬試験の解説をそのまま生かし，知識確認と実力診断も行えるように内容を充実させた，合格に向けての実践的な問題集です。

　具体的な内容として，まず，基礎知識を理解しているかを Web 上で問題を解いて確認できる，分野別 Web 確認テストを実施します。基本的な内容を出題していますが，高度試験で求められる専門知識を理解するには，基礎となる応用情報技術者の知識を十分に理解する必要があります。解答できなかった問題がある分野は理解度が不足していると考えて確実に復習をしてください。

　次に，過去の試験で実際に出題された問題で演習をします。「徹底解説 本試験問題シリーズ」の特長を継承し直近 10 期分の本試験問題を収録（ダウンロードでの提供含む）していますので，分野を絞って問題演習したり，模擬試験のように時間を決めて解いたりしながら，実力を上げてください。できなかった問題は復習した後，時間をおいて再度解きなおすことが大切です。

　最後に，総合的に合格できる実力があるかを試すために，本試験 1 期分に相当する実力診断テストを実際の試験時間に合わせて受験します。本番の試験までに最後の追込み学習に活用してください。

　合格を目指す皆さまが，この総仕上げ問題集を十分に活用して実力を付け，栄冠を勝ち取られますことを，心から願っております。

2024 年 3 月
アイテック IT 人材教育研究部

本書の使い方

本書は，試験に合格できる実力を身に付けていただくための，総仕上げの学習を目的とした実践的な問題集です。次の三つの部で構成されています。

> **第1部　分野別 Web 確認テスト（学習前実力診断）＋本試験の分析**
> **※Web コンテンツあり**

> **第2部　本試験問題（直近の過去問題 10 期分（ダウンロードでの提供含む））**
> **※ダウンロードコンテンツあり**

> **第3部　実力診断テスト（学習後実力診断）**
> **※ダウンロードコンテンツあり**

第1部　分野別 Web 確認テスト

総仕上げ学習を進めるに当たって，まず午前試験レベルの基礎知識が理解できているか，分野別の代表的な問題で確認しましょう。

（学習方法）
① 分野別 Web 確認テストの URL に Web ブラウザからアクセスし（アクセス方法は p.10 参照），受験したい分野をクリックしてください。

② 「開始」ボタンを押した後に，選択した分野について，最低限抑えておくべき午前Ⅰ・午前Ⅱ試験レベルの知識確認問題（各分野数問）の選択式問題が出題されます。基本的で必須知識といえる内容を出題していますので，基礎知識が定着しているかを確認しましょう。

③ テストの結果，知識に不安が残る分野があれば，午前試験の学習に戻って理解を深めた上で，再度，該当分野のテストを受験しましょう。テストは繰り返し何度でも受験することができます。

④ 該当分野を復習後，第2部・第3部の本試験を想定した問題演習に進みましょう。

本試験の分析

第1部第2章（「第2部　本試験問題」に取り組む前に）では，本試験問題の分析結果を，統計資料を交えてご紹介しています。アイテック独自の徹底した分析を通して，試験対策のツボを見つけましょう。

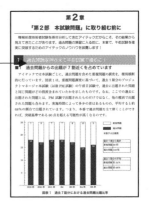

様々な観点から本試験を分析！

「過去問題」，「分野」，「頻出度」，「重点テーマ」などの観点から，本試験問題を午前，午後それぞれに徹底的に分析しています。長年に渡る IT 教育の実績に基づいたプロの視点と，蓄積された膨大な試験問題の資料に基づいています。

Web コンテンツ for 第1部

◎分野別 Web 確認テスト

午前 I ・午前 II 試験レベルの知識確認問題（選択式問題）を Web 上で受験することで，基礎知識の定着度が確認できます。

※受験結果は保存できませんので，ご注意ください。

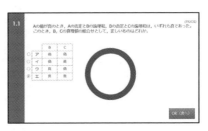

第2部　本試験問題

　本書では,最近の出題傾向を理解するために重要な直近3期分の本試験問題と,その詳細な解答・解説を収録しています。4期〜10期前の本試験問題と解答・解説もダウンロードしてご利用いただけます(アクセス方法はP.10参照)。

(学習方法)

① 　最初のうちは制限時間を気にせずにじっくりと問題に向き合うように解き進めましょう。本番を想定する段階になったら,ダウンロードコンテンツの「本試験問題の解答シート」(アクセス方法はP.10参照)を有効活用しましょう。

② 　問題を解いた後は,解説をじっくりと読んで,出題内容と関連事項を理解してください。特に午後問題は,解説を読み込み,問題を実際の事例として捉えるようにしましょう。解答を導く過程と根拠を組み立てられるようになります。

問18　エ　プロジェクトの立上げプロセスで作成する"プロジェクト憲章"(R5春・高度 午前1問18)

　　プロジェクト憲章は,プロジェクトを正式に許可するために作成される文書で,プロジェクトマネージャを特定し,プロジェクトマネージャの責任と権限が記述される。この他,ビジネスニーズ,プロジェクトの目標,成果物,概算の予算,前提や制約などが文書化されるので,(エ)が正解である。

　ア:プロジェクトマネジメント計画書の説明である。スケジュール,リスクの他に,課題,変更管理,コスト,コミュニケーション,構成管理,品質,健康,環境などに関するマネジメントの役割・責任・組織などが記述される。

　イ:プロジェクトスコープ規定書(又は記述書)の説明である。スコープを明確に定義することを目的としている。

　ウ:WBS(Work Breakdown Structure)の説明である。WBSでは階層が下がるごとに作業が詳細に記述される。

アイテックが誇る詳細な解答・解説で理解を深めよう!

　正解についての説明に加え,関連する技術やテーマ,正解以外の選択肢についても解説しているので,問われている内容についてより深く理解できます。

③ 　合格水準に到達できるまで,繰り返し問題を解くようにしてください。

④ 　試験日が近づいたら,制限時間を意識して解き進めるようにしましょう。

充実のダウンロードコンテンツ for 第2部

◎本試験問題の解答シート

　直近 10 期分の本試験問題の解答シートです。受験者の情報を基に本試験さながらの解答用紙を再現しました。

　解答をマークしたり，書き込んだりしながら，問題を解いてみましょう。特に，「午後問題解答シート」は，手書きで解答を記入することで，制限時間内に解答を書き込む感覚を，本番前に身に付けるのに有効です。

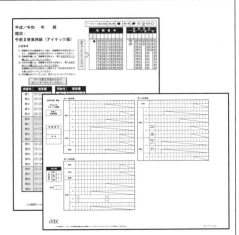

◎本試験問題（平成 26～31 年度春期，令和 2，6 年度秋期）の問題と解答・解説

- 平成 26 年度春期試験
- 平成 27 年度春期試験
- 平成 28 年度春期試験
- 平成 29 年度春期試験
- 平成 30 年度春期試験
- 平成 31 年度春期試験
- 令和 2 年度秋期試験

　上記の問題と解答・解説がダウンロードできます。

※令和 6 年度秋期試験の問題と解答・解説は，2025 年 3 月中旬にリリース予定です。

第3部　実力診断テスト

　過去の出題傾向から分析して作問した，アイテックオリジナルの実力診断テストにチャレンジしましょう。本試験を想定した問題演習を通じて，合格レベルまで確実に実力をアップするための総仕上げを行います。

（学習方法）

① 　本番の試験を受験するつもりで，問題にチャレンジ。制限時間を意識して解き進めましょう。ダウンロードコンテンツの「実力診断テストの解答用紙」（アクセス方法は P.10 参照）を有効活用しましょう。

② 　問題を解いた後は，本書の解答一覧及び，午後試験の解答例の後ろに掲載されている，配点表で採点してみましょう。

問番号	設問番号	配点	小計	得点
問1	[設問1]	(1) L主任：3点，K部長：3点，(2) 8点	50点	2問解答＝100点
	[設問2]	(1) 6点，(2) 10点		
	[設問3]	(1) 10点，(2) 10点		
問2	[設問1]	(1) 7点，(2) 7点	50点	
	[設問2]	(1) 計画書の内容面：5点，メンバー：5点，(2) 6点，(3) 7点		
	[設問3]	(1) 6点，(2) 7点		
問3	[設問1]	a：5点，b：5点	50点	
	[設問2]	(1) c：5点，(2) 10点		
	[設問3]	(1) 案件名：5点，理由：10点，(2) 10点		
		合　計		100点

　配点表を活用すれば，現在の自分の実力を把握できます。

③ 　ダウンロードコンテンツとして提供している解答・解説（アクセス方法は P.10 参照）をじっくりと読んで，出題内容と関連事項を理解してください。知識に不安のある分野があれば，基礎知識の学習に戻って復習をしましょう。

　第2部・第3部の問題を繰り返し解くことで，学習した知識が合格への得点力に変わります。総仕上げ問題集を十分に活用し，合格を目指しましょう。

充実のダウンロードコンテンツ for 第3部

◎実力診断テストの解答用紙

本書に掲載している実力診断テストの午後問題の解答用紙です。アイテックオリジナルの実力診断テストを解く際，本番に近い状況を作り出すのに，お役立てください。

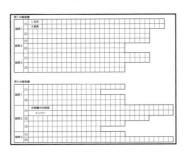

◎実力診断テストの解答・解説

問題を解き終わったら，解答・解説でしっかりと復習しましょう。

不正解だった問題の復習はもちろん，正解した問題も，正解までのプロセスや誤答選択肢の解説を読むことで，問題を解くための知識を増やすことができます。

※実力診断テストの解答は本書（問題の直後）にも掲載されています。

⬇ Web・ダウンロードコンテンツのアクセス方法

① 下記の URL に Web ブラウザからアクセスしてください。
https://www.itec.co.jp/support/download/soshiage/answer/
2024_2025pm/index.html

② ユーザー名とパスワードを入力すると, ダウンロードページを開くことができます。

> 【ユーザー名】
> soshiagepm
>
> 【パスワード】
> 　本書の次のページに, 前半と後半に **2 分割して記載**されています。
> 組み合わせて入力してください。
>
> ①前半4文字：第2部　本試験問題の最初のページ
> （色付きのページ, R3-1 の前）
> ②後半4文字：第3部　実力診断テストの最初のページ
> （色付きのページ, 実-1 の前）
>
> 例：以下の場合は, 「abcd1234」と入力
>
> | パスワード前半：abcd | パスワード後半：1234 |
> | --- | --- |

※令和 6 年度秋期試験の分析結果と, 問題と解答・解説も, 上記のページからダウンロードできるようになります（分析結果は 2025 年 2 月中旬, 問題と解答・解説は 2025 年 3 月中旬リリース予定）。
※Web・ダウンロードコンテンツのご利用期限は **2026 年 3 月末日**です。

目次

■第3部　実力診断テスト

総仕上げ問題集

試験制度解説編

試験制度とはどのようなものなのか，解説します。

・試験制度の概要，試験の時期・時間，出題範囲，
　出題形式などの情報をまとめてあります。

・受験の際のガイドとして活用してください。

1-1 情報処理技術者試験の目的

　情報処理技術者試験は，「情報処理の促進に関する法律」に基づき経済産業省が，情報処理技術者としての「知識・技能」が一定以上の水準であることを認定している国家試験です。独立行政法人 情報処理推進機構（以下，IPA）によって実施されています。

　情報処理技術者試験の目的は次のとおりです。

> ・情報処理技術者に目標を示し，刺激を与えることによって，その技術の向上に資すること
> ・情報処理技術者として備えるべき能力についての水準を示すことにより，学校教育，職業教育，企業内教育等における教育の水準の確保に資すること
> ・情報技術を利用する企業，官庁などが情報処理技術者の採用を行う際に役立つよう客観的な評価の尺度を提供し，これを通じて情報処理技術者の社会的地位の確立を図ること

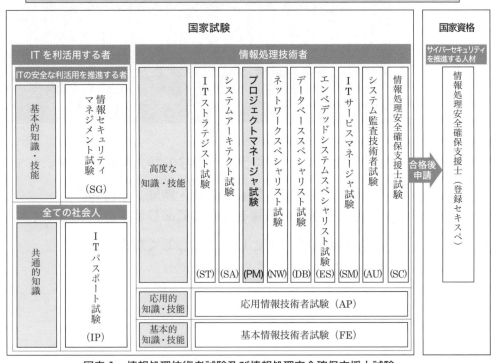

図表1　情報処理技術者試験及び情報処理安全確保支援士試験

1-2 プロジェクトマネージャ試験の概要

(1) プロジェクトマネージャ試験の対象者像

プロジェクトマネージャ試験の対象者像は，次のように規定されています。業務と役割，期待する技術水準，レベル対応も示されています。

対象者像	高度 IT 人材として確立した専門分野をもち，組織の戦略の実現に寄与することを目的とするシステム開発プロジェクトにおいて，プロジェクトの目的の実現に向けて責任をもってプロジェクトマネジメント業務を単独で又はチームの一員として担う者
業務と役割	システム開発プロジェクトの目的を実現するために，当該プロジェクトチーム内でのプロジェクトマネジメント業務の分担に従って，次の役割を主導的に果たすとともに，下位者を指導する。 ① 必要に応じて個別システム化構想・計画の策定を支援し，策定された個別システム化構想・計画に基づいて，プロジェクトの目的を実現するためにプロジェクト計画を作成し，当該プロジェクトの目標とライフサイクルを設定する。 ② 必要となるメンバーや資源を確保してプロジェクトチームを編成し，チームのメンバーとプロジェクトの目的を共有する。必要に応じてメンバーを支援して，メンバーの成長とチームの自律的なマネジメントに向けた継続的な改善を推進する。 ③ 問題に対して適切な対策・対応を実施するとともに，将来見込まれるリスクや不確かさに対して，メンバーの多様な考えを活用して早期に対応し，変化に適応することによって，プロジェクトの目的を実現する。 ④ プロジェクトのステークホルダと適切にコミュニケーションを取って，ステークホルダのニーズを満たすとともに，プロジェクトの目的の実現のためにステークホルダとの共創関係を構築し維持する。 ⑤ プロジェクトフェーズの区切り及び全体の終了時，又は必要に応じて適宜，プロジェクトの計画と実績を分析・評価し，プロジェクトのその後のマネジメントの改善に反映するとともに，ほかのプロジェクトの参考に資する。
期待する技術水準	プロジェクトの目的の実現に向けて，プロジェクトマネジメントの業務と役割を円滑に遂行するため，次の知識・実践能力が要求される。 ① 組織の戦略及びシステム全般に関する基本的な事項を理解している。 ② プロジェクトを取り巻く環境の変化，及びステークホルダの期待を正しく認識して，プロジェクトの目的を実現するプロジェクト計画を作成できる。 ③ プロジェクトの目標を設定して，その達成に最適なライフサイクルと開発アプローチの選択，及びマネジメントプロセスの修整ができる。 ④ プロジェクトマネジメントの業務の分担に応じて，プロジェクトチームの全体意識を統一してパフォーマンスの向上を図り，ま

	たプロジェクトチームの自律的な成長を促進できる。 ⑤　プロジェクトに影響を与えるリスクや不確かさに適切に対応するための多様な考えを理解して，変化に柔軟に適応できる。 ⑥　プロジェクトの計画・実績を適切に分析・評価できる。また，その結果をプロジェクトのその後のマネジメントに活用できるとともに，ほかのプロジェクトの参考に資することができる。
レベル 対応(*)	共通キャリア・スキルフレームワークの 人材像：プロジェクトマネージャのレベル4の前提要件

（＊）レベルは，人材に必要とされる能力及び果たすべき役割（貢献）の程度によって定義するとされており，レベル4では，「高度な知識・スキルを有し，プロフェッショナルとして業務を遂行でき，経験や実績に基づいて作業指示ができる。また，プロフェッショナルとして求められる経験を形式知化し，後進育成に応用できる」と定義されています。

図表2　プロジェクトマネージャ試験の対象者像

（2）　試験時間と出題形式

試験時間，出題形式，出題数，解答数は次のとおりです。

実施 時期	午前Ⅰ 9：30〜10：20 (50分)	午前Ⅱ 10：50〜11：30 (40分)	午後Ⅰ 12：30〜14：00 (90分)	午後Ⅱ 14：30〜16：30 (120分)
秋	共通問題 多肢選択式 （四肢択一） 30問出題 30問解答	多肢選択式 （四肢択一） 25問出題 25問解答	記述式 3問出題 2問解答	論述式 2問出題 1問解答

図表3　試験時間，出題形式，出題数，解答数

（3）　午前試験の出題範囲

午前Ⅰ試験では，高度試験に共通して必要とされる知識を問われています。

また，午前Ⅱ試験では，受験者の能力がプロジェクトマネージャにおける"期待する技術水準"に達しているかどうか，専門知識が問われることで評価されます。具体的には，多肢選択式（四肢択一）によって，技術知識の評価が行われます。出題範囲として，大分類の「3．技術要素」，「4．開発技術」，「5．プロジェクトマネジメント」，「6．サービスマネジメント」，「7．システム戦略」，「9．企業と法務」が示されています（図表4参照）。

分野	大分類	中分類	情報セキュリティマネジメント試験	基本情報技術者試験（科目A）	応用情報技術者試験	午前I（共通知識）	ITストラテジスト試験	システムアーキテクト試験	プロジェクトマネージャ試験	ネットワークスペシャリスト試験	データベーススペシャリスト試験	エンベデッドシステムスペシャリスト試験	ITサービスマネージャ試験	システム監査技術者試験	情報処理安全確保支援士試験
テクノロジ系	1 基礎理論	1 基礎理論													
		2 アルゴリズムとプログラミング													
	2 コンピュータシステム	3 コンピュータ構成要素						○3		○3	○3	◎4	○3		
		4 システム構成要素	○2									◎4			
		5 ソフトウェア		○2	○3	○3						◎4			
		6 ハードウェア										◎4			
	3 技術要素	7 ユーザーインタフェース						○3				○3			
		8 情報メディア													
		9 データベース	○2					○3			◎4		○3	○3	○3
		10 ネットワーク	○2					○3		◎4			○3	○3	○3
		11 セキュリティ[1]	○2	○2	○3	●3	◎4	◎4	●3	◎4	◎4	◎4	◎4	◎4	◎4
	4 開発技術	12 システム開発技術						◎4	○3	○3				○3	○3
		13 ソフトウェア開発管理技術						○3	○3	○3				○3	
マネジメント系	5 プロジェクトマネジメント	14 プロジェクトマネジメント	○2						◎4				◎4		
	6 サービスマネジメント	15 サービスマネジメント	○2						○3				◎4	○3	
		16 システム監査	○2										○3	◎4	○3
ストラテジ系	7 システム戦略	17 システム戦略	○2	○2	○3	○3	◎4	○3							
		18 システム企画	○2				◎4	◎4	○3						
	8 経営戦略	19 経営戦略マネジメント					◎4						○3	○3	
		20 技術戦略マネジメント					○3						○3		
		21 ビジネスインダストリ					◎4						○3		
	9 企業と法務	22 企業活動	○2				◎4							○3	
		23 法務	◎2				○3		○3					○3	◎4

注1 ○は出題範囲であることを，◎は出題範囲のうちの重点分野であることを表す。
注2 2，3，4は技術レベルを表し，4が最も高度で，上位は下位を包含する。
注[1] "中分類11：セキュリティ"の知識項目には技術面・管理面の両方が含まれるが，高度試験の各試験区分では，各人材像にとって関連性の強い知識項目をレベル4として出題する。

図表4　試験区分別出題分野一覧表

（4） 午後試験の出題範囲

午後試験の出題範囲は，次のとおりです。

プロジェクトマネージャ試験（午後Ⅰ：記述式，午後Ⅱ：論述式）

1　プロジェクトの立ち上げ・計画に関すること

プロジェクト，プロジェクトの目的と目標，組織の戦略と価値創出，プロジェクトマネジメント，マネジメントプロセスの修整，プロジェクトの環境，プロジェクトライフサイクル，プロジェクトの制約，個別システム化計画の作成と承認，プロジェクト憲章の作成，ステークホルダの特定，プロジェクトチームの編成，システム開発アプローチの選択，プロジェクト計画の作成，スコープの定義，要求事項と優先度，WBS の作成，活動の定義，資源の見積り，プロジェクト組織の定義，活動の順序付け，活動期間の見積り，スケジュールの作成，コストの見積り，予算の作成，リスクの特定，リスクの評価，品質の計画，調達の計画，コミュニケーションの計画，関連法規・標準など

2　プロジェクトの実行・管理に関すること

プロジェクト作業の指揮とリーダーシップ，ステークホルダのマネジメント，プロジェクトチームの開発，リスク及び不確かさへの対応，品質保証の遂行，供給者の選定，情報の配布，プロジェクト作業の管理，変更の管理と変化への適応，スコープの管理，資源の管理，プロジェクトチームのマネジメント，スケジュールの管理，コストの管理，リスクの管理，品質管理の遂行，調達の運営管理，コミュニケーションのマネジメント，マネジメントプロセスの改善，機密・契約の管理，プロジェクトに関する内部統制　など

3　プロジェクトの終結に関すること

プロジェクトフェーズ又はプロジェクトの終結，プロジェクトの評価指標と評価手法，プロジェクトの完了基準，プロジェクトの計画と実績の差異分析，検収結果の評価，契約遵守状況評価，得た教訓の収集，プロジェクト完了報告の取りまとめ　など

図表5　午後試験の出題範囲

（5） 採点方式・配点・合格基準

① 採点方式については，素点方式が採用されます。

② 各時間区分（午前Ⅰ，午前Ⅱ，午後Ⅰ，午後Ⅱの試験）の得点が全て基準点以上の場合に合格となります。

③ 配点（満点）及び基準点は図表6のとおりです。

④ 試験結果に問題の難易差が認められた場合には，基準点の変更を行うことがあります。

時間区分	配点	基準点
午前Ⅰ	100 点満点	60 点
午前Ⅱ	100 点満点	60 点
午後Ⅰ	100 点満点	60 点
午後Ⅱ	－	ランクA（注）

図表6　配点及び基準点

（注）午後Ⅱ（論述式）試験の評価方法について

・設問で要求した項目の充足度，論述の具体性，内容の妥当性，論理の一貫性，見識に基づく主張，洞察力・行動力，独創性・先見性，表現力・文章作成能力などを評価の視点として，論述の内容が評価されます（図表7）。また，問題冊子で示す"解答に当たっての指示"に従わない場合は，論述の内容にかかわらず，その程度によって評価が下がることがあります。

・評価ランクと合否の関係は次のとおりです。

評価ランク	内　　容	合否
A	合格水準にある	合格
B	合格水準まであと一歩である	不合格
C	内容が不十分である 問題文の趣旨から逸脱している	
D	内容が著しく不十分である 問題文の趣旨から著しく逸脱している	

図表7　午後Ⅱ（論述式）試験の評価ランクと合否の関係

⑤　問題別配点割合は，次のとおりです。

午前Ⅰ			午前Ⅱ			午後Ⅰ			午後Ⅱ		
問番号	解答数	配点割合	問番号	解答数	配点割合	問番号	解答数	配点割合	問番号	解答数	配点割合
1〜30	30	各3.4点(*1)	1〜25	25	各4点	1〜3	2	各50点	1, 2	1	評価ランクによる(*2)

(*1) 得点の上限は 100 点とする。　(*2) 評価ランクで評価することから，配点割合はない。

図表8　問題別配点割合

⑥　「多段階選抜方式」が採用されています。

・午前Ⅰ試験の得点が基準点に達しない場合には，午前Ⅱ・午後Ⅰ・午後Ⅱ試験の採点が行われずに不合格とされます。

・午前Ⅱ試験の得点が基準点に達しない場合には，午後Ⅰ・午後Ⅱ試験の採点が行われずに不合格とされます。

・午後Ⅰ試験の得点が基準点に達しない場合には，午後Ⅱ試験の採点が行われずに不合格とされます。

（6）　免除制度

高度試験及び支援士試験の午前Ⅰ試験については，次の①〜③のいずれかを満たせば，その後 2 年間，受験が免除されます。

①　応用情報技術者試験に合格する。

②　いずれかの高度試験又は支援士試験に合格する。

③　いずれかの高度試験又は支援士試験の午前Ⅰ試験で基準点以上の成績を得る。

免除希望者は，IPA のホームページで確認してください。

（7）　情報公開

①　試験問題

問題冊子は持ち帰ることができます。また，IPA のホームページでも公開されます。

②　解答例

多肢選択問題……正解が公開されます。

記述式問題……解答例又は解答の要点，出題趣旨が公開されます。

論述式問題……出題趣旨が公開されます。

③　個人成績

合格者の受験番号がホームページに掲載されます。また，成績照会ができます。

④　統計情報

得点別の人数分布など，試験結果に関する統計資料一式が公開されます。

⑤　採点講評

午後試験を対象とし，受験者の解答の傾向，解答状況に基づく出題者の考察などをまとめた採点講評が公開されます。

⑥　シラバス

IPA が発表している最新シラバスは下記から確認できます。最新版に目を通しておきましょう。

https://www.ipa.go.jp/shiken/syllabus/gaiyou.html

「プロジェクトマネージャ試験（レベル4）」シラバス（Ver.7.1）

2023 年 12 月 25 日掲載

(8)　試験で使用する用語・プログラム言語など

試験で使用する情報技術に関する用語及び定義は，原則として，一般に広く定着しているものを用いることを優先するとされています。ただし，専門性が高い用語であって日本産業規格（JIS）に制定されているものについては，その規定に従うとされています。また，次に示された以外のものについては，問題文中で定義されることになります。

記号・図など	
情報処理用流れ図など	JIS X 0121
決定表	JIS X 0125
計算機システム構成の図記号	JIS X 0127
プログラム構成要素及びその表記法	JIS X 0128
データベース言語	
SQL	JIS X 3005 規格群

図表9　試験で使用する情報技術に関する用語・プログラム言語など

2 受験ガイド

2-1 試験を実施する機関

「独立行政法人 情報処理推進機構 デジタル人材センター 国家資格・試験部」が試験を実施します。

〒113-8663 東京都文京区本駒込 2-28-8
文京グリーンコートセンターオフィス
ホームページ https://www.ipa.go.jp/shiken/index.html

2-2 試験のスケジュール

秋期は，10 月中旬の日曜日に実施されます。
案内書公開と出願，解答例発表，合格発表の時期はいずれも予定です。

実施時期	出願 （予定）	解答例発表 （予定）	合格発表 （予定）
秋期 10 月中旬 の日曜日	案内書公開 7 月初旬 〜 受付終了 7 月下旬	多肢選択式 は即日 午後試験は 12 月下旬	12 月下旬

図表 10　試験のスケジュール

2-3 案内書の公開から合格発表まで

（1） 個人申込み

・インターネットの利用

　IPA のホームページから，申込受付ページへアクセスし，受験の申込みができます（初回利用時はマイページアカウントの取得が必要）。受験手数料の支払い方法は，クレジットカードによる支払いのほかに，ペイジーやコンビニエンスストアでの支払いも可能です。

（2） 障害をお持ちの方への対応

希望者は特別措置を受けることができます。その際，申請が必要となります。

(3) 合格発表方法

合格者の受験番号は次のようにして発表されます。

・IPA のホームページに掲載

・官報に公示

また，合格発表日は事前に IPA のホームページに掲載されます。

(4) 合格証書の交付

経済産業大臣から情報処理技術者試験合格証書が交付されます。

(5) 受験手数料

受験手数料は，7,500 円（消費税込み）です。

詳しくは，IPA のホームページで確認してください。

試験前・試験後もアイテックのホームページは情報が満載

　試験制度に関する変更及び追加事項があった場合は，アイテックのホームページでもご案内いたします。

　また，試験後には午前試験の結果を分野別に評価できる自動採点サービスも行う予定です。

株式会社アイテック　https://www.itec.co.jp/

試験対策書籍のご案内

　アイテックでは，本書籍以外にも，情報処理技術者試験の対策書として，午前・午後・論文対策など，様々な書籍を刊行しております。ぜひ，本書と併せてご活用ください。

　書籍のご案内　https://forms.gle/jLV9BiC8qSer1FzZ9

令和5年度秋期に行われたプロジェクトマネージャ試験（以下，PM試験という）を分析し，令和6年度秋期試験の対策を考えていきましょう。

3-1　試験全体について

令和5年度のプロジェクトマネージャ試験では，午前Ⅱ選択式問題（以下，午前Ⅱという）については，"令和3年度"という特定の年度からの過去問題出題率（以下，令和3年度出題率という）が下がったことを根拠に，難易度は令和4年度よりも高いと判断します。午後Ⅰ記述式問題（以下，午後Ⅰという）については，問3の難易度が標準的から若干高いと判断しますが，弊社の公開模擬試験の状況から，多くの受験者は問1，問2を選択する傾向があります。そのため，問3の難易度の高さは，午後Ⅰ全体の難易度には実質的には影響しないと判断し，午後Ⅰ全般の難易度は令和4年度と同レベルと判断します。午後Ⅱ論述式問題（以下，午後Ⅱという）については，問2は"プロジェクト目標未達成の事例について問う新傾向問題"であり難易度が標準的よりも高いと判断し，午後Ⅱ全般の難易度は，令和4年度よりも高いと判断します。

PM試験の応募者数，受験者数，合格者数，合格率の直近3年間の推移は次のとおりです。応募者数が前年度対比で3.8%増加しています。

年度	応募者数	受験者数	合格者数	合格率
令和3年度	10,184	6,680	959	14.4%
令和4年度	11,745	7,382	1,042	14.1%
令和5年度	12,197	7,888	1,066	13.5%

図表11　応募者数・受験者数・合格者数・合格率の推移

3-2　午前Ⅰ試験（四肢択一）

共通知識として幅広い出題範囲の全分野から30問が出題される試験です。今回の分野別出題数はテクノロジ分野が17問，マネジメント分野が5問，ストラテジ分野が8問でこれまでと同じでした。出題された問題は，従来どおり全て同時期に実施された応用情報技術者試験の午前問題80問から選択されています。重点分野のセキュリティからの出題が4問と最も多く，ヒューマンインタフェー

ス分野からは前回に続き出題がありませんでした。

これまで試験で出題されていない新傾向の問題は次の5問（前回3問）でした。なお，問18のスコープ記述書はPMBOK®ガイド第7版からの初出題でしたが，問われていることは過去に出題された内容と同じです。

問5 IaC（Infrastructure as Code）に関する記述
問16 開発環境上でソフトウェアを開発する手法（ローコード開発）
問18 プロジェクト・スコープ記述書に記述する項目（PMBOK®ガイド第7版）
問23 バックキャスティングの説明
問28 AIを用いたマシンビジョンの目的

これまで何回か出題されている定番の問題が14問程度ありましたが，令和5年度春期の17問と比べて減っています。また，定番問題でも，タスク実行時間と周期，多数決回路，第三者中継のログ，スケジュール短縮日数など，少し難しい問題があり，全体として令和5年度春期よりも少し難しかったといえます。

問題の出題形式は，文章の正誤問題が15問（前回19問），用語問題が5問（前回2問），計算問題が2問（前回2問），考察問題が8問（前回7問）で，用語・考察問題が増え，文章問題が減っています。

高度試験の午前Ⅰは出題範囲が広いので，対策としては，基本情報技術者や応用情報技術者試験レベルの問題を日ごろから少しずつ解いて必要な基礎知識を維持し，新しい知識を吸収していくことが大切です。

（今回の分野別出題内容） ☐ は新傾向問題，＿＿は既出の定番問題
・テクノロジ分野……逆ポーランド記法，パリティビット，整列，投機実行，IaC ，タスク実行時間と周期，多数決回路，レンダリング，DBMS障害対応，IPアドレス，マルチキャスト，レインボーテーブル攻撃，第三者中継，コーディネーションセンター，DKIM，ローコード開発 ，IDE
・マネジメント分野……プロジェクト・スコープ記述書（PMBOK®ガイド第7版） ，スケジュール短縮日数，サービス停止時間，バックアップ方式，伝票入力の監査手続
・ストラテジ分野……バックキャスティング ，SOA，ファウンドリーサービス，人口統計的変数，オープンイノベーション，マシンビジョン ，故障要因の表現に適した図，匿名加工情報の第三者提供

分野別の出題数は次のような結果で，従来と同じでした。

分野	大分類	分野別問題数	R4年秋	R5年春	R5年秋
テクノロジ系	基礎理論	17	3	3	3
	コンピュータシステム		4	4	4
	技術要素		8	8	8
	開発技術		2	2	2
マネジメント系	プロジェクトマネジメント	5	2	2	2
	サービスマネジメント		3	3	3
ストラテジ系	システム戦略	8	3	3	3
	経営戦略		3	3	3
	企業と法務		2	2	2
	合計	30	30	30	30

図表12　午前Ⅰ試験　分野別出題数

　出題される内容の7割程度は，過去の基本情報技術者や応用情報技術者試験で出題された基本的な問題です。高度試験で専門分野の力を発揮するのは午前Ⅱの専門知識の試験からですが，午前Ⅰ試験から受験する人は，試験対策として，過去の応用情報技術者試験の午前問題を，余裕をもって7割以上正解できるよう確実に実力を付けてください。

　IPAの試験統計情報を分析すると，高度情報処理技術者試験を午前Ⅰ試験から受けた人で60点以上取れた人は5割から6割台で推移していて，半数近くの人が次の午前Ⅱ以降の採点に進んでいない状況です。出題元の応用情報技術者の午前問題は細かい内容で難しいことが多いので，苦手な分野の学習では1レベル易しい基本情報技術者の問題から復習を始めるとよいといえます。

　また，出題範囲が広いため，全体をまんべんなく学習するのにかなり時間がかかります。そのため，試験対策としては，これまで出題された出題内容のポイント事項を重点的に解説したアイテック刊行の「2024　高度午前Ⅰ・応用情報　午前試験対策書」で効率よく学習することをお勧めします。

3-3　午前Ⅱ試験（四肢択一）

　午前Ⅱでは，25問中12問（昨年は13問）が試験区分の専門分野である「プロジェクトマネジメント」からの出題でした。この分野は試験区分としてコアとなりますので，ここで得点を伸ばせないと午前Ⅱの突破は難しくなります。その

他の分野としては，「セキュリティ」，「システム開発技術」，「ソフトウェア開発管理技術」，「サービスマネジメント」，「システム企画」，「法務」の全7分野です。

　午前Ⅱの分野別の出題数内訳を見ると，次のようになります。なお，令和5年度も令和4年度とほぼ同じ出題数内訳になっています。

セキュリティ	3題
システム開発技術	2題
ソフトウェア開発管理技術	3題
プロジェクトマネジメント	12題
サービスマネジメント	2題
システム企画	1題
法務	2題

図表13　午前Ⅱの問題　分野別出題数

　全体的に過去問題の出題率が高い傾向は継続中といえます。ただし，内訳が違います。**"PM試験内からの過去問題出題率"は低下**しました。具体的には，令和5年度の過去問題出題率は，PM試験内では24%（昨年は32%），応用情報試験などを含む全試験区分内では64%（昨年は60%）でした。特記すべき点は，次の2点です。

(1) 令和3年度出題率が20%から8%に低下

　令和4年度は，令和3年度出題率が，25問中5問で20%でしたが，令和5年度は2問で8%と低下しました。

(2) **"JIS Q 21500：2018（プロジェクトマネジメントの手引)"から4問出題**

　令和4年度は3問出題でした。令和6年度もJIS Q 21500：2018から3〜4問出題される可能性が高いと考えてよいでしょう。

　午前Ⅱにおける新傾向問題としては，次の問題を挙げることができます。
　・問1　アジャイル宣言の背後にある原則に照らして適切な教訓
　・問4　ステークホルダ貢献を最大化する活動（JIS Q 21500）
　・問6　CCPMによるプロジェクトバッファを含めた所要日数の計算
　・問10　ファンクションポイント法によるソフトウェア規模の見積計算
　・問20　要件定義プロセスにおいて要件が検証可能な例

令和4年度の新傾向問題は8問でしたが，令和5年度は3問減り5問でした。

令和3年度出題率が，令和4年度と比べて20%から8%に下がったことを根拠に，令和5年度の午前Ⅱ全般の難易度は令和4年度よりも高いと判断します。

3-4 午後Ⅰ試験（記述式）

午後Ⅰは，プロジェクト計画やプロジェクト運営で直面する問題や課題について自然なストーリの流れの中で問われており，各問題の文章量は 4〜5 ページほどです。これらの点は午後Ⅰの3問に共通しています。

出題タイトルは，問1は「価値の共創を目指すプロジェクトチームのマネジメント」，問2は「システム開発プロジェクトにおけるイコールパートナーシップ」，問3は「化学品製造業における予兆検知システム」でした。令和5年度の**午後Ⅰ全般で特記すべき点としては，"価値の共創"や"イコールパートナーシップ"を題材にした新傾向問題が問1，問2と2問ある点**を挙げることができます。

次に，各問題における特記すべき点を簡潔に挙げます。詳細は，各問題の詳細講評において述べます。問3については，該当する内容はありません。

(1) 問1では，IPA が2023 年度に改訂した箇所に該当する"プロジェクトマネージャの業務と役割"にある，「ステークホルダとの共創関係を構築し維持する」という記述から出題された新傾向問題という点

(2) 問1では，今後，"価値の共創関係"が高い頻度で出題テーマとなると推測できる点

(3) 問2では，委託元企業と委託先企業が顧客価値を創出するための対等なパートナーであるというイコールパートナーシップを題材した新傾向問題である点

(4) 問2では，この問題の記述から，プロジェクトを高い精度で正確に計画し，変更があれば計画を見直し，それを確実に実行するという計画重視のマネジメント力をアピールするだけでは，午後Ⅱ突破は難しくなっていると推測できる点

次に，各問題の詳細な講評を述べます。

問1 価値の共創を目指すプロジェクトチームのマネジメント

IT ベンダーが中心となり，自社の強みを生かした企業の 3 社で新会社を設立し，その新会社で立ち上げたプロジェクトにおけるプロジェクトマネジメントを題材にした問題です。この問題では，プロジェクトメンバーは出資元各社から出

向した社員で構成されているため，各メンバーは出資元からの投資の回収などを意識しながらプロジェクトを進めるという，プロジェクトにおけるマイナスの状況があります。プロジェクトマネージャは，そのようなマイナスの状況を払しょくする活動を行い，プロジェクトの目的を実現する必要があります。

この問題のタイトルにある"価値の共創"に着目すると，**特記すべき点は，IPAが2023年度に改訂した箇所に該当する"プロジェクトマネージャの業務と役割"にある，「プロジェクトのステークホルダと適切にコミュニケーションを取って，ステークホルダのニーズを満たすとともに，プロジェクトの目的の実現のためにステークホルダとの共創関係を構築し維持する」という記述に沿って出題された新傾向問題という点**です。その改訂では"自律的マネジメント"がキーワードとして追加されました。

令和4年度の午後Ⅰ問3では，"チームビルディング"をテーマにした問題において"自律的マネジメント"について問われました。令和5年度の問1でも，"自律的マネジメント"について問われています。"自律的マネジメント"とともに"共創関係"というキーワードが"業務と役割"に追加されたこと，及び，次に説明する問2においても"共創関係"が扱われていることを根拠に，**特記すべき点として，今後，"価値の共創関係"が高い頻度で出題テーマとなると推測できる点**を挙げます。

難易度については，設問1(1)など一部に解答を絞りづらい設問がありますが，解答を導きやすい設問が多いことを根拠に，標準的と判断します。

問2　システム開発プロジェクトにおけるイコールパートナーシップ

委託元企業と委託先企業が顧客価値を創出するための対等なパートナーであるというイコールパートナーシップを題材にした新傾向問題です。従来のプロジェクトを高い精度で正確に計画し，変更があれば計画を見直し，それを確実に実行するという計画重視の予測型アプローチでは，環境の変化に対応できなくなっている状況の中，適応型アプローチや回復力の強化に移行する旨を基に設問を設定しています。以上を踏まえると，この問題で**特記すべき点は，プロジェクトを高い精度で正確に計画し，変更があれば計画を見直し，それを確実に実行するという計画重視のマネジメント力をアピールするだけでは，午後Ⅱの論述式試験突破は難しくなっていると推測できる点**です。

設問4(3)において空欄aなど，キーワードを知らないと正解できない穴埋め問

題があります。加えて，設問 4(4)では，改正民法において準委任契約に新設された成果完成型という類型についての知識がないと，正解を導くことは難しいかもしれません。

難易度については，穴埋め問題などキーワードを知らないと正解できない設問が一部にありますが，その他の設問については解答を絞り込みやすいことを根拠に，標準的と判断します。

問3　化学薬品製造業における予兆検知システム

化学薬品を製造するプラントにおける中堅技術者とベテラン技術者の不満などを解消するためにプラントの障害の予兆を検知する予兆検知システムの開発を題材にした問題です。プラントの点検整備では，長年の経験を積みノウハウをもつベテラン技術者がプラントの特性を踏まえて業務を行う必要があります。そのため，中堅技術者はベテラン技術者から業務を任せてもらえず不満を抱えています。この問題では，ベテラン技術者への対応を中心に，予兆検知システムの開発プロジェクトにおけるプロジェクトマネージャの活動について問われています。

この問題で着目すべき点は，**"〜必要があると考えた"という記述に着目して解答を導くテクニックを適用できる点**です。具体的には〔プロジェクトの目的〕にある「予兆を検知した際のプラントの特性を把握した交換・修理のノウハウを継承するための仕組みも用意しておく必要があると考えた」という記述です。これは，設問 2(3)のベテラン技術者の役割や設問 3(2)の解答を導くために必要な記述となります。

設問 2(1)など，解答を絞り込むこと，及び 25 字以内という制限で解答を作成することが難しい設問がありました。設問 1 では，設問文にある「ベテラン技術者からの信頼も厚い」という記述が重要であることに倣い，設問 2 では設問文にある「本プロジェクトの目的を説明してもらう際に」という記述に着目して"目的"を絡めた解答例を作成しました。

問題の難易度としては，解答を絞り込むことが難しい設問があることを根拠に，標準的よりも難易度が高いと判断します。

以上，問 3 の難易度が高いと判断しますが，前述のとおり，令和 5 年度の午後Ⅰ全般の難易度は令和 4 年度と同レベルと判断します。

3-5　午後Ⅱ試験（論述式）

　午後Ⅱは，趣旨と設問文で構成され，設問文に答えるだけでは不十分であり，問題冊子にある注意事項の6番目には「趣旨に沿って解答してください」と記載されています。設問文だけに気を取られて趣旨に沿って解答していない場合，合格は難しいと考えてよいでしょう。具体的には問1における"プロジェクトの独自性"です。設問文では使われていませんが，趣旨において使われている重要なキーワードです。なお，問2では設問アにおいて"プロジェクトの独自性"について問われています。

　出題タイトルは，問1は「プロジェクトマネジメント計画の修整（テーラリング）について」，問2は「組織のプロジェクトマネジメント能力の向上につながるプロジェクト終結時の評価について」でした。

　以前の午後Ⅱでは，"プロジェクトの目標を達成した"などとプロジェクトマネージャとしての成功体験を論述できました。令和5年度の午後Ⅱの問2では，プロジェクトの目標が未達成な事例について論述することが求められています。

　以上を整理すると，**午後Ⅱ全般において特記すべき点は，問1と問2を共通して新しいキーワードである"プロジェクトの独自性"について論述する必要がある点，及び，問2において，プロジェクトの目標が未達成な事例について問われている点です。この点を踏まえて問2を新傾向問題とします。**

　プロジェクトの独自性について，以前はプロジェクトの特徴などが問われていましたが，**問1の趣旨を参考にすると，今後は時間，コスト，品質を除いてプロジェクトの独自性を挙げた方が無難**かもしれません。

　各問題における特記すべき点を簡潔に挙げます。

(1) 問1では，設問では問われていないが趣旨に明記されている"プロジェクトの独自性"について鮮明に論じる必要がある点

(2) 問2では，従来型のプロジェクトマネージャによるプロジェクトマネジメント能力よりも，組織のプロジェクトマネジメント能力の向上をアピールする必要がある点

　次に，各問題の詳細な講評を述べます。

問1　プロジェクトマネジメント計画の修整（テーラリング）について

　プロジェクト計画時において，時間，コスト，品質を除く，リスク，スコープ，ステークホルダ，プロジェクトチーム，コミュニケーションなどのマネジメント

の方法を，プロジェクトの独自性を考慮してどのように修整したか，修整の有効性をどのようにモニタリングしたか，などを問う問題です。

設問イでは，趣旨に沿って，参照したマネジメントの方法を個々のプロジェクトの独自性を考慮して修整し，プロジェクトマネジメント計画を作成する展開を論文に盛り込みます。このように"プロジェクトの独自性"を考慮する論旨展開が求められますが，設問において"プロジェクトの独自性"について問われていません。したがって，この問題で**特記すべきポイントは，設問では問われていないが趣旨に明記されている"プロジェクトの独自性"について鮮明に論じる必要がある点**です。

設問ウでは，マネジメントの方法の有効性ではなく，マネジメントの方法における修整の有効性について問われている点に留意して論文設計をする必要があります。

問1の難易度については，設問ウにおいて"設問イの施策である修整のモニタリング"すなわち，モニタリング方法について問われている点を根拠に，標準的よりもやや高い難易度と評価します。

問2　組織のプロジェクトマネジメント能力の向上につながるプロジェクト終結時の評価について

プロジェクトの目標が未達成な状況において，設問イでは，"目標未達成の直接原因の内容"，"根本原因の究明方法"，"根本原因の内容"が問われています。加えて設問ウでは，"根本原因を基にプロジェクトマネジメントの観点で立案した再発防止策"，"再発防止策を組織に定着させるための工夫"について問われています。前述のとおり，プロジェクトの目標未達成の事例について論じる必要がある点を根拠に新傾向問題としました。

趣旨に「組織のプロジェクトマネジメント能力の向上につなげることが重要である」と記述されていることを根拠に，この問題で**特記すべき点は，従来型のプロジェクトマネージャのプロジェクトマネジメント能力よりも，組織のプロジェクトマネジメント能力の向上をアピールする必要がある点**としました。

問2の難易度については，プロジェクトの目標未達成の事例について論じる必要がある新傾向問題である点を根拠に，標準的よりも高いと判断します。

以上，午後II全般の難易度は，令和4年度よりも高いと判断します。

3-6　令和6年度秋期の試験に向けて

　午前Ⅱについては，令和6年度もPMの**過去問題を中心に，各種試験区分の過去問題**の「**プロジェクトマネジメント**」，「セキュリティ」，「ソフトウェア開発管理技術」，「システム企画」などの分野から出題されることが予想できます。したがって，過去問題を重点的に学習しておくことが必要です。その際，本試験問題の類似問題や応用問題が出題されることがあるので，解答解説をしっかりと理解・学習することも大切です。加えてPMの過去問題からの出題率が減少傾向にあるため，応用情報技術者試験など，その他の種別の過去問題なども学習することが必要です。

　午後Ⅰについては，過去の本試験問題を演習する際には，IPAが発表した講評も併せて読んで，不正解となった原因の自己分析に活用するとよいでしょう。特に**講評において正答率が高いと書かれた設問が不正解の場合は，しっかりと原因を分析して同じ間違いをしない**ことが重要です。

　午後Ⅱについては，設問で問われている内容については，設問にあるキーワードを使って明示的に書くようにし，加えて，趣旨に沿って論じることが大切です。

　設問アでは，プロジェクトの概要やプロジェクトの目標などについての論述が要求されることが多いです。令和5年度は"プロジェクトの独自性"についても問われました。その場合，次の点に留意してください。

　(1) プロジェクト発足の経緯が中心の論述にならないこと

　(2) プロジェクトではない，システムの特徴や機能を詳細に論述しないこと

　設問イ，ウでは，「設問文に沿って何となく字数を埋める」という書き方ではなく，**設問文にあるキーワードを使って趣旨に沿って書く**ことを徹底しましょう。加えて，**専門家としての考えをアピールする**ことも重要です。

　令和4年度，令和5年度の出題内容を踏まえて，次の点に留意して論述練習をするとよいでしょう。

(1) 設問ウにおいて設問イと同様に施策について問う点

　設問ウでは，設問イで述べた施策の有効性のモニタリング方法や，プロジェクトの目標未達成の根本原因への再発防止策などが問われています。設問ウにおいて，評価や改善点が問われていないにもかかわらず，以前問われていた評価や改善点を長々と論じないようにしましょう。

(2) プロジェクト実行中に発生した問題を"プラスの影響を与える機会"と捉える点

令和 4 年度の午後 II 問 1 に倣い，プロジェクト実行中発生した問題を，"マイナスの影響を与える脅威"としてだけ捉えるのではなく，"プラスの影響を与える機会"と捉え，"機会を生かす対応策"についても論じることができるようにしておきましょう。

(3) 顧客価値の変化に対応する適応力と回復力の強化に留意した日頃の活動

　令和 5 年度の午後 I 問 2 の問題文から，プロジェクトを高い精度で正確に計画し，変更があれば計画を見直し，それを確実に実行するという計画重視のマネジメント力をアピールするだけでは，午後 II の論術式試験突破は難しくなっていると推測できます。令和 6 年度の試験に向けて，**顧客価値の変化に対応する適応力と回復力の強化に留意**して日頃の活動や学習を行うとよいでしょう。

　令和 6 年度も新傾向の問題が出題されることが予想できます。どのような新傾向の問題であっても，趣旨に沿って解答するという制約条件は変わらないと考えています。問題文の趣旨をなぞるような論述を避け，専門家としての考えをアピールしながら，趣旨に沿って論述する訓練をしておきましょう。

令和 6 年度秋期試験の分析結果は，ダウンロードコンテンツとして提供いたします。p.10 で案内しているダウンロードページから，**2025 年 2 月中旬**にリリース予定です。

総仕上げ問題集

第1部

分野別Web確認テスト

テストの出題分野，問題リスト，復習ポイントを
確認しましょう。

第1章

分野別 Web 確認テスト

1　分野別 Web 確認テストとは？

　本書の使い方（P.4）でもご紹介したように，第2部，第3部の問題演習の前に基礎知識を理解しているか確認するために，<u>Web ブラウザ上で実施いただくテスト</u>です。テストを受けた結果，基礎知識に不足がある場合は，復習をしてから再度テストを受けるようにしましょう。全ての分野で十分得点できるようになったら，本書の第2部，第3部に進みましょう。

　アクセス方法と使い方は P.4 をご確認ください。

2　出題分野

　出題分野は次のとおりです。

●午前 I

分野 No.	分野名	中分類
1	基礎理論・コンピュータシステム	1〜6
2	技術要素（データベース・ネットワーク・セキュリティ）	9〜11
3	開発技術（ユーザーインタフェースと情報メディア含む）	7, 8, 12, 13
4	マネジメント分野	14〜16
5	ストラテジ分野	17〜23

※中分類は，第2部　出題分析の「(2)午前の出題範囲」に記載されています。

●午前 II

分野 No.	分野名	中分類
1	プロジェクトマネジメントの基礎	14
2	プロジェクトの時間	14
3	プロジェクトのコスト	14
4	プロジェクトのリスク，品質	14
5	セキュリティ	11

出典が 6 桁の数字のものは，アイテックオリジナル問題です。

●午前 I
【1】基礎理論・コンピュータシステム

No.	問題タイトル	出典
1	AI の機械学習における教師なし学習	R01 秋 AP04
2	逆ポーランド表記法による表現	R02 秋 AP03
3	クイックソートの処理方法	H30 秋 FE06
4	ディープラーニングの学習に GPU を用いる利点	R03 春 AP10
5	物理サーバの処理能力を調整するスケールインの説明	R03 秋 AP12
6	システムの信頼性設計	R03 春 AP13
7	タスクの状態遷移	R03 春 AP17
8	半加算器の論理回路	R03 秋 AP22

【2】技術要素（データベース・ネットワーク・セキュリティ）

No.	問題タイトル	出典
1	第 1，第 2，第 3 正規形の特徴	H30 秋 AP28
2	媒体障害発生時のデータベースの回復法	R01 秋 AP29
3	スイッチングハブの機能	R02 秋 AP33
4	ネットワークアドレス	H31 春 AP34
5	UDP になく TCP に含まれるヘッダフィールドの情報	R03 秋 AP34
6	ディジタル署名でできること	R02 秋 AP40
7	チャレンジレスポンス認証方式	R01 秋 AP38
8	クリプトジャッキングに該当するもの	R02 秋 AP41
9	JPCERT コーディネーションセンターの説明	R03 春 AP42
10	WAF の説明	H31 春 AP45

【3】 開発技術（ユーザーインタフェースと情報メディア含む）

No.	問題タイトル	出典
1	オブジェクト指向言語のクラス	H28 秋 AP47
2	UML のアクティビティ図の特徴	R02 秋 AP46
3	有効なテストケース設計技法	H30 秋 AP49
4	アジャイル開発手法のスクラムの説明	R02 秋 AP49
5	アクセシビリティを高める Web ページの設計例	H30 春 AP24
6	レンダリングに関する記述	H31 春 AP25

【4】 マネジメント分野

No.	問題タイトル	出典
1	アーンドバリューマネジメントによる完成時総コスト見積り	R04 春 AP51
2	アクティビティの所要時間を短縮する技法	R01 秋 AP53
3	RTO と RPO に基づくデータのバックアップの取得間隔	R04 春 AP55
4	問題管理プロセスにおいて実施すること	H31 春 AP54
5	起票された受注伝票に関する監査手続	R01 秋 AP60
6	事業継続計画の監査結果で適切な状況と判断されるもの	R04 春 AP58

【5】 ストラテジ分野

No.	問題タイトル	出典
1	プログラムマネジメントの考え方	R03 秋 AP63
2	オープン API を活用する構築手法	R03 春 AP62
3	非機能要件の使用性に該当するもの	R04 春 AP65
4	アンゾフの成長マトリクスの説明	R04 春 AP68
5	技術の S カーブの説明	R03 春 AP71
6	チャットボットの説明	H30 秋 AP72
7	IoT 活用におけるディジタルツインの説明	H31 春 AP71
8	企業システムにおける SoE の説明	R02 秋 AP72
9	リーダシップ論における PM 理論の特徴	R04 春 AP75
10	下請代金支払遅延等防止法で禁止されている行為	H31 春 AP79

●午前 II

【1】 プロジェクトマネジメントの基礎

No.	問題タイトル	出典
1	JIS Q 21500 における "実行のプロセス群"	H31 春 AP51
2	ステークホルダ	786062
3	スコープコントロールの活動	H30 春 AP51
4	WBS とは	786221
5	変更要求を契機に相互作用するプロセス群（JIS Q 21500）	R04 秋 PM01
6	RACI チャートを用いた責任分担マトリクス	H31 春 PM02
7	PMO の役割の説明	R01 秋 AP51・改
8	プロジェクト・スコープ記述書に記述する項目	R02 秋 AP51・改
9	プロジェクト憲章の説明	R02 秋 PM03
10	プロジェクトスコープのクリープと呼ばれるもの	R05 春 SM18

【2】 プロジェクトの時間

No.	問題タイトル	出典
1	工程全体の生産性を表す式	R04 秋 PM11
2	アローダイアグラムから読み取れること	R04 秋 PM09
3	プレシデンスダイアグラム法（PDM）	H31 春 FE52
4	クラッシングの説明	821967
5	クリティカルチェーン法の実施例	H29 春 PM01
6	作業配分モデルにおける完了日数の算出	H30 春 PM07
7	ガントチャートの特徴	R03 秋 PM05
8	最短日数で終了するための開始日程	R02 秋 PM07
9	アローダイアグラムの所要日数の短縮	R01 秋 AP52

【3】 プロジェクトのコスト

No.	問題タイトル	出典
1	ファンクションポイント法	793127
2	EVM 使用のプロジェクトに対する適切な評価と対策	R04 秋 PM07
3	COCOMO における開発規模と開発生産性の関係	R04 秋 PM10
4	EVM の管理対象	R02 秋 AP52
5	PV の意味	786368
6	メンバ増員によって増加する人件費	R03 秋 PM08
7	プログラムを開発する最小コストの計算	R01 秋 AP54
8	ソフトウェアの規模の見積り方法	R03 秋 PM09

【4】 プロジェクトのリスク，品質

No.	問題タイトル	出典
1	開発規模と不具合の数の関係を分析するための図	830460
2	定量的評価基準で品質に問題があると判定される機能	R04 秋 PM13
3	ソフトウェアの保守性の評価指標	R02 秋 PM12
4	リスク軽減	786659
5	リスクの特定，リスクの評価が属するプロセス群	R03 秋 PM10
6	プロジェクトマネジメントで使用する感度分析の説明	R05 春 SM20
7	リスク対応例の転嫁に該当するもの	R04 春 SM19

【5】 セキュリティ

No.	問題タイトル	出典
1	示された手順によって行われる暗号化通信で期待できる効果	821561
2	脆弱性対策情報ポータルサイト	822854
3	サイバーセキュリティ演習でのレッドチームの役割	R04 秋 PM25
4	セキュリティ攻撃に関連する記述	821156
5	共通鍵暗号方式	R03 秋 PM23
6	シングルサインオンの実装方式	R02 秋 PM23

　分野別 Web 確認テストを解き終わったら，解答結果ページに表示される正答率を下記の表にメモしておきましょう。

午前 I

分野 No.	正答率
1	％
2	％
3	％
4	％
5	％

午前 II

分野 No.	正答率
1	％
2	％
3	％
4	％
5	％

【習熟度目安】

●正答率 80％以上●

この分野の基本事項はほぼ理解できていると思われます。正解できなかった問題についてしっかり復習しておきましょう。

●正答率 50％以上 80％未満●

この分野の基本事項について，理解できていない内容が幾つかあります。理解不足と思われる内容については，**次のページにある復習ポイント**を他のテキストなどで復習の上，分野別 Web 確認テストに再挑戦しましょう。

●正答率 50％未満●

この分野の基本事項について，理解できていない内容が多くあります。プロジェクトマネジメント試験の問題は，応用情報技術者レベルの内容が理解できていないと解答できない場合が多いので，まずは**次のページの復習ポイント**の基礎知識を確実に理解してください。その後，分野別 Web 確認テストに再挑戦しましょう。

全ての分野で 80％以上の正答率になったら，第 1 部第 2 章を読んで本試験の傾向と学習ポイントをつかみ，第 2 部，第 3 部に進みましょう。

―分野別復習ポイント―

午前 I

分野 1：基礎理論・コンピュータシステム

- 基礎理論…論理演算，誤り検出，BNF，逆ポーランド記法，AI（機械学習，ディープラーニング），確率・統計，待ち行列理論，データ構造（配列，リスト，スタック，キュー，木），アルゴリズム（整列，探索）
- コンピュータ構成要素…CPU の動作，各種レジスタの役割，パイプライン，CPU の高速化，キャッシュメモリ，入出力インタフェース，GPU
- システム構成要素…システム構成，バックアップ方式，性能計算，稼働率，信頼性設計，仮想化
- ソフトウェア…タスク管理，割込み（外部割込み，内部割込み），仮想記憶（FIFO，LRU），OSS
- ハードウェア…論理回路，フリップフロップ，記憶素子（DRAM，SRAM），センサ，IoT（省電力）

分野 2：技術要素（データベース・ネットワーク・セキュリティ）

- データベース…E-R 図，クラス図，正規化，関係演算（射影・選択・結合），SQL（CREATE 文，SELECT 文），トランザクション処理，障害回復処理，ビッグデータ，ブロックチェーン，NoSQL
- ネットワーク…LAN 間接続（ゲートウェイ，ルータ，ブリッジ，リピータ），無線通信，LPWA，伝送時間・伝送量の計算，TCP/IP 関連プロトコル（SMTP，POP，IMAP，DHCP，FTP，MIME，ARP，RARP，NTP ほか），IP アドレス，サブネットマスク
- セキュリティ…脅威，暗号化（共通鍵暗号，公開鍵暗号），認証方式，各種マルウェアと対策，各種サイバー攻撃（ブルートフォース，クロスサイトスクリプティング，SQL インジェクションほか），不正アクセス，ISMS，リスク分析，リスク対応，ファイアウォール，IDS/IPS，バイオメトリクス認証，セキュアプロトコル（IPsec，SSL/TLS，SSH ほか）

分野3：開発技術（ユーザーインタフェースと情報メディア含む）

- 開発技術…開発プロセス，オブジェクト指向（カプセル化，クラス，継承，UML の各種図），レビュー・テスト技法，アジャイル（XP，ペアプログラミング，スクラム，イテレーション）
- ユーザーインタフェース…コード設計，ユーザビリティ，アクセシビリティ
- 情報メディア…データ形式（JPEG，MPEG ほか），コンピュータグラフィックス，VR，AR

分野4：マネジメント分野（プロジェクトマネジメント，サービスマネジメント，システム監査）

- プロジェクトマネジメント…JIS Q 21500，スコープ，WBS，アローダイアグラム（クリティカルパス，終了時刻），見積り（ファンクションポイント法）
- サービスマネジメント… サービスレベル合意書（SLA），インシデント管理，変更管理，問題管理，サービスデスク，システムの運用（バックアップ），ファシリティマネジメント，DevOps
- システム監査…監査人の立場・責任，予備・本調査，監査技法，監査手続，監査証跡，内部統制

分野5：ストラテジ分野（システム戦略，経営戦略，企業と法務）

- システム戦略…エンタープライズアーキテクチャ，BPM，RPA，SOA，SaaS，BCP（事業継続計画），AI・IoT・ビッグデータの活用
- システム企画…投資対効果，要件定義，非機能要件，調達，情報提供依頼書（RFI），提案依頼書（RFP），グリーン調達
- 経営戦略マネジメント…競争戦略，PPM，マーケティング戦略，バランススコアカード， CSF，CRM，SCM，ERP
- 技術戦略マネジメント…イノベーションのジレンマ，リーンスタートアップ，デザイン思考，技術進化過程，ロードマップ
- ビジネスインダストリ…MRP，e ビジネス（ロングテール，コンバージョン，SEO，フィンテック），RFID ，IoT（エッジコンピューティング）
- 企業活動… グリーン IT，BCP，クラウドファンディング，線形計画法，ゲーム理論，デルファイ法，損益分岐点，営業利益，経常利益，財務指標
- 法務…著作権，不正競争防止法，労働者派遣法，請負，個人情報保護法，不正アクセス禁止法，刑法，製造物責任法

午前 II

分野 1：プロジェクトマネジメントの基礎

プロジェクト，プロジェクトマネジメント，プロジェクトの環境，プロジェクト
ガバナンス，プロジェクトライフサイクル，プロジェクトの制約，プロジェクト
憲章，プロジェクト全体計画 (プロジェクト計画及びプロジェクトマネジメント
計画) の作成，プロジェクト作業の指揮，プロジェクト作業の管理，ステークホ
ルダの特定，ステークホルダのマネジメント

分野 2：プロジェクトの時間

活動の順序付け，活動期間の見積り，スケジュールの作成，スケジュールの管理

分野 3：プロジェクトのコスト

コストの見積り，予算の作成，コストの管理

分野 4：プロジェクトのリスク，品質

リスクの特定，リスクの評価，リスクへの対応，リスクの管理，品質の計画，品
質保証の遂行，品質管理の遂行

分野 5：セキュリティ

サイバー攻撃(SQL インジェクション，クロスサイトスクリプティング，DoS 攻
撃，フィッシング，パスワードリスト攻撃，標的型攻撃)，暗号技術 (共通鍵，
公開鍵，秘密鍵，RSA，AES，ハイブリッド暗号，ハッシュ関数)，認証技術 (デ
ィジタル署名，メッセージ認証，タイムスタンプ)

第**2**章

「第2部　本試験問題」に取り組む前に

　情報処理技術者試験を長年分析してきたアイテックだからこそ，その結果から見えてきたことがあります。過去問題の演習に入る前に，本章で，午前試験を確実に突破するためのアイテックのノウハウを披露します！

1　過去問題を押さえて午前試験で優位に！

■1　過去問題からの出題が7割近くを占めています

　アイテックでは本試験ごとに，過去問題を含めた重複問題の調査を，種別横断的に行っています。図表1は，重複問題調査に基づいて，過去7期分のプロジェクトマネージャ本試験（以後PM試験）の午前Ⅱ試験で，過去に出題された問題と同じ問題がどの程度含まれていたかを示したものです。なお，ここでの過去に出題された問題とは，PM試験で出題されたものだけではなく，他の種別で出題された問題も含みます。実施時期によって多少の差はあるものの，平均すると約68％の割合で出題されています。つまり，本番で過去問題を全て解くことができれば，突破基準である60点を超える可能性が高くなるのです。

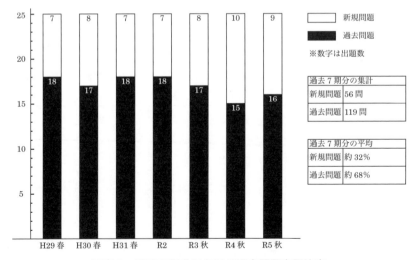

図表1　過去7期分における過去問題出題比率

■2 分野と種別の関係は？

前節で「過去に出題された問題とは，PM 試験で出題されたものだけではなく，他の種別で出題された問題も含みます」と書きましたが，過去に他種別で出題されていたのと同じ問題が PM 試験で出題されるとはどういうことなのでしょうか。それを理解するには，種別と分野の関係を知る必要があります。

まず，P.19 の「図表 4　試験区分別出題分野一覧表」から抜粋した図表 2 をご覧ください。

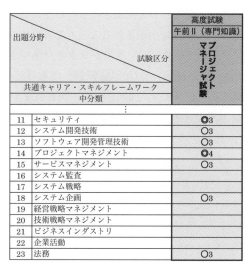

図表 2　PM 試験出題分野一覧表（一部抜粋）

太枠で囲まれている「プロジェクトマネージャ試験」の列は，PM 試験の午前 II 試験の出題範囲です。「○3」，「◎3」及び「◎4」と記入されている行の左方に表示されている分野（図表 2 中では「中分類」）の問題が本試験で出題されます。丸の横にある数字は技術レベルを示しており，例えば「○3」と表記されている分野は「レベル 3」の問題，「◎4」が表記されている分野は「重点分野」として，「レベル 4」の問題が出題されます。上の図表 2 にあるとおり，PM 試験では「11　セキュリティ」と「14　プロジェクトマネジメント」が重点分野で，「14　プロジェクトマネジメント」では，専門性が高い「レベル 4」の問題が出題されます。なお，このレベル表記は「試験制度解説編」で説明した共通キャリア・スキルフレームワークと連動しており，「高度 IT 人材のレベル 4」に求められる技術レベ

ルを指しています。

　さて，図表3をご覧ください。「プロジェクトマネージャ試験」の列で，「○3」が付けられている「13　ソフトウェア開発管理技術」には，他の幾つかの種別の列でも「○3」と記入されていることが分かると思います（図表3中太枠で囲まれた行）。前述のとおり，各種別の列で丸印が記入されている分野は，本試験の午前II試験の出題範囲です。つまり，PM試験で出題された「13　ソフトウェア開発管理技術」の問題は，「○3」と記入された「ネットワークスペシャリスト試験」他5種別でも「レベル3」問題として出題されるということであり，それらの種別で出題された問題がPM試験に出題されることもあるということです。

　また，「◎4」が付けられている「14　プロジェクトマネジメント」分野の場合は，「ITサービスマネージャ試験」（以後SM試験）でも「◎4」が付けられており，SM試験でも同じく「レベル4」問題として出題されます（図表3中二重線で囲まれた行）。SM試験で出題された問題がPM試験でも出題されるケースは，毎回1～2問程度と，比較的多いといってよいでしょう。

試験区分／出題分野　共通キャリア・スキルフレームワーク　中分類	高度試験・支援士試験　午前II（専門知識）								
	ITストラテジスト試験	システムアーキテクト試験	プロジェクトマネージャ試験	ネットワークスペシャリスト試験	データベーススペシャリスト試験	エンベデッドシステムスペシャリスト試験	ITサービスマネージャ試験	システム監査技術者試験	情報処理安全確保支援士試験
11　セキュリティ	◎4	◎4	○3	◎4	◎4	◎4	◎4	◎4	◎4
12　システム開発技術		◎4	○3	○3	○3	◎4		○3	○3
13　ソフトウェア開発管理技術		○3	○3	○3	○3	○3			○3
14　プロジェクトマネジメント			◎4				◎4		
15　サービスマネジメント			○3				◎4	○3	○3
18　システム企画	◎4	◎4	○3			○3			
23　法務	○3		○3				○3	◎4	

図表3　試験区分別出題分野一覧表（一部抜粋）

■3　レベル4とレベル3，それぞれの対策

　アイテックでは，本試験の午前問題に関して毎回独自の分析を加え，全問題を分野別に分類しています（分類はアイテック IT 人材教育研究部独自の分析に基づきます）。この分析に基づいて，過去7期分の PM 試験の午前Ⅱ試験で出題された問題のレベル4とレベル3の割合を示したものが図表4です。

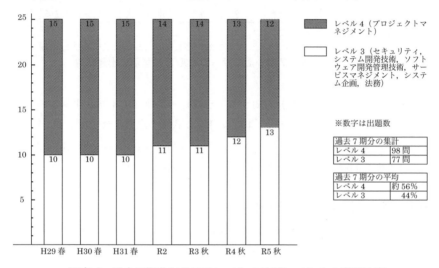

図表4　過去7期分におけるレベル4及びレベル3の出題比率

　PM 試験の午前Ⅱ試験では，高度技術者レベルであるレベル4のプロジェクトマネジメント分野から，25 問中 12〜15 問，全体の約 56〜60％が出題されています。このことから，レベル4分野を完全にマスターすれば，突破基準である60点を超える可能性は非常に高くなります。とはいえ，レベル3分野からの出題も比較的多くなっていますので，レベル3分野の問題も幅広く学習しておくと余裕をもって試験に臨むことができるでしょう。

　PM 試験の午前Ⅱ試験のレベル3の問題は，セキュリティ（中分類 11），システム開発技術（中分類 12），ソフトウェア開発管理技術（中分類 13），サービスマネジメント（中分類 15），システム企画（中分類 18），法務（中分類 23）の6分野から出題されます。過去7期の出題傾向は年ごとにばらつきがあり，図表5のとおりとなります。

49

分野	H 29 春		H 30 春		H 31 春		R2		R3 秋		R4 秋		R5 秋		通算	
	出題数	出題率	出題数	出題率	出題数	出題率	出題数	出題率	出題数	出題率	出題数	出題率	出題数	出題率	出題数	出題率
セキュリティ(11)	2	8%	2	8%	2	8%	3	12%	3	12%	3	12%	3	12%	17	10%
システム開発技術(12)	1	4%	1	4%	1	4%	1	4%	1	4%	1	4%	2	8%	9	5%
ソフトウェア開発管理技術(13)	2	8%	2	8%	2	8%	2	8%	2	8%	3	12%	3	12%	15	9%
サービスマネジメント(15)	2	8%	2	8%	2	8%	2	8%	2	8%	1	4%	2	8%	12	7%
システム企画(18)	1	4%	1	4%	1	4%	1	4%	1	4%	1	4%	1	4%	7	4%
法務(23)	2	8%	2	8%	2	8%	2	8%	2	8%	3	12%	2	8%	14	8%

図表 5　過去 7 期分におけるレベル 3 分野別の出題傾向

セキュリティ（中分類 11）分野からの出題は，平成 29 年度春期から平成 31 年度春期までは 2 問ずつ，令和 2 年度以降は 3 問ずつ出題されています。分野ごとに出題される問題の数は少ないのですが，午前Ⅱ試験の突破を確実にするために，レベル 3 問題についても押さえておくとよいでしょう。

■4　過去問題は○期前が狙い目!?

午前Ⅱ試験において，過去問題の出題割合が多いことについてはご理解いただけたかと思います。しかし，一口に「過去問題を学習する」といっても，どれだけ遡ればいいのでしょうか。

そこでここでは，当該回から「何期前の本試験の過去問題が出題されているか」について，過去 7 期分の PM 本試験午前Ⅱ問題の分析結果を図表 6 にまとめました。

本試験

過去問題の出典	R5秋	R4秋	R3秋	R2	H31春	H30春	H29春
R5春	0						
R4秋	0						
R4春	3	0					
R3秋	2	0					
R3春	2	2	1				
R2	3	7	4				
R1秋	1	1	9	0			
H31春	0	2	1	0			
H30秋	0	1	2	4	0		
H30春	0	0	0	6	0		
H29秋	0	1	1	0	4	0	
H29春	1	1	0	3	8	0	
H28秋	1	0	0	2	1	4	0
H28春	1	0	0	0	1	6	0
H27秋	0	0	0	1	0	1	4
H27春	0	0	0	0	1	3	8
H26秋	2	0	0	0	0	0	1
H26春	0	0	0	0	1	0	2
H25秋	0	0	0	0	0	0	1
H25春	0	0	0	0	1	3	2
H24秋	0	0	0	0	1	0	0
H24春	0	0	0	0	0	0	0
H23秋	0	0	0	1	0	0	0
H23春	0	0	0	1	0	0	0
H22秋	0	0	0	0	0	0	0
H22春	0	0	0	0	0	0	0
H21秋	0	0	0	0	0	0	0
H21春	0	0	0	0	0	0	0

※数字は出題数

注記：R3 以降の春期試験と H21～R1 の秋期試験の数字は他種別だけでの出題数

図表 6　過去 7 期分における過去問題の出典年度

　過去問題として多く出題されている期（図表 6 の太枠で囲まれている箇所）に注目してみると，3 期前，4 期前から多く出題されている傾向を読み取ることができます。

　この傾向が続くとするならば，過去問題演習においても，該当年度の過去問題を押さえておくことが効率的であることになります。

午前試験突破のポイント！

①　過去問題の出題は 7 割に達する！

　過去問題の出題率は 7 割程度に達します。過去問題を制するものは試験を制す！演習問題を繰返し解いて実力を身に付けていきましょう。

②　種別と分野の関係を理解して学習効率を上げよう！

　出題割合の多い分野と少ない分野があることを理解しておきましょう。また，過去問題は他種別から出された問題も出題されるため，幅広く学習しておきましょう。他種別で習得した知識は，試験本番でも知識として活かされるでしょう。出題範囲を理解して，午後試験でも活用できるようにしておきましょう。

③　レベル 4 とレベル 3

　レベル 4 問題は，過去 7 期では 25 問中 12～15 問も出題されています。学習の際には，まずは，プロジェクトマネージャ人材に求められる主要な知識を問う，レベル 4 の問題演習を中心に進めましょう。しかし，PM 試験ではレベル 3 の 6 分野からも 10～13 問程度が出題されます。レベル 3 問題対策の重要度も高くなっていますので，過去問題を一度は確認しておきましょう。

④　狙いを絞るなら 3 期，4 期前の試験問題！

　PM 試験の場合は，3 期前，4 期前から特に多くの問題が出題されています。試験直前には該当年度の問題を重点的に演習すると安心です。

2　重点テーマを知ろう！　午後試験を突破するために

■1　午後Ⅰ／午後Ⅱ問題のテーマ

　PM 試験の午後Ⅰ記述式問題及び午後Ⅱ論述式問題の出題テーマとそれぞれに含まれる具体的な内容は，次のとおりです。

(1) **統合マネジメント**：プロジェクト憲章作成，プロジェクトマネジメント計画書作成，プロジェクト作業の指揮・マネジメント，プロジェクト知識のマネジメント，マネジメント作業の監視・コントロール，統合変更管理，プロジェクトやフェーズの終結

(2) **スコープ・マネジメント**：スコープ・マネジメント計画，要求事項の収集，スコープ定義，WBS 作成，スコープの妥当性確認，スコープ・コントロール

(3) **スケジュール・マネジメント**：スケジュール・マネジメント計画，アクティビティの定義・順序設定・所要時間の見積り，スケジュール作成，スケジュールコントロール

(4) **コスト・マネジメント**：コスト・マネジメント計画，コスト見積り，予算設定，コスト・コントロール

(5) **品質マネジメント**：品質マネジメント計画，品質マネジメント，品質コントロール

(6) **資源マネジメント**：資源マネジメント計画，プロジェクト組織編成，要員育成，要員管理

(7) **コミュニケーション・マネジメント**：コミュニケーション・マネジメント計画，コミュニケーションのマネジメントとコントロール

(8) **リスク・マネジメント**：リスク・マネジメント計画，リスクの識別，定性的リスク分析，定量的リスク分析，リスク対応計画，リスク・コントロール

(9) **調達マネジメント**：調達マネジメント計画，調達の実行，調達のコントロール

(10) **ステークホルダ・マネジメント**：ステークホルダ・エンゲージメント計画，ステークホルダ・エンゲージメントのマネジメント，ステークホルダ・エンゲージメントの監視

　本書では，"分かりやすさ"と"漏れがない"という観点から，この分類を採用して，午後Ⅰ記述式問題と午後Ⅱ論述式問題を出題テーマ別に分類しています。

　午前Ⅱ試験では過去問題の出題比率が多いため，統計的な分析に基づく出題傾向に則って試験対策の演習問題を選び出しましたが，午後試験は毎回新作問題となるため，過去に出た問題と同じ問題が出題されることはありません。そこで，過去7期分のPM午後Ⅰ試験問題を分析し，テーマ別の出題傾向を次の図表7のとおりまとめました。ほとんど出題されないテーマと，重点的に出題されるテーマがあることが分かります。なお，出題率については，四捨五入しているため，合計しても必ずしも100%にはなりません。

出題テーマ			(1) 統合マネジメント	(2) スコープ・マネジメント	(3) スケジュール・マネジメント	(4) コスト・マネジメント	(5)品質マネジメント	(6)資源マネジメント	(7)コミュニケーション・マネジメント	(8) リスク・マネジメント	(9)調達マネジメント	(10) ステークホルダ・マネジメント
問題数			12	0	2	0	2	0	1	0	2	2
出題率 (%)			57%	0%	10%	0%	10%	0%	5%	0%	10%	10%
H29春	午後Ⅰ	問1	○									
		問2									○	
		問3					○					
H30春	午後Ⅰ	問1	○									
		問2					○					
		問3										○
H31春	午後Ⅰ	問1	○									
		問2										○
		問3			○							
R2	午後Ⅰ	問1	○									
		問2			○							
		問3							○			
R3秋	午後Ⅰ	問1	○									
		問2	○									
		問3	○									
R4秋	午後Ⅰ	問1	○									
		問2	○									
		問3	○									
R5秋	午後Ⅰ	問1	○									
		問2									○	
		問3	○									

図表7　過去7期分における午後Ⅰ試験の問題分析表

■3　午後Ⅱ試験の出題傾向

　午後Ⅰ試験の分析と同様，過去7期分のPM午後Ⅱ試験問題を分析し，前述のテーマ別の出題傾向を次の図表 8 にまとめました。「統合マネジメント」という出題テーマに分類しましたが，近年では「問題解決」「関係部署との連携」など，どの知識エリアにおいてもマネージャとして必要とされる能力に関する知識，経験，実践力などを評価する問題が増えています。午後Ⅰ試験の分析と見比べると，統合マネジメント以外は頻出するテーマがやや異なることが見て取れます。なお，出題率については，四捨五入しているため，合計しても必ずしも100％にはなりません。

出題のテーマ			(1) 統合マネジメント	(2) スコープ・マネジメント	(3) スケジュール・マネジメント	(4) コスト・マネジメント	(5)品質マネジメント	(6)資源マネジメント	(7)コミュニケーション・マネジメント	(8) リスク・マネジメント	(9) 調達マネジメント	(10)ステークホルダ・マネジメント
問題数			8	0	1	1	1	0	0	1	0	2
出題率（%）			57%	0%	7%	7%	7%	0%	0%	7%	0%	14%
H29春	午後Ⅱ	問1										○
		問2					○					
H30春	午後Ⅱ	問1	○									
		問2	○									
H31春	午後Ⅱ	問1				○						
		問2	○									
R2	午後Ⅱ	問1	○									
		問2								○		
R3秋	午後Ⅱ	問1	○									
		問2			○							
R4秋	午後Ⅱ	問1	○									
		問2										○
R5秋	午後Ⅱ	問1	○									
		問2	○									

図表 8　過去 7 期分における午後Ⅱ試験の問題分析表

■4　長い長い午後試験の学習ポイントとは！

午後試験の対策には，何よりも時間が必要です。過去問題を制限時間内で1期分解くだけでも，午後Ⅰ試験は90分で2問（1問当たり45分），午後Ⅱ試験にいたっては120分で1問と，合計で90分＋120分＝210分（3.5時間）もかかる計算になります。分からなかった問題の解説をしっかり読んで理解を深めようと思ったら，さらに時間がかかります。さらにいうと，午後試験は「記述式」＋「論述式」です。つまり，実際に解答を手で書いて学習する必要があるので，午後試験の対策はまとまった時間を学習時間として確保しなければならないといえるでしょう。

だからといって，午前試験の対策をおろそかにしてしまうと，午前試験で問われる知識の習得が十分にできず，午後試験にも太刀打ちできなくなってしまいます。午後試験に解答するための知識は，午前試験で身に付けるべきものだからです。したがって，午前試験の学習は早い段階で終わらせ，午後試験の学習を早めに開始することが望まれます。

長い時間が必要とされる午後試験の対策に，効果的な学習方法はないのでしょうか。やはりここでも，過去問題に触れることが重要になってきます。そして，過去問題に取り組む際には，次の三つのポイントを意識することが重要です。

まずは，午後Ⅰ試験の問題文に慣れることが大事です。問題文を読むだけでも長い時間がかかりますし，表や図などにも細かく説明が入っていることが多いため，本試験の受験時に戸惑わないようにしておきましょう。

次に，午後Ⅰ試験の「記述式」問題と午後Ⅱ試験の「論述式」問題の解き方を身に付けることです。午前試験のように，選択肢から解答を選ぶ形式ではないため，設問に関連するポイントを問題文から素早く見つけ出し，設問文で定められた字数内で解答をまとめるというテクニックが必要となります。演習する際には，問題をただ解いて答え合わせをするだけではなく，解説をしっかり読んで，「解答を導くためにどこに着目すべきか」を理解してください。

そして，制限時間内に解答するトレーニングを行うことです。どんなに正しい答えを導くことができても，制限時間内に解答できなければ意味がありません。演習時には，実際の試験時間を意識して，制限時間内に手書きで解答をまとめる，という学習方法を実践してみてください。

できるだけ多くの過去問題に触れたいけれど，どうしても時間が取れないという方は，問題文だけでも読んでおきましょう。午後試験で要求される知識は午前

試験で身に付けることができるものです。実は午後試験で最も重要なのは,「問題文の中の解答につながるポイントを読み解くことができるか」なのです。解答につながるポイントさえしっかりと見つけることができれば,あとは知識と問題文に書かれている内容をまとめることで自ずと解答は導かれます。学習時間に制限がある方の場合は,テーマごとにまず1問を解き,しっかりと解答・解説を読んだ後は,他の演習問題の問題文を読んで,読解能力を高めるトレーニングをしましょう。PM 試験は,午後Ⅰ・午後Ⅱ試験とも選択式となっていますので,どの問題を選択すべきかの判断を素早くするのにも役立ちます。

午後試験突破のポイント！

① 午後試験も過去問題が重要！ しかし注目すべきは「テーマ」！

　午後試験では過去問題が出題されることはありません。しかし問題は幾つかの
テーマに分類でき，その中でも重点的に出題されるテーマがあります。PM 試験
の午後Ⅰ試験の場合は「統合マネジメント」（出題率57%）。そして，午後Ⅱ試験
では「統合マネジメント」（出題率 57%）と「ステークホルダ・マネジメント」
（出題率14%）が重点テーマとなっていますので，まずはこれらのテーマから取
り組んでいくとよいでしょう。

② 時間効率を考えた学習をしよう！

　午後試験対策には時間がかかります。ただ問題を解くのではなく，ポイントを
意識しながら解くことです。また，問題文を読むだけでもいいので，多くの問題
に触れられるよう効率的に学習を進めましょう。

総仕上げ問題集

第2部

本試験問題

令和3年度秋期試験　問題と解答・解説編

令和4年度秋期試験　問題と解答・解説編

令和5年度秋期試験　問題と解答・解説編

出題分析

★平成26～31年度春期試験，令和2，6年度秋期試験の問題と
解答・解説（令和6年度秋期試験の問題と解答・解説は，2025
年3月中旬にリリース予定），解答シートはダウンロードコンテ
ンツです。アクセス方法はP.10をご覧ください。

令和３年度秋期試験
問題と解答・解説編

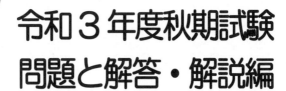

問題を解き，**解答・解説**でポイントを確認してください

令和3年度　秋期
プロジェクトマネージャ試験
データベーススペシャリスト試験
エンベデッドシステムスペシャリスト試験
システム監査技術者試験
情報処理安全確保支援士試験
午前Ⅰ　問題【共通】

試験時間	9:30 ～ 10:20 （50分）

注意事項

1. 試験開始及び終了は，監督員の時計が基準です。監督員の指示に従ってください。試験時間中は，退室できません。
2. 試験開始の合図があるまで，問題冊子を開いて中を見てはいけません。
3. **答案用紙への受験番号などの記入は，試験開始の合図があってから始めてください。**
4. 問題は，次の表に従って解答してください。

問題番号	問1 ～ 問30
選択方法	全問必須

5. 答案用紙の記入に当たっては，次の指示に従ってください。
   (1) 答案用紙は光学式読取り装置で読み取った上で採点しますので，B 又は HB の黒鉛筆で答案用紙の**マークの記入方法**のとおりマークしてください。マークの濃度がうすいなど，**マークの記入方法**のとおり正しくマークされていない場合は，読み取れないことがあります。特にシャープペンシルを使用する際には，マークの濃度に十分注意してください。訂正の場合は，あとが残らないように消しゴムできれいに消し，消しくずを残さないでください。
   (2) **受験番号欄に受験番号を，生年月日欄に受験票の生年月日を記入及びマーク**してください。答案用紙の**マークの記入方法**のとおりマークされていない場合は，採点されないことがあります。生年月日欄については，受験票の生年月日を訂正した場合でも，訂正前の生年月日を記入及びマークしてください。
   (3) **解答は，次の例題にならって，解答欄に一つだけマークしてください。** 答案用紙の**マークの記入方法**のとおりマークされていない場合は，採点されません。

   〔例題〕　秋期の情報処理技術者試験・情報処理安全確保支援士試験が実施される月はどれか。

   　　ア　8　　　　イ　9　　　　ウ　10　　　　エ　11
   　　　　正しい答えは"ウ　10"ですから，次のようにマークしてください。

例題	⑦ ⑦ ● ㋔

注意事項は問題冊子の裏表紙に続きます。
こちら側から裏返して，必ず読んでください。

6. **問題に関する質問にはお答えできません。** 文意どおり解釈してください。

7. 問題冊子の余白などは，適宜利用して構いません。ただし，問題冊子を切り離して利用することはできません。

8. 試験時間中，机上に置けるものは，次のものに限ります。

なお，会場での貸出しは行っていません。

受験票，黒鉛筆及びシャープペンシル（B 又は HB），鉛筆削り，消しゴム，定規，時計（時計型ウェアラブル端末は除く。アラームなど時計以外の機能は使用不可），ハンカチ，ポケットティッシュ，目薬，マスク

これら以外は机上に置けません。使用もできません。

9. 試験終了後，この問題冊子は持ち帰ることができます。

10. 答案用紙は，いかなる場合でも提出してください。回収時に提出しない場合は，採点されません。

11. 試験時間中にトイレへ行きたくなったり，気分が悪くなったりした場合は，手を挙げて監督員に合図してください。

12. 午前Ⅱの試験開始は **10:50** ですので，**10:30** までに着席してください。

試験問題に記載されている会社名又は製品名は，それぞれ各社又は各組織の商標又は登録商標です。

なお，試験問題では，™ 及び ® を明記していません。

問題文中で共通に使用される表記ルール

各問題文中に注記がない限り，次の表記ルールが適用されているものとする。

〔論理回路〕

図記号	説明
	論理積素子（AND）
	否定論理積素子（NAND）
	論理和素子（OR）
	否定論理和素子（NOR）
	排他的論理和素子（XOR）
	論理一致素子
	バッファ
	論理否定素子（NOT）
	スリーステートバッファ
	素子や回路の入力部又は出力部に示される○印は，論理状態の反転又は否定を表す。

問1 非線形方程式 $f(x) = 0$ の近似解法であり，次の手順によって解を求めるものはどれか。ここで，$y = f(x)$ には接線が存在するものとし，(3) で x_0 と新たな x_0 の差の絶対値がある値以下になった時点で繰返しを終了する。

〔手順〕

(1) 解の近くの適当な x 軸の値を定め，x_0 とする。

(2) 曲線 $y = f(x)$ の，点 $(x_0, f(x_0))$ における接線を求める。

(3) 求めた接線と，x 軸の交点を新たな x_0 とし，手順 (2) に戻る。

ア オイラー法　　　　　　　　　　イ ガウスの消去法

ウ シンプソン法　　　　　　　　　エ ニュートン法

問2 図のように 16 ビットのデータを 4×4 の正方形状に並べ，行と列にパリティビットを付加することによって何ビットまでの誤りを訂正できるか。ここで，図の網掛け部分はパリティビットを表す。

1	0	0	0	1
0	1	1	0	0
0	0	1	0	1
1	1	0	1	1
0	0	0	1	

ア 1　　　　　　イ 2　　　　　　ウ 3　　　　　　エ 4

問3　バブルソートの説明として，適切なものはどれか。

　　ア　ある間隔おきに取り出した要素から成る部分列をそれぞれ整列し，更に間隔を詰
　　　　めて同様の操作を行い，間隔が1になるまでこれを繰り返す。
　　イ　中間的な基準値を決めて，それよりも大きな値を集めた区分と，小さな値を集め
　　　　た区分に要素を振り分ける。次に，それぞれの区分の中で同様の操作を繰り返す。
　　ウ　隣り合う要素を比較して，大小の順が逆であれば，それらの要素を入れ替えると
　　　　いう操作を繰り返す。
　　エ　未整列の部分を順序木にし，そこから最小値を取り出して整列済の部分に移す。
　　　　この操作を繰り返して，未整列の部分を縮めていく。

問4　演算レジスタが16ビットのCPUで符号付き16ビット整数 $x1$, $x2$ を16ビット符
　　号付き加算（$x1+x2$）するときに，全ての $x1$, $x2$ の組合せにおいて加算結果がオー
　　バフロー**しないもの**はどれか。ここで，$|x|$ は x の絶対値を表し，負数は2の補数で
　　表すものとする。

　　ア　$|x1|+|x2|\leqq32{,}768$ の場合
　　イ　$|x1|$ 及び $|x2|$ がともに 32,767 未満の場合
　　ウ　$x1\times x2>0$ の場合
　　エ　$x1$ と $x2$ の符号が異なる場合

問5　システムが使用する物理サーバの処理能力を，負荷状況に応じて調整する方法としてのスケールインの説明はどれか。

ア　システムを構成する物理サーバの台数を増やすことによって，システムとしての処理能力を向上する。

イ　システムを構成する物理サーバの台数を減らすことによって，システムとしてのリソースを最適化し，無駄なコストを削減する。

ウ　高い処理能力の CPU への交換やメモリの追加などによって，システムとしての処理能力を向上する。

エ　低い処理能力の CPU への交換やメモリの削減などによって，システムとしてのリソースを最適化し，無駄なコストを削減する。

問6　ページング方式の仮想記憶において，ページ置換えの発生頻度が高くなり，システムの処理能力が急激に低下することがある。このような現象を何と呼ぶか。

ア　スラッシング　　　　　　　　　　イ　スワップアウト
ウ　フラグメンテーション　　　　　　エ　ページフォールト

問7　1桁の2進数 A，B を加算し，X に桁上がり，Y に桁上げなしの和（和の1桁目）が得られる論理回路はどれか。

ア
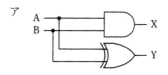

イ
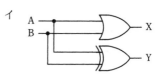

ウ
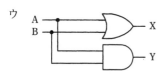

エ
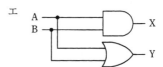

問8　関係Rと関係Sに対して，関係Xを求める関係演算はどれか。

R

ID	A	B
0001	a	100
0002	b	200
0003	d	300

S

ID	A	B
0001	a	100
0002	a	200

X

ID	A	B
0001	a	100
0002	a	200
0002	b	200
0003	d	300

ア　IDで結合　　　イ　差　　　　　ウ　直積　　　　　エ　和

問9　データベースの障害回復処理に関する記述として，適切なものはどれか。

ア　異なるトランザクション処理プログラムが，同一データベースを同時更新することによって生じる論理的な矛盾を防ぐために，データのブロック化が必要となる。

イ　システムが媒体障害以外のハードウェア障害によって停止した場合，チェックポイントの取得以前に終了したトランザクションについての回復作業は不要である。

ウ　データベースの媒体障害に対して，バックアップファイルをリストアした後，ログファイルの更新前情報を使用してデータの回復処理を行う。

エ　トランザクション処理プログラムがデータベースの更新中に異常終了した場合には，ログファイルの更新後情報を使用してデータの回復処理を行う。

問10　TCP/IPネットワークにおけるARPの説明として，適切なものはどれか。

ア　IPアドレスからMACアドレスを得るプロトコルである。

イ　IPネットワークにおける誤り制御のためのプロトコルである。

ウ　ゲートウェイ間のホップ数によって経路を制御するプロトコルである。

エ　端末に対して動的にIPアドレスを割り当てるためのプロトコルである。

問11　IPv4 ネットワークにおいて，あるホストが属するサブネットのブロードキャスト
　　　アドレスを，そのホストの IP アドレスとサブネットマスクから計算する方法として，
　　　適切なものはどれか。ここで，論理和，論理積はビットごとの演算とする。

　　　ア　IP アドレスの各ビットを反転したものとサブネットマスクとの論理積を取る。
　　　イ　IP アドレスの各ビットを反転したものとサブネットマスクとの論理和を取る。
　　　ウ　サブネットマスクの各ビットを反転したものと IP アドレスとの論理積を取る。
　　　エ　サブネットマスクの各ビットを反転したものと IP アドレスとの論理和を取る。

問12　IoT 推進コンソーシアム，総務省，経済産業省が策定した"IoT セキュリティガイ
　　　ドライン（Ver 1.0）"における"要点 17. 出荷・リリース後も安全安心な状態を維持
　　　する"に対策例として挙げられているものはどれか。

　　　ア　IoT 機器及び IoT システムが収集するセンサデータ，個人情報などの情報の洗い
　　　　　出し，並びに保護すべきデータの特定
　　　イ　IoT 機器のアップデート方法の検討，アップデートなどの機能の搭載，アップデー
　　　　　トの実施
　　　ウ　IoT 機器メーカ，IoT システムやサービスの提供者，利用者の役割の整理
　　　エ　PDCA サイクルの実施，組織として IoT システムやサービスのリスクの認識，対
　　　　　策を行う体制の構築

問13　JIS Q 27000:2019（情報セキュリティマネジメントシステム－用語）において定義されている情報セキュリティの特性に関する説明のうち，否認防止の特性に関するものはどれか。

　　ア　ある利用者があるシステムを利用したという事実が証明可能である。
　　イ　認可された利用者が要求したときにアクセスが可能である。
　　ウ　認可された利用者に対してだけ，情報を使用させる又は開示する。
　　エ　利用者の行動と意図した結果とが一貫性をもつ。

問14　盗まれたクレジットカードの不正利用を防ぐ仕組みのうち，オンラインショッピングサイトでの不正利用の防止に有効なものはどれか。

　　ア　3D セキュアによって本人確認する。
　　イ　クレジットカード内に保持された PIN との照合によって本人確認する。
　　ウ　クレジットカードの有効期限を確認する。
　　エ　セキュリティコードの入力によって券面認証する。

問15　OSI 基本参照モデルのネットワーク層で動作し，“認証ヘッダ（AH）”と“暗号ペイロード（ESP）”の二つのプロトコルを含むものはどれか。

　　ア　IPsec　　　　　イ　S/MIME　　　ウ　SSH　　　　　エ　XML 暗号

問16 UMLにおける振る舞い図の説明のうち，アクティビティ図のものはどれか。

ア　ある振る舞いから次の振る舞いへの制御の流れを表現する。

イ　オブジェクト間の相互作用を時系列で表現する。

ウ　システムが外部に提供する機能と，それを利用する者や外部システムとの関係を表現する。

エ　一つのオブジェクトの状態がイベントの発生や時間の経過とともにどのように変化するかを表現する。

問17 アジャイル開発におけるプラクティスの一つであるバーンダウンチャートはどれか。ここで，図中の破線は予定又は予想を，実線は実績を表す。

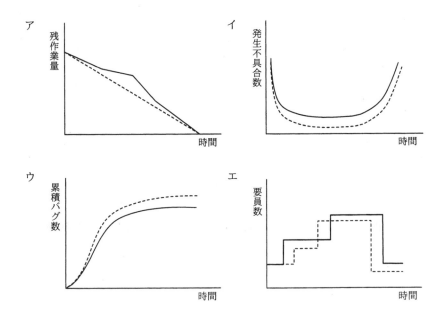

問18 次のプレシデンスダイアグラムで表現されたプロジェクトスケジュールネットワーク図を，アローダイアグラムに書き直したものはどれか。ここで，プレシデンスダイアグラムの依存関係は全て FS 関係とする。

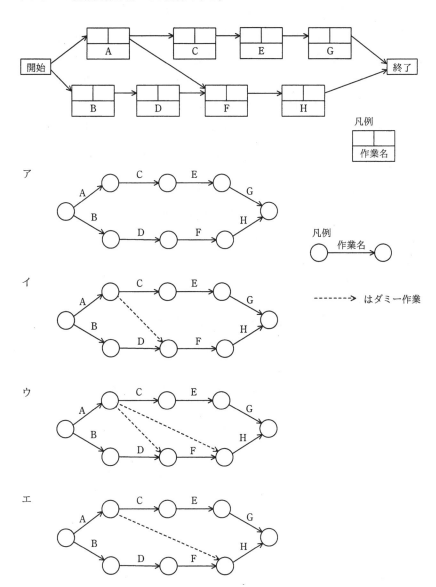

問19 PMBOK ガイド 第6版によれば，リスクの定量的分析で実施することはどれか。

　ア　発生の可能性や影響のみならず他の特性を評価することによって，さらなる分析
　　　や行動のためにプロジェクトの個別リスクに優先順位を付ける。
　イ　プロジェクトの個別の特定した個別リスクと，プロジェクト目標全体における他
　　　の不確実性要因が複合した影響を数量的に分析する。
　ウ　プロジェクトの全体リスクとプロジェクトの個別リスクに対処するために，選択
　　　肢の策定，戦略の選択，及び対応処置を合意する。
　エ　プロジェクトの全体リスクの要因だけでなくプロジェクトの個別リスクの要因も
　　　特定し，それぞれの特性を文書化する。

問20　サービスマネジメントシステムにおける問題管理の活動のうち，適切なものはどれ
　　か。

　ア　同じインシデントが発生しないように，問題は根本原因を特定して必ず恒久的に
　　　解決する。
　イ　同じ問題が重複して管理されないように，既知の誤りは記録しない。
　ウ　問題管理の負荷を低減するために，解決した問題は直ちに問題管理の対象から除
　　　外する。
　エ　問題を特定するために，インシデントのデータ及び傾向を分析する。

問21 次の処理条件で磁気ディスクに保存されているファイルを磁気テープにバックアップするとき，バックアップの運用に必要な磁気テープは最少で何本か。

〔処理条件〕

(1) 毎月初日（1 日）にフルバックアップを取る。フルバックアップは 1 本の磁気テープに 1 回分を記録する。

(2) フルバックアップを取った翌日から次のフルバックアップを取るまでは，毎日，差分バックアップを取る。差分バックアップは，差分バックアップ用としてフルバックアップとは別の磁気テープに追記録し，1 本に 1 か月分を記録する。

(3) 常に 6 か月前の同一日までのデータについて，指定日の状態にファイルを復元できるようにする。ただし，6 か月前の月に同一日が存在しない場合は，当該月の末日までのデータについて，指定日の状態にファイルを復元できるようにする（例：本日が 10 月 31 日の場合は，4 月 30 日までのデータについて，指定日の状態にファイルを復元できるようにする）。

ア 12　　　　　イ 13　　　　　ウ 14　　　　　エ 15

問22 データの生成から入力，処理，出力，活用までのプロセス，及び組み込まれているコントロールを，システム監査人が書面上で又は実際に追跡する技法はどれか。

ア インタビュー法　　　　　イ ウォークスルー法
ウ 監査モジュール法　　　　エ ペネトレーションテスト法

問23　物流業務において，10％の物流コストの削減の目標を立てて，図のような業務プロセスの改善活動を実施している。図中の c に相当する活動はどれか。

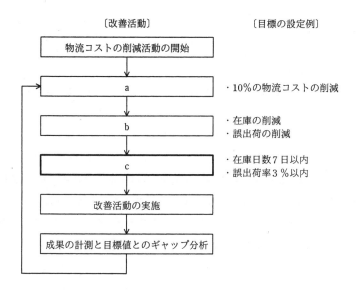

〔改善活動〕　　　　　　　　　〔目標の設定例〕

物流コストの削減活動の開始

a　　　　　　　　　・10％の物流コストの削減

b　　　　　　　　　・在庫の削減
　　　　　　　　　　・誤出荷の削減

c　　　　　　　　　・在庫日数7日以内
　　　　　　　　　　・誤出荷率3％以内

改善活動の実施

成果の計測と目標値とのギャップ分析

ア　CSF（Critical Success Factor）の抽出

イ　KGI（Key Goal Indicator）の設定

ウ　KPI（Key Performance Indicator）の設定

エ　MBO（Management by Objectives）の導入

問24 A 社は，社員 10 名を対象に，ICT 活用によるテレワークを導入しようとしている。テレワーク導入後 5 年間の効果（"テレワークで削減可能な費用"から"テレワークに必要な費用"を差し引いた額）の合計は何万円か。

〔テレワークの概要〕

・テレワーク対象者は，リモートアクセスツールを利用して，テレワーク用 PC から社内システムにインターネット経由でアクセスして，フルタイムで在宅勤務を行う。

・テレワーク用 PC の購入費用，リモートアクセスツールの費用，自宅・会社間のインターネット回線費用は会社が負担する。

・テレワークを導入しない場合は，育児・介護理由によって，毎年 1 名の離職が発生する。フルタイムの在宅勤務制度を導入した場合は，離職を防止できる。離職が発生した場合は，その補充のために中途採用が必要となる。

・テレワーク対象者分の通勤費とオフィススペース・光熱費が削減できる。

・在宅勤務によって，従来，通勤に要していた時間が削減できるが，その効果は考慮しない。

テレワークで削減可能な費用，テレワークに必要な費用

通勤費の削減額	平均 10 万円／年・人
オフィススペース・光熱費の削減額	12 万円／年・人
中途採用費用の削減額	50 万円／人
テレワーク用 PC の購入費用	初期費用 8 万円／台
リモートアクセスツールの費用	初期費用 1 万円／人 運用費用 2 万円／年・人
インターネット回線費用	運用費用 6 万円／年・人

ア　610　　　　　イ　860　　　　　ウ　950　　　　　エ　1,260

問25 RFI を説明したものはどれか。

ア サービス提供者と顧客との間で，提供するサービスの内容，品質などに関する保証範囲やペナルティについてあらかじめ契約としてまとめた文書

イ システム化に当たって，現在の状況において利用可能な技術・製品，ベンダにおける導入実績など実現手段に関する情報提供をベンダに依頼する文書

ウ システムの調達のために，調達側からベンダに技術的要件，サービスレベル要件，契約条件などを提示し，指定した期限内で実現策の提案を依頼する文書

エ 要件定義との整合性を図り，利用者と開発要員及び運用要員の共有物とするために，業務処理の概要，入出力情報の一覧，データフローなどをまとめた文書

問26 バリューチェーンの説明はどれか。

ア 企業活動を，五つの主活動と四つの支援活動に区分し，企業の競争優位の源泉を分析するフレームワーク

イ 企業の内部環境と外部環境を分析し，自社の強みと弱み，自社を取り巻く機会と脅威を整理し明確にする手法

ウ 財務，顧客，内部ビジネスプロセス，学習と成長の四つの視点から企業を分析し，戦略マップを策定するフレームワーク

エ 商品やサービスを，誰に，何を，どのように提供するかを分析し，事業領域を明確にする手法

問27　新しい事業に取り組む際の手法として，E.リースが提唱したリーンスタートアップの説明はどれか。

　ア　国・地方公共団体など，公共機関の補助金・助成金の交付を前提とし，事前に詳細な事業計画を検討・立案した上で，公共性のある事業を立ち上げる手法

　イ　市場環境の変化によって競争力を喪失した事業分野に対して，経営資源を大規模に追加投入し，リニューアルすることによって，基幹事業として再出発を期す手法

　ウ　持続可能な事業を迅速に構築し，展開するために，あらかじめ詳細に立案された事業計画を厳格に遂行して，成果の検証や計画の変更を最小限にとどめる手法

　エ　実用最小限の製品・サービスを短期間で作り，構築・計測・学習というフィードバックループで改良や方向転換をして，継続的にイノベーションを行う手法

問28　IoT の技術として注目されている，エッジコンピューティングの説明として，適切なものはどれか。

　ア　演算処理のリソースをセンサ端末の近傍に置くことによって，アプリケーション処理の低遅延化や通信トラフィックの最適化を行う。

　イ　人体に装着して脈拍センサなどで人体の状態を計測して解析を行う。

　ウ　ネットワークを介して複数のコンピュータを結ぶことによって，全体として処理能力が高いコンピュータシステムを作る。

　エ　周りの環境から微小なエネルギーを収穫して，電力に変換する。

問29 いずれも時価 100 円の株式 A ～ D のうち，一つの株式に投資したい。経済の成長を高，中，低の三つに区分したときのそれぞれの株式の予想値上がり幅は，表のとおりである。マクシミン原理に従うとき，どの株式に投資することになるか。

単位 円

株式＼経済の成長	高	中	低
A	20	10	15
B	25	5	20
C	30	20	5
D	40	10	−10

ア A　　　　　イ B　　　　　ウ C　　　　　エ D

問30 労働基準法で定める 36 協定において，あらかじめ労働の内容や事情などを明記することによって，臨時的に限度時間の上限を超えて勤務させることが許される特別条項を適用する 36 協定届の事例として，適切なものはどれか。

ア 商品の売上が予想を超えたことによって，製造，出荷及び顧客サービスの作業量が増大したので，期間を 3 か月間とし，限度時間を超えて勤務する人数や所要時間を定めて特別条項を適用した。

イ 新技術を駆使した新商品の研究開発業務がピークとなり，3 か月間の業務量が増大したので，労働させる必要があるために特別条項を適用した。

ウ 退職者の増加に伴い従業員一人当たりの業務量が増大したので，新規に要員を雇用できるまで，特に期限を定めずに特別条項を適用した。

エ 慢性的な人手不足なので，増員を実施し，その効果を想定して 1 年間を期限とし，特別条項を適用した。

令和3年度　秋期
プロジェクトマネージャ試験
午前II　問題

試験時間	10:50 ～ 11:30 （40分）

注意事項

1. 試験開始及び終了は，監督員の時計が基準です。監督員の指示に従ってください。試験時間中は，退室できません。

2. 試験開始の合図があるまで，問題冊子を開いて中を見てはいけません。

3. **答案用紙への受験番号などの記入は，試験開始の合図があってから始めてください。**

4. 問題は，次の表に従って解答してください。

問題番号	問1 ～ 問25
選択方法	全問必須

5. 答案用紙の記入に当たっては，次の指示に従ってください。

   (1) 答案用紙は光学式読取り装置で読み取った上で採点しますので，B 又は HB の黒鉛筆で答案用紙の**マークの記入方法**のとおりマークしてください。マークの濃度がうすいなど，**マークの記入方法**のとおり正しくマークされていない場合は，読み取れないことがあります。特にシャープペンシルを使用する際には，マークの濃度に十分注意してください。訂正の場合は，あとが残らないように消しゴムできれいに消し，消しくずを残さないでください。

   (2) **受験番号欄に受験番号を，生年月日欄に受験票の生年月日を記入及びマークしてください。**答案用紙のマークの記入方法のとおりマークされていない場合は，採点されないことがあります。生年月日欄については，受験票の生年月日を訂正した場合でも，訂正前の生年月日を記入及びマークしてください。

   (3) 解答は，次の例題にならって，解答欄に一つだけマークしてください。答案用紙の**マークの記入方法**のとおりマークされていない場合は，採点されません。

   〔例題〕　秋期の情報処理技術者試験が実施される月はどれか。

   　　　　ア　8　　　　イ　9　　　　ウ　10　　　　エ　11

   　　　　正しい答えは"ウ　10"ですから，次のようにマークしてください。

例題	⑦ ④ ● ㋓

◀ 注意事項は問題冊子の裏表紙に続きます。
こちら側から裏返して，必ず読んでください。

6. **問題に関する質問にはお答えできません。** 文意どおり解釈してください。

7. 問題冊子の余白などは，適宜利用して構いません。ただし，問題冊子を切り離して利用することはできません。

8. 試験時間中，机上に置けるものは，次のものに限ります。

   なお，会場での貸出しは行っていません。

   受験票，黒鉛筆及びシャープペンシル（B 又は HB），鉛筆削り，消しゴム，定規，時計（時計型ウェアラブル端末は除く。アラームなど時計以外の機能は使用不可），ハンカチ，ポケットティッシュ，目薬，マスク

   これら以外は机上に置けません。使用もできません。

9. 試験終了後，この問題冊子は持ち帰ることができます。

10. 答案用紙は，いかなる場合でも提出してください。回収時に提出しない場合は，採点されません。

11. 試験時間中にトイレへ行きたくなったり，気分が悪くなったりした場合は，手を挙げて監督員に合図してください。

12. 午後 I の試験開始は **12:30** ですので，**12:10** までに着席してください。

試験問題に記載されている会社名又は製品名は，それぞれ各社又は各組織の商標又は登録商標です。

なお，試験問題では，™ 及び ® を明記していません。

問1　あるプロジェクトのステークホルダとして，プロジェクトスポンサ，プロジェクトマネージャ，プロジェクトマネジメントオフィス及びプロジェクトマネジメントチームが存在する。ステークホルダのうち，JIS Q 21500:2018（プロジェクトマネジメントの手引）によれば，主として標準化，プロジェクトマネジメントの教育訓練及びプロジェクトの監視といった役割を担うのはどれか。

ア　プロジェクトスポンサ

イ　プロジェクトマネージャ

ウ　プロジェクトマネジメントオフィス

エ　プロジェクトマネジメントチーム

問2　表は，RACI チャートを用いた，あるプロジェクトの責任分担マトリックスである。設計アクティビティにおいて，説明責任をもつ要員は誰か。

アクティビティ	要員					
	阿部	伊藤	佐藤	鈴木	田中	野村
要件定義	C	A	I	I	I	R
設計	R	I	I	C	C	A
開発	A	−	R	−	R	I
テスト	I	I	C	R	A	C

ア　阿部

イ　伊藤と佐藤

ウ　鈴木と田中

エ　野村

問3　PMBOK ガイド 第 6 版によれば，組織のプロセス資産に分類されるものはどれか。

　　ア　課題と欠陥のマネジメント上の手続き
　　イ　既存の施設や資本設備などのインフラストラクチャ
　　ウ　ステークホルダーのリスク許容度
　　エ　組織構造，組織の文化，マネジメントの実務，持続可能性

問4　アクティビティ A ～ E によって実施する開発プロジェクトがある。図は，各アク
　　ティビティの依存関係を PDM（プレシデンスダイアグラム法）で表している。開発
　　プロジェクトの最少の所要日数は何日か。ここで，FS － n は先行アクティビティが
　　終了する n 日前に後続アクティビティが開始できることを，FS ＋ n は先行アクティ
　　ビティが終了した n 日後に後続アクティビティが開始できることを示している。

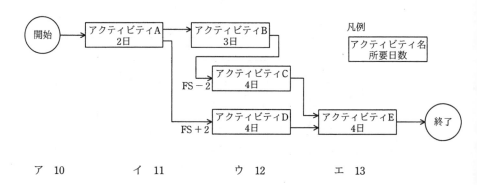

　　ア　10　　　　　　イ　11　　　　　　ウ　12　　　　　　エ　13

問5　工程管理図表の特徴に関する記述のうち，ガントチャートのものはどれか。

　　ア　計画と実績の時間的推移を表現するのに適し，進み具合及びその傾向がよく分か
　　　　り，プロジェクト全体の費用と進捗の管理に利用される。

　　イ　作業の順序や作業相互の関係を表現したり，重要作業を把握したりするのに適し
　　　　ており，プロジェクトの作業計画などに利用される。

　　ウ　作業の相互関係の把握には適さないが，作業計画に対する実績を把握するのに適
　　　　しており，個人やグループの進捗管理に利用される。

　　エ　進捗管理上のマイルストーンを把握するのに適しており，プロジェクト全体の進
　　　　捗管理などに利用される。

問6　プロジェクトマネジメントにおけるクラッシングの例として，適切なものはどれか。

　　ア　クリティカルパス上のアクティビティの開始が遅れたので，ここに人的資源を追
　　　　加した。

　　イ　コストを削減するために，これまで承認されていた残業を禁止した。

　　ウ　仕様の確定が大幅に遅れたので，プロジェクトの完了予定日を延期した。

　　エ　設計が終わったモジュールから順にプログラム開発を実施するように，スケジュ
　　　　ールを変更した。

問7　プロジェクトのスケジュール管理で使用する"クリティカルチェーン法"の実施例はどれか。

ア　限りある資源とプロジェクトの不確実性に対応するために，合流バッファとプロジェクトバッファを設ける。

イ　クリティカルパス上の作業に，生産性を向上させるための開発ツールを導入する。

ウ　クリティカルパス上の作業に，要員を追加投入する。

エ　クリティカルパス上の先行作業の全てが終了する前に後続作業に着手し，一部を並行して実施する。

問8　あるプロジェクトは4月から9月までの6か月間で開発を進めており，現在のメンバ全員が9月末まで作業すれば完了する見込みである。しかし，他のプロジェクトで発生した緊急の案件に対応するために，8月初めから，4人のメンバがプロジェクトから外れることになった。9月末に予定どおり開発を完了させるために，7月の半ばからメンバを増員する。条件に従うとき，人件費は何万円増加するか。

〔条件〕
・元のメンバと増員するメンバの，プロジェクトにおける生産性は等しい。
・7月の半ばから7月末までの0.5か月間，元のメンバ4人から増員するメンバに引継ぎを行う。
・引継ぎの期間中は，元のメンバ4人と増員するメンバはプロジェクトの開発作業を実施しないが，人件費は全額をこのプロジェクトに計上する。
・人件費は，1人月当たり100万円とする。

ア　200　　　　　　イ　250　　　　　　ウ　450　　　　　　エ　700

問9　ソフトウェアの規模の見積り方法のうち，利用者機能要件と機能プロセスに着目して，機能プロセスごとに ① ～ ③ の手順で見積りを行うものはどれか。

① データ移動を型として識別し，エントリ，エグジット，読込み及び書込みの 4 種類に分類する。
② データ移動の型ごとに，その個数に単位規模を乗じる。
③ ②で得た型ごとの値の合計を，機能プロセスの機能規模とする。

　ア　COCOMO　　　　　　　　　　イ　COSMIC 法
　ウ　積み上げ法　　　　　　　　　エ　類推法

問10　JIS Q 21500:2018（プロジェクトマネジメントの手引）によれば，プロセス "リスクの特定" 及びプロセス "リスクの評価" は，どのプロセス群に属するか。

　ア　管理　　　　　イ　計画　　　　　ウ　実行　　　　　エ　終結

問11　どのリスクがプロジェクトに対して最も影響が大きいかを判断するのに役立つ定量
　　　的リスク分析とモデル化の技法として，感度分析がある。感度分析の結果を示した次
　　　の図を何と呼ぶか。

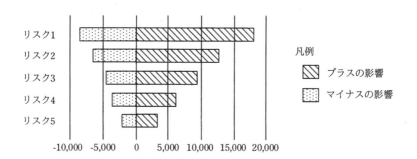

ア　確率分布
イ　デシジョンツリーダイアグラム
ウ　トルネード図
エ　リスクブレークダウンストラクチャ

問12　プロジェクトマネジメントで使用する分析技法のうち，傾向分析の説明はどれか。

　　ア　個々の選択肢とそれぞれを選択した場合に想定されるシナリオの関係を図に表し，
　　　　それぞれのシナリオにおける期待値を計算して，最善の策を選択する。
　　イ　個々のリスクが現実のものとなったときの，プロジェクトの目標に与える影響の
　　　　度合いを調べる。
　　ウ　時間の経過に伴うプロジェクトのパフォーマンスの変動を分析する。
　　エ　発生した障害とその要因の関係を魚の骨のような図にして分析する。

問13 新しく編成するプロジェクトチームの開発要員投入計画に基づいて PC をレンタルで調達する。調達の条件を満たすレンタル費用の最低金額は何千円か。

〔開発要員投入計画〕 単位 人

開発要員　＼　時期	1月	2月	3月	4月	5月	6月	7月	8月	9月	10月	11月	12月
設計者		2	4	4	4	2	2	2	2	2	2	
プログラマ				3	3	5	5	3	3	2	2	
テスタ						4	4	4	6			
計	0	2	4	7	7	11	11	9	11	4	4	0

〔調達の条件〕

(1) PC のレンタル契約は月初日から月末日までの 1 か月単位であり，日割りによる精算は行わない。

(2) PC 1 台のレンタル料金は月額 5 千円である。

(3) 台数にかかわらず，レンタル PC の受入れ時のセットアップに 2 週間，返却時のデータ消去に 1 週間を要し，この期間はレンタル期間に含める。

(4) セットアップとデータ消去は，プロジェクトチームの開発要員とは別の要員が行う。

(5) 開発要員は月初日に着任し，月末日に離任する。

(6) 開発要員の役割にかかわらず，共通仕様の PC を 1 人が 1 台使用する。

(7) レンタル期間中に PC を他の開発要員に引き渡す場合，データ消去，セットアップ及び引渡しの期間は不要である。

ア　350　　　　　イ　470　　　　　ウ　480　　　　　エ　500

問14　JIS Q 21500:2018（プロジェクトマネジメントの手引）によれば，プロセス"コミュニケーションのマネジメント"の目的はどれか。

ア　チームのパフォーマンスを最大限に引き上げ，フィードバックを提供し，課題を解決し，コミュニケーションを促し，変更を調整して，プロジェクトの成功を達成すること

イ　プロジェクトのステークホルダのコミュニケーションのニーズを確実に満足し，コミュニケーションの課題が発生したときにそれを解決すること

ウ　プロジェクトのステークホルダの情報及びコミュニケーションのニーズを決定すること

エ　プロセス"コミュニケーションの計画"で定めたように，プロジェクトのステークホルダに対し要求した情報を利用可能にすること及び情報に対する予期せぬ具体的な要求に対応すること

問15　オブジェクト指向開発におけるロバストネス分析で行うことはどれか。

ア　オブジェクトの確定，構造の定義，サブジェクトの定義，属性の定義，及びサービスの定義という五つの作業項目を並行して実施する。

イ　オブジェクトモデル，動的モデル，機能モデルという三つのモデルをこの順に作成して図に表す。

ウ　ユースケースから抽出したクラスを，バウンダリクラス，コントロールクラス，エンティティクラスの三つに分類し，クラス間の関連を定義して図に表す。

エ　論理的な観点，物理的な観点，及び動的な観点の三つの観点で仕様の作成を行う。

問16　リーンソフトウェア開発の説明として，適切なものはどれか。

　　ア　経験的プロセス制御の理論を基本としており，スプリントと呼ばれる周期で"検査と適応"を繰り返しながら開発を進める。

　　イ　製造業の現場から生まれた考え方をアジャイル開発のプラクティスに適用したものであり，"ムダをなくす"，"品質を作り込む"といった，七つの原則を重視して，具体的な開発プロセスやプラクティスを策定する。

　　ウ　比較的小規模な開発に適した，プログラミングに焦点を当てた開発アプローチであり，"コミュニケーション"などの五つの価値を定義し，それらを高めるように具体的な開発プロセスやプラクティスを策定する。

　　エ　利用者から見て価値があるまとまりを一つの機能単位とし，その単位ごとに，設計や構築などの五つのプロセスを繰り返しながら開発を進める。

問17　マッシュアップの説明はどれか。

　　ア　既存のプログラムから，そのプログラムの仕様を導き出す。

　　イ　既存のプログラムを部品化し，それらの部品を組み合わせて，新規プログラムを開発する。

　　ウ　クラスライブラリを利用して，新規プログラムを開発する。

　　エ　公開されている複数のサービスを利用して，新たなサービスを提供する。

問18 システムの改善に向けて提出された案 1 ～ 4 について，評価項目を設定して採点した結果を，採点結果表に示す。効果及びリスクについては 5 段階評価とし，それぞれの評価項目の重要度に応じて，重み付け表に示すとおりの重み付けを行った上で，次式で総合評価点を算出する。総合評価点が最も高い改善案はどれか。

総合評価点 ＝ 効果の総評価点 － リスクの総評価点

採点結果表

評価項目	改善案	案1	案2	案3	案4
効果	作業コスト削減	5	4	2	4
	システム運用品質向上	2	4	2	5
	セキュリティ強化	3	4	5	2
リスク	技術リスク	4	1	5	1
	スケジュールリスク	2	4	1	5

重み付け表

	評価項目	重み
効果	作業コスト削減	3
	システム運用品質向上	2
	セキュリティ強化	4
リスク	技術リスク	3
	スケジュールリスク	8

ア 案1　　　　イ 案2　　　　ウ 案3　　　　エ 案4

問19 情報システムの設計の例のうち，フェールソフトの考え方を適用した例はどれか。

ア　UPS を設置することによって，停電時に手順どおりにシステムを停止できるようにする。

イ　制御プログラムの障害時に，システムの暴走を避け，安全に運転を停止できるようにする。

ウ　ハードウェアの障害時に，パフォーマンスは低下するが，構成を縮小して運転を続けられるようにする。

エ　利用者の誤操作や誤入力を未然に防ぐことによって，システムの誤動作を防止できるようにする。

問20 システムの要件を検討する際に用いる UX デザインの説明として，適切なものはどれか。

ア　システム設計時に，システム稼働後の個人情報保護などのセキュリティ対策を組み込む設計思想のこと

イ　システムを構成する個々のアプリケーションソフトウェアを利用者が享受するサービスと捉え，サービスを組み合わせることによってシステムを構築する設計思想のこと

ウ　システムを利用する際にシステムの機能が利用者にもたらす有効性，操作性などに加え，快適さ，安心感，楽しさなどの体験価値を重視する設計思想のこと

エ　接続仕様や仕組みが公開されている他社のアプリケーションソフトウェアを活用してシステムを構築することによって，システム開発の生産性を高める設計思想のこと

問21 常時 10 名以上の従業員を有するソフトウェア開発会社が，社内の情報セキュリティ管理を強化するために，秘密情報を扱う担当従業員の扱いを見直すこととした。労働法に照らし，適切な行為はどれか。

ア 就業規則に業務上知り得た秘密の漏えい禁止の一般的な規定があるときに，担当従業員の職務に即して秘密の内容を特定する個別合意を行う。

イ 就業規則には業務上知り得た秘密の漏えい禁止の規定がないときに，漏えい禁止と処分の規定を従業員の意見を聴かずに就業規則に追加する。

ウ 情報セキュリティ事故を起こした場合の懲戒処分について，担当従業員との間で，就業規則の規定よりも重くした個別合意を行う。

エ 情報セキュリティに関連する規定は就業規則に記載してはいけないので，就業規則に規定を設けずに，各従業員と個別合意を行う。

問22 技術者倫理におけるホイッスルブローイングの説明として，適切なものはどれか。

ア 画期的なアイディアによって経済・社会に大きな変革をもたらすこと

イ コミュニケーションを通じて自ら問題を解決できる人材を育成すること

ウ 法令又は社会的規範を逸脱する行為を第三者などに知らしめること

エ リスクが発生したときの対処方法をあらかじめ準備しておくこと

問23 暗号技術のうち，共通鍵暗号方式はどれか。

ア AES イ ElGamal 暗号 ウ RSA エ 楕円曲線暗号

問24　テンペスト攻撃の説明とその対策として，適切なものはどれか。

　　ア　通信路の途中でパケットの内容を改ざんする攻撃であり，その対策としては，ディジタル署名を利用して改ざんを検知する。

　　イ　ディスプレイなどから放射される電磁波を傍受し，表示内容を解析する攻撃であり，その対策としては，電磁波を遮断する。

　　ウ　マクロマルウェアを使う攻撃であり，その対策としては，マルウェア対策ソフトを導入し，最新のマルウェア定義ファイルを適用する。

　　エ　無線 LAN の信号を傍受し，通信内容を解析する攻撃であり，その対策としては，通信パケットを暗号化する。

問25　DNSSEC の機能はどれか。

　　ア　DNS キャッシュサーバの設定によって，再帰的な問合せを受け付ける送信元の範囲が最大になるようにする。

　　イ　DNS サーバから受け取るリソースレコードに対するディジタル署名を利用して，リソースレコードの送信者の正当性とデータの完全性を検証する。

　　ウ　ISP などに設置されたセカンダリ DNS サーバを利用して権威 DNS サーバを二重化することによって，名前解決の可用性を高める。

　　エ　共通鍵暗号とハッシュ関数を利用したセキュアな方法によって，DNS 更新要求が許可されているエンドポイントを特定して認証する。

令和３年度　秋期
プロジェクトマネージャ試験
午後Ⅰ　問題

試験時間	12:30 ～ 14:00 （1 時間 30 分）

午後Ⅰ問題

注意事項

1. 試験開始及び終了は，監督員の時計が基準です。監督員の指示に従ってください。

2. 試験開始の合図があるまで，問題冊子を開いて中を見てはいけません。

3. **答案用紙への受験番号などの記入は，試験開始の合図があってから始めてください。**

4. 問題は，次の表に従って解答してください。

問題番号	問１～ 問３
選択方法	２問選択

5. 答案用紙の記入に当たっては，次の指示に従ってください。

   (1) Ｂ又は HB の黒鉛筆又はシャープペンシルを使用してください。

   (2) **受験番号欄に受験番号を，生年月日欄に受験票の生年月日を記入してください。**
   正しく記入されていない場合は，採点されないことがあります。生年月日欄につい
   ては，受験票の生年月日を訂正した場合でも，訂正前の生年月日を記入してくださ
   い。

   (3) **選択した問題**については，次の例に従って，**選択欄の問題番号を○印で囲んで**
   ください。○印がない場合は，採点され
   ません。３問とも○印で囲んだ場合は，
   はじめの２問について採点します。

   〔問１，問３を選択した場合の例〕

   (4) 解答は，問題番号ごとに指定された枠
   内に記入してください。

   (5) 解答は，丁寧な字ではっきりと書いて
   ください。読みにくい場合は，減点の対
   象になります。

注意事項は問題冊子の裏表紙に続きます。
こちら側から裏返して，必ず読んでください。

6. 退室可能時間中に退室する場合は，手を挙げて監督員に合図し，答案用紙が回収されてから静かに退室してください。

退室可能時間	13:10 ～ 13:50

7. **問題に関する質問にはお答えできません。** 文意どおり解釈してください。

8. 問題冊子の余白などは，適宜利用して構いません。ただし，問題冊子を切り離して利用することはできません。

9. 試験時間中，机上に置けるものは，次のものに限ります。

なお，会場での貸出しは行っていません。

受験票，黒鉛筆及びシャープペンシル（B 又は HB），鉛筆削り，消しゴム，定規，時計（時計型ウェアラブル端末は除く。アラームなど時計以外の機能は使用不可），ハンカチ，ポケットティッシュ，目薬，マスク

これら以外は机上に置けません。使用もできません。

10. 試験終了後，この問題冊子は持ち帰ることができます。

11. 答案用紙は，いかなる場合でも提出してください。回収時に提出しない場合は，採点されません。

12. 試験時間中にトイレへ行きたくなったり，気分が悪くなったりした場合は，手を挙げて監督員に合図してください。

13. 午後Ⅱの試験開始は 14:30 ですので，14:10 までに着席してください。

問1　新たな事業を実現するためのシステム開発プロジェクトにおけるプロジェクト計画
　　に関する次の記述を読んで，設問 1～3 に答えよ。

　　中堅の生命保険会社の D 社は，保険代理店や多数の保険外交員による顧客に対す
るきめ細かな対応を強みに，これまで主に自営業者や企業内の従業員などをターゲッ
トにした堅実な経営で企業ブランドを築いてきた。D 社には，この強みを継続してい
けば今後も安定した経営ができるとの思いが強かったが，近年は新しい保険商品の開
発や新たな顧客の開拓で他社に後れを取っていた。D 社経営層は今後の経営を危惧し，
経営企画部に対応策の検討を指示した。その結果，"昨今の規制緩和に対応し，また
最新のデジタル技術を積極的に活用して，他社に先駆けて新たな顧客層へ新しい保険
商品を販売する事業（以下，新事業という）"の実現を事業戦略として決定した。新
事業では，個人向けにインターネットなどを活用したマーケティングやダイレクト販
売を行って，新たな顧客層を開拓する。また，顧客のニーズ及びその変化に対応した
新しい保険商品を迅速に提供する計画である。

　　D 社は，規制緩和に柔軟に対応して事業戦略を実現するために，新たに 100％出資の
子会社（以下，G 社という）を設立し，D 社から社員を出向させることにした。G 社は,
D 社で事前に検討した幾つかの新しい保険商品を基に，できるだけ早くシステムを開発
し，新たな顧客層へ新しい保険商品の販売を開始することにしている。一方，新しい保
険商品に対して顧客がどのように反応するかが予測困難であるなど，その事業運営には
大きな不確実性があり，事業の進展状況を見ながら運営していく必要がある。

〔D 社のシステム開発の現状と G 社の概要〕
　　D 社では，事業部門である商品開発部及び営業部が提示する要求事項に基づいて，
システム部のメンバで編成したプロジェクトチームでシステムを開発している。きめ
細かなサービスを実現するために，大部分の業務ソフトウェアをシステム部のメンバ
が自社開発していて，ソフトウェアパッケージの利用は最小限にとどまっている。運
用も自社データセンタで，保険代理店の要望に応じてシステム部が運用時間を調整す
るなどきめ細かく対応している。システム部のメンバはベテランが多く，また実績の
ある技術を使うという方針もあり，開発や運用でのトラブルは少ない。一方，業務要
件の変更や新規の保険代理店の追加などへの対応に柔軟さを欠くことが，新しい保険

商品の開発や新たな顧客の開拓において他社に後れを取る原因の一つであった。

　G 社設立に当たり，D 社経営企画部は，G 社におけるシステム開発プロジェクトの課題を次のように整理した。

・新事業の運営には大きな不確実性があるので，システム開発に伴う初期投資を抑える必要があること。

・顧客のニーズや他社動向の急激な変化が予想され，この変化にシステムの機能やシステムのリソースも迅速に適応できるようにする必要があること。

・最新のデジタル技術の利用は，実績のある技術の利用とは異なり，多様な技術の中から仮説と検証を繰り返して実現性や適合性などを評価し，採用する技術を決定する必要があること。ただし，多くの時間を掛けずに，迅速に決定する必要があること。

　これらの課題に対して D 社経営層は，D 社には最新のデジタル技術の知識や経験が不足していることから，G 社の設立時においては，出向者に加えて必要なメンバを社外から採用することにした。

　G 社の組織は，本社機構，事業部及びシステム部から成る。約 30 名の体制で事業を開始する計画で，その準備をしているところである。G 社経営層は 4 名で構成され，D 社経営企画担当の役員が G 社の社長を兼任し，残りの 3 名は，D 社からの異動者 1 名，外部の保険関係の企業から 1 名，外部の IT 企業から 1 名という構成である。各部門も，半数は最新の保険業務や IT に詳しいメンバを社外から採用する。

〔プロジェクトの立上げ〕

　D 社で事前に検討した幾つかの新しい保険商品を提供するための G 社のシステム開発プロジェクト（以下，G プロジェクトという）は，従来の D 社のシステム開発プロジェクトとは特徴が大きく異なるので，G 社社長は，D 社システム部にはプロジェクトマネージャ（PM）の適任者がいないと考えていた。G 社社長は，かつて D 社システム部管掌時に接した多くのベンダの PM から，特にデジタル技術を活用した事業改革を実現するデジタルトランスフォーメーション（DX）に知見がある H 氏が適任と考えた。H 氏は，G 社社長からの誘いに応じて G 社に転職し，G 社システム部長兼 PM に任命された。現在 H 氏は，G プロジェクトの立上げを進めている。

　H 氏は，D 社経営企画部が整理した G 社におけるシステム開発プロジェクトの課

題を解決する方策を，Ｇ社の本社機構，事業部及びシステム部のキーパーソンととも
に検討した。その結果，次のような特徴をもつクラウドサービスの利用が課題の解決
に有効であると考えて，Ｇ社経営層に提案し，Ｇ社役員会で承認を得た。

・①使用するサービスの種類やリソースの量に応じて課金される。

・サービスやリソースを柔軟に選択できるので，②Ｇプロジェクトを取り巻く環境に
　適合する。

・③最新の多様なデジタル技術を活用する際にその技術を検証するための環境が備わ
　っており，実現性や適合性を効率良く評価できる。

〔プロジェクト計画〕

　Ｈ氏は，プロジェクト計画の作成を開始した。Ｇプロジェクトのスコープは販売す
る保険商品やその販売状況に左右される。先行して販売する保険商品は決まったが，
これに対する顧客の反応などを含む事業の進展状況に従って，プロジェクトのスコー
プが明確になっていく。Ｇプロジェクトを計画する上で必要な情報が事業の進展状況
によって順次明らかになることから，Ｈ氏は，④ある方法でプロジェクト計画を作
成することにした。

　Ｈ氏は，システム部を10名程度のメンバで発足することにした。既にＤ社システ
ム部から５名が出向していたので，残りの５名前後を社外から採用する。Ｈ氏は，Ｇ
社社長とも協議の上，採用面接に当たってはクラウドサービスなどの技術に詳しいこ
とに加えて，⑤多様な価値観を受け入れ，それぞれの知見を生かして議論できること
を採用基準として重視した。この採用基準に沿って，採用は順調に進んでいる。

〔ステークホルダへのヒアリング〕

　Ｈ氏は，Ｇプロジェクトのステークホルダは多様なメンバから構成されることから，
Ｇ社社長以下の役員に対し，プロジェクト運営に関してヒアリングした。その結果は
次のとおりである。

・Ｄ社からの異動者は，顧客や築いてきたブランドへの悪影響がないことを重視して，
　脅威のリスクは取りたくないという考え方であった。一方，社外から採用したメンバ
　は，斬新なチャレンジを重視して，脅威のリスクに対応するだけでなく，積極的に機
　会のリスクを捉えて成果を最大化することに取り組むべき，との考え方であった。

・G社社長は，脅威のリスクへの対応について，軽減又は受容の戦略を選択する場合には，組織のリスク許容度に基づいてリスクを適切に評価する，という考え方であった。また，機会のリスクについても適切にマネジメントしていくべき，という考え方であった。

H氏は，ヒアリングの結果から，Gプロジェクトのリスクへの対応に留意する必要があると感じた。そこで，Gプロジェクトのリスク対応計画における戦略選択の方針を表1のように定め，全役員に了解を得ることにした。

表1　リスク対応計画における戦略選択の方針

脅威のリスクへの対応		機会のリスクへの対応	
戦略	戦略選択の方針	戦略	戦略選択の方針
a	法令違反など，新事業の存続を揺るがすような脅威に適用する。	活用	確実に捉えるべき機会に適用する。
軽減	組織の b を上回る脅威に適用する。	c	影響度や発生確率を高めることで，事業の実現に効果が高い機会に適用する。
d	セキュリティの脅威など，外部の専門組織に対応を委託できる脅威に適用する。	共有	第三者とともに活動することで，捉えやすく，成果が大きくなる機会に適用する。
受容	組織の b と同等か下回る脅威に適用する。	受容	特別な戦略を策定しなくてもよい，と判断した機会に適用する。

H氏は，G社のメンバの多様な経験や知見を最大限生かす観点から，Gプロジェクトのプロジェクトチームを⑥“ある方針”で編成するのが適切であると考えていた。そこで，H氏は，事業部とシステム部の社員に，状況をヒアリングした。両部とも，部内ではD社からの出向者，社外出身者を問わず，業務プロセスやシステムについて，多様な経験や知見を生かして活発に議論していることが確認できた。しかし，事業部の中には，事業部内で議論して整理した結果をシステム部のプロジェクトに要求事項として提示することが役割だと考えているメンバが複数いた。また，システム部の中には事業部から提示された要求事項を実現することが役割だという考えのメンバが複数いた。H氏は，こうした状況を改善し，新事業を一体感をもって実現するためにも，当初考えていた“ある方針”のままプロジェクトチームを編成するのがよいと考えた。

設問1　〔プロジェクトの立上げ〕について，(1)～(3)に答えよ。

(1)　本文中の下線①について，H 氏が，G プロジェクトでは使用するサービスの種類やリソースの量に応じて課金されるクラウドサービスを利用することにした狙いは何か。30 字以内で述べよ。

(2)　本文中の下線②について，H 氏は，サービスやリソースを柔軟に選択できることは，G プロジェクトを取り巻くどのような環境に適合すると考えたのか。30 字以内で述べよ。

(3)　本文中の下線③について，H 氏が G プロジェクトでのデジタル技術の活用において，実現性や適合性を効率良く評価できることが課題の解決に有効であると考えた理由は何か。30 字以内で述べよ。

設問2　〔プロジェクト計画〕について，(1)，(2)に答えよ。

(1)　本文中の下線④について，H 氏が G プロジェクトの計画を作成する際に用いたのは，どのような方法か。35 字以内で述べよ。

(2)　本文中の下線⑤について，H 氏がこのようなことを採用基準として重視した狙いは何か。25 字以内で述べよ。

設問3　〔ステークホルダへのヒアリング〕について，(1)，(2)に答えよ。

(1)　表 1 中の　　a　　～　　d　　に入れる適切な字句を答えよ。

(2)　本文中の下線⑥について，H 氏が G プロジェクトのプロジェクトチームの編成に当たり適切と考えた方針は何か。30 字以内で述べよ。

問2　業務管理システムの改善のためのシステム開発プロジェクトに関する次の記述を読んで，設問1～3に答えよ。

　L社は，健康食品の通信販売会社であり，これまでは堅調に事業を拡大してきたが，近年は他社との競合が激化してきている。L社の経営層は競争力の強化を図るため，顧客満足度（以下，CSという）の向上を目的とした活動を全社で実行することにした。この活動を推進するためにCS向上ワーキンググループ（以下，CSWGという）を設置することを決定し，経営企画担当役員のM氏がリーダとなって，本年4月初めからCSWGの活動を開始した。

　L社はこれまでにも，商品ラインナップの充実，顧客コミュニティの運営，顧客チャネル機能の拡張としてのスマートフォン向けアプリケーションの提供などを進めてきた。L社ではCS調査を半年に一度実施しており，顧客コミュニティを利用してCSを5段階で評価してもらっている。これまでのCS調査の結果では，第4段階以上の高評価の割合が60％前後で推移している。L社経営層は，CSが高評価の顧客による購入体験に基づく顧客コミュニティでの発言が売上向上につながっているとの分析から，高評価の割合を80％以上とすることをCSWGの目標にした。

　CSWGの進め方としては，施策を迅速に展開して，CS調査のタイミングでCSと施策の効果を分析し評価する。その結果を反映して新たな施策を展開し，半年後のCS調査のタイミングで再びCSと施策の効果を分析し評価する，というプロセスを繰り返し，2年以内にCSWGの目標を達成する計画とした。

　施策の一つとして，販売管理機能，顧客管理機能及び通販サイトなどの顧客接点となる顧客チャネル機能から構成されている業務管理システム（以下，L社業務管理システムという）の改善によって，購入体験に基づく顧客価値（以下，顧客の体験価値という）を高めることでCS向上を図る。L社業務管理システムの改善のためのシステム開発プロジェクト（以下，改善プロジェクトという）を，CSWGの活動予算の一部を充当して，本年4月中旬に立ち上げることになった。

　改善プロジェクトのスポンサはM氏が兼任し，プロジェクトマネージャ（PM）にはL社システム部のN課長が任命された。プロジェクトチームのメンバはL社システム部から10名程度選任し，内製で開発を進める。2年以内にCSWGの目標を達成する必要があることから，改善プロジェクトの期間も最長2年間と設定された。

なお，M 氏から，目標達成には状況の変化に適応して施策を見直し，新たな施策を速やかに展開することが必要なので，改善プロジェクトも要件の変更や追加に迅速かつ柔軟に対応してほしい，との要望があった。

〔L 社業務管理システム〕

現在の L 社業務管理システムは，L 社業務管理システム構築プロジェクト（以下，構築プロジェクトという）として 2 年間掛けて構築し，昨年 4 月にリリースした。

N 課長は，構築プロジェクトでは開発チームのリーダであり，リリース後もリーダとして機能拡張などの保守に従事していて，L 社業務管理システム及び業務の全体を良く理解している。L 社システム部のメンバも，構築プロジェクトでは機能ごとのチームに分かれて開発を担当したが，リリース後はローテーションしながら機能拡張などの保守を担当してきたので，L 社業務管理システム及び業務の全体を理解したメンバが育ってきている。

L 社業務管理システムは，業務プロセスの抜本的な改革の実現を目的に，処理の正しさ（以下，正確性という）と処理性能の向上を重点目標として構築され，業務の効率化に寄与している。業務の効率化は L 社内で高く評価されているだけでなく，生産性の向上による戦略的な価格設定や新たなサービスの提供を可能にして，CS 向上にもつながっている。また，構築プロジェクトは品質・コスト・納期（以下，QCD という）の観点でも目標を達成したことから，L 社経営層からも高く評価されている。

N 課長は，改善プロジェクトのプロジェクト計画を作成するに当たって，社内で高く評価された構築プロジェクトのプロジェクト計画を参照して，スコープ，QCD，リスク，ステークホルダなどのマネジメントプロセスを修整し，適用することにした。N 課長は，まずスコープと QCD のマネジメントプロセスの検討に着手した。その際，M 氏の意向を確認した上で，①構築プロジェクトと改善プロジェクトの目的及び QCD に対する考え方の違いを表 1 のとおりに整理した。

表1 構築プロジェクトと改善プロジェクトの目的及び QCD に対する考え方の違い

項目	構築プロジェクト	改善プロジェクト
目的	L 社業務管理システムの構築によって，業務プロセスの抜本的な改革を実現する。	L 社業務管理システムの改善によって，顧客の体験価値を高め CS 向上の目標を達成する。
品質	正確性と処理性能の向上を重点目標とする。	現状の正確性と処理性能を維持した上で，顧客の体験価値を高める。
コスト	定められた予算内でのプロジェクトの完了を目指す。要件定義完了後は，予算を超過するような要件の追加や変更は原則として禁止とする。	CSWG の活動予算の一部として予算が制約されている。
納期	業務プロセスの移行タイミングと合わせる必要があったので，リリース時期は必達とする。	CS 向上が期待できる施策に対応する要件ごとに迅速に開発してリリースする。

〔スコープ定義のマネジメントプロセス〕

　N 課長は，表1から，改善プロジェクトにおけるスコープ定義のマネジメントプロセスを次のように定めた。

・CSWG が，施策ごとに CS 向上の効果を予測して，改善プロジェクトへの要求事項の一覧を作成する。そして，改善プロジェクトは技術的な実現性及び影響範囲の確認を済ませた上で②全ての要求事項に対してある情報を追加する。改善プロジェクトが追加した情報も踏まえて，CSWG と改善プロジェクトのチームが協議して，CSWG が要求事項の優先度を決定する。

・改善プロジェクトでは優先度の高い要求事項から順に要件定義を進め，③制約を考慮してスコープとする要件を決定する。

・CSWG が状況の変化に適応して要求事項の一覧を更新した場合，④改善プロジェクトのチームは，直ちに CSWG と協議して，速やかにスコープの変更を検討し，CSWG の目標達成に寄与する。

　N 課長は，これらの方針を M 氏に説明し，了承を得た上で CSWG に伝えてもらい，CS 向上の目標達成に向けてお互いに協力することを CSWG と合意した。

〔QCD に関するマネジメントプロセス〕

　N 課長は，表1から，改善プロジェクトにおける QCD に関するマネジメントプロセスを次のように定めた。

・改善プロジェクトは，要件ごとに，要件定義が済んだものから開発に着手してリリ

ースする方針なので，要件ごとにスケジュールを作成する。

・一つの要件を実現するために販売管理機能，顧客管理機能及び顧客チャネル機能の全ての改修を同時に実施する可能性がある。迅速に開発してリリースするには，構築プロジェクトとは異なり，要件ごとのチーム構成とするプロジェクト体制が必要と考え，可能な範囲で⑤この考えに基づいてメンバを選任する。

・リリースの可否を判定する総合テストでは，改善プロジェクトの考え方を踏まえて，⑥必ずリグレッションテストを実施し，ある観点で確認を行う。

・システムのリリース後に実施するCS調査のタイミングで，CSWGがCSとリリースした要件の効果を分析し評価する際，⑦改善プロジェクトのチームは特にある効果について重点的に分析し評価してCSWGと共有する。

設問1　〔L社業務管理システム〕の本文中の下線①について，N課長が，改善プロジェクトのプロジェクト計画を作成するに当たって，プロジェクトの目的及びQCDに対する考え方の違いを整理した狙いは何か。35字以内で述べよ。

設問2　〔スコープ定義のマネジメントプロセス〕について，(1)～(3)に答えよ。

(1)　本文中の下線②について，改善プロジェクトが追加する情報とは何か。20字以内で述べよ。

(2)　本文中の下線③について，改善プロジェクトはどのような制約を考慮してスコープとする要件を決定するのか。20字以内で述べよ。

(3)　本文中の下線④について，N課長は，改善プロジェクトが速やかにスコープの変更を検討することによって，CSWGの目標達成にどのようなことで寄与すると考えたのか。30字以内で述べよ。

設問3　〔QCDに関するマネジメントプロセス〕について，(1)～(3)に答えよ。

(1)　本文中の下線⑤について，N課長はどのようなメンバを選任することにしたのか。30字以内で述べよ。

(2)　本文中の下線⑥について，N課長が，総合テストで必ずリグレッションテストを実施して確認する観点とは何か。25字以内で述べよ。

(3)　本文中の下線⑦について，改善プロジェクトのチームが重点的に分析し評価する効果とは何か。30字以内で述べよ。

問3　マルチベンダのシステム開発プロジェクトに関する次の記述を読んで，設問 1〜3 に答えよ。

　　A社は金融機関である。A社の融資業務の基幹システムは，ベンダのX社，Y社の両社が5年前に受託して構築し，その後両社で保守している。両社はIT業界では競合関係にあるが，ともにA社の大口取引先でもあるので，5年前の基幹システム構築プロジェクト（以下，構築プロジェクトという）では，A社社長の判断で構築範囲を分割して両社に委託し，システム開発をマルチベンダで行う方針とした。A社システム部は，構築プロジェクトの開始に当たり，X社，Y社それぞれが担当するシステム（以下，Xシステム，Yシステムという）の機能が基本的に独立するように分割し，それぞれのシステム内の接続機能を介して連携させることにした。構築プロジェクトの作業，役割分担及びベンダとの契約形態を表1に示す。

表1　構築プロジェクトの作業，役割分担及びベンダとの契約形態

作業	役割分担	ベンダとの契約形態
要件定義	A社が実施する。	－（契約なし）
基本設計	接続機能間の接続仕様は，両社と協議してA社が実施する。 接続仕様以外は，X社，Y社それぞれが実施し，A社が承認する。	準委任契約
実装	X社及びY社がシステム内の接続機能も含めてそれぞれ実施し，A社が検収する。	請負契約
連動テスト	A社が主体となり，A社，X社及びY社が実施し，A社が承認する。	準委任契約
受入テスト	A社が実施する。X社及びY社はA社を支援する。	準委任契約

注記　実装は，詳細設計，単体テストを含む製造及び各システム内の結合テストの工程に分かれる。連動テストは，両システム間の結合テスト及び総合テストの工程に分かれる。

　　A社は今年，新たなサービスを提供することになり，X社とY社に基幹システムの改修を委託することになった。この基幹システム改修プロジェクト（以下，改修プロジェクトという）のスポンサはA社のCIOであり，プロジェクトマネージャ（PM）はA社システム部のB課長である。B課長は新たなサービスの業務要件を両社に説明するとともに，両システムの機能分担を整理した。この整理の結果，それぞれのシステム内の接続機能を含めた仕様に変更が必要であり，構築プロジェクトと同様に両社の連携が必要なことが判明した。

〔構築プロジェクトの PM に確認した問題〕

　B 課長は，改修プロジェクトの計画を作成するに当たり，構築プロジェクトの PM に，構築プロジェクトにおいて発生した問題について確認した。

(1)　ステークホルダに関する問題

　　・X 社と Y 社が A 社の大口取引先であることから，A 社の経営陣には X 社派と Y 社派がいて，それぞれのベンダの開発の進め方に配慮したような要求や指示があり，プロジェクト推進上の阻害要因になった。

　　・X 社と Y 社の責任者は，自社の作業は管理していたが，両社に関わる共通の課題や調整事項への対応には積極的ではなかった。構築プロジェクトの振り返りで，両社の責任者から，他社の作業の内容は分からないので関与しづらいし，両社に関わることは A 社が調整するものと考えていた，との意見があった。

(2)　作業の管理に関する問題

　　・実装は請負契約なので各社が定めたスケジュールで実施した。接続機能に関して，X 社が詳細設計工程で生じた疑問を Y 社に確認したくても，Y 社はまだ詳細設計工程を開始しておらず疑問が直ちに解消しないことがあった。また，Y 社の詳細設計工程で，基本設計を受けて詳細な仕様を定め，A 社に確認して了承を得たが，その前に了承されていた X 社の詳細設計に修正が必要となることがあった。X 社が既に製造工程を終了していた場合は，この修正を行うために手戻りが発生した。A 社としては，両社の作業が円滑に進むような配慮があった方が良かったと考える。

　　・連動テストには，A 社，X 社及び Y 社の 3 社から多数のメンバが参加し，テストの項目，手順や実施日程の変更など，全メンバで多くの情報を共有する必要があった。これらの情報に関するコミュニケーションの方法としては，3 社の責任者で整理して，各社の責任者から各社のメンバに伝達するルールであった。A 社メンバへは A 社メンバが利用している Web 上の構築プロジェクト専用の掲示板機能を通じて速やかに伝達し，作業指示も行ったので認識を統一できたが，X 社及び Y 社のメンバには情報の伝達遅れや認識相違によるミスが多発した。

　　・連動テスト前半で，接続機能に関する不具合が発生して進捗が遅れた。A 社は，連動テストを中断し，A 社の同席の下，両社の技術者で不具合の原因を調査して，両社の詳細設計の不整合に起因する不具合であることを発見した。この不整合は，

両社のそれぞれの作業及び A 社の検収で発見することは難しかった。その後両社で必要な対応を実施して連動テストは再開され，予定どおり完了した。

(3) 変更管理に関する問題

・Y 社が，両システム間の結合テスト工程で，接続機能以外のある機能について，性能向上のために詳細設計を変更した。Y 社では，この変更は X システムとの接続機能の仕様には影響しないと考えて実施したが，実際は X システムと連携する処理に影響していた。その結果，X システムとの連動テストで不具合が発生し，対応に時間を要した。

・構築プロジェクトでは制度改正への対応が必要であった。制度の概略は実装着手前に公開されており，Y システムで対応する計画だった。Y 社は A 社の了承の下，制度改正の仕様を想定して開発していた。その後，連動テスト中に制度改正の詳細が確定したが，確定した仕様は想定と異なる点があり，A 社で検討した結果，X システムでも対応が必要なことが判明した。急きょ X 社に要件の変更を依頼することにしたが，コンティンジェンシ予備費は既に一部を使っていて，Y システムの制度改正対応分しか残っていなかった。X システムの対応分の予算は，上司を通して経営陣に掛け合って捻出したが，調整に時間を要した。

B 課長はこれらと同様の問題の発生を回避するような改修プロジェクトの計画を作成する必要があると考えた。

〔ステークホルダに関する問題への対応〕

B 課長は，改修プロジェクトの成功には，3 社で一体となったプロジェクト組織の構築と運営が必須であると考えた。

そこで B 課長は，社内については，①プロジェクトに対する経営陣からの要求や指示は CIO も出席する経営会議で決定し，CIO から B 課長に指示することを，CIO を通じて A 社経営会議に諮り，了承を取り付けてもらうことにした。一方，社外については，基幹システムの保守を行う中で，X 社と Y 社の間に信頼関係が築かれてきたと考え，構築プロジェクトで実施した週次での X 社及び Y 社との個社別会議に加えて，改修プロジェクトでは，②3 社に関わる課題や調整事項の対応を迅速に進めることを目的に，B 課長と両社の責任者が出席する 3 社合同会議を隔週で開催することにした。

〔作業の管理に関する問題への対応〕

　B 課長は，改修プロジェクトを進めるに当たり，作業，役割分担及びベンダとの契約形態，並びに Web 上のプロジェクト専用の掲示板機能を活用することは構築プロジェクトと同様とすることにした。その上で B 課長は，X 社及び Y 社から提示されたスケジュールを確認して，スケジュールに起因する問題を避けるために，③接続機能については実装の中でマイルストーンの設定を工夫することを考えた。また，B 課長は，連動テストでは，3 社の責任者で整理した 3 社で共有すべき周知事項については，X 社及び Y 社のメンバも Web 上の掲示板機能で参照可能とすることにした。ただし，④契約形態を考慮して，各社のメンバへの作業指示に該当するような事項は掲示板には掲載しないことにした。さらに，詳細設計の完了時及び完了以降の変更時には⑤ある活動を実施することで，後工程への不具合の流出を防ぐことにした。

〔変更管理に関する問題への対応〕

　構築プロジェクトでは，連動テスト以降の設計の変更は，A 社と，変更を実施するベンダが出席する変更管理委員会での承認後に実施していた。B 課長は，改修プロジェクトでは，変更管理委員会には 3 社が出席し，⑥あることを確認する活動を追加することにした。さらに，B 課長は，構築プロジェクトにおいて発生した問題から想定されるリスクとは別に，マルチベンダにおける相互連携には想定外に発生するリスクがあると考えた。そこで，後者のリスクへの対応が予算の制約で遅れることのないように，⑦CIO に相談して，プロジェクト開始前に対策を決めることにした。

　B 課長は，CIO の承認を得て，検討した改修プロジェクトのプロジェクト計画を両社のプロジェクト責任者に説明し，この計画に沿った契約とすることで合意を得た。

設問 1 　〔ステークホルダに関する問題への対応〕について，(1)，(2)に答えよ。

　　(1)　本文中の下線①について，B 課長が狙った効果は何か。35 字以内で述べよ。

　　(2)　本文中の下線②について，B 課長が狙った，ステークホルダマネジメントの観点での効果は何か。35 字以内で述べよ。

設問 2 　〔作業の管理に関する問題への対応〕について，(1)〜(3)に答えよ。

　　(1)　本文中の下線③について，B 課長は，接続機能について，実装の中でマイルストーンの設定をどのように工夫することにしたのか。25 字以内で述べよ。

(2) 本文中の下線④について，B 課長が各社のメンバへの作業指示に該当するような事項は掲示板には掲載しないことにしたのはなぜか。30 字以内で述べよ。

(3) 本文中の下線⑤について，B 課長が後工程への不具合の流出を防ぐために実施したある活動とは何か。35 字以内で述べよ。

設問3　〔変更管理に関する問題への対応〕について，(1)，(2)に答えよ。

(1) 本文中の下線⑥について，B 課長が変更管理委員会で確認することにした内容は何か。25 字以内で述べよ。

(2) 本文中の下線⑦について，B 課長が CIO に相談する対策とは何か。15 字以内で述べよ。

令和3年度　秋期
プロジェクトマネージャ試験
午後II　問題

試験時間	14:30 ～ 16:30（2時間）

注意事項

1. 試験開始及び終了は，監督員の時計が基準です。監督員の指示に従ってください。

2. 試験開始の合図があるまで，問題冊子を開いて中を見てはいけません。

3. **答案用紙への受験番号などの記入は，試験開始の合図があってから始めてください。**

4. 問題は，次の表に従って解答してください。

問題番号	問1，問2
選択方法	1問選択

5. 答案用紙の記入に当たっては，次の指示に従ってください。

   (1) B又はHBの黒鉛筆又はシャープペンシルを使用してください。

   (2) **受験番号欄に受験番号を，生年月日欄に受験票の生年月日を記入してください。**
   正しく記入されていない場合は，採点されないことがあります。生年月日欄について
   は，受験票の生年月日を訂正した場合でも，訂正前の生年月日を記入してくださ
   い。

   (3) **選択した問題**については，次の例に従って，**選択欄**の**問題番号を〇印で囲んで**
   ください。〇印がない場合は，採点されません。2問とも〇印で囲んだ場合は，
   はじめの1問について採点します。

   〔問2を選択した場合の例〕

注意事項は問題冊子の裏表紙に続きます。
こちら側から裏返して，必ず読んでください。

6. 解答に当たっては，次の指示に従ってください。指示に従わない場合は，評価を
   下げることがあります。
   (1) **問題文の趣旨に沿って解答してください。**
   (2) 解答欄は，"論述の対象とするプロジェクトの概要"と"本文"に分かれています。
      "論述の対象とするプロジェクトの概要"は，2ページの記入方法に従って，全項
      目について記入してください。**項目に答えていない又は適切に答えていない場合
      （項目と本文のプロジェクトが異なる，項目間に矛盾があるなど）は減点されます。**
   (3) "本文"は，設問ごとに次の解答字数に従って，それぞれ指定された解答欄に
      記述してください。
      ・設問ア：800 字以内
      ・設問イ：**800 字以上** 1,600 字以内
      ・設問ウ：**600 字以上** 1,200 字以内
   (4) 解答は，丁寧な字ではっきりと書いてください。

7. 退室可能時間中に退室する場合は，手を挙げて監督員に合図し，答案用紙が回収
   されてから静かに退室してください。

退室可能時間	15:10 ～ 16:20

8. **問題に関する質問にはお答えできません。**文意どおり解釈してください。

9. 問題冊子の余白などは，適宜利用して構いません。ただし，問題冊子を切り離し
   て利用することはできません。

10. 試験時間中，机上に置けるものは，次のものに限ります。
    なお，会場での貸出しは行っていません。
    受験票，黒鉛筆及びシャープペンシル（B 又は HB），鉛筆削り，消しゴム，定規，
    時計（時計型ウェアラブル端末は除く。アラームなど時計以外の機能は使用不可），
    ハンカチ，ポケットティッシュ，目薬，マスク
    これら以外は机上に置けません。使用もできません。

11. 試験終了後，この問題冊子は持ち帰ることができます。

12. 答案用紙は，いかなる場合でも提出してください。回収時に提出しない場合は，
    採点されません。

13. 試験時間中にトイレへ行きたくなったり，気分が悪くなったりした場合は，手を
    挙げて監督員に合図してください。

"論述の対象とするプロジェクトの概要"の記入方法

　論述の対象とするプロジェクトの概要と，そのプロジェクトに，あなたがどのような立場・役割で関わったかについて記入してください。

　質問項目①は，プロジェクトの名称を記入してください。

　質問項目②～⑦，⑪～⑬は，記入項目の中から該当する番号又は記号を〇印で囲み，必要な場合は（　　）内にも必要な事項を記入してください。複数ある場合は，該当するものを全て〇印で囲んでください。

　質問項目⑧，⑩，⑭及び⑮は，（　　）内に必要な事項を記入してください。

　質問項目⑨は，（　　）内に必要な事項を記入し，記入項目の中から該当する記号を〇印で囲んでください。

午後 II 問題

問1　システム開発プロジェクトにおけるプロジェクトチーム内の対立の解消について

　　プロジェクトマネージャ（PM）は，プロジェクトの目標の達成に向け継続的にプ
ロジェクトチームをマネジメントし，プロジェクトを円滑に推進しなければならな
い。
　　プロジェクトの実行中には，作業の進め方をめぐって様々な意見や認識の相違が
プロジェクトチーム内に生じることがある。チームで作業するからにはこれらの相
違が発生することは避けられないが，これらの相違がなくならない状態が続くと，
プロジェクトの円滑な推進にマイナスの影響を与えるような事態（以下，対立とい
う）に発展することがある。
　　PM は，プロジェクトチームの意識を統一するための行動の基本原則を定め，メン
バに周知し，遵守させる。プロジェクトの実行中に，プロジェクトチームの状況か
ら対立の兆候を察知した場合，対立に発展しないように行動の基本原則に従うよう
に促し，プロジェクトチーム内の関係を改善する。
　　しかし，行動の基本原則に従っていても意見や認識の相違が対立に発展してしま
うことがある。その場合は，原因を分析して対立を解消するとともに，行動の基本
原則を改善し，遵守を徹底させることによって，継続的にプロジェクトチームをマ
ネジメントする必要がある。
　　あなたの経験と考えに基づいて，設問ア～ウに従って論述せよ。

設問ア　あなたが携わったシステム開発プロジェクトにおけるプロジェクトの特徴，
　　　　あなたが定めた行動の基本原則とプロジェクトチームの状況から察知した対立
　　　　の兆候について，800 字以内で述べよ。
設問イ　設問アで述べたプロジェクトの実行中に作業の進め方をめぐって発生した対
　　　　立と，あなたが実施した対立の解消策及び行動の基本原則の改善策について，
　　　　800 字以上 1,600 字以内で具体的に述べよ。
設問ウ　設問イで述べた対立の解消策と行動の基本原則の改善策の実施状況及び評価
　　　　と，今後の改善点について，600 字以上 1,200 字以内で具体的に述べよ。

問2 システム開発プロジェクトにおけるスケジュールの管理について

　　プロジェクトマネージャ（PM）には，プロジェクトの計画時にシステム開発プロジェクト全体のスケジュールを作成した上で，プロジェクトが所定の期日に完了するように，スケジュールの管理を適切に実施することが求められる。

　　PM は，スケジュールの管理において一定期間内に投入したコストや資源，成果物の出来高と品質などを評価し，承認済みのスケジュールベースラインに対する現在の進捗の実績を確認する。そして，進捗の差異を監視し，差異の状況に応じて適切な処置をとる。

　　PM は，このようなスケジュールの管理の仕組みで把握した進捗の差異がプロジェクトの完了期日に対して遅延を生じさせると判断した場合，差異の発生原因を明確にし，発生原因に対する対応策，続いて，遅延に対するばん回策を立案し，それぞれ実施する。

　　なお，これらを立案する場合にプロジェクト計画の変更が必要となるとき，変更についてステークホルダの承認を得ることが必要である。

　　あなたの経験と考えに基づいて，設問ア～ウに従って論述せよ。

設問ア　あなたが携わったシステム開発プロジェクトにおけるプロジェクトの特徴と目標，スケジュールの管理の概要について，800 字以内で述べよ。

設問イ　設問アで述べたスケジュールの管理の仕組みで把握した，プロジェクトの完了期日に対して遅延を生じさせると判断した進捗の差異の状況，及び判断した根拠は何か。また，差異の発生原因に対する対応策と遅延に対するばん回策はどのようなものか。800 字以上 1,600 字以内で具体的に述べよ。

設問ウ　設問イで述べた対応策とばん回策の実施状況及び評価と，今後の改善点について，600 字以上 1,200 字以内で具体的に述べよ。

●令和３年度秋期
午前Ⅰ問題　解答・解説

問１　エ
接線を求めることによる非線形方程式の近似解法（R3 秋・高度 午前Ⅰ問 1）

　非線形方程式 $f(x)=0$ の解を，〔手順〕(1)～(3)に挙げる近似解法によって求める様子を図に示す。非線形とは，比例関係で表すことができない形で，例として図１に示す曲線 $y=f(x)$ のようなグラフが挙げられる。

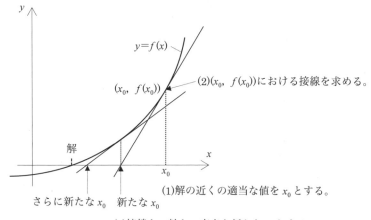

図　$f(x)=0$ の近似解法の〔手順〕(1)～(3)

　$f(x)=0$ の解の近くに近似解の候補として適当な値 x_0 をとり，$(x, f(x))$ における曲線 $y=f(x)$ の接線と x 軸との交点を求める。求めた交点は，はじめに決めた x_0 より $f(x)=0$ の解に近づくので，これを新たな x_0 とする。この操作を繰り返し，現在の x_0 と次に求めた新たな x_0 の差の絶対値が，ある値以下になった時点で繰返しを終了する。この結果，$f(x)=0$ の近似解が求められる。この解法は，ニュートン法と呼ばれるので，（エ）が正解である。なお，１次方程式のように，変数の１次式だけで構成される方程式を線形方程式，２次以上の変数を含む方程式を非線形方程式と呼ぶ。

ア：オイラー法…微分方程式で与えられた関係式を基に，x の値に対する推定値を計算し，$y=f(x)$ の近似を行う手法である。

イ：ガウスの消去法…連立1次方程式の解法である。連立1次方程式の係数からなる行列を変形することによって変数を絞り込み，解を求める。

ウ：シンプソン法…関数$f(x)$の積分計算を近似する手法である。積分計算は，細かく区切った台形の面積の和で近似する方法がよく知られているが，シンプソン法は関数$f(x)$を細かく区切った区間ごとに2次関数で近似することによって求める方法である。

問2　ア　　　　　　　　　　　　パリティビットの付加で訂正できるビット数（R3秋·高度 午前I問2）

　　パリティビットは，データに対して付加する冗長ビットである。そして，この冗長ビットも含めて"1"の状態のビットの数を偶数（あるいは奇数）となるようにする。問題のような行列（垂直・水平）ではなく，一方向だけのパリティビットの場合，奇数個のビット誤りは検出できるが，誤り箇所は識別できない。また，偶数個のビット誤りでは検出もできない。

　　では，問題のような行列の場合はどうなるかを，調べてみる。

〔正しい状態〕

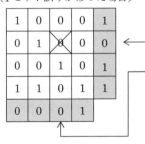

←──── データ部分の"1"ビットが一つなので，パリティビットは1とし，全体として"1"のビットの数が偶数になるようにしている。

〔1ビット誤りがあった場合〕

1	0	0	0	1
0	1	✕	0	0
0	0	1	0	1
1	1	0	1	1
0	0	0	1	

⊠ の箇所に誤りがあり，1のところが0となった。

←── "1"ビットの数が奇数なので，この行に誤りが発生する。

"1"ビットの数が奇数なので，この列に誤りが発生。したがって，2行3列に誤りが発生していることが分かり，その値を訂正できる。

〔2ビットの誤りがあった場合〕

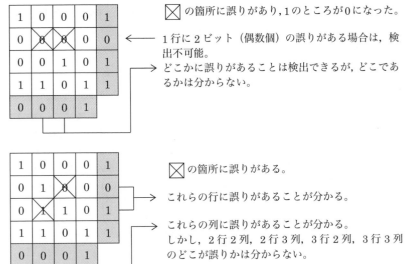

□の箇所に誤りがあり，1のところが0になった。

← 1行に2ビット（偶数個）の誤りがある場合は，検出不可能。

→ どこかに誤りがあることは検出できるが，どこであるかは分からない。

□の箇所に誤りがある。

→ これらの行に誤りがあることが分かる。

→ これらの列に誤りがあることが分かる。
しかし，2行2列，2行3列，3行2列，3行3列のどこが誤りかは分からない。

以上のように，1ビットの誤り検出と訂正は可能であるが，2ビットの誤り訂正は不可能である。よって，（ア）が正解である。なお，問題では「何ビットまでの誤りを訂正できるか」と問われているので，2ビットの誤り訂正ができないことが分かれば，3ビット以上を考える必要はない。

問3　ウ
バブルソートの説明（R3秋・高度 午前Ⅰ問3）

バブルソートは，隣り合う要素を比較して，大小の順が逆であれば入れ替えるという操作を繰り返すことで整列を行うので，（ウ）が正解である。要素の入替え（交換）を繰り返すことから交換法とも呼ばれる。なお，バブルとは泡のことで，後方（下）にある要素が，入替えの繰返しによって，徐々に前方（上）に移っていく様子を，コップなどの中の泡が下から上へ昇っていく様子にたとえて，バブルソートと呼ばれる。

ア：ある間隔おきに取り出した要素に対する整列を，間隔を詰めながら行う整列法は，シェルソートである。

イ：中間的な基準値を決めて，その基準値よりも大きな要素，小さな要素に振り分ける操作を繰り返す整列法は，クイックソートである。再帰を用いることで，容易に実現できることも特徴である。

エ：未整列の部分を順序木にし，そこから最小値を取り出して整列済の部分に移

す操作を繰り返して，未整列の部分を縮めていく整列法は，ヒープソートである。なお，順序木とは，要素の値の大小によって，格納位置を決める木構造のことである。ヒープは順序木の代表で，親要素が常に子要素よりも大きくならない（小さくならない）という条件で要素の格納位置を決めるので，根の要素が最小値（最大値）になる。

問4　エ
16 ビット整数の加算結果でオーバフローしないもの（R3 秋・高度 午前 I 問 4）

　演算レジスタが 16 ビットの CPU で符号付き 16 ビット整数 $x1$, $x2$ を 16 ビット符号付き加算（$x1+x2$）するときに，全ての $x1$, $x2$ の組合せにおいて加算結果がオーバフローしないのはどの場合かについて考える。このとき，負数は 2 の補数で表す。補数とは元の数に足したときに桁上がりする最小の数のことであり，2 の補数は「2 進数で表された数のビットを反転させて 1 を足す」操作で求めることができる。例えば，整数の 7 を 4 ビットの 2 進数で表すと $0111_{(2)}$ となるが，-7 を 2 の補数表現で表すと，2 進数のビットを反転させた $1000_{(2)}$ に 1 を加えて $1001_{(2)}$ となる。2 の補数表現を用いると，符号付き 16 ビット整数では -2^{15}〜$2^{15}-1$（$-32{,}768$〜$32{,}767$）の範囲の値を表現することができる。

　全ての $x1$, $x2$ の組合せにおいて加算結果がオーバフローしないものを選ぶので，オーバフローする例が一つでもある場合は正解とはならない。

ア：$|x1|+|x2| \leqq 32{,}768$ を満たす例として，$x1=32{,}767$, $x2=1$ とすると，$x1+x2=32{,}767+1=32{,}768$ となり，表現できる数 $-32{,}768$〜$32{,}767$ の範囲を超えオーバフローする。

イ：$|x1|$ 及び $|x2|$ がともに $32{,}767$ 未満である例として，$x1=32{,}766$, $x2=32{,}766$ とすると，$x1+x2=32{,}766+32{,}766=65{,}532$ となり，表現できる数 $-32{,}768$〜$32{,}767$ の範囲を超えオーバフローする。

ウ：$x1 \times x2 > 0$ となるのは，次の①，又は②の場合であるが，いずれもオーバフローする例が挙げられる。

　①　$x1>0$ かつ $x2>0$　（ア），（イ）の例からオーバフローすることが分かる。
　②　$x1<0$ かつ $x2<0$　$x1=-32{,}768$, $x2=-32{,}768$ とすると，$x1+x2=-32{,}768+(-32{,}768)=-65{,}536$ となり，表現できる数 $-32{,}768$〜$32{,}767$ の範囲を超えオーバフローする。

エ：$x1$ と $x2$ の符号が異なる例として，加算結果（正／負双方）の絶対値が最も大きくなる $x1$ と $x2$ の組合せである，次の①，②を考えるとオーバフローは発生しないので，全ての $x1$, $x2$ の組合せにおいて加算結果が表現できる数 $-32{,}768$〜$32{,}767$ に収まり，オーバフローしないと考えることができる。したがって，（エ）が正解である。

　①　$x1=-1$, $x2=32{,}767$ とすると，$x1+x2=-1+32{,}767=32{,}766$ となり，オーバフローしない。
　②　$x1=-32{,}768$, $x2=1$ とすると，$x1+x2=-32{,}768+1=-32{,}767$ となり，

オーバフローしない。

問5 イ 　　　　　　　　物理サーバの処理能力を調整するスケールインの説明（R3 秋·高度 午前 I 問 5）

　システムが使用する物理サーバの処理能力を，負荷状況に応じて調整する方法の一つとして，システムを構成する物理サーバの台数を減らすことによって，システムのリソースを最適化し，無駄なコストを削減する方法があり，スケールインと呼ばれる。したがって，（イ）が正解である。

　（ア）はスケールアウトの説明である。スケールインとスケールアウトは対義語の関係にあり，両者とも物理サーバの台数に着目した方法である。一方，（ウ）はスケールアップ，（エ）はスケールダウンの説明である。スケールアップとスケールダウンも対義語の関係にあり，両者とも CPU やメモリのスペックに着目した方法である。

問6 ア 　　　　　　仮想記憶システムにおいて処理能力が低下する現象（R3 秋·高度 午前 I 問 6）

　プログラムの実行に従って参照するページが異なってくるため，ページ参照時に，必要とするページがメモリ内に存在しないことがある。これをページフォールトといい，このような場合は仮想記憶装置（ディスク）から必要なページをメモリにロード（ページイン）しなければならない。プログラムが必要とする仮想ページ数（メモリ容量）に比べて，利用できる実ページ数（実メモリ領域）が極端に少ないと，ページフォールトに伴うページング（ページ置換え；ページアウト＋ページイン）が多発して，その処理のために CPU が多く使われてしまいオーバヘッドが増加する。このため，アプリケーション処理などに CPU が利用できず，システムの処理能力が急激に低下することになる。この現象はスラッシングと呼ばれるので，（ア）が正解である。

イ：スワップアウトとは，ジョブ，プロセスという単位でメモリからディスクにメモリ内容を書き出すことである。また，この逆をスワップインと呼び，二つを合わせてスワッピングと呼ぶ。一定時間，処理要求がないオンラインプロセスなどが，スワップアウトの対象となる。

ウ：フラグメンテーションとは，メモリ空間が細かな領域に断片化した状態のことである。通常，断片化した細かな領域は利用することができないために，フラグメンテーションが発生した場合，メモリ内の配置を再編成して，使われていないメモリ領域を大きなまとまりにする必要が生じるが，この再編成操作をガーベジコレクションと呼ぶ。

エ：前述のようにページフォールトとは，プログラムが参照するページがメモリ内に存在しないことである。

　X は，加算したときの桁上がりなので，A, B がともに 1 のときだけ 1，その他は 0 を出力する。したがって，該当する論理演算は，論理積（AND）である。

　Y は，加算したときの桁上げなしの和（和の 1 桁目）なので，A, B の値のどちらか一方が 0，もう一方が 1 のときは 1 を出力し，両方とも 0 又は 1 のときは 0 を出力する。したがって，該当する論理演算は，排他的論理和（XOR）である。選択肢の中で，X が論理積素子の出力，Y が排他的論理和素子の出力になっている論理回路は（ア）なので，これが正解である。

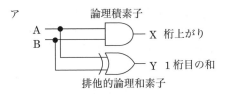

　なお，1 桁の 2 進数を加算し，一方に桁上がり，他方に桁上げなしの和を求める論理回路は，半加算器と呼ばれる。これは，本来の加算回路に必要な下位からの桁上がりを考慮していないためで，半加算器を組み合わせて，下位桁からの桁上がりを考慮して入力を三つにしたものが全加算器である。

　関係 R と関係 S, 及び関係 X のタプル（行）に注目すると，関係 X のタプルは，関係 R と S のタプルを合わせて，重複する ID＝0001 のタプルを 1 行にしたものである。このように，二つの関係（集合）の要素の和集合を求めて，重複しているタプル（行）を取り除く関係演算は，（エ）の和である。なお，和演算では，二つの関係の属性の数とドメイン（属性の値が取り得る集合）が同じという条件が成立している必要がある。

ア：結合は，複数の関係を，共通する属性の値を基に一つの関係に変換する演算である。関係 R と関係 S を ID で結合すると，自然結合の場合には関係 X は次のようになる。

X

ID	R.A	R.B	S.A	S.B
0001	a	100	a	100
0002	b	200	a	200

イ：差演算は，例えば，R－S の場合には関係 R から関係 S の要素を取り除く。R－S で求めた関係 X は次のようになる。

X

ID	A	B
0002	b	200
0003	d	300

ウ：直積演算は，二つの関係のタプルの全ての組合せを求める演算である。関係
　Rと関係Sの直積を求めた関係Xは次のようになる。

X

R.ID	R.A	R.B	S.ID	S.A	S.B
0001	a	100	0001	a	100
0001	a	100	0002	a	200
0002	b	200	0001	a	100
0002	b	200	0002	a	200
0003	d	300	0001	a	100
0003	d	300	0002	a	200

問9　イ

データベースの障害回復処理（R3秋·高度 午前Ⅰ問9）

　　データベースの障害回復処理には，障害によって失われてしまった更新内容に
対して更新後情報を使用して復元するためのロールフォワード（リカバリ）と，
処理が中断してしまった更新内容に対して更新前情報を使用して元に戻すための
ロールバック（リカバリ）がある。また，データベースの更新処理では，この二
つのリカバリ処理に備えるため，更新前の内容，更新後の内容をログファイルに
記録する。
　　トランザクションによるデータベースの更新頻度が多い場合には，チェックポ
イントを設定し，定期的に更新バッファの内容をディスクに書き込み，ログとデー
タベース内容との同期をとる。こうすることで，チェックポイント以前の回復
作業が不要になるので，システム障害時の回復時間を短縮することができる。し
たがって，（イ）が適切な記述である。なお，媒体障害の場合には，チェックポイ
ント以前の内容も失われてしまうため，バックアップファイルをリストアした後，
バックアップ以降の更新後情報を利用した回復処理が必要となる。
ア：データのブロック化ではなく，ロック処理である。データのブロック化とは，
　複数のレコードをひとまとめにして記録することで，格納効率やアクセス効率
　を向上させる手法である。
ウ：データベースの媒体障害に対しては，ログファイルの更新前情報ではなく，
　更新後情報を用いてバックアップ以降の更新内容を反映することで，データの
　回復処理を行う。
エ：トランザクションが異常終了した場合には，中途半端な更新結果が残る可能

性があるので，ログファイルの更新後情報ではなく，更新前情報によって更新前の状態に戻すことで，データの回復処理を行う。

問 10　ア

TCP/IP のプロトコルの一つである ARP（Address Resolution Protocol）は，「IP アドレスから MAC アドレスを得るプロトコル」である。したがって，（ア）が適切である。

ARP では，まず MAC アドレスを取得したいホストが，問い合わせる IP アドレスを格納した ARP 要求パケットを LAN 全体にブロードキャストする。ARP 要求を受け取った各ホストは自分の IP アドレスに対するものかどうかを判断し，問い合わせた IP アドレスをもつホストだけが MAC アドレスを格納した ARP 応答パケットを返すという仕組みになっている。なお，これとは逆に MAC アドレスから IP アドレスを得るプロトコルは RARP（Reverse Address Resolution Protocol）である。

その他の記述は，次のプロトコルの説明である。

イ：IP ネットワークにおける誤り制御のためのプロトコルは，ICMP（Internet Control Message Protocol）である。

ウ：ゲートウェイ間のホップ数によって経路を制御するプロトコルは，RIP（Routing Information Protocol）である。

エ：端末に対して動的に IP アドレスを割り当てるためのプロトコルは，DHCP（Dynamic Host Configuration Protocol）である。

問 11　エ

論理演算の特性に着目した解き方（解き方 1）と，想定した IP アドレスを解答群の計算の方法で試してみる解き方（解き方 2）の二つを説明する。

【解き方 1】

マスクビットを用いる論理演算において，論理積と論理和は演算対象の値のビット列に対して次の特性をもつ。

・論理積（AND）‥マスクビットが 0 のビット位置は値に関わらず 0 をセット（マスク）し，マスクビットが 1 のビット位置は値をそのまま取り出す。

・論理和（OR）‥マスクビットが 0 のビット位置は値をそのまま取り出し，マスクビットが 1 のビット位置は値に関わらず 1 をセットする。

あるホストの IP アドレスを 192.168.10.15/24 とすると，ホストが属するサブネットのプレフィックス長（ネットワーク部の長さ）は 24 ビットなので，サブネットマスクは 255.255.255.0 である。また，ホストが属するサブネットのブロードキャストアドレスは，ホストアドレス部である下位 8 ビットを全て 1 にした 192.168.10.255 である。このブロードキャストアドレスを計算するには，IP アド

レスの上位 24 ビット（ネットワークアドレス部）はそのまま取り出し，下位 8 ビット（ホストアドレス部）に 1 をセットする必要がある。そのためには，上位 24 ビットが 0 で，下位 8 ビットが 1 のマスクビットを用いて，IP アドレスのビット列との論理和を計算すればよい。そして，このマスクビットは，サブネットマスク 255.255.255.0 の各ビットを反転した 0.0.0.255 である。したがって，(エ) が適切である。

この演算を 10 進表記及びビット列表記で示すと次のようになる。なお，各ビットの反転を単に反転と表記している。

```
        IP アドレス：192.168.10. 15   11000000 10101000 00001010 00001111
サブネットマスクを反転：  0.  0. 0.255   00000000 00000000 00000000 11111111
        論理和：192.168.10.255   11000000 10101000 00001010 11111111
```

【解き方 2】

選択肢ごとの確認は，解き方 1 で想定した IP アドレス 192.168.10.15 であれば，シンプルな下位 16 ビットの 10.15（00001010 00001111）の部分で試すのが効率的である。下位 16 ビットに対応するサブネットマスクは 255.0 である。この例を用いて，選択肢の方法で計算すると次のようになる。なお，解き方 1 と同様に，各ビットの反転を単に反転と表記している。

```
ア：     IP アドレスを反転：11110101 11110000
        サブネットマスク：11111111 00000000
            論理積：11110101 00000000
イ：     IP アドレスを反転：11110101 11110000
        サブネットマスク：11111111 00000000
            論理和：11111111 11110000
ウ：         IP アドレス：00001010 00001111
    サブネットマスクを反転：00000000 11111111
            論理積：00000000 00001111
エ：         IP アドレス：00001010 00001111
    サブネットマスクを反転：00000000 11111111
            論理和：00001010 11111111
```

このように，(エ)が正しいブロードキャストアドレス（下位 16 ビットが 10.255）で適切となる。

問12　イ　IoT セキュリティガイドラインにおける対策例（R3 秋・高度 午前 I 問 12）

"IoT セキュリティガイドライン（Ver 1.0）"（2016 年 7 月）では，方針～分析～設計～構築・接続～運用・保守という IoT のライフサイクルに沿って，21 の要点を挙げ，要点ごとにポイントと解説，対策例が示されている。"要点 17. 出荷・リリース後も安全安心な状態を維持する"には，IoT 機器のアップデートに関する対策例として，アップデート方法の検討，アップデート等の機能の搭載，アッ

プデートの実施の 3 項目が示されている。したがって，（イ）が正しい。

　その他の対策例は，次の要点において示されている。

ア：要点 3. 守るべきものを特定する

ウ：要点 20. IoT システム・サービスにおける関係者の役割を認識する

エ：要点 1. 経営者が IoT セキュリティにコミットする

問 13　ア　　　　　　　　否認防止に関する情報セキュリティの特性 (R3 秋-高度　午前 I 問 13)

　JIS Q 27000:2019（情報セキュリティマネジメントシステム－用語）には，否認防止（non-repudiation）について「主張された事象又は処置の発生，及びそれらを引き起こしたエンティティを証明する能力」と定義されている。ある利用者があるシステムを利用したという事実を証明可能にすることは，この否認防止に該当するので，（ア）が正解である。否認防止の実現手段としては，ディジタル署名が代表的である。システム利用時に当該利用者のディジタル署名を含む記録を残しておくことによって，システムを利用した事実を証明可能にすることができる。

イ：可用性（availability）の特性に関する記述である。

ウ：機密性（confidentiality）の特性に関する記述である。

エ：信頼性（reliability）の特性に関する記述である。

問 14　ア　　　　　　　　盗まれたクレジットカードの不正利用防止 (R3 秋-高度　午前 I 問 14)

　3D セキュアは，ネットショッピングサイトなどの EC サイトにおけるオンライン決済において，クレジットカードの不正使用を防止するために本人認証を行う仕組みである。したがって，（ア）が正しい。

　3D セキュアの 3D は，クレジットカード発行会社（イシュア）に関わるイシュアドメイン，加盟店に対して支払いを行う加盟店契約会社（アクワイアラ）に関わるアクワイアラドメイン，及び 3D セキュア認証をサポートする様々なプロバイダに関わる相互運用ドメインの三つのドメインを意味している。利用者は，クレジットカード発行会社にあらかじめメッセージとパスワードを登録しておき，EC サイトでのクレジット決済時にパスワードを入力して，クレジットカード発行会社が本人認証を行う。3D セキュアによる認証のメッセージングの例を次に示す。

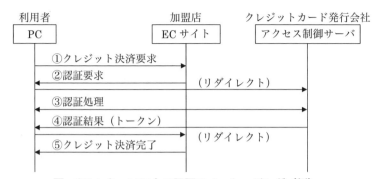

図　3D セキュアによる認証のメッセージング（例）

　③の認証処理では，認証画面に表示されるあらかじめ登録したメッセージを，利用者が確認することによってフィッシング攻撃のリスクを低減する。

　なお，3D セキュアのバージョン 2 では，モバイル決済における利便性や安全性を向上させるために，固定のパスワード認証に代わって，リスクベース認証や生体認証，ワンタイムパスワード認証などを利用できるようになっている。

イ：オンラインショッピングでは，クレジットカード内に保存された PIN を読み取ることはできない。

ウ：有効期限の入力は，オンラインショッピングの決済処理でも行われるが，有効期限がクレジットカードに表記されているので，盗まれたカードの不正使用を防ぐことはできない。

エ：セキュリティコードの入力は，オンラインショッピングの決済処理でも行われるが，オンラインショッピングでは券面認証はできない。

問 15　ア　　認証ヘッダと暗号ペイロードの二つのプロトコルを含むもの（R3 秋・高度 午前 I 問 15）

　認証ヘッダ（AH；Authentication Header）と，暗号ペイロード（ESP；Encapsulated Security Payload）を含むプロトコルは，IPsec なので，（ア）が正解である。IPsec は IP 通信を暗号化して送るネットワーク層のプロトコルであり，IP レベルで VPN を実現する，インターネット VPN を構築する場合の主要技術である。なお，認証ヘッダ（AH）は，送受信するパケットの認証を行うためのプロトコル，暗号ペイロード（ESP）は，送受信するパケットの認証と暗号化を行うためのプロトコルである。また，IPsec には，この二つの他に，インターネット鍵交換（IKE；Internet Key Exchange）という，鍵交換を行うためのプロトコルが含まれる。

イ：S/MIME（Secure Multipurpose Internet Mail Extensions）は，電子メールのセキュリティ規格の一つであり，RSA 公開鍵暗号方式を用いてディジタル署

名を付与したり，メール本文などを暗号化したりするプロトコルである。
ウ：SSH は，遠隔地にあるコンピュータを CUI ベースで遠隔操作するための暗
　　号通信プロトコルである。
エ：XML 暗号は，XML 文書内の任意の項目を暗号化するための規格である。

問16　ア　UML のアクティビティ図の説明 (R3 秋·高度 午前 I 問 16)

　UML のアクティビティ図は，ビジネスプロセスにおける作業手順やプログラ
ム処理といった「ある振る舞いから次の振る舞いへの制御の流れ」を表すことが
できる。次の例は，要件定義プロセスについて，顧客ニーズヒアリングの後に，
機能設計と非機能設計を並行に行い，両作業の終了後に要件定義書作成を行うこ
とを表現している。したがって，（ア）が正しい。

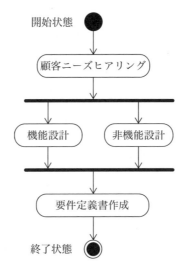

開始状態

顧客ニーズヒアリング

機能設計　　非機能設計

要件定義書作成

終了状態

イ：オブジェクト間の相互作用を時系列で表現するのは，シーケンス図である。
ウ：システムの機能と利用者や外部システムとの関係を表現するのは，ユースケ
　　ース図である。
エ：オブジェクトの状態がイベント発生や時間でどのように変化するかを表現す
　　るのは，ステートマシン図（状態遷移図）である。

問17　ア　アジャイル開発におけるバーンダウンチャート (R3 秋·高度 午前 I 問 17)

　アジャイル開発のプラクティス（実践のための指針）の一つのバーンダウンチ
ャートは，縦軸をチームの残作業量，横軸を時間としたチャートで，時間の経過
とともに残作業量が減っていく様子を見ることができる。残作業量の予定と実績

を可視化することによって，進捗などの作業状況を把握し，必要な対処ができるようにすることを目的としている。したがって，（ア）が正しい。なお，バーンダウンチャートは，アジャイル開発の開発単位であるイテレーション（反復の単位となる作業期間）ごとに作成することが一般的である。

　その他の選択肢で示されたものは，次のようなチャートである。

イ：ハードウェアにおける時間の経過と発生不具合数の関係を表したチャートで，バスタブ曲線と呼ばれる。不具合の発生が多い初期故障期間のあと，安定して稼働する偶発故障期間を経て，経年劣化から再び不具合の発生が増える磨耗故障期間に至る。

ウ：テストの進捗に伴い，累積バグ数が収束する傾向を表すチャートで，信頼度成長曲線と呼ばれる。ゴンペルツ曲線やロジスティック曲線も成長曲線の一種で，同じようなカーブを描く。

エ：プロジェクトの進捗に伴って工程ごとに投入する要員数を表すチャートで，リソースヒストグラムや山積みグラフ（山積み図）などと呼ばれる。

問 18　イ　　プレシデンスダイアグラムからアローダイアグラムへの書直し（R3 秋・高度 午前 I 問 18）

　プレシデンスダイアグラム（Precedence Diagramming Method；PDM）は作業（アクティビティ）を四角形のノードで表記し，その作業順序や依存関係を矢印で表現する。終了や開始を示す依存関係には，次の 4 タイプが指定できる。

・FS 関係（Finish to Start；終了－開始関係）
　　先行作業が終了したら，後続作業を開始する
・SS 関係（Start to Start；開始－開始関係）
　　先行作業が開始したら，後続作業を開始する
・FF 関係（Finish to Finish；終了－終了関係）
　　先行作業が終了したら，後続作業を終了する
・SF 関係（Start to Finish；開始－終了関係）
　　先行作業が開始したら，後続作業を終了する

　一つの作業が終了してから次の作業が始まることが多いので，FS 関係で示すことが多い。

　一方，アローダイアグラムは，作業を矢印で示し，作業の接続点を○（ノード）で表現する。なお，作業順序を示すために，実作業のないダミー作業（点線矢印）を使うので，矢印で作業も作業順序も表現していることになる。

　これに対し，プレシデンスダイアグラムは作業をノードで，矢印で作業順序を示すので，ダミー作業を使わずに作業順序を表現できる。

　この問題のプレシデンスダイアグラムで表現されているプロジェクトスケジュールネットワーク図は，開始から終了まで大きく二つの並列作業（A→C→E→G と B→D→F→H）のつながりで示されていて，作業 A から作業 F に矢印があることから，作業 A と D が終了したら作業 F を開始することが分かる。

選択肢のアローダイアグラムで，作業Dの後に作業Fを開始する関係は全て示されているが，作業Aの後，作業Fの前に矢印（順序関係を示すためのダミー作業）が正しく示されているのは（イ）だけなので，これが書き直したものとなる。

ア：作業Aの後，作業Fへの矢印がなく，依存関係が示されていない。

ウ：作業Aの後で，作業Fの開始前と終了後の両方に矢印が示されていて，プレシデンスダイアグラムで表現されている内容と同じにはならない。

エ：作業Aの後，作業Fの終了後に矢印があり，正しく依存関係を表していない。

問19　イ　　リスクの定量的分析で実施すること（R3秋·高度 午前I問19）

PMBOK（Project Management Body Of Knowledge）ガイド第6版によると，リスクの定量的分析とは，プロジェクトの個別の特定した個別リスクと，プロジェクト目標全体における他の不確実性要因が複合した影響を数量的に分析するプロセスである。したがって，リスクの定量的分析で実施することとしては，（イ）が正解である。

ア：「リスクの定性的分析」で実施することである。

ウ：「リスクの対応計画」で実施することである。

エ：「リスク登録簿」に関する記述である。

問20　エ　　サービスマネジメントシステムにおける問題管理の活動（R3秋·高度 午前I問20）

JIS Q 20000-1:2020（ISO/IEC 20000-1:2018）情報技術－サービスマネジメント－第1部：サービスマネジメントシステム要求事項の「8 サービスマネジメントシステムの運用」の「8.6.3 問題管理」によると，「組織は，問題を特定するために，インシデントのデータ及び傾向を分析しなければならない」と記述されている。したがって，（エ）が正解である。

ア：必ず恒久的に解決するという点が誤りとなる。8.6.3 問題管理のeには，「根本原因が特定されたが，問題が恒久的に解決されていない場合，組織は，その問題がサービスに及ぼす影響を低減又は除去するための処置を決定しなければならない」と記述されている。また，8.6.3には，「問題については，次の事項を実施しなければならない」と記載されたdに「可能であれば，解決する」と記述されている。

イ：既知の誤りは記録しないという点が誤りである。8.6.3 問題管理のeには「既知の誤りは，記録しなければならない」と記述されている。

ウ：解決した問題は直ちに問題管理の対象から除外するという点が誤りである。あらかじめ定めた間隔で，問題解決の有効性を監視し，レビューし報告した上で，問題管理の対象から除外する。

問 21　ウ　　バックアップの運用に必要な磁気テープの本数 (R3 秋・高度 午前 I 問 21)

　問題の処理条件の(3)の例に沿って，本日が 10 月 31 日の場合を考えてみると，4 月 30 日までのデータを復元できるようにする必要がある。フルバックアップは，処理条件の(1)から毎月 1 日にとるので，4/30 までのデータを復元するためには，4/1 のフルバックアップと 4/2〜4/30 の差分バックアップが必要となる。このように考えていくと，4 月から 10 月までのバックアップに必要な磁気テープの本数は，

　・4 月から 10 月までのフルバックアップの本数 7 本
　　　(4/1，5/1，6/1，7/1，8/1，9/1，10/1)
　・4 月から 10 月までの差分バックアップの本数 7 本
　　　(4/2〜，5/2〜，6/2〜，7/2〜，8/2〜，9/2〜，10/2〜)

という合計 14 本が必要となる。

　次に，本日が翌 11 月 1 日の場合を考えてみると，5 月 1 日から 11 月 1 日までのデータを復元するためのバックアップに必要な磁気テープの本数は，

　・5 月から 11 月まで（5/1 から 11/1 までを復元できる必要がある）のフルバックアップの本数 7 本
　　　(5/1，6/1，7/1，8/1，9/1，10/1，11/1)
　・5 月から 11 月までの差分バックアップの本数 6 本
　　　(5/2〜，6/2〜，7/2〜，8/2〜，9/2〜，10/2〜)

となり，合計 13 本でよいことになる。しかし，これはフルバックアップ当日の 11 月 1 日（月初日）の場合だけに限られたことであり，通常の運用を考えたときの 11 月 2 日以降に関しては，月末までのデータを復元する最初の例と同じ本数（14 本）の磁気テープが必要である。

　したがって，バックアップの運用に必要な磁気テープの本数は最少で 14 本であり，（ウ）が正解である。

問 22　イ　　コントロールを書面上又は実際に追跡するシステム監査技法 (R3 秋・高度 午前 I 問 22)

　経済産業省は，システム監査を実施する監査人の行為規範及び監査手続の規則を規定した"システム監査基準"と，システム監査人の判断の尺度を規定した"システム管理基準"を改訂し，平成 30 年 4 月に公表している。

　"システム監査基準（平成 30 年）"のIV. システム監査実施に係る基準における「【基準 8】監査証拠の入手と評価」で監査手続の技法についての記述があり，「ウォークスルー法とは，データの生成から入力，処理，出力，活用までのプロセス，及び組み込まれているコントロールを，書面上で，又は実際に追跡する技法をいう」としている。したがって，（イ）のウォークスルー法が正解である。

ア：インタビュー法は，「監査対象の実態を確かめるために，システム監査人が，直接，関係者に口頭で問い合わせ，回答を入手する技法」である。

ウ：監査モジュール法は，「システム監査人が指定した抽出条件に合致したデータをシステム監査人用のファイルに記録し，レポートを出力するモジュールを，本番プログラムに組み込む技法」である。

エ：ペネトレーションテスト法は，サイバー攻撃を想定した情報セキュリティ監査などにおいて，「システム監査人が一般ユーザのアクセス権限又は無権限で，テスト対象システムへの侵入を試み，システム資源がそのようなアクセスから守られているかどうかを確認する技法」である。

問23　ウ

物流業務における業務プロセスの改善活動に関して，問題文に「10％の物流コストの削減」が目標とあり，空欄a～cに対応する目標の設定例から，それぞれの活動内容は次のようになる。

・空欄a……最終的な目標（KGI；重要目標達成指標）を決める。
・空欄b……目標達成に必要となる主な要因（CSF；主要成功要因）を抽出する。
・空欄c……CSFの達成度を示す定量的な数値目標（KPI；重要業績達成指標）を決める。

空欄cに対応する目標設定の「在庫日数7日以内，誤出荷率3％以内」がKPI（Key Performance Indicator；重要業績達成指標）に該当する。したがって，（ウ）が正解である。

ア：CSF（Critical Success Factor；主要成功要因）はKGI（重要目標達成指標）の実現のために必要となる主な要因のことで，「在庫の削減，誤出荷の削減」の空欄bが該当する。

イ：KGI（Key Goal Indicator；重要目標達成指標）は経営目標を達成したことを示す定量的な数値目標のことで，「10％の物流コストの削減」の空欄aが該当する。

エ：MBO（Management by Objectives；目標による管理）は，担当者ごとに自身の業務上の目標を設定し，担当者自身が目標達成に向けての業務推進や進捗管理を主体的に行う活動で，業務プロセスの改善活動には直接関係しない。

問24　イ

テレワーク導入後5年間の効果を求める計算問題である。

問題文に示されているとおり，"テレワークで削減可能な費用"と"テレワークに必要な費用"に分けて計算する。

"テレワークで削減可能な費用"としては，表中の上段3項目であるので，これを計算していくと，次のようになる。

通勤費の削減額＝10万円／年·人×5年×10人＝500万円

オフィススペース·光熱費の削減額＝12万円／年·人×5年×10人＝600万円

中途採用費用の削減額＝50 万円／人・年×1 人×5 年＝250 万円

"テレワークに必要な費用"は，表中の下段 3 項目であるので，これを計算すると，次のようになる。
　テレワーク用の PC の購入費用＝8 万円／台×10 台＝80 万円
　リモートアクセスツールの初期費用＝1 万円／人×10 人＝10 万円
　リモートアクセスツールの運用費用＝2 万円／年・人×5 年×10 人＝100 万円
　インターネット回線費用＝6 万円／年・人×5 年×10 人＝300 万円

テレワーク導入後 5 年間の効果は，"テレワークで削減可能な費用"から"テレワークに必要な費用"を差し引いた額であるので，次のように計算される。
　テレワーク導入後 5 年間の効果＝(500＋600＋250)－(80＋10＋100＋300)
　　　　　　　　　　　　　　　　＝1,350－490
　　　　　　　　　　　　　　　　＝860 万円
　したがって，860 の（イ）が正解である。

問 25　イ

RFI の説明（R3 秋・高度 午前 I 問 25）

　RFI（Request For Information；情報提供依頼書）は，RFP（Request For Proposal；提案依頼書）作成に先立って，製品やサービスを調達しようとする者が，その調達範囲を決めたり要件定義をまとめたりするために必要な情報を，ベンダから提供してもらうための依頼文書である。情報システムの調達においては，その要件を実現するために利用可能な技術，実現手段，ベンダの実績や保有商品などの情報提供を依頼する。したがって，（イ）が正解である。
ア：サービス提供者と顧客との間で，提供するサービスの内容，品質などに関する保証範囲やペナルティについてあらかじめ契約としてまとめた文書ということから，SLA（Service Level Agreement；サービスレベル合意書）の説明である。
ウ：調達側からベンダに対して要件を提示し，効果的な実現策の提案を依頼する文書ということから，RFP の説明である。
エ：要件定義との整合性を図り，利用者と開発要員及び運用要員の共有物とするために，業務処理の概要，入出力情報の一覧，データフローなどをまとめた文書ということから，システム要件定義書又はソフトウェア要件定義書の説明である。

問 26　ア

バリューチェーンの説明（R3 秋・高度 午前 I 問 26）

　バリューチェーンとは，図のように企業活動を五つの主活動と四つの支援活動に分類し，個々の活動が付加価値（バリュー）を生み出すという考えに基づいた

フレームワークである。企業の競争優位の源泉がどこにあるのかを分析することができる。したがって，（ア）がバリューチェーンの説明である。

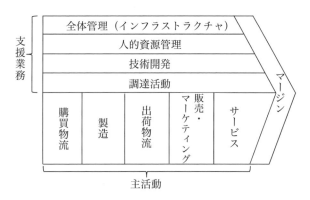

図　バリューチェーン

イ：SWOT 分析の説明である。企業の内部環境と外部環境 × プラス要因とマイナス要因の 4 象限に分類し，自社の強み（Strength）と弱み（Weakness），自社を取り巻く機会（Opportunity）と脅威（Threat）に整理する分析手法のことである。

ウ：バランススコアカード（Balanced Scorecard）の説明である。バランススコアカードでは 4 つの視点「財務の視点」，「顧客の視点」，「業務プロセスの視点」，「学習と成長の視点」から企業を分析し，戦略マップを作ったり企業の業績を評価したりすることで，最終的にはアクションプランを作成するのに利用する。

エ：事業領域（事業ドメイン）を明確にするために用いられる CFT 分析の説明である。CFT 分析は「誰に（顧客；Customer)」，「何を（機能；Function)」，「どのように（技術；Technology)」提供するかを 3 つの軸で分析し，事業領域を設定するのに利用する。

問27 エ　　　　　　　　　　リーンスタートアップの説明（R3 秋·高度 午前 I 問 27）

リーンスタートアップとは，新規事業の立ち上げや起業をする際に，実用に足る最小限の製品やサービス（MVP；Minimum Viable Product；実用最小限の製品）を作り，構築（製品やサービスにニーズがあると仮定して MVP を開発する）→ 計測（MVP を提供して反応を確認する）→ 学習（反応から改良を行う）というプロセスを短期間に繰り返すことである。この繰返しによって新規事業や起業の成功確率を上がっていく。なお，リーンとは無駄のないという意味である。したがって，（エ）がリーンスタートアップの説明である。

ア：公共性のある事業でもリーンスタートアップが適用できるケースはあるが，

事前に詳細な事業計画を検討・立案して進めるという点がリーンスタートアップには該当しない。

イ：経営資源を大規模の投入することは，実用最小限の製品を開発するのと相反する手法であり，リーンスタートアップの説明ではない。

ウ：持続可能な事業を迅速に構築し展開する点は良いが，あらかじめ詳細に立案された事業計画を厳格に遂行し，これらの変更を最小限にとどめる点がリーンスタートアップには該当しない。

問 28　ア　IoT 技術のエッジコンピューティングの説明（R3 秋・高度 午前 I 問 28）

エッジコンピューティングとは，センサ端末の近くに演算機能を配置することでネットワークの距離に応じた遅延を短縮する技術である。IoT 機器が増えるに従い，センサ端末とサーバの距離による遅延やサーバ側のネットワーク帯域の増大が問題となってきている。センサ端末の近くで演算し必要な情報に絞ってサーバにデータを送るなどの工夫で遅延やネットワーク負荷の低減ができる。したがって，（ア）が適切である。

イ：身体や衣服などに装着して使用するように設計され，コンピュータとして利用する方式であるウェアラブルコンピューティングの説明である。装着者の血圧や体温，心拍，脈拍などの情報を収集して健康管理に活用することが可能であり，ウェアラブルデバイスとしてはスマートウォッチなどがある。

ウ：クラスタリングの説明である。複数のコンピュータを束ねて仮想的に 1 つの大きなコンピュータとして利用する技術である。

エ：エネルギーハーベスティングの説明である。光や温度差，振動などの周囲の環境に存在するエネルギーを電力に変換する技術のことである。

問 29　ア　マクシミン原理に従って投資する株式（R3 秋・高度 午前 I 問 29）

マクシミン原理とは，それぞれの選択肢（ここではどの株式に投資するか）の最小利得を最大にする戦略である。これに従い次表の株式 A～D の値を見ていく。

株式 ＼ 経済の成長	高	中	低
A	20	10	15
B	25	5	20
C	30	20	5
D	40	10	−10

表中の網掛け部分が，各株式投資で得られる最小利得であり，それが最大であ

るものはAである。したがって，（ア）が正解となる。ここでは，「経済の成長」が低のところだけを比べてしまわないよう，注意が必要である。

問30　ア　　　　　　　　　　　特別条項を適用する36協定届の事例（R3秋・高度　午前Ⅰ問30）

　36協定とは，労働基準法の第36条（時間外及び休日の労働）に規定された労働者と使用者（労使）の間で取り決めた労働時間の延長に関する協定のことである。36協定を結ぶ場合，月45時間以内，年360時間以内が上限時間になるが，通常予見することができない業務量の増加や臨時的にこの上限時間を超えた場合に，月100時間以内，年720時間以内，2か月～6か月の平均が80時間以内，月45時間を超える回数の上限6回以内を限度とする特別条項を労使で取り決めることができる。ただし，この特別条項は研究開発に係る業務については適用できないことになっている。また，36協定では，対象期間は1年以内と定められている。したがって，（ア）が正解である。

イ：新商品の研究開発業務については特別条項を適用できないため誤った事例である。

ウ：特別条項を適用できる回数の上限が6回以内となっているため，期限の定めが必要であり誤った事例である。

エ：慢性的な人手不足は，通常予見することができない業務量の増加には該当しないため誤った事例である。

●令和3年度秋期
午前Ⅱ問題 解答・解説

問1 ウ

JIS Q 21500:2018（Guidance on project management；プロジェクトマネジメントの手引）3.8において，「プロジェクトマネジメントオフィスは，ガバナンス，標準化，プロジェクトマネジメントの教育訓練，プロジェクトの計画及びプロジェクトの監視を含む多彩な活動を遂行することがある」と記述されている。したがって，組織としての標準化，プロジェクトマネジメントの教育訓練，プロジェクトの計画及び監視などの役割を主として担うのはプロジェクトマネジメントオフィスであるので，（ウ）が正解である。なお，プロジェクトマネジメントオフィス（PMO；Project Management Office）とは，組織内の様々なプロジェクトの支援を行う専門部署のことである。

ア：プロジェクトスポンサは，プロジェクトを許可し，経営的決定を下し，プロジェクトマネージャの権限を超える問題及び対立を解決する。

イ：プロジェクトマネージャは，プロジェクトの活動を指揮し，マネジメントして，プロジェクトの完了に説明義務を負う。

エ：プロジェクトマネジメントチームは，プロジェクトの活動を指揮し，マネジメントするプロジェクトマネージャを支援する。

問2 エ

RACIチャートとは，プロジェクト作業の要員の責任分担を表す場合に用いられる図の一つである。アクティビティごとに，どの要員にどの責任を負わせるのかを表すことができる。RACIは，Responsible（実行責任者），Accountable（説明責任者），Consulted（相談対応先），Informed（情報提供先）の先頭文字を組み合わせた用語である。説明責任者は，アクティビティの完了について外部からの問合せに対して説明する責任を負う。説明責任者はアクティビティごとに1人でなければならない。実行責任者はアクティビティの完了に責任を負う者，相談対応先はアクティビティに関して相談する相手，情報提供先はアクティビティに関する情報を提供する相手を表している。

この図では設計アクティビティにおいて「A」の役割をもつのは「野村」となっている。したがって，（エ）が正解である。

　PMBOK®ガイド第6版では，プロジェクトに影響を及ぼし得る環境を，組織体の内部にある「組織のプロセス資産（OPA）」と，プロジェクト外の環境に由来する「組織体の環境要因（EEF）」とに分けて整理している。「組織のプロセス資産（OPA）」はプロジェクトにかかわりをもつ母体組織のプロセス関連の資産であり，次図のように整理される。

| 組織のプロセス資産(OPA) | プロセス，方針および手法 | 次のものが含まれるが限定されるものではない
・プロジェクトにおける特定のニーズを満たすために，組織の一群の標準プロセスと手続きをテーラリングするためのガイドラインおよび基準
・方針
・プロダクト・ライフサイクルおよびプロジェクト・ライフサイクル，方針と手続き
・テンプレート
・事前承認された納入者リストおよび様々なタイプの契約上の合意
・母体組織の標準書，方針，計画書，手続き書，もしくはすべての変更され得るプロジェクト文書の手続き，およびすべての変更の承認や妥当性確認方法などを含む変更管理手続き
・トレーサビリティ・マトリックス
・財務管理の手続き
・**課題と欠陥のマネジメント手続き**
・資源可用性のコントロールと資源割当てのマネジメント
・組織のコミュニケーション要求事項
・作業認可のための順位付け，承認，発行の手続き等 |
| | 組織の知識ベース | 次のものが含まれるが限定されるものではない
・ソフトウェアおよびハードウェア構成要素のバージョンと，母体組織におけるすべての標準，方針，手続き，プロジェクト文書のベースラインを含む，コンフィグレーション・マネジメントの知識リポジトリ
・労働時間，発生コスト，予算，プロジェクト・コスト超過などの情報を含む財務データ・リポジトリ
・過去の情報と教訓の知識リポジトリ等 |

　したがって，（ア）が正解である。
　「組織体の環境要因」はプロジェクトチームの外部にあってプロジェクトの計画プロセスに影響を与える様々な要因を含んだものがある。
　イ：プロジェクトマネジメント計画の段階で考慮すべき「組織体の環境要因」の

一つである。

ウ：リスクマネジメントのプロセスで考慮すべき「組織体の環境要因」の一つで，組織や個人が許容できるリスク強度の限界を示すものである必要に応じてリスクマネジメント計画書において改訂される。

エ：プロジェクトマネジメント計画の段階で考慮すべき「組織体の環境要因」の一つである。

問4　ウ　　*プレシデンスダイアグラムにおける最少の所要日数 (R3 秋・PM 午前 II 問 4)*

　　PDM（プレシデンスダイアグラム法）とは，プロジェクトなどの作業工程を表すネットワーク図の一種で，依存関係にある二つの工程間の順序を論理的に四つの関係で定義する表記法である。PDM は連続する二つの作業の間にラグ（待ち時間）とリード（準備期間）を定義することができ，ガントチャート等よりも詳細な作業工程管理ができることが特徴である。

　　PDM における工程間の関係は以下の 4 種である。

　　①FS（Finish-to-Start）「先行アクティビティが終了したら後続アクティビティを開始する」という関係

　　②SS（Start-to-Start）「先行アクティビティが始まったら後続アクティビティも開始する」という関係

　　③SF（Start-to-Finish）「先行アクティビティが始まったら後続アクティビティを終了する」という関係

　　④FF（Finish-to-Finish）「先行アクティビティが終了したら後続アクティビティも終了する」という関係

　　本問では，FS の関係が使われており，「FS−n については先行アクティビティが終了する n 日前に後続アクティビティが開始できることを，FS+n は先行アクティビティが終了した n 日後に後続アクティビティが開始できることを示す」との説明がある。

　　解答に当たって注目すべきは，アクティビティ A が終了した次の段階である。なぜなら，ここでは B,C,D のアクティビティが並行するからである。

　　アクティビティ B に続くアクティビティ C は FS−2 の指定があることから，アクティビティ B が 1 日終わった時点で開始することができる。アクティビティ C 自身は 4 日かかることから，アクティビティ A の終了時点からは（1+4）日で終了することが分かる。次に，アクティビティ D は FS+2 の指定があることから，アクティビティ A が終了してから 2 日待っての開始となる。アクティビティ D 自身は 4 日かかることから，アクティビティ A の終了時点からは（2+4）日で終了することが分かる。以上から，この工程での所要日数はアクティビティ D の完了に要する 6 日である。

　　プロジェクト全体での最小の所要日数としては

　　アクティビティ A（2 日）＋アクティビティ D（6 日）＋ アクティビティ E（4

日）＝　12 日　となる。したがって，（ウ）が正解である。

問5　ウ

　ガントチャート（Gantt chart）は，縦軸に作業項目，横軸に時間（期間）を取り，作業項目ごとに作業の実施予定期間や実績を横線で表していくものである。作業項目間の相互関係の把握には適さないが，進捗実績を予定と対比させて分かりやすく示すことができるため，個人やグループを単位とする作業の進捗管理には有効である。したがって，（ウ）が正解である。

ア：「計画と実績の時間的推移を表現」するのに適していて「プロジェクト全体の費用と進捗の管理」のために用いるのは，EVM（Earned Value Management）においてコストの予算や実績を時間的な累積値で示すグラフである。このグラフでは，アーンドバリュー（EV），プランドバリュー（PV），実コスト（AC）などを累積値として表示していき，実績と計画との差異に基づいた将来予測を行い，これによって必要な管理上の処置を取る。

イ：「作業の順序や作業相互の関係を表現」するのに適しているのは，アローダイアグラム（arrow diagram）やプレシデンスダイアグラム（precedence diagram）などのプロジェクトネットワーク図である。こうした図上で作業日数に余裕のない経路としてクリティカルパス（critical path）を見つけることで，重点管理作業の把握ができる。

エ：「マイルストーンを把握してこれに基づいて進捗管理」するという図表はマイルストーンチャート（milestone chart）である。これは時間の経過に合わせてマイルストーンを表示したものである。通常よく使われるマイルストーンチャートは，ガントチャートにマイルストーンを記入し，進捗管理上のマイルストーンの把握ができるようにしたものである。

問6　ア

　プロジェクトでクリティカルパス上の作業に遅延が生じた場合，何らかの対策をしなければ，プロジェクトの完成時期が守れなくなる。遅延を回復するための代表的な対策として，クラッシングとファストトラッキングがある。クラッシングは，スコープを変更せず，クリティカルパス上の作業に対してコストを積み増すことでその作業のスケジュールを短縮させ，遅延を解消する方法である。具体的には，クリティカルパス上に 1 人月に相当する遅延が発生しているとすれば，1 人の作業者を 1 か月追加投入することで遅れを解消する手法である。したがって，（ア）が適切な例である。

イ：クラッシングは，コストを削減するための技法ではなく，コストを積み増してスケジュールを短縮する技法である。

ウ：クラッシングは，完了予定日を守るためにスケジュール遅れを挽回する技法

で，完了予定日を延期するものではない。

エ：ファストトラッキングの説明である。ファストトラッキングは，スコープを変更せず，予定された順番に進めていくべき作業を，先行作業が完了する前に並行して後続作業を進めることで，スケジュールを短縮させる方法である。

問7　ア　クリティカルチェーン法の実施例（R3秋・PM 午前Ⅱ問7）

　スケジュールネットワーク図を用いたプロジェクトスケジュール管理には，要員数などのリソース（資源）の制約に関する情報が含まれていないため，リソースの不足や競合が発生すると，クリティカルパス（最短工期を決定する経路）で示されている所要期間では作業が完了しなくなることがある。

　クリティカルチェーン法は，限度（制約）のあるリソース（資源）を考慮してプロジェクトスケジュールを調整していく手法であり，クリティカルチェーンとは，リソースの制約を踏まえた，最も長い時間を要するタスクの連鎖のことである。クリティカルチェーン法では，リソースの不足や競合が発生することを前提として，バッファ（余裕日数）という概念を導入し，スケジュールネットワーク上の各作業の所要期間を厳しく見積もるとともに，プロジェクトの不確実性に対応するためのバッファを配置しておく。

　バッファには，大きく分けるとフィーディングバッファ（合流バッファ）と所要期間バッファ（プロジェクトバッファ）の二つがある。フィーディングバッファとは，スケジュールネットワークの中で，クリティカルチェーン上のアクティビティと他のアクティビティの合流地点に設けるバッファのことである。これは，合流側のアクティビティの遅れによってクリティカルチェーン上のアクティビティが遅れることがないようにするためのバッファである。また，所要期間バッファ（プロジェクトバッファ）とは，プロジェクト全体のバッファとしてクリティカルチェーンの最後に配置するバッファのことであり，プロジェクトの進捗具合によって増減されていく安全余裕のためのバッファである。したがって，（ア）が正解である。

　なお，もう一つ，リソースバッファ（資源バッファ）を用いることがあるが，これは制約されている資源の遅れを考慮するもので，常に使用するのではなく，対象となるタスクがあるときだけ，そのタスクの後に配置する。

イ，ウ：それぞれ，スケジュール短縮技法としてのクラッシングの特徴である。クラッシングはコストを追加してスケジュール短縮を図る技法で，資源を必要最低限度に絞って投入し，所要期間の短縮を実現させるものであるが，コストの増加を覚悟しなければならない。

エ：スケジュール短縮技法としてのファストトラッキングの特徴である。ファストトラッキングはスケジュール上で前後となる作業を重ね合わせたり，並行に作業したりして期間短縮を図る技法であるが，同時に作業前倒しに伴うリスクを覚悟しなければならない。

　プロジェクトにおいて途中離脱者が発生した場合のリカバリを題材に，必要となるコストを見積もる問題である。問題文からプロジェクトの状況をしっかりと読み取り，〔条件〕に記載されている内容に従って状況を整理していくことが重要である。まず，〔条件〕において，「元のメンバと増員するメンバの，プロジェクトにおける生産性は等しい」及び「人件費は，1人月当たり100万円とする」ということから，途中離脱者に見合ったリソースの補充を行う場合は，納期に変更がなければ全体のコストに変化は発生しないことに注目する。つまり，コストが増加する要因となるのは「引継ぎ期間」に限定されることになる。そこで，引継ぎ期間に発生が見込まれるコストについて考察する。引継ぎ期間は0.5か月間であり，この期間における元のメンバ及び増員するメンバの稼働は全てコスト増加要因となる。また，元のメンバがプロジェクトの進捗には貢献しないことから，この期間に相当する元のメンバの稼働については8月，9月に増員メンバで補う必要が生じ，コスト増の要因となる。

　そこで，引継ぎに必要な工数を，元メンバと増員するメンバに分けて考えてみる。

　①元のメンバ　4（人）×0.5（ヶ月）=　2（人月）

　②増員するメンバの必要人数については，元のメンバ4人相当に加えて，引継ぎ期間における元のメンバの工数（2人月）を8月，9月の2カ月で補填する必要があることから，1名の増員が必要となり，5人となる。

　そこで，引継ぎ期間の工数は5（人）×0.5（ヶ月）=　2.5（人月）

　従って，引継ぎ期間に起因する工数増は，元のメンバと増員するメンバを合わせて

　2（人月）+　2.5（人月）=　4.5（人月）となることから，これに人件費単価100万円を掛けると，コスト増は450万円となる。したがって，（ウ）が正解である。

　COSMIC法は，ソフトウェアの規模の見積り方法の一種であり，利用者機能要件と機能プロセスに着目して，機能プロセスごとに①〜③の手順で見積りを行う。

　①データ移動を型として識別し，エントリ，エグジット，読込み及び書込みの4種類に分類する。

　エントリ，エグジット，読込み，書込みはそれぞれ以下を意味する。

　エントリ：ユーザや外部システムから機能プロセスへの入力。

　エグジット：機能プロセスからユーザや外部システムへの出力。

　読込み：永続記憶から機能プロセスへの読込み。

　書込み：機能プロセスから永続記憶への書込み。

② ①で求めたデータ移動の型ごとに，その個数に単位規模を乗じる。

③ ②で得た型ごとの値の合計を，機能プロセスの機能規模とする。

したがって，（イ）が正解である。

ア：COCOMO はソフトウェアのソースコードの規模（ステップ数など）からシステム開発の工数や期間を見積もる手法である。

ウ：積み上げ法は，開発すべき成果物（ソースコードやドキュメント類）を要素に分解し，それぞれの要素に必要な工数を積み上げて見積もる手法である。

エ：類推法は，過去に実施したことのある類似システムの実績に基づいて見積もる手法である。

問 10　イ　　リスクの特定，リスクの評価が属するプロセス群（R3 秋-PM 午前 II 問 10）

JIS Q 21500:2018（プロジェクトマネジメントの手引）は日本産業規格であり，プロジェクトの実施に重要で，かつ，影響を及ぼすプロジェクトマネジメントの概念及びプロセスに関する包括的な手引を提供している。4.2 プロセス群及び対象群の 4.2.3.8 リスク において「リスクの対象群には，脅威及び機会を特定し，マネジメントするために必要なプロセスを含む」とされており，そのプロセス群は，「表 1-プロセス群及び対象群に関連するプロジェクトマネジメントのプロセス」において次のように定められている。

対象群	プロセス群				
	立ち上げ	計画	実行	管理	終結
リスク	-	4.3.28 リスクの特定 4.3.29 リスクの評価	4.3.30 リスクへの対応	4.3.31 リスクの管理	-

前記のとおり，プロセス "リスクの特定" 及びプロセス "リスクの評価" はプロセス群「計画」に属している。したがって，（イ）が正解である。

ア：プロセス "リスクの管理" が「管理」プロセス群に属する。

ウ：プロセス "リスクへの対応" が「実行」プロセス群に属する。

エ：「終結」プロセス群に属するリスクマネジメントのプロセスはない。

　　感度分析とは，ある指標を変化させたとき，それが結果にどのように影響を与えるかを明らかにする分析手法である。ここでは，複数のリスクを指標として変化させたときに，それがプロジェクトに対してどのような影響を与えるかを分析した結果が図で示されている。凡例から横軸は影響の大きさを表しており，0 を中心として右側はプラスの影響，左側はマイナスの影響を表していることから，横軸の幅が広いほど影響が大きいことが分かる。図では影響の大きいリスクから順に並べられているが，感度分析の結果をこのような図で表す手法は，図の形が竜巻（トルネード）のように見えることから「トルネード図」と呼ばれる。なお，指標の変動幅は，80％の確率で起こり得る範囲とするのが一般的である。したがって，（ウ）が正解である。

ア：「確率分布」は一般的に横軸に確率変数を取り，縦軸に各々の確率の値を取るグラフとなる。

　　　正規分布における確率分布グラフの一例を次に示す。

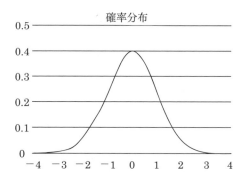

イ：「デシジョンツリーダイアグラム」は，選択や分類を多段階で繰り返し行う場合に，各段階における「選択肢」と「結果」をツリー構造で表現した図であり，予測モデルの作成や意思決定に活用される。「情報処理技術者試験」を受験するかしないかの意思決定をデシジョンツリーダイアグラムで表現した一例を次に示す。

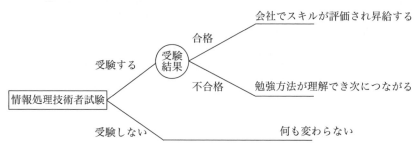

エ：「リスクブレークダウンストラクチャ（RBS）」はプロジェクトマネジメントにおいて用いられる，発生するおそれのあるリスクの区分とその下位区分を示す図である。あるシステム構築プロジェクトにおけるRBSの一例を次に示す。

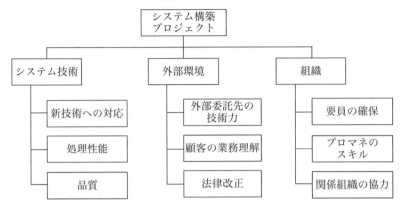

問12　ウ

　プロジェクトマネジメントにおける傾向分析とは，過去の結果を基に将来を予測するための分析技法であり，時間の経過に伴うプロジェクトのパフォーマンスの変動の分析に使用する。PMBOK®ガイド第6版では，スケジュール，コスト，資源，調達など，様々なコントロールにおけるツールと技法として「傾向分析」が紹介されている。

　したがって，（ウ）が正解である。

ア：定量的リスク分析におけるデシジョンツリー分析の説明である。

イ：定量的リスク分析における感度分析の説明である。

エ：品質管理などにおける特性要因図（フィッシュボーンチャート）の説明である。

問13　イ

　全ての開発要員が1人1台のPCを使用するため，開発要員がプロジェクトの作業に必要なPCの述べ台数（台月）は工数である70（人月）と等しい。また，PCのセットアップに2週間，返却時のデータ消去に1週間要するということであるが，PCのレンタルは1か月単位なので，PCの利用を開始する前の1か月，PCの利用が終了した次の1か月，プラスでレンタル契約を行う必要がある。つまり，PCの増減が発生するときには，プラス1か月を加算しなければならない。
（例えば，2月に2台必要になるので，1月に2台分の契約が追加となる。9月で7台利用終了するので，10月に7台分の返却が発生する）

ただし，8月については，前後の月（7月と9月）にそれぞれ11台必要なのに，8月だけ9台しか必要ではなくなる。このとき，7月をもって2台を返却し，9月から2台追加すると追加，返却にともない4（台月）の契約が追加となる。それよりも8月は，利用者はいないが2台分の契約をそのままにしておけば，工数にプラスしなければならない述べPC台数は2（台月）で済む。

　したがって，8月だけ台数は据え置き（2台分追加），それ以外は要員が増える前，要員が減るときに増減要員数分をプラスすると，24（台月）プラスする必要があることになる。つまり，契約としては 70（台月）＋24（台月）＝94（台月）必要となる。PC1台のレンタル料は5千円なので，調達の条件を満たすレンタル費用の最低金額は，94（台月）×5（千円）＝470（千円）となる。したがって，正解は（イ）である。

　〔調達の条件〕を踏まえた各月の台数を表にすると次のとおりとなる。

時期	1月	2月	3月	4月	5月	6月	7月	8月	9月	10月	11月	12月
台数	2	4	7	7	11	11	11	11	11	11	4	4

問14　イ　　　　　　　コミュニケーションマネジメントの目的（R3秋·PM 午前Ⅱ問14）

　JIS Q 21500:2018（プロジェクトマネジメントの手引）は日本産業規格であり，プロジェクトの実施に重要で，かつ，影響を及ぼすプロジェクトマネジメントの概念及びプロセスに関する包括的な手引を提供している。4.3.40 コミュニケーションのマネジメントに，「コミュニケーションのマネジメントの目的は，プロジェクトのステークホルダのコミュニケーションのニーズを確実に満足し，コミュニケーションの課題が発生したときにそれを解決することである」と定められている。したがって，（イ）が正解である。
ア：「プロジェクトチームのマネジメント」の目的である。
ウ：「コミュニケーションの計画」の目的である。
エ：「情報の配布」の目的である。

問15　ウ　　　　オブジェクト指向開発におけるロバストネス分析（R3秋·PM 午前Ⅱ問15）

　オブジェクト指向開発におけるロバストネス分析とは，システムのユースケースに基づき，オブジェクトを用いたロバストネス図を作成する手法である。具体的には，ユースケースから抽出したクラスを，バウンダリクラス，コントロールクラス，エンティティクラスの三つに分類し，クラス間の関連を定義してロバストネス図に表す。したがって，（ウ）が正解である。
ロバストネス分析のインプットとなるのは，ユースケースと概念モデルである。
ロバストネス分析の結果，バウンダリクラスにはシステムの外部とのインタフェ

ースが定義され，コントロールクラスにはユースケースでシステムが行っている処理が定義される。また，エンティティクラスにはシステムが管理するデータとその振る舞いが定義される。

ア：OOA（オブジェクト指向分析）についての説明である。

イ：OMT（オブジェクトモデル化技法）についての説明である。

問16 イ

　リーンソフトウェア開発とは，主に製造業で採用されているリーン生産方式（トヨタの生産管理手法を米国のMITで体系化したもの）の考え方をソフトウェア製品に適用した開発手法である。リーンソフトウェア開発では，ソフトウェア開発のプラクティス（実践手段）を現場に合わせて作り出す際の手助けとなる「七つの原則」と「二十二の思考ツール」を提示している。「七つの原則」は，"ムダをなくす"，"品質を作り込む"，"知識を作り出す"，"決定を遅らせる"，"速く提供する"，"人を尊重する"，"全体を最適化する"となっている。したがって，（イ）が正解である。「七つの原則」を具体化するためのアイディアが「二十二の思考ツール」で，"ムダを認識する"，"バリューストリーム・マップ"，"フィードバック"，"イテレーション"，"同期"，"集合ベース開発"，"オプション思考"，"最終責任時点"，"意思決定"，"プルシステム"，"待ち行列理論"，"遅れのコスト"，"自発的決定"，"モチベーション"，"リーダーシップ"，"専門知識"，"認知統一性"，"コンセプト統一性"，"リファクタリング"，"テスティング"，"計測"，"契約"である。

ア：スクラムによるソフトウェア開発の説明である。

ウ：エクストリームプログラミング（eXtreme Programing；XP）によるソフトウェア開発の説明である。

エ：FDD（Feature Driven Development；ユーザ機能駆動開発）によるソフトウェア開発の説明である。

問17 エ

　マッシュアップ（mashup）は，Web上に公開されている複数のサービスを組み合わせて，新たなサービスを提供することなどが該当する。したがって，（エ）が正しい。例えば，観光案内サービスを提供するWebサイトにおいて，提供元の異なる地図情報サービスやブログサービス，通信販売サービスなどを組み合わせ，一つのコンテンツとして提供することなどである。

　その他の記述が示すものは，次のとおりである。

ア：「既存のプログラムから，そのプログラムの仕様を導き出す」のは，リバースエンジニアリングである。

イ：「既存のプログラムを部品化し，それらの部品を組み合わせて，新規プログラ

ムを開発する」のは，部品化再利用やコンポーネント指向プログラミングに関する記述である。

ウ：「クラスライブラリを利用して，新規プログラムを開発する」のは，クラスライブラリを活用した開発手法に関する記述である。

問 18　ウ

システム改善案の総合評価点は，評価項目の採点結果にそれぞれ該当する重み付けを掛けて求められる。案 1〜4 について効果の総評価点から，リスクの総評価点を引いて総合評価点を計算すると次のようになる。

総合評価点＝効果の総評価点　－　リスクの総評価点
　　　　　＝（作業コスト削減，システム運用品質向上，セキュリティ強化）
　　　　　　　　　－（技術リスク，スケジュールリスク）

案 1：5×3＋2×2＋3×4－4×3－2×8＝3
案 2：4×3＋4×2＋4×4－1×3－4×8＝1
案 3：2×3＋2×2＋5×4－5×3－1×8＝7
案 4：4×3＋5×2＋2×4－1×3－5×8＝－13

このうち，総合評価点が最も高いものは案 3 である。したがって，（ウ）が正解である。

問 19　ウ

フェールソフト（fail soft）とは，事故や故障が発生した際に，問題の箇所を切り離すなどして被害の拡大を防ぎ，全体を止めることなく残りの部分で運転を継続させるようにする設計思想である。したがって，ハードウェアの障害時に，パフォーマンスは低下するが，構成を縮小して運転を続けられるようにするという（ウ）が，フェールソフトの考え方を適用した例となる。

その他の記述が示すものは，次のとおりである。

ア：UPS（Uninterruptible Power Supply；無停電電源装置）を設置することによって，停電時に手順どおりにシステムを停止する設計は，フェールセーフ（fail safe）の例である。

イ：制御プログラムの障害時に，システムの暴走を避け，安全に運転を停止できるなど，安全な状態に移行するように設計することをフェールセーフという。

エ：利用者の誤操作や誤入力を未然に防ぎ，システムの誤動作を防止できるように設計することをフールプルーフ（fool proof）という。

問 20 ウ　　　　　　　システム要件の検討で用いる UX デザイン（R3 秋-PM 午前 II 問 20）

　「UX（ユーザエクスペリエンス）デザイン」とは，ユーザの顧客体験を重視した設計手法であり，単にシステム機能の有効性・操作性の向上に留まらず，システムを利用する際の快適さ，安心感，楽しさなどの体験価値を重視する設計手法である。したがって，（ウ）が正解である。

　「UX（ユーザエクスペリエンス）デザイン」が重視されてきた背景としては，技術の進歩と低廉化によって，製品の性能や使いやすさを追求した設計だけでは製品の差別化が難しくなってきたことにある。そこで，ユーザが製品を使って「快適に・楽しく・心地よく」といったユーザ体験を実現することによって差別化を図り，製品の拡販に繋げていくことが必要になったからである。なお，UX（ユーザエクスペリエンス）と並んで UI（ユーザインターフェース）という言葉もあり，UI/UX 設計と表記されることも多いが，UI は人と製品の接点における使いやすさを意味しており，UX の方がより上位の概念である。

ア：セキュリティバイデザイン（security by design）の説明である。
イ：SOA（サービス指向アーキテクチャ）の説明である。
エ：マッシュアップ（mashup）の説明である。

問 21 ア　　　労働法に照らした機密情報を扱う従業員の扱いの見直し（R3 秋-PM 午前 II 問 21）

　常時 10 名以上の従業員を使用する使用者は，就業規則を作成し，労働基準監督署に届け出る義務がある（労働基準法第 89 条）。従業員にとって，就業規則の基準より不利になる労働契約は無効とされるが（労働契約法第 12 条），就業規則の内容を詳細にするための個別合意は行ってもよい。

　したがって，就業規則に業務上知り得た秘密の漏えい禁止の一般的な規定があるときに，担当従業員の職務に即して秘密の内容を特定する個別合意を行うことは適切な行為であり，（ア）が正解である。

イ：使用者は，労働者との合意なしで就業規則を変更し，労働者の不利益になる労働条件に変更することはできない（労働契約法第 9 条）。したがって，従業員の意見を聴かずに，漏えい禁止と処分の規定を就業規則に追加することは適切でない。
ウ：従業員にとって就業規則より不利になる個別合意は無効である。このため，セキュリティ事故を起こした場合，就業規則よりも処分を重くした個別合意を行ってはいけない。
エ：情報セキュリティに関連する規定は従業員全てに適用されるもので，就業規則に記載しなければいけない内容である。就業規則に規定を設けずに，個別合意で対応することは適切でない。

　　「ホイッスルブローイング（whistle-blowing）」とは「警笛を鳴らす」という意味であるが，技術者倫理における意味としては，ある組織に所属する人物が，当該組織内部において発生した法令又は社会的規範を逸脱する行為を，第三者に通告することである。したがって，（ウ）が正解である。

　　過去においては，内部告発的な側面をもつ「ホイッスルブローイング」は日本企業には馴染まないとされていた時期もあったが，事業者内部からの通報によって多くの企業の不祥事が明らかになったことを契機に，平成 18 年 4 月から「公益通報者保護法」が施行された。この法律によって，内部通報者は，公益通報をしたことを理由とした解雇や，その他の不利益な取扱いから保護されることになり，企業のグローバル化とともに，ホイッスルブローイングに関する社内制度を整備している企業も増加している。

ア：イノベーションについての説明である。
イ：1on1 ミーティングについての説明である。
エ：事業継続計画（BCP）についての説明である。

　　共通鍵暗号方式は，暗号化する鍵と復号する鍵が同一な暗号技術である。AES（Advanced Encryption Standard）は，DES（Data Encryption Standard）の後継の標準の暗号方式として，米国 NIST（国立標準技術研究所）が策定した共通鍵暗号方式である。ブロック長が 128 ビット固定のブロック暗号方式で，鍵長には 128，192，256 ビットの 3 種類がある。したがって，（ア）が正解である。

イ：ElGamal（エルガマル）暗号は，離散対数問題を応用した公開鍵暗号方式である。
ウ：RSA は，大きな整数の素因数分解の困難性を応用した公開鍵暗号方式で，RSA は開発者 3 名（Rivest, Shamir, Adleman）の頭文字である。
エ：楕円曲線暗号は，楕円曲線上の離散対数問題を応用した公開鍵暗号方式である。

　　テンペスト（TEMPEST；Transient Electromagnetic Pulse Surveillance Technology）攻撃とは，パソコンやディスプレイなどの周辺機器から放射される微弱な電磁波を傍受し，それらの内容を解読する攻撃である。このため，ディスプレイの表示内容などを盗み見られないようにするには，それらから放射される電磁波を遮断することが有効である。したがって，（イ）が正解である。

　　その他の記述が示すものは，次のとおりである。

ア：通信中のパケットを横取りし，内容を改ざんすることは，中間者攻撃などが
該当し，その対策を述べたものである。

ウ：マクロ言語に潜んだウイルスの説明と，ウイルス一般に関する対策である。

エ：無線 LAN の通信を盗聴する技術の説明と，その対策である。

問 25　イ　　　　　　　　　　DNSSEC の機能（R3 秋・PM 午前Ⅱ問 25）

　　DNSSEC（DNS Security Extensions）は，DNS キャッシュポイズニング攻撃
などの対策として，権威 DNS サーバ（DNS コンテンツサーバともいう）に登録
するリソースレコードにディジタル署名（ディジタル署名は，RRSIG というリソ
ースレコードに格納される）を付与し，リソースレコードの送信者の真正性と，
その内容の完全性を保証しようとするための規格である。このため，DNS キャッ
シュサーバが DNS 問合せパケットを権威 DNS サーバに送信した後，その回答パ
ケットを受け取ると，リソースレコードに付加されている RRSIG レコードを用
いて，リソースレコードの送信者の正当性とデータの完全性を検証することがで
きる。したがって，（イ）が正しい。

　　なお，DNSSEC に関する RFC（Request For Comments；IETF（Internet
Engineering Task Force）が発行している，技術仕様などについての文書群）に
は，RFC 4033（DNS Security Introduction and Requirements），RFC 4034
（Resource Records for the DNS Security Extensions）などがある。

午前Ⅱ解答

午後Ⅰ問題 解答・解説

問1 新たな事業を実現するための開発プロジェクト (R3 秋·PM 午後Ⅰ問1)

【解答例】

[設問1] (1) システム開発に伴う初期投資を抑えるため
(2) 顧客のニーズや他社動向の急激な変化が予想される環境
(3) 仮説と検証を多くの時間を掛けず繰り返し実施できるから

[設問2] (1) 計画の内容を事業の進展状況に合わせて段階的に詳細化する。
(2) 多様な知見を活用し，新事業を実現するため

[設問3] (1) a：回避
b：リスク許容度
c：強化
d：転嫁（又は，移転）
(2) 組織横断的に事業部とシステム部のメンバを参加させる。

【解説】

　生命保険会社の子会社設立を通じて，新たな事業を実現するためのシステム開発プロジェクトを題材としている。現状を抜本的に改革するようなプロジェクトでは，デジタルトランスフォーメーション（DX）などの新しい考え方を取り入れ，必要な人材を社外から集めるなどして事業戦略を実現することもある。

　問題文の文脈に沿って客観的な根拠を押さえ，解答していくようにすることが肝要である。

[設問1]

　〔プロジェクトの立上げ〕について解答する設問である。

(1) 本文中の下線①について，H氏が，使用するサービスの種類やリソースの量に応じて課金されるクラウドサービスを利用することにした狙いを解答する。

　〔D社のシステム開発の現状とG社の概要〕のG社におけるシステム開発プロジェクトの課題1番目に「新事業の運営には大きな不確実性があるので，システム開発に伴う初期投資を抑える必要がある」との記述がある。したがって，「システム開発に伴う初期投資を抑えるため」といった解答をすればよい。

(2) 本文中の下線②について，H氏は，サービスやリソースを柔軟に選択できることは，Gプロジェクトを取り巻くどのような環境に適合すると考えたのかを解答する。

　〔D社のシステム開発の現状とG社の概要〕のG社におけるシステム開発プロ

ジェクトの課題 2 番目に「顧客のニーズや他社動向の急激な変化が予想され，この変化にシステムの機能やシステムのリソースも迅速に適応できるようにする必要があること」との記述がある。したがって，「顧客のニーズや他社動向の急激な変化が予想される環境」といった解答をすればよい。

(3) 本文中の下線③について，H 氏が G プロジェクトでのデジタル技術の活用において，実現性や適合性を効率良く評価できることが課題の解決に有効であると考えた理由を解答する。

　〔D 社のシステム開発の現状と G 社の概要〕の G 社におけるシステム開発プロジェクトの課題 3 番目に「最新のデジタル技術の利用は，実績のある技術の利用とは異なり，多様な技術の中から仮説と検証を繰り返して実現性や適合性などを評価し，採用する技術を決定する必要があること。ただし，多くの時間を掛けずに，迅速に決定する必要がある」との記述がある。実現性や適合性を効率良く評価するためには仮説と検証を短期間で繰り返し実施することが有効であると考えたのである。したがって，「仮説と検証を多くの時間を掛けず繰り返し実施できるから」といった解答をすればよい。

〔設問 2〕
　〔プロジェクト計画〕について解答する設問である。

(1) 本文中の下線④について，H 氏が G プロジェクトの計画を作成する際に用いた方法について解答する。

　〔プロジェクト計画〕の「G プロジェクトのスコープは販売する保険商品やその販売状況に左右される。先行して販売する保険商品は決まったが，これに対する顧客の反応などを含む事業の進展状況に従って，プロジェクトのスコープが明確になっていく。G プロジェクトを計画する上での必要な情報が事業の進展状況によって順次明らかになる」との記述がある。

　プロジェクトマネジメントの世界標準である PMBOK®では，プロジェクトマネジメント計画書は，本文と 18 の計画書（スコープ・マネジメント計画書，要求事項マネジメント計画書，スケジュール・マネジメント計画書等）によって構成されている。プロジェクトマネジメント計画書はプロジェクトの指針となるものであるが，一度決定した後は変更できないような硬直的なものではなく，プロジェクトは「段階的詳細化」という特性，つまりプロジェクトの進行とともに正確で具体的な情報が入ってくるため，プロジェクト途中での計画変更は常に想定しておいた方が良いと考えられる。

　G プロジェクトでは，前記のようにスコープに必要な情報が事業の進展状況によって順次明らかになってくる。したがって，「計画の内容を事業の進展状況に合わせて段階的に詳細化する」といった解答をすればよい。

(2) 本文中の下線⑤について，H 氏が「多様な価値観を受け入れ，それぞれの知見を生かして議論できること」を採用基準として重視した狙いについて解答する。

　G 社の事業戦略は，問題文の冒頭にあるように「"昨今の規制緩和に対応し，また

最新のデジタル技術を積極的に活用して，他社に先駆けて新たな顧客層へ新しい保険商品を販売する事業（以下，新事業という)"の実現」である。また〔D社のシステム開発の現状とG社の概要〕に記述されている課題に対して3段落目に「D社には最新のデジタル技術の知識や経験が不足している」とあり最新の保険業務やITに詳しいメンバを社外から採用することにした。下線⑤の「多様な価値観を受け入れ，それぞれの知見を生かして議論できること」を重視した狙いは，既成概念にとらわれない多様な価値観と最新のデジタル技術の知識や経験を活かして新規事業に貢献してもらいたいからである。したがって「多様な知見を活用し，新事業を実現するため」といった解答をすればよい。

［設問3］
〔ステークホルダへのヒアリング〕について解答する設問である。
(1) 表1「リスク対応計画における戦略選択の方針」中の空欄に入れる適切な字句を解答する。リスク対応戦略は，脅威へのリスク対応の戦略として，次の四つがある。
回避：起こり得るリスクに備えるために関連する活動を停止
転嫁・移転：第三者に金銭的な損失を移転
軽減・低減：起こり得るリスクを最小限に抑える対策
受容：リスクの発生を受け入れ何もしない
　また，機会へのリスク対応の戦略として，次の四つがある。
活用：機会利用し確実に成果に繋げる
共有：機会を第三者と共有し成果を上げる
強化：機会の影響度や発生確率を高める活動を行う
受容：機会の発生を受け入れ何もしない
　したがって，空欄aは「回避」，空欄cは「強化」，空欄dは「転嫁」（又は，移転）といった解答となる。
　空欄bについては，表1の前の本文に「軽減又は受容の戦略を選択する場合には，組織のリスク許容度に基づいてリスクを適切に評価する」との記述があるので，「リスク許容度」が解答となる。
(2) 本文中の下線⑥について，H氏がGプロジェクトのプロジェクトチームの編成に当たり適切と考えた方針について解答する。
　〔ステークホルダへのヒアリング〕の下線⑥後の本文に「事業部の中には，事業部内で議論して整理した結果をシステム部のプロジェクトに要求事項として提示することが役割だと考えているメンバが複数いた。また，システム部の中には事業部から提示された要求事項を実現することが役割だという考えのメンバが複数いた」とあり，組織間の壁のようなものが存在すると考えられる。新事業を一体感をもって実現するために，プロジェクトチームは組織横断的に事業部とシステム部のメンバを参画させることが適切だと考えられる。したがって，「組織横断的に事業部とシステム部のメンバを参加させる」といった解答をすればよい。

問2　業務管理システムの改善のための開発プロジェクト　(R3 秋·PM 午後 I 問 2)

【解答例】

［設問1］　違いに基づきマネジメントプロセスの修整内容を検討するから

［設問2］　(1)　要求事項の開発に必要な期間とコスト

　　　　　　(2)　予算の範囲内に収まっていること

　　　　　　(3)　状況の変化に適応し，新たな施策を速やかに展開すること

［設問3］　(1)　L 社業務管理システム及び業務の全体を理解したメンバ

　　　　　　(2)　現状の正確性と処理性能が維持されていること

　　　　　　(3)　リリースした要件による顧客の体験価値向上の度合い

【解説】

　顧客満足度の向上を目的とした活動の一環としてのシステム開発プロジェクトを題材としている。プロジェクトマネジメントプロセスを修整し，適切なプロジェクト計画の作成について実践的な能力を問う出題である。

　プロジェクトマネージャは，多様化するプロジェクトへの要求に応えてプロジェクトを成功に導くために，プロジェクトの特徴を捉え，その特徴に合わせて適切なプロジェクト計画を作成する必要がある。

　問題文の文脈に沿って客観的な根拠を押さえ，解答していくようにすることが肝要である。

［設問1］

　〔L 社業務管理システム〕の本文中の下線①について，N 課長が，改善プロジェクトのプロジェクト計画を作成するに当たって，プロジェクトの目的及び QCD に対する考え方の違いを整理した狙いについて解答する設問である。

　〔L 社業務管理システム〕の 4 段落目に「N 課長は，改善プロジェクトのプロジェクト計画を作成するに当たって，社内で高く評価された構築プロジェクトのプロジェクト計画を参照して，スコープ，QCD，リスク，ステークホルダなどのマネジメントプロセスを修整し，適用することにした」とある。構築プロジェクトと改善プロジェクトの目的や QCD の違いを整理することで，マネジメントプロセスの修整を検討する狙いがあったのである。したがって，「違いに基づきマネジメントプロセスの修整内容を検討するから」といった解答をすればよい。

［設問2］

　〔スコープ定義のマネジメントプロセス〕について，解答する設問である。

(1)　本文中の下線②について，改善プロジェクトが追加する情報を解答する。

　　〔スコープ定義のマネジメントプロセス〕の 1 番目に「施策ごとに CS 向上の効果を予測して，改善プロジェクトへの要求事項の一覧を作成する」とある。またその後，要求事項の優先度を改善プロジェクトチームで協議することが記述されてい

る。優先度を協議するには，要求事項の開発にかかる期間や開発にかかるコストを加味しなければ検討は困難である。したがって「要求事項の開発に必要な期間とコスト」といった解答をすればよい。

(2) 本文中の下線③について，改善プロジェクトはどのような制約を考慮してスコープとする要件を決定するのかを解答する。

表1「構築プロジェクトと改善プロジェクトの目的及びQCDに対する考え方の違い」では，改善プロジェクトのコストについて「CSWGの活動予算の一部として予算が制約されている」とある。開発予算に制約がありその範囲内で，スコープとする要件を決定することになる。したがって「予算の範囲内に収まっていること」といった解答をすればよい。

(3) 本文中の下線④について，N課長は，改善プロジェクトが速やかにスコープの変更を検討することによって，CSWGの目標達成にどのようなことで寄与すると考えたのかを解答する。

冒頭文の最後に，改善プロジェクトのスポンサであるM氏から「目標達成には状況の変化に適応して施策を見直し，新たな施策を速やかに展開することが必要なので，改善プロジェクトも要件の変更や追加に迅速かつ柔軟に対応してほしい，との要望があった」とある。改善プロジェクトが速やかにスコープの変更を検討することは，状況の変化に適応して新たな施策を速やかに展開すすめるために必要なことである。したがって「状況の変化に適応し，新たな施策を速やかに展開すること」といった解答をすればよい。

〔設問3〕

　〔QCDに関するマネジメントプロセス〕について，解答する設問である。

(1) 本文中の下線⑤について，N課長はどのようなメンバを選任することにしたのかを解答する。

　〔QCDに関するマネジメントプロセス〕本文中に「一つの要件を実現するために販売管理機能，顧客管理機能及び顧客チャネル機能の全ての改修を同時に実施する可能性がある」との記述があり，メンバはL社業務管理システム全体の理解が必要であることが分かる。一方〔L社業務管理システム〕の本文中に「L社システム部メンバも，構築プロジェクトでは機能ごとのチームに分かれて開発を担当したが，リリース後はローテーションしながら機能拡張などの保守を担当してきたので，L社業務管理システム及び業務の全体を理解したメンバが育ってきている」との記述がある。したがって「L社業務管理システム及び業務の全体を理解したメンバ」といった解答をすればよい。

(2) 本文中の下線⑥について，N課長が，総合テストで必ずリグレッションテスト（改修内容に応じてその影響を確認するテスト）を実施して確認する観点とは何かを解答する。

　表1「構築プロジェクトと改善プロジェクトの目的及びQCDに対する考え方の違い」では，改善プロジェクトにおける品質の考え方として「現状の正確性と処理

性能を維持した上で，顧客の体験価値を高める」とある。総合テストでは現状のシステムと同様の正確性と処理性能の維持が求められていることが分かる。したがって「現状の正確性と処理性能が維持されていること」といった解答をすればよい。

(3) 本文中の下線⑦について，改善プロジェクトのチームが重点的に分析し評価する効果とは何かを解答する。

　冒頭文の 4 段落目に「施策の一つとして，（〜中略〜）業務管理システム（以下，L 社業務管理システムという）の改善によって，購入体験に基づく顧客価値（以下，顧客の体験価値という）を高めることで CS 向上を図る」とある。この改善プロジェクトの目的は，L 社業務管理システムの改善によって顧客の体験価値を高め CS 向上の目標を達成することである。この目標の達成状況を確認するには，改善要件ごとに顧客の体験価値が高まったかどうかを評価する必要がある。したがって，「リリースした要件による顧客の体験価値向上の度合い」といった解答をすればよい。

【解答例】

［設問1］　(1)　プロジェクトに対する経営陣からの指示ルートが一本化される。
　　　　　　(2)　X 社と Y 社の責任者の改修プロジェクトへの関与度を高める。
［設問2］　(1)　両社の実装の各工程の開始・終了を同日とする。
　　　　　　(2)　委託先要員に対する直接の作業指示はできないから
　　　　　　(3)　接続機能の詳細設計に対する X 社と Y 社の技術者による共同レビュー
［設問3］　(1)　設計変更が他方のシステムに影響を与えるか否か
　　　　　　(2)　マネジメント予備費の確保

【解説】

　本問は，金融機関におけるマルチベンダのシステム開発プロジェクトを題材とした問題である。マルチベンダのシステム開発とは，複数のベンダによるシステム開発を意味しており，その場合は委託元のプロジェクトマネージャ（PM）が，プロジェクトマネジメントの一環として複数の委託先（ベンダ）をコントロールする必要がある。このようなプロジェクトにおけるプロジェクトマネジメントの具体的な取組みとしては，プロジェクト計画を策定し，続いて進捗管理や品質管理などのルールを策定して，ベンダそれぞれに説明を行い，実行段階では計画やルールに従って実行しているか，作業の漏れがないかを日々管理していく。また，プロジェクト全体の課題を管理しつつ，委託先間の調整が必要な場合は中心になって進めていき，プロジェクトの進行の妨げとなっている阻害要因を解決しつつ，プロジェクト全体を推進していかなければならない。このように委託元のプロジェクトマネージャの役割は重要であり，プロジェクトの立ち上げを行う際，過去のプロジェクトで得られた教訓を生かして，継続的な改善を意識して，より良くプロジェクトを推進するための計画を立案しなければならない。特に，過去のプロジェクトとの類似の特徴をもつプロジェクトの場合は，過去のプロジェクトの推進を阻害した問題とその原因を深掘りし，再発を回避するようにプロジェクト計画を作成する必要がある。

　本問では，5 年前のプロジェクトである"構築プロジェクト"での問題点を確認し，今回のプロジェクトである"改修プロジェクト"では同じ過ちを繰り返すことなくプロジェクトを成功裏に収めるようプロジェクト計画を策定していることが伺える。したがって，各設問では構築プロジェクトにおける問題点をまとめてある，〔構築プロジェクトの PM に確認した問題〕のそれぞれの対応箇所に解答のヒントがあると考える。

［設問1］

　〔ステークホルダに関する問題への対応〕について考える設問である。

(1)　本文中の下線①について，B 課長が狙った効果を解答する設問である。下線①は「プロジェクトに対する経営陣からの要求や指示は CIO も出席する経営会議で決定し，CIO から B 課長に指示する」とあり，経営陣からプロジェクトに対する要求

や指示に関する対応ということが分かる。これに対応する構築プロジェクトの問題点を確認すると、〔構築プロジェクトの PM に確認した問題〕(1)ステークホルダに関する問題に「A 社の経営陣には X 社派と Y 社派がいて、それぞれのベンダの開発の進め方に配慮したような要求や指示があり、プロジェクト推進上の阻害要因になった」とあり、経営陣からの指示が複数系統あり、錯綜していたことが分かる。したがって解答は、「プロジェクトに対する経営陣からの指示ルートが一本化される」などとなる。

(2) 本文中の下線②について、B 課長が狙った、ステークホルダマネジメントの観点での効果を解答する設問である。下線②は「3 社に関わる課題や調整事項の対応を迅速に進めることを目的に、B 課長と両社の責任者が出席する 3 社合同を隔週で開催する」とあり、隔週ではあるが 3 社間での意識合わせを頻繁に行っていく意図が読み取れる。これに対応する構築プロジェクトの問題点を確認すると、〔構築プロジェクトの PM に確認した問題〕(1)ステークホルダに関する問題には、「X 社と Y 社の責任者は、自社の作業は管理していたが、両社に関わる共通の課題や調整事項への対応は積極的ではなかった。(〜中略〜)両社に関わることは A 社が調整するものと考えていた」とあり、X 社と Y 社は分担された作業を遂行することだけに邁進していて、プロジェクト全体の課題や調整事項に対しては消極的で、余計な責任や仕事が増えないよう立振る舞っていたことが伺える。最も、追加作業となれば、契約内容を見直すこととなるが、一般的にシステム開発プロジェクトはスケジュールやコストが厳しい中で日々やりくりしながら進めているため、どうしてもこのような動きになってしまう。したがって解答は、「X 社と Y 社の責任者の改修プロジェクトへの関与度を高める」などとなる。

〔設問 2〕
　〔作業の管理に関する問題への対応〕について考える設問である。

(1) 本文中の下線③について、B 課長が接続機能の実装の中で工夫したマイルストーンの設定を解答する設問である。下線③の直前には「X 社及び Y 社から提示されたスケジュールを確認して、スケジュールに起因する問題を避けるため」とある。スケジュールに起因していた構築プロジェクトの問題点を確認すると、〔構築プロジェクトの PM に確認した問題〕(2)作業の管理に関する問題には、「X 社が詳細設計工程で生じた疑問を Y 社に確認したくても、Y 社はまだ詳細設計工程を開始しておらず疑問が直ちに解消しないことがあった。また、Y 社の詳細設計工程で、基本設計を受けて詳細な仕様を定め、A 社に確認して了承を得たが、その前に了承されていた X 社の詳細設計に修正が必要となることがあった」とあり、接続機能においては X 社と Y 社のスケジュールが一致していないことから、"作業が進まない"、"作業のやり直し"といった問題点が発生していたことが伺える。したがって解答は、「両社の実装の各工程の開始・終了を同日とする」などとなる。

(2) 本文中の下線④について、B 課長が各社のメンバへの作業指示に該当するような事項は掲示板に掲載しない理由を解答する設問である。下線④に「契約形態を考慮

して」とあるため，契約形態に関係させて解答する必要がある。表1「構築プロジェクトの作業，役割分担及びベンダとの契約形態」によると，A社とX社，Y社の契約形態は準委任契約もしくは請負契約である。準委任契約，請負契約は共に発注元であるA社は発注先であるX社とY社のメンバへの作業の指揮命令関係はなく，直接作業指示をしてはならない。X社とY社のメンバへの作業の指揮命令権はX社とY社のそれぞれの責任者にある。したがって解答は，「委託先要員に対する直接の作業指示はできないから」となる。なお，A社はX社とY社へ作業調整を行う場合，X社とY社のそれぞれの責任者に相談する必要がある。

(3) 本文中の下線⑤について，B課長が後工程への不具合の流出を防ぐために実施した活動を解答する設問である。下線⑤の直前にある「詳細設計の完了時及び完了以降の変更時」というキーワードに基づいて，後工程で発見された不具合に関する構築プロジェクトの問題点を確認すると，〔構築プロジェクトのPMに確認した問題〕(2)作業の管理に関する問題3番目には，連動テストの進捗遅れの原因となった不具合に関して，「両社の詳細設計の不整合に起因する不具合であることを発見した。この不整合は，両社のそれぞれの作業及びA社の検収で発見することは難しかった」とあり，X社とY社は詳細設計の作業を両社間での意識合わせがないままそれぞれ進め，A社が検収していたことが，問題発生の根本の原因と考えられる。改修プロジェクトでは，詳細設計の完了時及び完了以降の変更時は後工程で問題が発生しないよう，X社とY社の接続機能の仕様に関する確認が必要であると考え，解答は「接続機能の詳細設計に対するX社とY社の技術者による共同レビュー」などとなる。

〔設問3〕
　〔変更管理に関する問題への対応〕について考える設問である。
(1) 本文中の下線⑥について，B課長が変更管理委員会で確認することにした内容を解答する設問である。〔変更管理に関する問題への対応〕に，「構築プロジェクトでは，連動テスト以降の設計の変更は，A社と，変更を実施するベンダが出席する変更管理委員会での承認後に実施していた」とあり，構築プロジェクトではA社とX社もしくはA社とY社の2社間で実施していたことが伺える。また，下線⑥の直前に，「改修プロジェクトでは，変更管理委員会には3社が出席」とある。これまで変更管理委員会を3社間で実施せずに2社間で実施していたことによる構築プロジェクトの問題点を確認すると，〔構築プロジェクトのPMに確認した問題〕(3)変更管理に関する問題には，Y社が性能向上のために詳細設計を変更したことによって，Xシステムと連携する処理にも影響を与えていたこと，また制度改正の対応はYシステムだけで対応可能とA社が判断していたところ，Xシステムでも対応する必要があったという問題点が発生していたという記述がある。接続機能以外でも設計変更が他システムに影響を与えている可能性があるため，仕様変更による設計変更の際には，他方にシステムへの影響範囲を含めて3社間で確認しておく必要がある。したがって解答は，「設計変更が他方のシステムに影響を与えるか否か」などとなる。
(2) 本文中の下線⑦について，B課長がCIOに相談する対策を解答する設問である。

下線⑦の直前には「B 課長は，構築プロジェクトにおいて発生した問題から想定されるリスクとは別に，マルチベンダにおける相互連携には想定外に発生するリスクがあると考えた。そこで，後者のリスクへの対応が予算の制約で遅れることがないように」とある。また，これに関連した構築プロジェクトの問題点として，〔構築プロジェクトの PM に確認した問題〕(3)変更管理に関する問題には「急きょ X 社に要件の変更を依頼することにしたが，コンティンジェンシ予備費は既に一部を使っていて，Y システムの制度改正対応分しか残っていなかった。X システム対応分の予算は，上司を通して経営陣に掛け合って捻出したが，調整に時間を要した」とあり，予算や予備費に関係する対応であることが分かる。予備費はコンティンジェンシ予備費とマネジメント予備費の二つがあるが，それぞれ次のとおりに定義されている。

　　コンティンジェンシ予備：特定されたリスクが発生した場合の予算

　　マネジメント予備：特定できていない未知のリスクが発生した場合の予算

　下線⑦の対策の目的として，「後者のリスクへの対応が予算の制約で遅れることがないように」とあるが，その後者のリスクとは，"想定外に発生するリスク"であるため，マネジメント予備費の確保ということが分かる。したがって解答は，「マネジメント予備費の確保」となる。

午後Ⅰ問題 ⅠPA発表の解答例と採点講評

問1

出題趣旨
プロジェクトマネージャ（PM）は，現状を抜本的に変革するような事業戦略に対応したプロジェクトにおいては，現状を正確に分析した上で，前例にとらわれずにプロジェクトの計画を作成する必要がある。 　本問では，生命保険会社の子会社設立を通じて，新たな事業を実現するためのシステム開発プロジェクトを題材としている。デジタルトランスフォーメーション（DX）などの新しい考え方を取り入れたり，必要な人材を社外から集めたりして事業戦略を実現すること，プロジェクト計画を段階的に詳細化するようなプロジェクトの特徴にあった修整をすることなど，不確実性の高いプロジェクトにおける計画の作成やリスクへの対応について，PMとしての知識と実践的な能力を問う。

設問		解答例・解答の要点
設問1	(1)	システム開発に伴う初期投資を抑えるため
	(2)	顧客のニーズや他社動向の急激な変化が予想される環境
	(3)	仮説と検証を多くの時間を掛けず繰り返し実施できるから
設問2	(1)	計画の内容を事業の進展状況に合わせて段階的に詳細化する。
	(2)	多様な知見を活用し，新事業を実現するため
設問3	(1)	a	回避
		b	リスク許容度
		c	強化
		d	転嫁　又は　移転
	(2)	組織横断的に事業部とシステム部のメンバを参加させる。

採点講評
問1では，新たな事業を実現するためのシステム開発プロジェクトを題材に，不確実性の高いプロジェクトにおけるプロジェクト計画の作成やリスクへの対応について出題した。全体として正答率は平均的であった。 　設問2(2)は，正答率が低かった。単にG社に足りない技術や知見の獲得を狙った解答が散見された。新事業の実現のためには，個々のメンバが変化を柔軟に受け入れ，多様な知見を組織として活用する必要があることを読み取って解答してほしい。 　設問3(2)は，正答率がやや低かった。事業部のメンバとシステム部のメンバが，それぞれの役割を組織の枠内に限定して考えている状況をよく理解し，組織として一体感をもってプロジェクトを進めるためには，事業部とシステム部のメンバを混在させたチーム編成にする必要がある点を読み取って解答してほしい。

問2

出題趣旨
プロジェクトマネージャ（PM）は，近年の多様化するプロジェクトへの要求に応えてプロジェクトを成功に導くために，プロジェクトの特徴を捉え，その特徴に合わせて適切なプロジェクト計画を作成する必要がある。 　本問では，顧客満足度を向上させる活動の一環としてのシステム開発プロジェクトを題材としている。顧客満足度向上の目標を事業部門と共有し，協力して迅速に目標を達成するというプロジェクトの特徴に合わせて，マネジメントプロセスを修整して，適切なプロジェクト計画を作成することについて，PM としての実践的な能力を問う。

設問		解答例・解答の要点
設問 1		違いに基づきマネジメントプロセスの修整内容を検討するから
設問 2	(1)	要求事項の開発に必要な期間とコスト
	(2)	予算の範囲内に収まっていること
	(3)	状況の変化に適応し，新たな施策を速やかに展開すること
設問 3	(1)	L 社業務管理システム及び業務の全体を理解したメンバ
	(2)	現状の正確性と処理性能が維持されていること
	(3)	リリースした要件による顧客の体験価値向上の度合い

採点講評
問 2 では，顧客満足度（以下，CS という）を向上させるというプロジェクトを題材に，プロジェクトの特徴に合わせたマネジメントプロセスの修整とプロジェクト計画の作成について出題した。全体として正答率は平均的であった。 　設問 1 は，正答率がやや低かった。プロジェクトの違いを踏まえてマネジメントプロセスを修整する必要があることを理解しているかを問うたが，"プロジェクトの目標達成に必要な体制を整備する"，"要件の変更や追加に迅速かつ柔軟に対応できるようにする"，という解答が散見された。過去のプロジェクト計画を参照し，適用する意味に着目してほしい。 　設問 2(1)は，正答率がやや低かった。改善プロジェクトから提供してもらう必要がある情報は何かを問うたが，"CS 向上の効果"や"優先度付けの情報"という解答が散見された。これは，CS 向上ワーキンググループと改善プロジェクトの役割を区別できていないからと考えられる。プロジェクトにおけるステークホルダの役割と追加する情報の利用目的を正しく理解してほしい。

問3

　プロジェクトマネージャ（PM）は，プロジェクトの立ち上げを行う際，過去のプロジェクトで得られた教訓を生かして，継続的な改善を意識して，より良くプロジェクトを推進するための計画を立案しなければならない。特に，過去のプロジェクトと類似の特徴をもつプロジェクトの場合は，過去のプロジェクトの推進を阻害した問題とその原因を深掘りし，再発を回避するようにプロジェクト計画を作成する。

　本問では，マルチベンダのシステム開発プロジェクトを題材として，ステークホルダマネジメント，プロジェクト作業の管理及び変更管理について，幅広く過去の教訓を踏まえてプロジェクト計画を作成する，PMとしての問題分析力と対応力を問う。

設問		解答例・解答の要点
設問1	(1)	プロジェクトに対する経営陣からの指示ルートが一本化される。
	(2)	X社とY社の責任者の改修プロジェクトへの関与度を高める。
設問2	(1)	両社の実装の各工程の開始・終了を同日とする。
	(2)	委託先要員に対する直接の作業指示はできないから
	(3)	接続機能の詳細設計に対するX社とY社の技術者による共同レビュー
設問3	(1)	設計変更が他方のシステムに影響を与えるか否か
	(2)	マネジメント予備費の確保

　問3では，マルチベンダでのシステム開発プロジェクトを題材に，過去の教訓を踏まえたプロジェクト計画の作成について出題した。全体として正答率は平均的であった。

　設問1(2)は，正答率は平均的であったが，"X社とY社のスケジュールが調整できること"や"X社とY社の仕様の認識相違を防ぐこと"などの解答が散見された。"ステークホルダマネジメントの観点"という題意に沿って解答してほしい。

　設問2(1)は，正答率が低かった。マイルストーンを明示していない解答や"手戻りを想定した接続機能に関する工程の早期着手"など，マイルストーンを意識していない解答が散見された。過去のプロジェクトでの問題を回避するために，各工程で何をマイルストーンとし，どのような工夫をしたのかを解答してほしい。

　設問3(2)は，正答率が低かった。"コンティンジェンシ予備費の増額"とした解答が多かった。想定外のリスクへの対応であること，対策をCIOに相談していることを踏まえて解答してほしい。

●令和３年度秋期

午後Ⅱ問題　解答・解説

| 問1 | システム開発プロジェクトにおけるプロジェクトチーム内の対立の解消について | (R3 秋·PM 午後Ⅱ問 1) |

【解説】

本問は，システム開発プロジェクトにおけるプロジェクトチーム内の対立の解消がテーマの問題である。プロジェクトマネージャ（PM）はスケジュールやリスクなどの管理を行うだけではなく，プロジェクトチームをまとめ，メンバのモチベーションを高めて，プロジェクトチームに一体感をもたせてプロジェクトを成功に導く必要がある。まとまりのあるチームはコミュニケーションも活発でメンバ間の協力関係も良好であれば，プロジェクトの成功のための大きな要因となるからである。一方，どのような組織においても，そこに所属するメンバ間の意見の相違や仕事のやり方の差は大なり小なり存在し，場合によってはそれがメンバ間の対立に発展してしまうこともある。対立が発生してしまうと，プロジェクト内がぎくしゃくし，コミュニケーションが希薄になることによって，PM に必要な情報が届かなくなり，メンバに精神的な負担が発生するなど，プロジェクトの進行にとってマイナスを与えるような事態に発展する。このような状況を解消するには，プロジェクト管理の知識やシステムに関するテクニカルな理解だけでは不十分であり，PM としての「人間力」が問われることになる。PM は日ごろからメンバの信頼を得る行動をとるなど，チームの中でリーダシップを発揮できるように努めなければならない。

受験生の方が参画されたプロジェクトにおいても，大なり小なりこのようなチーム内の対立が顕在化した事例があることだろう。本問のテーマは，システム開発プロジェクトに従事していれば，多くの受験者が何らかの経験をしているのではないかと思われる。そのような状況になったとき，PM はどのように対処して対立を解消したのか，あるいは自分が PM であればどのように解消したのかを振り返り，これまでに経験したプロジェクトを PM の視点で見直してみることによって論点を整理することができると考える。

それでは段落ごとに問題文の中から論述のポイントを拾い出してみる。

第一段落では，「プロジェクトマネージャ（PM）は，プロジェクトの目標の達成に向け継続的にプロジェクトチームをマネジメントし，プロジェクトを円滑に推進しなければならない」と述べられていることから，PM の役割として"プロジェクトを円滑に推進"することが重要であり，単にスケジュールなどの管理を行うだけでなく，プロジェクトの人的な側面も含めたマネジメントの重要性を示している。論述においても PM としての自覚を明確に示すことが重要である。

第二段落では，「プロジェクトの実行中には，作業の進め方をめぐって様々な意見や

認識の相違がプロジェクトチーム内に生じることがある。チームで作業するからにはこれらの相違が発生することは避けられないが，これらの相違がなくならない状態が続くと，プロジェクトの円滑な推進にマイナスの影響を与えるような事態（以下，対立という）に発展することがある」と述べられていることから，チーム内での対立が発生した場合，それを放置するとプロジェクトの円滑な推進に悪影響を与えるとの認識である。論述においては対立がどのようなマイナスの影響を与えたかを具体的に示すことが望ましい。

　第三段落では，「PMは，プロジェクトチームの意識を統一するための行動の基本原則を定め，メンバに周知し，遵守させる。プロジェクトの実行中に，プロジェクトチームの状況から対立の兆候を察知した場合，対立に発展しないように行動の基本原則に従うように促し，プロジェクトチーム内の関係を改善する」と述べられていることから，キーワードとしては"行動の基本原則"ということになる。PMとしてどのような"行動の基本原則"を定め，それを周知・遵守させたのかを具体的に論述したい。

　第四段落では，「しかし，行動の基本原則に従っていても意見や認識の相違が対立に発展してしまうことがある。その場合は，原因を分析して対立を解消するとともに，行動の基本原則を改善し，遵守を徹底させることによって，継続的にプロジェクトチームをマネジメントする必要がある」と述べられていることから，行動の基本原則の遵守だけでは対立が解消できなかった場合，その原因を分析して行動の基本原則を見直すなどの，対立解消に向けた継続的な取組みが論点となる。

　論述に当たっては，問題文中に示されているポイントを踏まえた上で，具体的な事例の内容詳細をしっかり展開する必要がある。事例に沿って実体，及びリアリティのある内容を示して，論点を明確に理由・根拠などを論理的に表現していかなければ合格評価には至らないので注意したい。

　なお，論述の骨子を考える上で，問題文に沿った章立てにすることをお勧めする。そうすることによって，出題者の意図に沿った論述になり，頭を整理しながら論述できるからである。具体的には次のような章立てにするとよいだろう。

　（章立ての例）
　第1章　チーム内対立の発生したシステム開発プロジェクトの概要
　　1.1.　プロジェクトの特徴
　　1.2.　行動の基本原則について
　　1.3.　チームの状況から察知した対立の兆候
　第2章　発生した対立と解消策について
　　2.1.　発生した対立の状況
　　2.2.　対立の解消策及び行動の基本原則の改善策
　第3章　実施状況の評価と改善点

　なお，各設問の論述例は論述のポイントを示したもので，必ずしも設問の規定の文字数に従っていない。実際の試験では，事例の詳細な内容を肉付けし，あなた自身の

文章，具体例を大切にしていくことが望まれる。

［設問ア］
　あなたが携わったシステム開発プロジェクトにおけるプロジェクトの特徴，あなたが定めた行動の基本原則とプロジェクトチームの状況から察知した対立の兆候について論述する。通常，設問アにおいては対象とするシステムの概要を中心に論述するケースが多いと思われるが，本問においては，「行動の基本原則」「対立の兆候」といった特徴的なキーワードがあるので，章立てに合わせて，文字数を意識しながら要領よくまとめていくようにする。

（論述例）

第 1 章　チーム内対立の発生したシステム開発プロジェクトの概要
1.1.　プロジェクトの特徴
　　私は，システム開発会社である C 社に所属するプロジェクトマネージャである。今回 PM として携わったシステム開発プロジェクトは，アパレル企業における受発注システムの更新プロジェクトである。本プロジェクトは四つの開発チームで実施することになったが，C 社の社内規定によって，一定規模以上のシステム開発案件についてはシステム開発部以外にも品質管理部が関与することになっており，本件はそれに該当した。そこで，品質管理部内には本プロジェクトの品質管理を行うチーム（以下，品質チームという）が立ち上げられ，四つの開発チームと協力しながらプロジェクトを推進することになった。品質チームの役割は，第三者的な視点でプログラムなどの品質の評価・管理を行うことにある。

1.2.　行動の基本原則について
　　私は本プロジェクトの開始時に次の「行動の基本原則」を立案し，全プロジェクトメンバに周知した。
①　プロジェクトの目的を常に考えて行動する。
②　開発標準など，社内で定められたルールを遵守する。
③　発生した問題を個人で抱えず逐次リーダや PM に報告・相談する。
④　社内や客先との約束（特に期日）を守る。

1.3.　チームの状況から察知した対立の兆候
　　ちょうど単体テストが終了するころ，私はある開発チームのリーダを昼食に誘い，プロジェクトの状況を軽くヒアリングした。そこで，チームリーダからは品質チームに対する苦情が上がってきた。その内容は，品質チームは忙しい現場のことを考慮せず，自分たちの判断だけで追加の資料を求めてくるなど，上からの目線での指摘ばかり行うので現場の担当者は疲弊している。単体テストの品質は特に問題はないので，管理の為の管理はやめてほしいと

のことであった。このことから，私は開発チームと品質チームにかなり根深い対立があるのではないかとその兆候を察知した。

[設問イ]

　ここでは，設問アで述べたプロジェクトの実行中に作業の進め方をめぐって発生した対立と，あなたが実施した対立の解消策及び行動の基本原則の改善策について論述する。発生した対立についてはより具体的な状況を説明し，それを解消するためにどのように考えて解消策を策定したのか，また，解消策として「行動の基本原則」を変更や追加する必要があったと判断した場合には，具体的にどのような変更や追加を行ったのかを論述する。

（論述例）

第2章　発生した対立と解消策について

2.1．発生した対立の状況

　　私が開発チームのチームリーダから品質チームへの苦情を聞いた 1 週間後，私は上司であるシステム開発部長に呼ばれた。システム開発部長は，品質管理部からこのような文書が来たとのことで，1 枚の文書を私に示した。その内容を確認すると，概要は次のとおりであった。

・単体テスト工程の品質を確認したところ，エラー検出率が当社の基準に達していないことから，エラーの見落としがあるのではないかとの疑念がある。

・このことについて，開発チームに追加の資料を要求しているが，2 週間経っても返答がない。

・以上のことから，品質管理部としては単体テスト工程を承認することができず，次工程への移行を認めない。

　　私はシステム開発が若干遅延気味でもあったため，ここで次工程に進めないと大きな問題になると判断し，私はシステム開発部長とともに品質管理部長に状況の説明と改善に向けた打合せを申し入れた。

　　その前に再度開発チームのリーダから状況を聞いたが，開発チームは当初から品質チームを無視するような行動をとっており，担当者同士も相当感情的な対立状況になっていることが判明した。開発チームのリーダは，品質に問題はないのに資料の作成を要求され，品質チームは忙しい現場のことを分かっていないとの主張であった。おそらく，このままでは両者は平行線のままであり，納期の遅延や品質低下につながる悪影響を及ぼすと判断し，PM としてプロジェクトチーム内の対立状況を早急に解消するために，対立の解消策及び行動の基本原則の改善策を考えなければならないと決断した。

2.2．対立の解消策及び行動の基本原則の改善策

　　私は品質管理部長と面談する前に，現在の対立の経緯や原因について整理

しておく必要があると考えた。整理した結果は次のとおりである。

- 対立の発端は，開発チームが品質チームからの資料提出の要請を無視し，品質チームを批判したことである。開発チームからすれば，忙しい現場のことを理解せず，管理の為の管理を要求するという主張である。
- 一方，品質チームとしては品質管理のルールに基づいて，エラー検出率が基準値よりも低いので追加の資料を要求したまでである。
- 今回，単体テストのエラー検出率が基準値を大幅に下回ったのには理由がある。既存のコードを多く流用しているので，総ステップ数に比較してエラーの発生率は低くなる。ただ，このような事情は品質チームに伝えられておらず，品質チームは通常の基準で評価していた。

　以上の状況を整理し，私は品質管理部長宛の報告書を作成した。翌日，私は上司のシステム開発部長とともに，品質管理部長に今回の状況の報告を行った。報告書を受け取った品質管理部長は「状況は良く分かった。なぜ，こういった報告をもっと早くに上げてくれなかったのか。資料を要求して 2 週間経過しても何の連絡もないので，品質チームの担当者も無視されたようで感情的になっていた。」との発言があった。まさにその通りである。開発チームがエラー検出率が低い理由を迅速に報告していれば，今回のような対立は発生しなかったと考える。

　私は，この原因がシステム開発部と品質管理部という二つの社内組織の風通しの悪さにあると考えた。また，常日頃からシステム開発部は多忙であり，品質管理部は現場のことが分からずに，管理のための管理をやっているという批判的な目で見ていることも大きな要因となっている。

　以上のことから，私は次の二つの解消策を策定・提案した。

①　品質管理部においては今回の状況を踏まえ，より現場の状況を意識しつつ，「管理のための管理」ではなく，「開発チームを支援し共に歩む姿勢」で品質管理に当たっていただきたい。また，そのことを品質チームの担当者が日ごろの言動で伝わるようにしていただきたい。

②　開発チームにおいては，「相手を無視した態度」は絶対にとらないこと。また，必要な情報は迅速に伝え，先入観を排してチーム間の風通しを良くすること。

　また，これらを実践するために，「行動の基本原則」に「⑤常に社内コミュニケーションを図り，チーム間の風通しを良好に保つ」を追加し 5 項目とした。

［設問ウ］

　ここでは，設問イで述べた対立の解消策と行動の基本原則の改善策の実施状況及び評価と，今後の改善点について論述する。策定した解消策をどのように実施したのか。その結果，対立は解消したのか不十分であったのかを具体的に論述して評価する。また，「行動の基本原則」を変更あるいは追加した場合はその内容についても論述する。

（論述例）

第3章　実施状況の評価と改善点
　　私は，開発チームの4名のリーダを招集し，今回の顛末について説明する
とともに，今後このような対立が発生してプロジェクトに悪影響を及ぼさな
いための注意点について説明した。また，「行動の基本原則」に「⑤常に社内
コミュニケーションを図り，チーム間の風通しを良好に保つ」を追加するこ
とにしたので，各チーム内にも周知し，先入観をもたずにチーム間のコミュ
ニケーションを図るように指示した。4人のチームリーダは状況については
理解を示し，開発チーム側にも問題があったとの反省が聞かれたことから，
私は，今回の対立についてはいったんこれで解消の方向にもって行くことが
できたと評価したものの，再発の防止やさらなる改善のためには次の事項の
継続的な見直しが必要であると考えた。
　　今回の対立の根本原因には，システム開発部と品質管理部といった社内組
織の間でのお互いの長年の不信感があったと考えられる。システム開発部は
業務に追われて多忙であることも多く，それに対して第三者的視点での指摘
を繰返す品質管理部に対する不満が蓄積していたと思われる。これは，品質
管理部に限らないが，社内における現業部門と管理部門では基本的な考え方
や行動にもそれぞれの文化のようなものが形成されてしまい，それが対立の
引き金になりかねない。やはり，プロジェクトの目的を関係者全員が共有し，
管理部門はプロジェクトの成功に向けた適切な助言を行うべきであると考え
る。また，PMはこういった対立関係になりやすい複数の社内部署を見渡し
ながら，両者の意見を調整していくなど，対立のない円滑なプロジェクト推
進に向けた努力が必要である。また，今回の対立が発覚したのは，オフィシ
ャルな会議の場ではなく，チームリーダと昼食を共にしながらの会話であっ
た。やはり，オフィシャルな場だけでなく，プロジェクトメンバとのきめ細
かなコミュニケーションも重要であり，PMはコミュニケーション力の改善
も必要であると感じた。

	システム開発プロジェクトにおけるスケジュールの	
問2	管理について	(R3 秋·PM 午後Ⅱ問2)

【解説】

　本問はシステム開発プロジェクトにおけるスケジュールの管理がテーマの問題である。スケジュールの管理はプロジェクトマネージャの役割においても重要事項であり、PMBOK®ガイド第6版にも、プロジェクト・スケジュール・マネジメントとして定義されていることから、あらかじめスケジュールの管理に関する知識を整理しておきたい。本問のようなプロジェクトマネジメントにおける典型的なテーマでの論述に当たっては、「我流」ではなく、このような知識体系を活用したマネジメントについて論じる方が説得力は高まると考える。PMBOK®ガイド第6版に定義されている、プロジェクト・スケジュール・マネジメントのプロセスは次のとおりである。

プロセス群	プロセス名称
計画プロセス群	①スケジュール・マネジメントの計画 ②アクティビティの定義 ③アクティビティの順序設定 ④アクティビティの所要期間見積り ⑤スケジュールの作成
監視・コントロールプロセス群	⑥スケジュールのコントロール

　あなたが携わったプロジェクトにおけるスケジュール管理の事例を、こういったプロセス群とマッピングしておくことも論述内容を整理する上で有効である。その上で、どのように実施したかを具体的に論述することが重要となる。

　プロジェクトマネージャが管理すべき項目の中でも、定められた期日までにプロジェクトを完遂するためのスケジュール管理は、成果物の品質管理と並んで最も重要視される項目であるだろう。多くの受験生の方が、システム開発プロジェクトにおいて納期に追われた経験や、スケジュール遅延でばん回に苦労された体験をもたれていることと思う。本問のテーマは、システム開発プロジェクトに従事していれば、多くの受験者が経験をしていると思われることから、これまでに経験したシステム開発プロジェクトを振り返り、スケジュールが遅延した原因や対策といった視点で見直してみることによって、比較的取組みやすいテーマであると考える。

　それでは段落ごとに問題文の中から論述のポイントを拾い出してみる。

　第一段落では、「プロジェクトマネージャ（PM）には、プロジェクトの計画時にシステム開発プロジェクト全体のスケジュールを作成した上で、プロジェクトが所定の期日に完了するように、スケジュールの管理を適切に実施することが求められる」と述べられていることから、PMとしてスケジュール管理にどのように取り組むべきかを示している。先に解説したPMBOK®ガイド第6版における「計画プロセス群」に

ついては「プロジェクトの計画時」,「監視・コントロールプロセス群」については「スケジュールの管理を適切に実施」と記述されていることから,スケジュールの計画とスケジュールの管理の両方について論述することも重要である。

第二段落では,「PM は,スケジュールの管理において一定期間内に投入したコストや資源,成果物の出来高と品質などを評価し,承認済みのスケジュールベースラインに対する現在の進捗の実績を確認する。そして,進捗の差異を監視し,差異の状況に応じて適切な処置をとる」と述べられていることから,ここでは PM が実行する具体的なスケジュール管理の手順が例示されている。どのような手法で進捗を評価し,計画に対する差異をどのように評価したのかを具体的に論述する必要がある。例えば,EVM（Earned Value Management）などの管理手法を用いた場合にはその適用方法について具体的に論述することによって,より説得力が増すだろう。

第三段落では,「PM は,このようなスケジュールの管理の仕組みで把握した進捗の差異がプロジェクトの完了期日に対して遅延を生じさせると判断した場合,差異の発生原因を明確にし,発生原因に対する対応策,続いて,遅延に対するばん回策を立案し,それぞれ実施する」と述べられていることから,PM が「遅延が生じている」と判断した場合の原因究明と対応策について記述することになる。特に,対応策を立案するに当たっては「遅延の原因」を明確にすることが重要である。そうでなければ,対応策が的外れで効果が出ないといった事態になることもあるので,「原因」と「対応策」を明確に結び付けた論述も説得力がある。

第四段落では,「なお,これらを立案する場合にプロジェクト計画の変更が必要となるとき,変更についてステークホルダの承認を得ることが必要である」と述べられていることから,対応策の立案に当たって,ステークホルダとの調整や承認をどのように行ったかも論述しておきたい。

全体としては,先に解説した PMBOK®ガイド第 6 版のプロセス群に準拠した出題となっていることから,PMBOK®におけるプロジェクト・スケジュール・マネジメントの知識についても今一度しっかりと理解しておきたい。

論述に当たっては,問題文中に示されているポイントを踏まえた上で,具体的な事例の内容詳細をしっかり展開する必要がある。事例に沿って実体,及びリアリティのある内容を示して,論点を明確に理由・根拠などを論理的に表現していかなければ合格評価には至らないので注意したい。

なお,論述の骨子を考える上で,問題文に沿った章立てにすることをお勧めする。そうすることによって,出題者の意図に沿った論述になり,頭を整理しながら論述できるからである。具体的には,次のような章立てにするとよいだろう。

（章立ての例）
第1章　対象としたシステム開発プロジェクトの概要
　1.1.　プロジェクトの特徴と目標
　1.2.　スケジュール管理の概要
第2章　システム開発プロジェクトにおける遅延発生と対応策

2.1. 遅延発生の判断
2.2. 遅延の原因と対応策
第 3 章　実施状況の評価と改善点

　なお，各設問の論述例は論述のポイントを示したもので，必ずしも設問の規定の文字数に従っていない。実際の試験では，事例の詳細な内容を肉付けし，あなた自身の文章，具体例を大切にしていくことが望まれる。

［設問ア］
　あなたが携わったシステム開発プロジェクトにおけるプロジェクトの特徴と目標，スケジュールの管理の概要について論述する。
　まず，プロジェクトの特徴と目標であるが，本問ではシステム開発プロジェクトのスケジュール管理が論点となることから，開発したシステムの概要については簡潔に説明し，計画したスケジュール・開発体制や制約事項についての特徴に重点を置いて分かりやすく論述する必要がある。ここでプロジェクトのスケジュール・開発体制に関する背景をしっかりと説明することによって，設問イ以降の論述にリアリティをもたせる効果がある。逆に，開発したシステムの技術的な説明など，以降の論述に直接関係しない事項については特に記述する必要はない。あくまでも，PM の役割に関係する事項について論述することに留意したい。
　次にスケジュール管理の概要について論述する。ここでは，PMBOK®ガイド第 6 版に定義されている「計画プロセス群」と「監視・コントロールプロセス群」といった区分に従い，スケジュールをどのように計画し，それに従ってどのようにコントロールしたかを具体的に論述するのが分かりやすいだろう。

（論述例）

第 1 章　対象としたシステム開発プロジェクトの概要
1.1.プロジェクトの特徴と目標
　　私は，システム開発会社である C 社に所属するプロジェクトマネージャである。今回 PM として携わったシステム開発プロジェクトは，ある地方自治体が整備する住民向けのシステムである。本システムはインターネットからアクセスできる住民向けのシステムであり，公共施設の予約・粗大ごみ収集の予約・道路や公園における不具合の通報など，住民の日常生活に密接した処理を行うための一連のシステムである。本プロジェクトの目標は，陳腐化した既存のシステムを更新し，より使いやすいシステムとすることによって，より良い住民サービスの充実を図ることである。
　　当初，約 12 か月の期間で実施する予定であったが，地方自治体側の都合でスタートが約 2 か月遅れることになったため，プロジェクト期間は当初の12 か月から 10 か月に短縮されることになった。そのことによって，システム開発プロジェクトとしてはスケジュールや体制の見直しが必要になり，ス

ケジュール管理面においても綿密さが要求されるようになったことが本プロジェクトの特徴である。

1.2. スケジュール管理の概要

本プロジェクトの体制は，開発するシステム機能別に A～E の五つの開発チームとプロジェクト全体のスケジュール管理を行う PMO チームで構成した。スケジュール管理については EVM（Earned Value Management）手法を用いるものとした。プロジェクトの計画段階で各チームリーダは担当するシステム開発の WBS と WBS に対応する PV（Planned Value）を算定しそれを PMO に報告する。PMO ではプロジェクト全体の PV をとりまとめ，以降は進捗に応じて各チームから EV（Earned Value）などの管理指標の報告を求め，PM がプロジェクトの進捗状況について判断するものとした。

［設問イ］
　ここでは，設問アで述べたスケジュールの管理の仕組みで把握した，プロジェクトの完了期日に対して遅延を生じさせると判断した進捗の差異の状況，及び判断した根拠について論述する。また，差異の発生原因に対する対応策と遅延に対するばん回策はどのようなものであったかについて論述する。
①遅延を生じさせると判断した進捗の差異の状況，及び判断した根拠について
　プロジェクトにおいて遅延が発生しているかどうかは，それを判断するための指標と判断の基準が必要である。何となく遅れているのではないかといったプロジェクトの雰囲気だけの判断では，正確な原因も分からず対策の立てようもないからである。そのためには，明確な「プロジェクト管理の手法と指標」が必要となる。スケジュール管理の概要については，設問アの「1.2. スケジュール管理の概要」において既に説明していることから，ここでは，その管理手法についてさらに詳細に説明し，「判断に用いた指標」と「判断の基準」について論述する。
②差異の発生原因に対する対応策と遅延に対するばん回策
　プロジェクトが遅延していると判断したからには「遅延の原因」があるはずである。
例えば
・開発を担当している要員のスキル不足から計画した生産性が達成できていない。
・想定外の技術的問題が発生し開発が止まっている部分がある。
・プロジェクト要員の途中離脱によってリソース不足が発生した。
・客先の要求による要件の急な変更などが発生している。
などの原因が考えられるであろう。
　PM はまずこれらの原因を明確化し，その原因に応じた対応策を立案する必要があることから，どのように原因を特定したかを論述する。
　次に，これらの原因に基づいた対応策と遅延に対するばん回策をどのように立

案したかについて論述するが，ここでは「原因」と「対策」の関連性が明確になるように留意したい。

（論述例）

第２章　システム開発プロジェクトにおける遅延発生と対応策

2.1.　遅延発生の判断

　　本プロジェクトの体制は前述したとおり，開発するシステム機能別に A～E の五つの開発チームとプロジェクト全体のスケジュール管理を行う PMO チームで構成した。また，スケジュール管理については EVM（Earned Value Management）手法を用いた。

　　スケジュール管理は週次で開催される進捗定例会議を中心に行った。その手順は次のとおりである。

①各チームリーダは進捗定例会議開催の２日前に PMO に各チームの進捗状況と課題及び EV 値を報告する。

②PMO はそれらの状況をとりまとめ，プロジェクト全体での EV 値を算出し PV 値と比較し進捗状況を把握する。また，管理指標としてスケジュール効率指数（SPI）及び CPI（コスト効率指数）を算定し，これらを週次進捗報告書として取りまとめる。

③PMO はとりまとめた週次進捗報告書を前日までに PM に送付し，PM は会議までにその内容を確認し，会議において指示を出す。

　　プロジェクト開始後約６か月が経過し，システム開発がテスト工程に入った頃，私は送付されてきた週次進捗報告書を確認したが，通常とは異なる次の状況に気が付いた。

①２週間前及び１週間前の週次進捗報告書と比較し，SPI 値が急に低下し，CPI 値が上昇気味である。どちらも当初想定していた基準を超えていることから，プロジェクトに異常が発生していると判断した。

②D チームからの報告を見ると，テスト工程においてテストデータによる検証は順調であったが，実データを用いてのテストにおいて不具合が多く発生し，テスト工程に遅延があるとの報告であった。

　　以上のことから，私はプロジェクトの完了期日に対して影響を与える遅延が発生していると判断した。

2.2.　遅延の原因と対応策

　　私はさらに詳しい状況を確認するため，D チームのチームリーダから状況のヒアリングを行った。その結果次の状況が分かった。

①テストデータによる結合テストは順調であったが，実データを使ったテストを行うと不具合が散見されるようになり，想定外の不具合件数によるテスト工程の遅延が発生し，テスト要員の時間外勤務が増加している。

②チームリーダが調査したところ，当該プログラムの開発時に「要件の誤解」

があったのではないかとの疑念が確認された。そのため，誤解した仕様に基づいて作成されたテストデータでは順調であったが，実データにおいて仕様の誤解があった部分において不具合が発生したという見解であった。

　以上のことから，私は遅延が発生した原因を，「要件の誤解によるプログラムの不具合とそれに起因するテスト工程の遅延」であると結論付けた。

　次に，私は対応策の立案に取り組んだ。判明した原因から実施すべきことは次の2点であると判断した。

①要件の誤解によって作成されたプログラムを正しい要件に手直しする。

②テスト工程の遅れをばん回するための対策（リソースの増強）。

　まず，①については要件に精通した有識者が必要であるが，②については比較的要員の追加が行いやすいと判断した。そこで，システム開発の協力会社に要員の増員を要請し，テスト工程に関わる要員のリソース増加で遅れた期間のばん回を図るものとした。一方，プログラムの手直しについてはより慎重な対応が必要であると判断し，特に要件に通じた有識者を中心とした特別チームを編成してこれに当たるものとした。

　これらの対応策については，2週間ごとに開催されている発注者との定例報告会において報告し，承認を得ることができた。

［設問ウ］

　ここでは，設問イで述べた対応策とばん回策の実施状況及び評価と，今後の改善点について論述する。あなたが立案した対応策とばん回策を実施したところ，効果は想定通りに発揮できたのか，遅延していたスケジュールはどの程度回復することができたのかについて具体的に論述する。今後の改善点については，対応策とばん回策についてさらに改善すべき事項はあるか，また，今回実施した対応策の他にも，プロジェクト全体を通してのスケジュール管理上の改善点があれば論述したい。

（論述例）

第3章　実施状況の評価と改善点

　まず，テスト工程の要員増強については当初計画の1.5倍の要員リソースを当てることができ，今回問題が発生したプログラム以外のテストについては予定よりも早期に完了することができ，テスト工程に余裕をもつことができた。特別チームによるプログラムの改修も予定どおりに進捗したところから，それらのプログラムの再テストをテスト工程で余裕のできた部分に当てることによって，テスト工程としては当初の計画よりも数日の遅れの発生に留めることができたと評価している。ここで発生した数日の遅れについては，その後のドキュメント作成工程のリソースを増強することによって十分に吸収することができた。以上から，対応策とばん回策の実施については十分に効果を上げることができ，プロジェクトの完了期日を守ることができたと評価できる。一方，本プロジェクトのスケジュール管理としては次の反省点が

ある。

・スケジュール管理を EVM 手法に頼り過ぎた面があり，工数とコストに重点を置いていたため，早い段階において品質の評価が不十分なまま EV 値を算定していたため，スケジュール上は順調に見えていたが品質上の問題が隠れていた。

・そのため，本来であれば基本設計段階で検出されるべき要件の誤りが見過ごされ，テスト工程という後工程において大きな手戻りを発生させることになった。

　今後，スケジュール管理に EVM 手法を用いる際には，成果物のレビューを十分に行うなど，品質を確保した上での EV 値の算出を行うなど，品質とスケジュール両輪での管理を実施することが重要であると考える。

問1

出題趣旨
プロジェクトの実行中には，作業の進め方をめぐってプロジェクトチーム内に様々な意見や認識の相違が発生する。これらの相違の発生を一概には否定できないが，これらの相違がなくならない状態が続くことで，プロジェクトの円滑な推進にマイナスの影響を与えるような対立に発展することがある。 　本問は，プロジェクトマネージャ（PM）として，行動の基本原則を定めどのように対立を回避しようとしたのか，それでもなお対立が発生した場合，PM としてその対立をどのように解消したのか，また，行動の基本原則をどのように改善し遵守させたかを具体的に論述することを求めている。論述を通じて，PM として有すべきプロジェクトチームのマネジメントに関する知識，経験，実践能力などを評価する。

問2

出題趣旨
プロジェクトマネージャ（PM）には，プロジェクトの計画時にプロジェクト全体のスケジュールを作成し，プロジェクトの実行中はプロジェクトが所定の期日に完了するようにスケジュールの管理を適切に実施することが求められる。 　本問は，プロジェクトの実行中，スケジュールの管理の仕組みを通じて把握した，プロジェクトの完了期日に対して遅延を生じさせると判断した進捗の差異の状況，判断した根拠，差異の発生原因に対する対応策，遅延に対するばん回策について具体的に論述することを求めている。論述を通じて，PM として有すべきスケジュールの管理に関する知識，経験，実践能力などを評価する。

問1，問2

<table>
<tr><td align="center">採点講評</td></tr>
</table>

　全問に共通して，自らの経験に基づいて具体的に論述できているものが多かった。一方で，各設問には論述を求める項目が複数あるが，対応していない項目のある論述，どの項目に対する解答なのか判然としない論述が見受けられた。また，論述の主題がプロジェクトチームのマネジメントやスケジュールの管理であるにもかかわらず，内容が主題から外れて他のマネジメントプロセスに偏った論述となったり，システムの開発状況やプロジェクトの作業状況の説明に終始したりしている論述も見受けられた。プロジェクトマネージャとしての役割や立場を意識した論述を心掛けてほしい。

　問 1 では，プロジェクトマネージャ（PM）として，行動の基本原則を定めた上でどのように兆候を察知して対立を回避しようとしたのか，それでもなお対立が発生した場合，PM としてその対立をどのように解消したのか，また，行動の基本原則をどのように改善し遵守させたのか，具体的な論述を期待した。経験に基づき具体的に論述できているものが多かった。一方で，行動の基本原則がプロジェクトの特徴に即していない論述や，対立の解消策が対立の内容や原因に対応していない論述も見受けられた。PM として，行動の基本原則を定め遵守させることでプロジェクトチームの意識を統一してプロジェクトを円滑に推進するよう，プロジェクトチームのマネジメントのスキルの習得に努めてほしい。

　問 2 では，スケジュールの管理の仕組みを通じて把握した，プロジェクトの完了期日に対して遅延を生じさせると判断した進捗の差異の状況，判断した根拠，差異の発生原因に対する対応策，遅延に対するばん回策について，具体的な論述を期待した。経験に基づき具体的に論述できているものが多かった。一方で，スケジュールの管理の仕組みを通じて把握したものではない遅延やプロジェクトの完了期日に対してではない遅延についての論述や，EVM（Earned Value Management）の理解不足に基づく論述も見受けられた。プロジェクトマネージャにとって，スケジュールの管理は正しく身に付けなければならない重要な知識・スキルの一つであるので，理解を深めてほしい。

令和4年度秋期試験 問題と解答・解説編

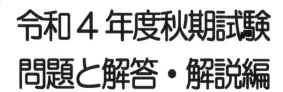

問題を解き，**解答・解説**でポイントを確認してください

令和4年度 秋期
プロジェクトマネージャ試験
データベーススペシャリスト試験
エンベデッドシステムスペシャリスト試験
システム監査技術者試験
情報処理安全確保支援士試験
午前Ⅰ 問題【共通】

試験時間	9:30 ～ 10:20 (50分)

注意事項

1. 試験開始及び終了は，監督員の時計が基準です。監督員の指示に従ってください。試験時間中は，退室できません。

2. 試験開始の合図があるまで，問題冊子を開いて中を見てはいけません。

3. **答案用紙への受験番号などの記入は，試験開始の合図があってから始めてください。**

4. 問題は，次の表に従って解答してください。

問題番号	問1 ～ 問30
選択方法	全問必須

5. 答案用紙の記入に当たっては，次の指示に従ってください。

 (1) 答案用紙は光学式読取り装置で読み取った上で採点しますので，B 又は HB の黒鉛筆で答案用紙の<u>マークの記入方法</u>のとおりマークしてください。マークの濃度がうすいなど，<u>マークの記入方法</u>のとおり正しくマークされていない場合は，読み取れないことがあります。特にシャープペンシルを使用する際には，マークの濃度に十分注意してください。訂正の場合は，あとが残らないように消しゴムできれいに消し，消しくずを残さないでください。

 (2) <u>受験番号欄</u>に<u>受験番号</u>を，<u>生年月日欄</u>に<u>受験票の生年月日</u>を記入及びマークしてください。答案用紙の<u>マークの記入方法</u>のとおりマークされていない場合は，採点されないことがあります。生年月日欄については，受験票の生年月日を訂正した場合でも，訂正前の生年月日を記入及びマークしてください。

 (3) 解答は，次の例題にならって，<u>解答欄</u>に一つだけマークしてください。答案用紙の<u>マークの記入方法</u>のとおりマークされていない場合は，採点されません。

 〔例題〕 秋期の情報処理技術者試験・情報処理安全確保支援士試験が実施される月はどれか。

     ア 8   イ 9   ウ 10   エ 11

 正しい答えは"ウ 10"ですから，次のようにマークしてください。

例題	㋐	㋑	●	㋓

注意事項は問題冊子の裏表紙に続きます。
こちら側から裏返して，必ず読んでください。

6. **問題に関する質問にはお答えできません。** 文意どおり解釈してください。

7. 問題冊子の余白などは，適宜利用して構いません。ただし，問題冊子を切り離して利用することはできません。

8. 試験時間中，机上に置けるものは，次のものに限ります。

   なお，会場での貸出しは行っていません。

   受験票，黒鉛筆及びシャープペンシル（B 又は HB），鉛筆削り，消しゴム，定規，時計（時計型ウェアラブル端末は除く。アラームなど時計以外の機能は使用不可），ハンカチ，ポケットティッシュ，目薬

   これら以外は机上に置けません。使用もできません。

9. 試験終了後，この問題冊子は持ち帰ることができます。

10. 答案用紙は，いかなる場合でも提出してください。回収時に提出しない場合は，採点されません。

11. 試験時間中にトイレへ行きたくなったり，気分が悪くなったりした場合は，手を挙げて監督員に合図してください。

12. 午前 II の試験開始は <u>10:50</u> ですので，<u>10:30</u> までに着席してください。

試験問題に記載されている会社名又は製品名は，それぞれ各社又は各組織の商標又は登録商標です。

なお，試験問題では，^{TM} 及び ® を明記していません。

問題文中で共通に使用される表記ルール

各問題文中に注記がない限り，次の表記ルールが適用されているものとする。

〔論理回路〕

図記号	説明
	論理積素子（AND）
	否定論理積素子（NAND）
	論理和素子（OR）
	否定論理和素子（NOR）
	排他的論理和素子（XOR）
	論理一致素子
	バッファ
	論理否定素子（NOT）
	スリーステートバッファ
	素子や回路の入力部又は出力部に示される○印は，論理状態の反転又は否定を表す。

問1　A，B，C，D を論理変数とするとき，次のカルノー図と等価な論理式はどれか。ここで，・は論理積，＋は論理和，$\overline{X}$ は X の否定を表す。

AB\CD	00	01	11	10
00	1	0	0	1
01	0	1	1	0
11	0	1	1	0
10	0	0	0	0

ア　$A \cdot B \cdot \overline{C} \cdot D + \overline{B} \cdot \overline{D}$

イ　$\overline{A} \cdot \overline{B} \cdot \overline{C} \cdot \overline{D} + B \cdot D$

ウ　$A \cdot B \cdot D + \overline{B} \cdot \overline{D}$

エ　$\overline{A} \cdot \overline{B} \cdot \overline{D} + B \cdot D$

問2　AI における過学習の説明として，最も適切なものはどれか。

ア　ある領域で学習した学習済みモデルを，別の領域に再利用することによって，効率的に学習させる。

イ　学習に使った訓練データに対しては精度が高い結果となる一方で，未知のデータに対しては精度が下がる。

ウ　期待している結果とは掛け離れている場合に，結果側から逆方向に学習させて，その差を少なくする。

エ　膨大な訓練データを学習させても効果が得られない場合に，学習目標として成功と判断するための報酬を与えることによって，何が成功か分かるようにする。

問3　自然数をキーとするデータを，ハッシュ表を用いて管理する。キー x のハッシュ関数 h (x) を

　　　h (x) = x mod n

とすると，任意のキー a と b が衝突する条件はどれか。ここで，n はハッシュ表の大きさであり，x mod n は x を n で割った余りを表す。

ア　a+b が n の倍数　　　　　　　イ　a−b が n の倍数
ウ　n が a+b の倍数　　　　　　　エ　n が a−b の倍数

問4　L1, L2 と 2 段のキャッシュをもつプロセッサにおいて，あるプログラムを実行したとき，L1 キャッシュのヒット率が 0.95, L2 キャッシュのヒット率が 0.6 であった。このキャッシュシステムのヒット率は幾らか。ここで L1 キャッシュにあるデータは全て L2 キャッシュにもあるものとする。

ア　0.57　　　　　　イ　0.6　　　　　　ウ　0.95　　　　　　エ　0.98

問5　コンテナ型仮想化の説明として，適切なものはどれか。

ア　物理サーバと物理サーバの仮想環境とが OS を共有するので，物理サーバか物理サーバの仮想環境のどちらかに OS をもてばよい。
イ　物理サーバにホスト OS をもたず，物理サーバにインストールした仮想化ソフトウェアによって，個別のゲスト OS をもった仮想サーバを動作させる。
ウ　物理サーバのホスト OS と仮想化ソフトウェアによって，プログラムの実行環境を仮想化するので，仮想サーバに個別のゲスト OS をもたない。
エ　物理サーバのホスト OS にインストールした仮想化ソフトウェアによって，個別のゲスト OS をもった仮想サーバを動作させる。

問6　二つのタスクが共用する二つの資源を排他的に使用するとき，デッドロックが発生するおそれがある。このデッドロックの発生を防ぐ方法はどれか。

ア　一方のタスクの優先度を高くする。
イ　資源獲得の順序を両方のタスクで同じにする。
ウ　資源獲得の順序を両方のタスクで逆にする。
エ　両方のタスクの優先度を同じにする。

問7　入力 X と Y の値が同じときにだけ，出力 Z に 1 を出力する回路はどれか。

ア
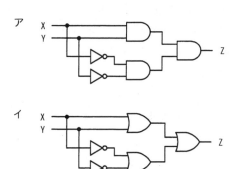

イ

ウ
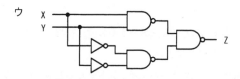

エ
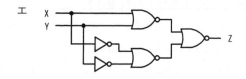

問8　顧客に，A～Z の英大文字 26 種類を用いた顧客コードを割り当てたい。現在の顧客
総数は 8,000 人であって，毎年，前年対比で 2 割ずつ顧客が増えていくものとする。
3 年後まで全顧客にコードを割り当てられるようにするためには，顧客コードは少な
くとも何桁必要か。

　　ア　3　　　　　　　　イ　4　　　　　　　　ウ　5　　　　　　　　エ　6

問9　チェックポイントを取得する DBMS において，図のような時間経過でシステム障害
が発生した。前進復帰（ロールフォワード）によって障害回復できるトランザクショ
ンだけを全て挙げたものはどれか。

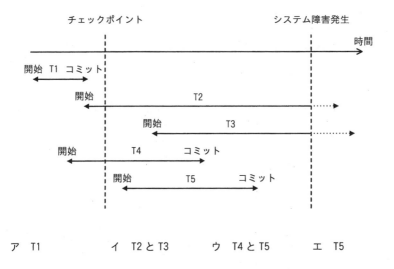

　　ア　T1　　　　　　イ　T2 と T3　　　　ウ　T4 と T5　　　　エ　T5

問10　ACID 特性の四つの性質に<u>含まれないもの</u>はどれか。

　　ア　一貫性　　　　イ　可用性　　　　ウ　原子性　　　　エ　耐久性

問11 IP アドレスの自動設定をするために DHCP サーバが設置された LAN 環境の説明のうち，適切なものはどれか。

ア DHCP による自動設定を行う PC では，IP アドレスは自動設定できるが，サブネットマスクやデフォルトゲートウェイアドレスは自動設定できない。

イ DHCP による自動設定を行う PC と，IP アドレスが固定の PC を混在させることはできない。

ウ DHCP による自動設定を行う PC に，DHCP サーバのアドレスを設定しておく必要はない。

エ 一度 IP アドレスを割り当てられた PC は，その後電源が切られた期間があっても必ず同じ IP アドレスを割り当てられる。

問12 デジタル証明書が失効しているかどうかをオンラインで確認するためのプロトコルはどれか。

ア CHAP   イ LDAP   ウ OCSP   エ SNMP

問13 JIS Q 31000:2019（リスクマネジメント－指針）におけるリスクアセスメントを構成するプロセスの組合せはどれか。

ア リスク特定，リスク評価，リスク受容

イ リスク特定，リスク分析，リスク評価

ウ リスク分析，リスク対応，リスク受容

エ リスク分析，リスク評価，リスク対応

問14　WAF による防御が有効な攻撃として，最も適切なものはどれか。

　　ア　DNS サーバに対する DNS キャッシュポイズニング

　　イ　REST API サービスに対する API の脆弱性を狙った攻撃

　　ウ　SMTP サーバの第三者不正中継の脆弱性を悪用したフィッシングメールの配信

　　エ　電子メールサービスに対する電子メール爆弾

問15　家庭内で，PC を無線 LAN ルータを介してインターネットに接続するとき，期待できるセキュリティ上の効果の記述のうち，適切なものはどれか。

　　ア　IP マスカレード機能による，インターネットからの侵入に対する防止効果

　　イ　PPPoE 機能による，経路上の盗聴に対する防止効果

　　ウ　WPA 機能による，不正な Web サイトへの接続に対する防止効果

　　エ　WPS 機能による，インターネットからのマルウェア感染に対する防止効果

問16　仕様書やソースコードといった成果物について，作成者を含めた複数人で，記述されたシステムやソフトウェアの振る舞いを机上でシミュレートして，問題点を発見する手法はどれか。

　　ア　ウォークスルー　　　　　　　　イ　サンドイッチテスト
　　ウ　トップダウンテスト　　　　　　エ　並行シミュレーション

問17 スクラムのスプリントにおいて，(1)～(3)のプラクティスを採用して開発を行い，スプリントレビューの後に KPT 手法でスプリントレトロスペクティブを行った。"KPT" の "T" に該当する例はどれか。

〔プラクティス〕
(1) ペアプログラミングでコードを作成する。
(2) スタンドアップミーティングを行う。
(3) テスト駆動開発で開発を進める。

ア 開発したプログラムは欠陥が少なかったので，今後もペアプログラミングを継続する。

イ スタンドアップミーティングにメンバー全員が集まらないことが多かった。

ウ 次のスプリントからは，スタンドアップミーティングにタイムキーパーを置き，終了5分前を知らせるようにする。

エ テストコードの作成に見積り以上の時間が掛かった。

問18 図は，実施する三つのアクティビティについて，プレシデンスダイアグラム法を用いて，依存関係及び必要な作業日数を示したものである。全ての作業を完了するための所要日数は最少で何日か。

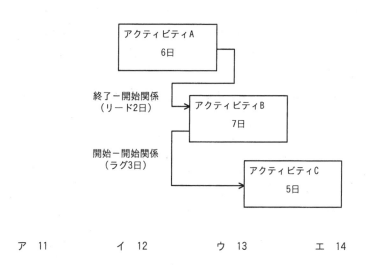

ア 11   イ 12   ウ 13   エ 14

問19 あるシステム導入プロジェクトで，調達候補のパッケージ製品を多基準意思決定分析の加重総和法を用いて評価する。製品A～製品Dのうち，総合評価が最も高い製品はどれか。ここで，評価点数の値が大きいほど，製品の評価は高い。

〔各製品の評価〕

評価項目	評価項目の重み	製品の評価点数			
		製品A	製品B	製品C	製品D
機能要件の充足度合い	5	7	8	9	9
非機能要件の充足度合い	1	9	10	4	7
導入費用の安さ	4	8	5	7	6

ア 製品A   イ 製品B   ウ 製品C   エ 製品D

問20　サービスマネジメントにおける問題管理の目的はどれか。

　　ア　インシデントの解決を，合意したサービスレベル目標の時間枠内に達成すること
　　　　を確実にする。
　　イ　インシデントの未知の根本原因を特定し，インシデントの発生又は再発を防ぐ。
　　ウ　合意した目標の中で，合意したサービス継続のコミットメントを果たすことを確
　　　　実にする。
　　エ　変更の影響を評価し，リスクを最小とするようにして実施し，レビューすること
　　　　を確実にする。

問21　JIS Q 27001:2014（情報セキュリティマネジメントシステム－要求事項）に基づい
　　　て ISMS 内部監査を行った結果として判明した状況のうち，監査人が，指摘事項とし
　　　て監査報告書に記載すべきものはどれか。

　　ア　USB メモリの使用を，定められた手順に従って許可していた。
　　イ　個人情報の誤廃棄事故を主務官庁などに，規定されたとおりに報告していた。
　　ウ　マルウェアスキャンでスパイウェアが検知され，駆除されていた。
　　エ　リスクアセスメントを実施した後に，リスク受容基準を決めていた。

問22　システム監査における"監査手続"として，最も適切なものはどれか。

　　ア　監査計画の立案や監査業務の進捗管理を行うための手順
　　イ　監査結果を受けて，監査報告書に監査人の結論や指摘事項を記述する手順
　　ウ　監査項目について，十分かつ適切な証拠を入手するための手順
　　エ　監査テーマに合わせて，監査チームを編成する手順

問23　BCP の説明はどれか。

　　ア　企業の戦略を実現するために，財務，顧客，内部ビジネスプロセス，学習と成長
　　　という四つの視点から戦略を検討したもの
　　イ　企業の目標を達成するために，業務内容や業務の流れを可視化し，一定のサイク
　　　ルをもって継続的に業務プロセスを改善するもの
　　ウ　業務効率の向上，業務コストの削減を目的に，業務プロセスを対象としてアウト
　　　ソースを実施するもの
　　エ　事業の中断・阻害に対応し，事業を復旧し，再開し，あらかじめ定められたレベ
　　　ルに回復するように組織を導く手順を文書化したもの

問24　投資効果を正味現在価値法で評価するとき，最も投資効果が大きい（又は最も損失
　　が小さい）シナリオはどれか。ここで，期間は 3 年間，割引率は 5%とし，各シナリ
　　オのキャッシュフローは表のとおりとする。

単位　万円

シナリオ	投資額	回収額		
		1 年目	2 年目	3 年目
A	220	40	80	120
B	220	120	80	40
C	220	80	80	80
投資をしない	0	0	0	0

　　ア　A　　　　　　イ　B　　　　　　ウ　C　　　　　　エ　投資をしない

問25 組込み機器のハードウェアの製造を外部に委託する場合のコンティンジェンシープランの記述として，適切なものはどれか。

ア 実績のある外注先の利用によって，リスクの発生確率を低減する。

イ 製造品質が担保されていることを確認できるように委託先と契約する。

ウ 複数の会社の見積りを比較検討して，委託先を選定する。

エ 部品調達のリスクが顕在化したときに備えて，対処するための計画を策定する。

問26 コンジョイント分析の説明はどれか。

ア 顧客ごとの売上高，利益額などを高い順に並べ，自社のビジネスの中心をなしている顧客を分析する手法

イ 商品がもつ価格，デザイン，使いやすさなど，購入者が重視している複数の属性の組合せを分析する手法

ウ 同一世代は年齢を重ねても，時代が変化しても，共通の行動や意識を示すことに注目した，消費者の行動を分析する手法

エ ブランドがもつ複数のイメージ項目を散布図にプロットし，それぞれのブランドのポジショニングを分析する手法

問27 APIエコノミーの事例として，適切なものはどれか。

ア　既存の学内データベースのAPIを活用できるEAI（Enterprise Application Integration）ツールを使い，大学業務システムを短期間で再構築することによって経費を削減できた。

イ　自社で開発した音声合成システムの利用を促進するために，自部門で開発したAPIを自社内の他の部署に提供した。

ウ　不動産会社が自社で保持する顧客データをBI（Business Intelligence）ツールのAPIを使い可視化することによって，商圏における売上規模を分析できるようになった。

エ　ホテル事業者が，他社が公開しているタクシー配車アプリのAPIを自社のアプリに組み込み，サービスを提供した。

問28 サイバーフィジカルシステム（CPS）の説明として，適切なものはどれか。

ア　1台のサーバ上で複数のOSを動かし，複数のサーバとして運用する仕組み

イ　仮想世界を現実かのように体感させる技術であり，人間の複数の感覚を同時に刺激することによって，仮想世界への没入感を与える技術のこと

ウ　現実世界のデータを収集し，仮想世界で分析・加工して，現実世界側にリアルタイムにフィードバックすることによって，付加価値を創造する仕組み

エ　電子データだけでやり取りされる通貨であり，法定通貨のように国家による強制通用力をもたず，主にインターネット上での取引などに用いられるもの

問29 引き出された多くの事実やアイディアを，類似するものでグルーピングしていく収束技法はどれか。

ア　NM法　　　　　　　　　　　　イ　ゴードン法

ウ　親和図法　　　　　　　　　　エ　ブレーンストーミング

問30　A社は顧客管理システムの開発を，情報システム子会社であるB社に委託し，B社は要件定義を行った上で，ソフトウェア設計・プログラミング・ソフトウェアテストまでを，協力会社であるC社に委託した。C社では自社の社員Dにその作業を担当させた。このとき，開発したプログラムの著作権はどこに帰属するか。ここで，関係者の間には，著作権の帰属に関する特段の取決めはないものとする。

ア　A社　　　　　イ　B社　　　　　ウ　C社　　　　　エ　社員D

令和4年度 秋期
プロジェクトマネージャ試験
午前Ⅱ 問題

| 試験時間 | 10:50 ～ 11:30 （40分） |

注意事項

1. 試験開始及び終了は，監督員の時計が基準です。監督員の指示に従ってください。
   試験時間中は，退室できません。
2. 試験開始の合図があるまで，問題冊子を開いて中を見てはいけません。
3. **答案用紙への受験番号などの記入は，試験開始の合図があってから始めてください。**
4. 問題は，次の表に従って解答してください。

問題番号	問1 ～ 問25
選択方法	全問必須

5. 答案用紙の記入に当たっては，次の指示に従ってください。

   (1) 答案用紙は光学式読取り装置で読み取った上で採点しますので，B 又は HB の黒
   鉛筆で答案用紙の<u>マークの記入方法</u>のとおりマークしてください。マークの濃度
   がうすいなど，<u>マークの記入方法</u>のとおり正しくマークされていない場合は，読
   み取れないことがあります。特にシャープペンシルを使用する際には，マークの濃
   度に十分注意してください。訂正の場合は，あとが残らないように消しゴムできれ
   いに消し，消しくずを残さないでください。

   (2) <u>受験番号欄</u>に受験番号を，<u>生年月日欄に受験票の生年月日</u>を記入及びマークし
   てください。答案用紙の<u>マークの記入方法</u>のとおりマークされていない場合は，
   採点されないことがあります。生年月日欄については，受験票の生年月日を訂正し
   た場合でも，訂正前の生年月日を記入及びマークしてください。

   (3) <u>解答</u>は，次の例題にならって，<u>解答欄</u>に一つだけマークしてください。答案用
   紙の<u>マークの記入方法</u>のとおりマークされていない場合は，採点されません。

   〔例題〕 秋期の情報処理技術者試験が実施される月はどれか。

   　　　ア 8　　　　イ 9　　　　ウ 10　　　　エ 11

   　　　正しい答えは "ウ 10" ですから，次のようにマークしてください。

   | 例題 | ⑦ ⑦ ● ㋒ |

◄ 注意事項は問題冊子の裏表紙に続きます。
こちら側から裏返して，必ず読んでください。

6. **問題に関する質問にはお答えできません。** 文意どおり解釈してください。

7. 問題冊子の余白などは，適宜利用して構いません。ただし，問題冊子を切り離して利用することはできません。

8. 試験時間中，机上に置けるものは，次のものに限ります。

   なお，会場での貸出しは行っていません。

   受験票，黒鉛筆及びシャープペンシル（B 又は HB），鉛筆削り，消しゴム，定規，時計（時計型ウェアラブル端末は除く。アラームなど時計以外の機能は使用不可），ハンカチ，ポケットティッシュ，目薬

   これら以外は机上に置けません。使用もできません。

9. 試験終了後，この問題冊子は持ち帰ることができます。

10. 答案用紙は，いかなる場合でも提出してください。回収時に提出しない場合は，採点されません。

11. 試験時間中にトイレへ行きたくなったり，気分が悪くなったりした場合は，手を挙げて監督員に合図してください。

12. 午後Ⅰの試験開始は <u>12:30</u> ですので，<u>12:10</u> までに着席してください。

試験問題に記載されている会社名又は製品名は，それぞれ各社又は各組織の商標又は登録商標です。

なお，試験問題では，^{TM} 及び ® を明記していません。

問1　JIS Q 21500:2018（プロジェクトマネジメントの手引）によれば，プロジェクトマネジメントのプロセス群には，立ち上げ，計画，実行，管理及び終結がある。これらのうち，"変更要求"の提出を契機に相互作用するプロセス群の組みはどれか。

ア　計画，実行　　　　　　　　　　イ　実行，管理

ウ　実行，終結　　　　　　　　　　エ　管理，終結

問2　プロジェクトマネジメントにおけるプロジェクト憲章の説明として，適切なものはどれか。

ア　組織のニーズ，目標ベネフィットなどを記述することによって，プロジェクトの目標について，また，プロジェクトがどのように事業目的に貢献するかについて明確にした文書

イ　どのようにプロジェクトを実施し，監視し，管理するのかを定めるために，プロジェクトを実施するためのベースライン，並びにプロジェクトの実行，管理，及び終結の方法を明確にした文書

ウ　プロジェクトの最終状態を定義することによって，プロジェクトの目標，成果物，要求事項及び境界を含むプロジェクトスコープを明確にした文書

エ　プロジェクトを正式に許可する文書であって，プロジェクトマネージャを特定して適切な責任と権限を明確にし，ビジネスニーズ，目標，期待される結果などを明確にした文書

問3　JIS Q 21500:2018（プロジェクトマネジメントの手引）において，管理のプロセス群を構成するプロセスのうち，WBS が主要なインプットの一つとして示されているものはどれか。

ア　スコープの管理　　　　　　　　イ　品質管理の遂行

ウ　変更の管理　　　　　　　　　　エ　リスクの管理

問4　プロジェクトマネジメントで使用する責任分担マトリックス（RAM）の一つに，
　　　RACI チャートがある。RACI チャートで示す四つの"役割又は責任"の組合せのうち，
　　　適切なものはどれか。

　　　ア　実行責任，情報提供，説明責任，相談対応
　　　イ　実行責任，情報提供，説明責任，リスク管理
　　　ウ　実行責任，情報提供，相談対応，リスク管理
　　　エ　実行責任，説明責任，相談対応，リスク管理

問5　チームの発展段階を五つに区分したタックマンモデルによれば，メンバーの異なる
　　　考え方や価値観が明確になり，メンバーがそれぞれの意見を主張し合う段階はどれか。

　　　ア　安定期（Norming）　　　　　　　　イ　遂行期（Performing）
　　　ウ　成立期（Forming）　　　　　　　　エ　動乱期（Storming）

問6　JIS Q 21500:2018（プロジェクトマネジメントの手引）によれば，対象群"資源"
　　　に属するプロセスである"資源の管理"の目的はどれか。

　　　ア　活動リストの活動ごとに必要な資源を決定する。
　　　イ　継続的にプロジェクトチーム構成員のパフォーマンス及び相互関係を改善する。
　　　ウ　チームのパフォーマンスを最大限に引き上げ，フィードバックを提供し，課題を
　　　　　解決し，コミュニケーションを促し，変更を調整して，プロジェクトの成功を達成
　　　　　する。
　　　エ　プロジェクトの要求事項を満たすように，プロジェクト作業の実施に必要な資源
　　　　　を確保し，必要な方法で配分する。

問7　EVM を使用してマネジメントをしているプロジェクトで，進捗に関する指標値は次のとおりであった。このプロジェクトに対する適切な評価と対策はどれか。

〔進捗に関する指標値〕
CPI（コスト効率指数）：0.9
SPI（スケジュール効率指数）：1.1
BAC（完成時総予算）に基づく TCPI（残作業効率指数）：1.2

ア　コストが予算を超えているが，スケジュールには余裕があり，残作業のコスト効率を計画よりも上げる必要はないので，CPI に基づいて完成までに必要なコストを予測する。

イ　コストが予算を超えているので，完成時総予算を超過するおそれがあるが，スケジュールには余裕があるので，残作業のコスト効率を上げる対策を検討するか，コンティンジェンシー予備費の使用を検討する。

ウ　コストには余裕があるが，スケジュールが予定より遅れており，残作業のコスト効率を計画よりも上げる必要があるので，ファストトラッキングなどを用いたスケジュール短縮を検討するとともに，コンティンジェンシー予備費の使用を検討する。

エ　コストには余裕があるので，残作業のコスト効率を計画よりも上げる必要はないが，スケジュールが予定より遅れているので，クラッシングなどを用いたスケジュール短縮を検討する。

問8　ソフトウェア開発プロジェクトにおいて WBS を作成する目的として，適切なものはどれか。

ア　開発の期間と費用とがトレードオフの関係にある場合に，総費用の最適化を図る。
イ　作業の順序関係を明確にして，重点管理すべきクリティカルパスを把握する。
ウ　作業の日程を横棒（バー）で表して，作業の開始時点や終了時点，現時点の進捗を明確にする。
エ　作業を，階層的に詳細化して，管理可能な大きさに細分化する。

問9 図のアローダイアグラムから読み取れることとして，適切なものはどれか。ここで，
プロジェクトの開始日を1日目とする。

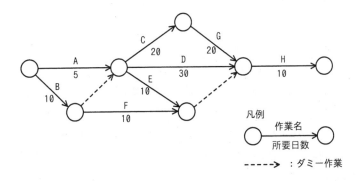

ア 作業Cを最も早く開始できるのは6日目である。

イ 作業Dはクリティカルパス上の作業である。

ウ 作業Eの総余裕時間は30日である。

エ 作業Fを最も遅く開始できるのは11日目である。

問10 COCOMO には，システム開発の工数を見積もる式の一つとして次式がある。

開発工数＝3.0×(開発規模)$^{1.12}$

この式を基に，開発規模と開発生産性（開発規模／開発工数）の関係を表したグラフはどれか。ここで，開発工数の単位は人月，開発規模の単位はキロ行とする。

ア

開発生産性

開発規模

イ

開発生産性

開発規模

ウ

開発生産性

開発規模

エ

開発生産性

開発規模

問11 工程別の生産性が次のとおりのとき，全体の生産性を表す式はどれか。

〔工程別の生産性〕

設計工程：X ステップ／人月

製造工程：Y ステップ／人月

試験工程：Z ステップ／人月

ア $X + Y + Z$

イ $\dfrac{X + Y + Z}{3}$

ウ $\dfrac{1}{X} + \dfrac{1}{Y} + \dfrac{1}{Z}$

エ $\dfrac{1}{\dfrac{1}{X} + \dfrac{1}{Y} + \dfrac{1}{Z}}$

問12 工場の生産能力を増強する方法として，新規システムを開発する案と既存システム
を改修する案とを検討している。次の条件で，期待金額価値の高い案を採用するとき，
採用すべき案と期待金額価値との組合せのうち，適切なものはどれか。ここで，期待
金額価値は，収入と投資額との差で求める。

〔条件〕

・新規システムを開発する場合の投資額は 100 億円であり，既存システムを改修する
場合の投資額は 50 億円である。

・需要が拡大する確率は 70％であり，需要が縮小する確率は 30％である。

・新規システムを開発した場合，需要が拡大したときは 180 億円の収入が見込まれ，
需要が縮小したときは 50 億円の収入が見込まれる。

・既存システムを改修した場合，需要が拡大したときは 120 億円の収入が見込まれ，
需要が縮小したときは 40 億円の収入が見込まれる。

・他の条件は考慮しない。

	採用すべき案	期待金額価値（億円）
ア	既存システムの改修	46
イ	既存システムの改修	96
ウ	新規システムの開発	41
エ	新規システムの開発	130

問13　A～Dの機能をもつソフトウェアの基本設計書のレビューを行った。表は，各機能の開発規模の見積り値と基本設計書レビューでの指摘件数の実績値である。基本設計工程における品質の定量的評価基準に従うとき，品質評価指標の視点での品質に問題があると判定される機能の組みはどれか。

〔開発規模の見積り値と指摘件数の実績値〕

機能	開発規模の見積り値 （k ステップ）	指摘件数の実績値 （件）
A	30	130
B	24	120
C	16	64
D	10	46

〔基本設計工程における品質の定量的評価基準〕

・品質評価指標は，基本設計書レビューにおける開発規模の見積り値の単位規模当たりの指摘件数とする。

・品質評価指標の値が，基準値の 0.9 倍～1.1 倍の範囲内であれば，品質に問題がないと判定する。

・基準値は開発規模の見積り値 1k ステップ当たり 5.0 件とする。

ア　A, C　　　　　イ　B, C　　　　　ウ　B, D　　　　　エ　C, D

問14　JIS X 25010:2013（システム及びソフトウェア製品の品質要求及び評価（SQuaRE）
　　　－システム及びソフトウェア品質モデル）で規定された品質副特性の説明のうち，信
　　　頼性の品質副特性の説明はどれか。

　　ア　製品又はシステムが，それらを運用操作しやすく，制御しやすくする属性をもっ
　　　　ている度合い
　　イ　製品若しくはシステムの一つ以上の部分への意図した変更が製品若しくはシステ
　　　　ムに与える影響を総合評価すること，欠陥若しくは故障の原因を診断すること，又
　　　　は修正しなければならない部分を識別することが可能であることについての有効性
　　　　及び効率性の度合い
　　ウ　中断時又は故障時に，製品又はシステムが直接的に影響を受けたデータを回復し，
　　　　システムを希望する状態に復元することができる度合い
　　エ　二つ以上のシステム，製品又は構成要素が情報を交換し，既に交換された情報を
　　　　使用することができる度合い

問15　"アジャイルソフトウェア開発宣言"で述べている価値に関する記述のうち，適切
　　　なものはどれか。

　　ア　計画に従うことに価値があることを認めながらも，自己組織化されたチームによ
　　　　る裁量に，より価値をおく。
　　イ　契約交渉に価値があることを認めながらも，顧客の競争力と満足度の向上に，よ
　　　　り価値をおく。
　　ウ　プロセスやツールに価値があることを認めながらも，実用的なプラクティスに，
　　　　より価値をおく。
　　エ　包括的なドキュメントに価値があることを認めながらも，動くソフトウェアに，
　　　　より価値をおく。

問16　XP（Extreme Programming）のプラクティスの一つであるものはどれか。

　　ア　構造化プログラミング　　　　　イ　コンポーネント指向プログラミング
　　ウ　ビジュアルプログラミング　　　エ　ペアプログラミング

問17　ユースケース駆動開発の利点はどれか。

　　ア　開発を反復するので，新しい要求やビジネス目標の変化に柔軟に対応しやすい。
　　イ　開発を反復するので，リスクが高い部分に対して初期段階で対処しやすく，プロジェクト全体のリスクを減らすことができる。
　　ウ　基本となるアーキテクチャをプロジェクトの初期に決定するので，コンポーネントを再利用しやすくなる。
　　エ　ひとまとまりの要件を1単位として設計からテストまで実施するので，要件ごとに開発状況が把握できる。

問18　ある業務を新たにシステム化するに当たって，A〜D のシステム化案の初期費用，運用費及びシステム化によって削減される業務費を試算したところ，表のとおりであった。システムの利用期間を 5 年とするとき，最も投資利益率の高いシステム化案はどれか。ここで，投資利益率は次式によって算出する。また，利益の増加額は削減される業務費から投資額を減じたものとし，投資額は初期費用と運用費の合計とする。

投資利益率 ＝ 利益の増加額 ÷ 投資額

単位　百万円

システム化案	初期費用	1 年間の運用費	削減される 1 年間の業務費
A	30	4	25
B	20	6	20
C	20	4	15
D	15	5	22

ア　A　　　　　イ　B　　　　　ウ　C　　　　　エ　D

問19　バックアップサイトを用いたサービス復旧方法の説明のうち，ウォームスタンバイの説明として，最も適切なものはどれか。

ア　同じようなシステムを運用する外部の企業や組織と協定を結び，緊急時には互いのシステムを貸し借りして，サービスを復旧する。

イ　緊急時にはバックアップシステムを持ち込んでシステムを再開し，サービスを復旧する。

ウ　常にデータの同期が取れているバックアップシステムを用意しておき，緊急時にはバックアップシステムに切り替えて直ちにサービスを復旧する。

エ　バックアップシステムを用意しておき，緊急時にはバックアップシステムを起動して，データを最新状態にする処理を行った後にサービスを復旧する。

問20　IoT を活用した工場管理システムの開発を行う。システムを構築し，サービスを運営する A 社は，B 社にボード開発を定額契約で委託した。B 社はボードの納入前のネットワーク試験のため，工場の設備を管理する C 社と実費償還契約を締結し，工場の一部区画とネットワークを借用した。C 社のネットワーク設備に故障はなく，B 社の人的リソース不足が原因でネットワーク試験の作業が遅延し，追加の費用が発生したとき，その費用を負担すべき会社はどれか。ここで，各社は契約を正当に履行するものとする。また，定額契約を交わした時点では，開発のスコープは十分明確で，契約以降の変更はないものとする。

　　ア　A 社　　　　　イ　A 社及び B 社　　　　ウ　B 社　　　　エ　B 社及び C 社

問21　基準値を超える鉛，水銀などの有害物質を電気・電子機器に使用することを制限するために，欧州連合が制定し，施行しているものはどれか。

　　ア　ISO 14001　　　　　　　　　　　イ　RoHS 指令
　　ウ　WEEE 指令　　　　　　　　　　 エ　グリーン購入法

問22　SDGs の説明として，適切なものはどれか。

　　ア　温室効果ガスの人為的な排出量と呼吸源による除去量とを世界規模で均衡させようという取組
　　イ　企業が社会的責任を果たすべきであるとする考え方で，環境，人権などの活動に取り組むことを推進する考え方
　　ウ　国連環境計画が提唱する，プラスチックごみによる海洋汚染，環境問題などを解決しようとする取組
　　エ　地球環境などの課題において 2030 年を年限とする持続可能でより良い世界を目指す国際目標

問23 認証局が発行する CRL に関する記述のうち，適切なものはどれか。

ア　CRL には，失効したデジタル証明書に対応する秘密鍵が登録される。

イ　CRL には，有効期限内のデジタル証明書のうち失効したデジタル証明書のシリアル番号と失効した日時の対応が提示される。

ウ　CRL は，鍵の漏えい，失効申請の状況をリアルタイムに反映するプロトコルである。

エ　有効期限切れで失効したデジタル証明書は，所有者が新たなデジタル証明書を取得するまでの間，CRL に登録される。

問24 Web サーバでのシングルサインオンの実装方式に関する記述のうち，適切なものはどれか。

ア　cookie を使ったシングルサインオンの場合，Web サーバごとの認証情報を含んだ cookie をクライアントで生成し，各 Web サーバ上で保存，管理する。

イ　cookie を使ったシングルサインオンの場合，認証対象の Web サーバを，異なるインターネットドメインに配置する必要がある。

ウ　リバースプロキシを使ったシングルサインオンの場合，認証対象の Web サーバを，異なるインターネットドメインに配置する必要がある。

エ　リバースプロキシを使ったシングルサインオンの場合，利用者認証においてパスワードの代わりにデジタル証明書を用いることができる。

問25　サイバーセキュリティ演習での参加チームの役割のうち，レッドチームの役割として，最も適切なものはどれか。

ア　あらかじめ設定された攻撃範囲を超えた行動を演習参加チームがしていないことを監視する。

イ　演習時に行うサイバー攻撃に対して，防御，検知，対応を行う。

ウ　脅威シナリオに基づいて対象組織に攻撃を仕掛ける。

エ　人的リソース，データ，ナレッジを共有し，演習の効果の最大化を図る。

令和4年度　秋期
プロジェクトマネージャ試験
午後Ⅰ　問題

試験時間	12:30 ～ 14:00（1時間30分）

注意事項

1. 試験開始及び終了は，監督員の時計が基準です。監督員の指示に従ってください。

2. 試験開始の合図があるまで，問題冊子を開いて中を見てはいけません。

3. 答案用紙への受験番号などの記入は，試験開始の合図があってから始めてください。

4. 問題は，次の表に従って解答してください。

問題番号	問1 ～ 問3
選択方法	2問選択

5. 答案用紙の記入に当たっては，次の指示に従ってください。

   (1) B又はHBの黒鉛筆又はシャープペンシルを使用してください。

   (2) 受験番号欄に受験番号を，生年月日欄に受験票の生年月日を記入してください。正しく記入されていない場合は，採点されないことがあります。生年月日欄については，受験票の生年月日を訂正した場合でも，訂正前の生年月日を記入してください。

   (3) 選択した問題については，次の例に従って，選択欄の問題番号を〇印で囲んでください。〇印がない場合は，採点されません。3問とも〇印で囲んだ場合は，はじめの2問について採点します。

〔問1，問3を選択した場合の例〕

   (4) 解答は，問題番号ごとに指定された枠内に記入してください。

   (5) 解答は，丁寧な字ではっきりと書いてください。読みにくい場合は，減点の対象になります。

注意事項は問題冊子の裏表紙に続きます。
こちら側から裏返して，必ず読んでください。

6. 退室可能時間中に退室する場合は，手を挙げて監督員に合図し，答案用紙が回収されてから静かに退室してください。

退室可能時間	13:10 ～ 13:50

7. **問題に関する質問にはお答えできません。**文意どおり解釈してください。

8. 問題冊子の余白などは，適宜利用して構いません。ただし，問題冊子を切り離して利用することはできません。

9. 試験時間中，机上に置けるものは，次のものに限ります。

なお，会場での貸出しは行っていません。

受験票，黒鉛筆及びシャープペンシル（B 又は HB），鉛筆削り，消しゴム，定規，時計（時計型ウェアラブル端末は除く。アラームなど時計以外の機能は使用不可），ハンカチ，ポケットティッシュ，目薬

これら以外は机上に置けません。使用もできません。

10. 試験終了後，この問題冊子は持ち帰ることができます。

11. 答案用紙は，いかなる場合でも提出してください。回収時に提出しない場合は，採点されません。

12. 試験時間中にトイレへ行きたくなったり，気分が悪くなったりした場合は，手を挙げて監督員に合図してください。

13. 午後Ⅱの試験開始は 14:30 ですので，14:10 までに着席してください。

問1　SaaS を利用して短期間にシステムを導入するプロジェクトに関する次の記述を読んで，設問に答えよ。

　　M 社は，EC サイトでギフト販売を行っている会社である。自社で EC ソフトウェアパッケージやマーケティング支援ソフトウェアパッケージなどを導入し，運用している。

　　顧客からの問合せには，コールセンターを設置して電話や電子メールで対応している。EC サイトには FAQ を掲載しているものの，近年ギフト需要が高まる時期には FAQ だけでは解決しない内容に関する問合せが急増している。その結果，対応待ち時間が長くなり顧客が不満を抱き，見込客を失っている。また，現状はオペレーターが問合せの対応履歴を手動で登録しているが，簡易的なものであり，顧客の不満や要望などのデータ化はできておらず，顧客の詳細な情報を反映した商品企画・販売活動には利用できない。さらに，顧客視点に立ったデジタルマーケティング戦略も存在しないので，現状では SNS マーケティングや AI を活用したデータ分析などを行うことは難しい。

　　M 社は，次に示す 2 点の顧客体験価値（UX）の改善によるビジネス拡大を狙って，Web からの問合せに回答する AI を活用したチャットボット（以下，AI ボットという）を導入するプロジェクト（以下，導入プロジェクトという）を立ち上げた。

・Web からの問合せに AI ボットで回答することで，問合せへの対応の迅速化と回答の品質向上を図り，顧客満足度を改善して見込客を増やす。

・AI ボットに記録される詳細な対応履歴から顧客の好みや流行などを把握，分析し，顧客の詳細な情報を反映した商品企画・販売活動を行い，売上を拡大する。

　　早急に顧客の不満を解消するためには，2 か月後のクリスマスギフト商戦までに AI ボットを運用開始することが必達である。M 社は，短期間で導入するために，SaaS で提供されている AI ボットを導入すること，AI ボットの標準画面・機能をパラメータ設定の変更によって自社に最適な画面・機能とすること，及び AI ボットの機能拡張は API を使って実現することを，導入プロジェクトの方針とした。

　　また，導入プロジェクトの終了後即座に，マーケティング部署が中心となりデジタルマーケティング戦略も立案することにした。戦略立案後は，更なる UX 改善を図るマーケティング業務を実施することを目指す。そのために，導入プロジェクト終

了時には，業務における AI 活用のノウハウをまとめることにした。実践的なノウハウを蓄積することで，デジタルマーケティング戦略に沿って，様々なマーケティング業務で AI を活用したデータ分析などを行うことを可能とする。

〔AI ボットの機能と導入方法〕

　プロジェクトマネージャ（PM）である情報システム部の N 課長は，導入プロジェクトの方針に沿い，次に示す特長を有する R 社の AI ボットを選定し，役員会で承認を得た。

(1) 機能に関する特長

　・問合せには，AI ボットが顧客と対話して FAQ から回答を提示する。AI ボットはこれらの履歴及び回答にたどり着くまでの時間を対応履歴として自動記録する。

　・AI ボットは，問合せ情報などのデータを用いて FAQ を自動更新するとともに，これらのデータを機械学習して分析することで，より類似性の高い質問や回答の提示が可能になるので，問合せへの対応の迅速化と回答品質の継続的な向上が図れる。

　・AI ボットに記録される詳細な対応履歴は，集計・分析・ファイル出力ができる。

　・AI ボットの提示する質問や回答を見て，顧客は AI ボットから有人チャットに切替えが可能なので，顧客は必ず回答を得られる。

　・M 社内のシステムと連携し，機能拡張するための API が充実している。

(2) 導入方法に関する特長

　・M 社の要求に合わせた画面・機能の細かい動作の大部分が，標準画面・機能へのパラメータ設定の変更によって実現できる。

　N 課長は①あるリスクを軽減すること，及び商品企画・販売活動に反映するための詳細な対応履歴を蓄積する必要があることから，次の 2 段階で開発することにした。

・第 1 次開発：Web からの問合せに AI ボットで回答し，顧客の選択に応じて有人チャットに切り替えるという UX 改善のための機能を対象とする。画面・機能はパラメータ設定の変更だけで実現できる範囲で最適化を図る。2 か月後に運用開始する。

・第 2 次開発：把握，分析した顧客の詳細な情報を反映した商品企画・販売活動を行うという UX 改善のための機能を対象とする。AI ボットの機能拡張は API を使っ

て実現することを方針とする。API を使って実現できない機能は，次に示す二つの基準を用いて評価を行い，対応すると判断した場合，M 社内のシステムの機能拡張を行う。

（ⅰ）　実現する機能が目的とする UX 改善に合致しているか

（ⅱ）　実現する機能が創出する成果が十分か

次のギフト商戦を考慮して，9 か月後の運用開始を目標とする。

〔第 1 次開発の進め方の検討〕

　M 社コールセンター管理職社員（以下，CC 管理職という）は要件を確定する役割を担うが，顧客がどのように AI ボットを使うのか，オペレーターの運用がどのように変わるのかについてのイメージをもてていない。

　N 課長は，要件定義では，R 社提供の標準 FAQ を用いて標準画面・機能でプロトタイピングを行い，CC 管理職の②ある理解を深めた上で CC 管理職の要求を収集し，画面・機能の動作の大枠を要件として定義することにした。受入テストでは M 社の最新の FAQ と実運用時に想定される多数の問合せデータを用い，要件の実装状況，問合せへの対応迅速化の状況，及び③あることを確認する。同時に，要件定義時には収集できなかった CC 管理職の要求を追加収集する。また，受入テストの期間を十分に確保し，追加収集した要求についても，次に示す基準を満たす要求は受入テストの期間中に対応して第 1 次開発に取り込み，2 か月後の運用開始を必達とする条件は変えずに UX 改善の早期化を図ることにした。

・　|　a　|

・問合せへの対応が迅速になる，又は回答品質が向上する。

〔第 2 次開発の進め方の検討〕

　第 2 次開発の対応範囲を定義するために，マーケティング部署にヒアリングし，表 1 に示す機能に対する要求とその機能が創出する成果を特定し，要求に対応する機能拡張 API を AI ボットが具備しているかを確認した。

表1 マーケティング部署の機能に対する要求と機能が創出する成果

No.	機能に対する要求	機能が創出する成果	API
1	詳細な対応履歴と問合せ者の顧客情報・購買履歴に基づく推奨ギフトの提案	顧客が自身の好みに沿ったギフトを簡単に購入できる。	有り
2	顧客情報・購買履歴と商品企画・販売活動の統合分析	M 社が顧客の真のニーズを踏まえたギフトを企画，販売できる。	無し
3	AI を活用した市場トレンド・詳細な対応履歴などのデータ分析による最適な SNS への広告出稿	顧客の関心が高いギフトの広告を SNS に表示できる。	無し

　No.1 については，AI ボットの機能拡張を前提に，EC ソフトウェアパッケージの運用チームに相談してより具体的な要求を詳細化することにした。No.2 については，マーケティング支援ソフトウェアパッケージの機能拡張の工数見積りに加えて，ある評価を行って対応有無を判断することにした。No.3 は対応しないことにした。ただし，導入プロジェクト終了時には，業務における AI 活用のノウハウを取りまとめ，今後の No.3 などの検討に向けて現状を改善するために活用することにした。

設問1　〔AI ボットの機能と導入方法〕の本文中の下線①について，N 課長が第 1 次開発においてこのような開発対象や開発方法としたのは，M 社のどのようなリスクを軽減するためか。35 字以内で答えよ。

設問2　〔第 1 次開発の進め方の検討〕について答えよ。

　　(1)　本文中の下線②について，N 課長は標準画面・機能のプロトタイピングで，CC 管理職のどのような理解を深めることを狙ったのか。30 字以内で答えよ。

　　(2)　本文中の下線③について，N 課長は何を確認したのか。20 字以内で答えよ。

　　(3)　N 課長は，要件定義時には収集できなかった CC 管理職のどのような要求を受入テストで追加収集できると考えたのか。20 字以内で答えよ。

　　(4)　本文中の　　　a　　　に入れる適切な字句を，25 字以内で答えよ。

設問3　〔第 2 次開発の進め方の検討〕の表 1 について答えよ。

　　(1)　N 課長は，No.2 について対応有無を判断するために具体的にどのような評価を行ったのか。30 字以内で答えよ。

　　(2)　N 課長が，No.3 は対応しないと判断した理由を 30 字以内で答えよ。

　　(3)　N 課長は，今後の No.3 などの検討に向けて現状を改善するために，取りまとめたノウハウをどのように活用することを狙っているのか。35 字以内で答えよ。

問2　EC サイト刷新プロジェクトにおけるプロジェクト計画に関する次の記述を読んで，
設問に答えよ。

　　A 社は老舗のアパレル業である。店舗スタッフ部門の現場の経験豊富なメンバーが
的確に顧客のニーズを把握し，接客時にお勧めのコーディネートを提案できること
が評価され，ハイクラスの顧客層から強く支持されるブランドになっている。かつ
ては，そのブランド力を生かして実店舗だけで商品の販売を行っていたが，近年で
は，販売チャネルの多様化に伴い，ショッピングモール運営会社のサイトに出店す
る形で EC サイトを開設した。しかしながら，この EC サイトは他の EC サイトとの差
別化ができておらず，オンラインで商品を購入できる機能の提供だけにとどまり，
売上げは低迷している。これに加え，大規模な感染症の流行に伴い，実店舗での試
着や接客に顧客が大きな不安を感じる傾向にあり，来店客数も減少している。この
ままでは，強い支持を得ている既存の顧客層も離れていくと考え，A 社は既存の顧客
層を取り戻すだけでなく，新たな顧客の獲得を狙いとして仮想店舗構想を積極的に
推進することを決定し，新事業推進部が事業を担当することとなった。この構想で
は，顧客は自宅にいながらアバターとして仮想店舗に来店し，顧客が過去に購入し
た衣服との組合せなどを疑似的に試着できる。その際には，店舗スタッフ部門のメ
ンバーのアバターと会話しながらお勧めコーディネートの提案を受けることができ
る。この構想を実現するプロジェクト（以下，A プロジェクトという）が立ち上げら
れた。
　　A プロジェクトのプロジェクトマネージャ（PM）として，開発，運用それぞれの経
験が豊富であるシステム部企画課の B 課長が任命された。仮想店舗を実現するシス
テムは，A 社内の利用部門が使う顧客管理や経理などの現行システムと同様に，シス
テム部開発課（以下，開発課という）が内製で開発し，システム部運用課（以下，
運用課という）が運用する。

〔現行システムの状況と A プロジェクトの目標〕
　　現行システムの開発では，利用部門の要求確定の都度，開発課のメンバーをアサ
インして，システム開発に着手する。開発課は総合テスト完了後，運用課が管理す
る検証環境にソフトウェアをアップロードして，運用課が稼働環境へデプロイする。

A社のガバナンス規程では，リグレッションテストなどの作業や開発プロセスの証跡を確認し，承認する手続の後にデプロイすることになっているので，運用課が検証環境で作業や手続を実施している。しかし，開発課は利用部門から求められたソフトウェアの仕様変更への対応をデプロイ直前まで実施することがあり，その結果，デプロイの3営業日前となっているアップロード期限が守られないことがある。

ショッピングモール運営会社から提供された情報によると，現在のECサイトでは"欲しい商品がどこにあるかが分からない。気になる商品があっても，それを試着したときのイメージが湧かず，実店舗で得られるようなコーディネートの提案も聞けない。"という顧客からの声がある。しかし，現状はこうした声への対応ができていない，又は対応が遅い状況にある。仮想店舗で，このような顧客の声に迅速に対応して価値を提供できるようにすることが，Aプロジェクトの最優先の目標である。

〔現状のヒアリング〕

B課長は，開発課の現状を担当者にヒアリングした。その概要は次のとおりである。
・開発課のミッションは，利用部門からの要求を迅速に実現することである。
・利用部門が要求を決めれば，開発課はすぐにソフトウェアを改修してアップロードする。しかし，運用課の作業があり，迅速にデプロイできない。
・最近は，テストからデプロイまでを自動実行するツール（以下，自動化ツールという）が提供されている。これによって運用課がデプロイ前に実施する作業や手続が自動化ツールで代用でき，作業効率を改善できるので導入を提案しているが，運用課は，自動的にデプロイされてしまうことに否定的である。

B課長は，次に運用課の担当者にヒアリングした。その概要は次のとおりである。
・運用課のミッションは，安定した運用の提供であり，利用部門と合意したSLAを遵守することである。
・開発課は，アップロード期限を守れない場合，"運用課の作業期間短縮によってデプロイ日時を変えないように"と要求してくることがある。しかし，A社のガバナンス規程で定められている必要な作業や手続があり，一定の期間が必要なので，開発課にはこの点を考慮してアップロード期限を守るように再三伝えているが改善されない。その結果，開発課が希望する日時にデプロイできないことがある。

・自動化ツールの導入効果は認識しているが，運用課の作業や手続なしにデプロイ
するのは安定した運用を提供する立場から許可できない。

〔目標の達成に向けた課題〕

　B 課長は，開発課も運用課も顧客に直接価値を提供する SoE（System of
Engagement）型のシステムを開発，運用した経験がないことを踏まえ，A プロジェク
トの最優先の目標の達成に向けた課題を次のように分析した。

・①開発課と運用課とでは，重視していることが異なり，それらを相互に理解でき
ていないので，A 社として組織を横断して迅速に顧客の声に対応することが難しい。

・開発課も運用課も社内のニーズを満たしたり，ルールを遵守したりすることが価
値だと認識しており，顧客への価値提供が重要であることを十分に理解できてい
ない。

・自動化ツールなどの最新の技術に対して，現状の作業，手続及び役割分担を前提
に導入の是非を判断してしまっている。

・SoE 型のシステム開発のプロセスにおいて，顧客視点での体験価値の設計や評価に
必要なスキルをもった人材が社内にいないので，外部の知見を導入しながら社内
の人材を育成していく必要がある。

・実店舗と同様に，顧客の声を直接集めて顧客のニーズを的確に把握できるように
するためには，必要なスキルを保有するメンバーを A プロジェクトにアサインす
ることが重要である。

・A 社の強みを生かして提供される②仮想店舗での顧客体験価値（UX）についてメン
バーの意識を高めるためには，メンバーに多様な視点からの意見を理解してもら
う必要がある。

　これらの課題を解決するために，B 課長は UX 提供の仕組み作り，及び開発・運用
プロセスの整備に関する対策を検討することにした。

〔UX 提供の仕組み作り〕

　B 課長は，A プロジェクトの最優先の目標である，顧客の声に迅速に対応して UX
を提供できるようにするには，組織を横断したプロジェクトチームを編成し，顧客
に価値を提供するプロセスを軽量化し，また必要な権限やスキルを A プロジェクト

に集約することが必要だと考え，次の対策について新事業推進部及び関係する部署の合意を得た。

　まず，A プロジェクトには，開発課のメンバーに加えて運用課のメンバーも参加させ，開発と運用が一体となった活動（DevOps）を実現する。次に，③店舗スタッフ部門の現場の経験豊富なメンバーに A プロジェクトに参加してもらう。このメンバーには，新設した新事業推進部の仮想店舗スタッフ課で，アバターとして顧客への提案などを担当してもらうとともに，顧客への情報発信と顧客の声をリアルタイムに収集するために新設する A 社公式 SNS アカウントの運営も担当してもらう。また，④外部のデザイン会社に，共同作業を前提に UX の設計やレビューを依頼する。

　その上で，毎朝，⑤UX に関する意識を高めるためにミーティングを開催し，開発課，運用課，仮想店舗スタッフ課及び外部のデザイン会社から参加するメンバー全員で議論することにした。

〔開発・運用プロセスの整備〕

　開発・運用プロセスの整備に向けては，まず，⑥自動化ツールを導入することによって得られる，A プロジェクトの最優先の目標の達成に寄与する効果について，開発課のメンバーと運用課のメンバーとが共有することが必要と考え，両メンバー間で協議してもらった。その結果，現状の作業，手続及び役割分担に合わせて自動化ツールを利用するのではなく，自動化ツールを利用できるように開発・運用プロセスを見直すことになった。具体的には，自動化ツールがもつ機能を最大限に生かしつつ，デプロイについては，⑦自動化ツールに記録された作業ログ及び開発課のメンバーの最終確認の証跡をもって，運用課のメンバーがデプロイを承認する，というプロセスに見直すことにした。

　B 課長はこれらの案を反映したプロジェクト計画を作成し，A 社経営層の承認を得た。

設問1　〔目標の達成に向けた課題〕について答えよ。

　　　(1)　本文中の下線①について，このような分析の根拠として，B 課長は開発課と運用課がそれぞれ何を重視していると考えたのか。それぞれ 20 字以内で答えよ。

(2) 本文中の下線②について，B課長は仮想店舗で具体的にどのような UX を提供しようと考えたのか。30字以内で答えよ。

設問2 〔UX 提供の仕組み作り〕について答えよ。

(1) 本文中の下線③について，B課長が店舗スタッフ部門のメンバーを A プロジェクトにアサインしたのは，A プロジェクトの最優先の目標の達成に向けてどのようなスキルを期待したからか。25字以内で答えよ。

(2) 本文中の下線④について，B課長が UX の設計やレビューに関して共同作業を前提にした意図は何か。25字以内で答えよ。

(3) 本文中の下線⑤について，B課長がこのように全員で議論することにした狙いは何か。30字以内で答えよ。

設問3 〔開発・運用プロセスの整備〕について答えよ。

(1) 本文中の下線⑥について，B課長が考えた，A プロジェクトの最優先の目標の達成に寄与する，自動化ツールの導入効果とは何か。20字以内で答えよ。

(2) 本文中の下線⑦について，B課長がこのようなプロセスに見直すことにした狙いは何か。35字以内で答えよ。

問3　プロジェクトにおけるチームビルディングに関する次の記述を読んで，設問に答
　　えよ。

　　F 社は，玩具製造業である。F 社の主要事業は，トレーディングカードなどの玩具
を製造して，店舗又はインターネットで顧客に販売することである。
　　近年，顧客はオンラインゲームを志向する傾向が強まっていて，F 社の売上げは減
少してきている。そこで F 社経営層は，新たな顧客の獲得と売上げの向上を目指す
ために，"玩具を製造・販売する事業"から"遊び体験を提供する事業"へのデジタ
ルトランスフォーメーション（DX）の推進に取り組むことにした。その具体的な活
動として，まずはトレーディングカードの電子化から進めることにした。この活動
は，DX を推進する役割を担っている事業開発部を管掌している役員が CDO（Chief
Digital Officer）として担当する新事業と位置付けられ，新事業の実現を目的とす
るシステム開発プロジェクト（以下，本プロジェクトという）が立ち上げられた。

〔システム開発の現状〕
　　本プロジェクトのプロジェクトマネージャ（PM）は，システム部の担当部長の G
氏である。G 氏は，1 年前に BtoC 企業の IT 部門から F 社に入社し，1 年間の業務を
通じてシステム部を取り巻く F 社の状況を次のように整理していた。
（1）　経営層の多くは，事業を改革するために戦略的にシステム開発プロジェクトを実
　　　施するとの意識がこれまでは薄く，プロジェクトチームの使命は，予算や納期などの
　　　設定された目標の達成であると考えてきた。しかし，CDO をはじめとする一部の役員
　　　は，DX を推進するためには，システム開発プロジェクトの位置付けを変えていく必
　　　要があると経営会議で強調してきており，最近は経営層の意識が変わってきている。
（2）　事業開発部では，経営状況を改善するには DX の推進が重要となることが理解さ
　　　れており，新事業を契機として，システムの改革を含む DX の推進方針を定め，そ
　　　の推進方針に沿って活動している。社員は，担当する事業ごとにチームを編成し
　　　て，事業の開発に取り組んでいる。
（3）　事業部門の幹部社員には，現在のチーム作業のやり方で F 社の事業を支えてき
　　　たとの自負がある。これによって，幹部社員をはじめとした上長には支配型リー
　　　ダーシップの意識が強く，社員の意思をチーム作業に生かす姿勢が乏しい。一方，

社員は，チームにおいて自分に割り当てられた作業は独力で遂行しなければならないとの意識が強い。社員の多くは，システムは業務効率化の実現手段でしかなく，コストが安ければよいとの考えであり，DX の推進には消極的な姿勢である。また，システムに対する要求事項を提示した後は，日常の業務が多忙なこともあって，システム開発への関心が薄い。しかし，一部の社員は DX の推進に関心をもち，この環境の下で業務を行いつつも，部門としての意識や姿勢を改革する必要があると考えている。

(4) システム部は，事業部門の予算で開発を行うコストセンターの位置付けであり，事業部門によって設定された目標の達成を使命として活動している。近年は経営状況の悪化によって予算が削減される一方で，事業部門によって設定される目標は次第に高くなっている状況である。これまでの F 社のプロジェクトチームのマネジメントは，PM による統制型のマネジメントであり，メンバーが自分の意見を伝えづらかった。事業部門の指示に応じた作業が中心となっていて，モチベーションが低下する社員もいるが，中には DX の推進に関心をもち，自らスキルを磨くなど，システム開発の在り方を変革しようとする意識をもっている社員もいる。

〔プロジェクトチームの編成〕

CDO と G 氏は，これまでのように事業部門の指示を受けてシステム部の社員だけでシステム開発をするプロジェクトチームの編成や，事業部門によって設定された目標の達成を使命とするプロジェクトチームの運営方法では，本プロジェクトで求められている DX を推進するシステム開発は実現できないと考えた。そこで，全社横断で 20 名程度のプロジェクトチームを編成し，プロジェクトの目的の実現に向けて能動的に目標を定めることのできるチームを目指してチームビルディングを行うことにした。

G 氏は，プロジェクトチームの編成に当たって，既に選任済みのシステム部及び①事業開発部のメンバーに加えて，業務の知識や経験をもち，また DX の推進に関心のある社員が必要と考えた。そこで，G 氏は，本プロジェクトには事業部門の社員を参加させること，その際，必要なスキル要件を明示して②社内公募とすることを CDO に提案し，了承を得た。社内公募の結果，事業部門の社員から応募があった。G 氏は，応募者と面談して本プロジェクトのメンバーを選任し，プロジェクトチームのメンバーに加えた。

G 氏は，全メンバーを集めて，目指すチームの姿を説明し，その実現のために③CDO からメンバーにメッセージを伝えてもらうことにした。

〔プロジェクトチームの形成〕

　G 氏は，チームビルディングにおいて，メンバーを支援することが自らの役割であると考えた。そこで，これまでの各部門でのチーム作業の中で困った点や反省点などについて，全メンバーに④無記名アンケートを実施し，次の状況であることを確認した。

・対立につながる可能性のある意見を他のメンバーに伝えることを恐れている者が多い。その理由は，自分は他のメンバーを信頼しているが，他のメンバーは自分を信頼していないかもしれないと懸念を感じているからである。

・どの部門にも，チーム作業の経験のあるメンバーの中には，チームの一員として，チームのマネジメントへの参画に関心が高い者がいる。しかし，これまでのチーム作業では，自分の考えをチームの意思決定のために提示できていない。後になって自分の考えが採用されていれば，チームにとってより良い意思決定になったかもしれないと後悔している者も多い。

・チーム作業の遂行において，自分の能力不足によって困難な状況になったときに，他のメンバーの支援を受ければ早期に解決できたかもしれないのに，支援を求めることができずに苦戦した者が多い。

　G 氏は，これまでに見てきた F 社の状況と無記名アンケートの結果を照らし合わせて，これまでの PM による統制型のマネジメントからチームによる自律的なマネジメントへの転換を進めることにした。

〔プロジェクトチームの運営〕

　G 氏は，チームによる自律的なマネジメントを実施するに当たってメンバーとの対話を重ね，本プロジェクトチームの運営方法を次のとおり定めることをメンバーと合意した。

・メンバーは⑤対立する意見にも耳を傾け，自分の意見も率直に述べる。

・プロジェクトの意思決定に関しては，PM からの指示を待つのではなく，⑥メンバー間での対話を通じてプロジェクトチームとして意思決定する。

・メンバーは，他のメンバーの作業がより良く進むための支援や提案を行う。⑦自分の能力不足によって困難な状況になったときは，それを他のメンバーにためらわずに伝える。

　また，G 氏は，本プロジェクトでは，予算や期限などの目標は定めるものの，プロジェクトの目的を実現するために有益であれば，事業開発部と協議して⑧予算も期限も柔軟に見直すこととし，CDO に報告して了承を得た。

　G 氏は，これらのプロジェクトチームの運営方法を実践し続けることによって，メンバーの意識改革が進み，目指すチームが実現できると考えた。

設問 1　〔プロジェクトチームの編成〕について答えよ。

(1)　本文中の下線①について，G 氏が事業開発部のメンバーに期待した，本プロジェクトでの役割は何か。30 字以内で答えよ。

(2)　本文中の下線②について，G 氏が本プロジェクトに参加する事業部門の社員を，社内公募とすることにした狙いは何か。25 字以内で答えよ。

(3)　本文中の下線③について，G 氏が CDO に伝えてもらうことにしたメッセージの内容は何か。CDO が直接伝える理由とともに，35 字以内で答えよ。

設問 2　〔プロジェクトチームの形成〕の本文中の下線④について，G 氏がアンケートを無記名とした狙いは何か。20 字以内で答えよ。

設問 3　〔プロジェクトチームの運営〕について答えよ。

(1)　本文中の下線⑤について，対立する意見にも耳を傾け，自分の意見も率直に述べることによって，メンバーにとってプロジェクトチームの状況をどのようにしたいと G 氏は考えたのか。25 字以内で答えよ。

(2)　本文中の下線⑥について，メンバー間での対話を通じて意思決定することによって，これまでのチームの運営方法では得られなかったチームマネジメント上のどのような効果が得られると G 氏は考えたのか。30 字以内で答えよ。

(3)　本文中の下線⑦について，自分の能力不足によって困難な状況になったときに，それを他のメンバーにためらわずに伝えることによって，どのような効果が得られると G 氏は考えたのか。30 字以内で答えよ。

(4)　本文中の下線⑧について，G 氏が，必要に応じて予算も期限も柔軟に見直すことにした理由は何か。30 字以内で答えよ。

令和4年度 秋期
プロジェクトマネージャ試験
午後Ⅱ 問題

試験時間	14:30 ～ 16:30（2時間）

注意事項

1. 試験開始及び終了は，監督員の時計が基準です。監督員の指示に従ってください。

2. 試験開始の合図があるまで，問題冊子を開いて中を見てはいけません。

3. **答案用紙への受験番号などの記入は，試験開始の合図があってから始めてください。**

4. 問題は，次の表に従って解答してください。

問題番号	問1，問2
選択方法	1問選択

5. 答案用紙の記入に当たっては，次の指示に従ってください。

   (1) B又はHBの黒鉛筆又はシャープペンシルを使用してください。

   (2) 受験番号欄に受験番号を，生年月日欄に受験票の生年月日を記入してください。
   正しく記入されていない場合は，採点されないことがあります。生年月日欄につい
   ては，受験票の生年月日を訂正した場合でも，訂正前の生年月日を記入してくださ
   い。

   (3) **選択した問題**については，次の例に従って，**選択欄の問題番号を○印で囲んで**
   ください。○印がない場合は，採点されません。2問とも○印で囲んだ場合は，は
   じめの1問について採点します。

   〔問2を選択した場合の例〕

注意事項は問題冊子の裏表紙に続きます。
こちら側から裏返して，必ず読んでください。

6. 解答に当たっては，次の指示に従ってください。指示に従わない場合は，評価を下げることがあります。

（1）**問題文の趣旨に沿って解答してください。**

（2）解答欄は，"論述の対象とするプロジェクトの概要"と"本文"に分かれています。"論述の対象とするプロジェクトの概要"は，2ページの記入方法に従って，全項目について記入してください。**項目に答えていない又は適切に答えていない場合（項目と本文のプロジェクトが異なる，項目間に矛盾があるなど）は減点されます。**

（3）"本文"は，設問ごとに次の解答字数に従って，それぞれ指定された解答欄に記述してください。

・設問ア：800字以内

・設問イ：**800字以上** 1,600字以内

・設問ウ：**600字以上** 1,200字以内

（4）解答は，丁寧な字ではっきりと書いてください。

7. 退室可能時間中に退室する場合は，手を挙げて監督員に合図し，答案用紙が回収されてから静かに退室してください。

退室可能時間	15:10 ～ 16:20

8. **問題に関する質問にはお答えできません。**文意どおり解釈してください。

9. 問題冊子の余白などは，適宜利用して構いません。ただし，問題冊子を切り離して利用することはできません。

10. 試験時間中，机上に置けるものは，次のものに限ります。

なお，会場での貸出しは行っていません。

受験票，黒鉛筆及びシャープペンシル（B又はHB），鉛筆削り，消しゴム，定規，時計（時計型ウェアラブル端末は除く。アラームなど時計以外の機能は使用不可），ハンカチ，ポケットティッシュ，目薬

これら以外は机上に置けません。使用もできません。

11. 試験終了後，この問題冊子は持ち帰ることができます。

12. 答案用紙は，いかなる場合でも提出してください。回収時に提出しない場合は，採点されません。

13. 試験時間中にトイレへ行きたくなったり，気分が悪くなったりした場合は，手を挙げて監督員に合図してください。

試験問題に記載されている会社名又は製品名は，それぞれ各社又は各組織の商標又は登録商標です。なお，試験問題では，™及び®を明記していません。

<u>"論述の対象とするプロジェクトの概要"の記入方法</u>

　論述の対象とするプロジェクトの概要と，そのプロジェクトに，あなたがどのような立場・役割で関わったかについて記入してください。

　質問項目①は，プロジェクトの名称を記入してください。

　質問項目②～⑦，⑪～⑬は，記入項目の中から該当する番号又は記号を〇印で囲み，必要な場合は（　　）内にも必要な事項を記入してください。複数ある場合は，該当するものを全て〇印で囲んでください。

　質問項目⑧，⑩，⑭及び⑮は，（　　）内に必要な事項を記入してください。

　質問項目⑨は，（　　）内に必要な事項を記入し，記入項目の中から該当する記号を〇印で囲んでください。

問1　システム開発プロジェクトにおける事業環境の変化への対応について

　　　システム開発プロジェクトでは，事業環境の変化に対応して，プロジェクトチームの外部のステークホルダからプロジェクトの実行中に計画変更の要求を受けることがある。このような計画変更には，プロジェクトにプラスの影響を与える機会とマイナスの影響を与える脅威が伴う。計画変更を効果的に実施するためには，機会を生かす対応策と脅威を抑える対応策の策定が重要である。

　　　例えば，競合相手との差別化を図る機能の提供を目的とするシステム開発プロジェクトの実行中に，競合相手が同種の新機能を提供することを公表し，これに対応して営業部門から，差別化を図る機能の提供時期を，予算を追加してでも前倒しする計画変更が要求されたとする。この計画変更で，短期開発への挑戦というプラスの影響を与える機会が生まれ，プロジェクトチームの成長が期待できる。この機会を生かすために，短期開発の経験者をプロジェクトチームに加え，メンバーがそのノウハウを習得するという対応策を策定する。一方で，スケジュールの見直しというマイナスの影響を与える脅威が生まれ，プロジェクトチームが混乱したり生産性が低下したりする。この脅威を抑えるために，差別化に寄与する度合いの高い機能から段階的に前倒しして提供していくという対応策を策定する。

　　　策定した対応策を反映した上で，計画変更の内容を確定して実施し，事業環境の変化に迅速に対応する。

　　　あなたの経験と考えに基づいて，設問ア～設問ウに従って論述せよ。

設問ア　あなたが携わったシステム開発プロジェクトの概要と目的，計画変更の背景
　　　　となった事業環境の変化，及びプロジェクトチームの外部のステークホルダか
　　　　らプロジェクトの実行中に受けた計画変更の要求の内容について，800 字以内で
　　　　述べよ。
設問イ　設問アで述べた計画変更の要求を受けて策定した，機会を生かす対応策，脅
　　　　威を抑える対応策，及び確定させた計画変更の内容について，800 字以上 1,600
　　　　字以内で具体的に述べよ。
設問ウ　設問イで述べた計画変更の実施の状況及びその結果による事業環境の変化へ
　　　　の対応の評価について，600 字以上 1,200 字以内で具体的に述べよ。

問２　プロジェクト目標の達成のためのステークホルダとのコミュニケーションについて

　　システム開発プロジェクトでは，プロジェクト目標（以下，目標という）を達成するために，目標の達成に大きな影響を与えるステークホルダ（以下，主要ステークホルダという）と積極的にコミュニケーションを行うことが求められる。

　　プロジェクトの計画段階においては，主要ステークホルダへのヒアリングなどを通じて，その要求事項に基づきスコープを定義して合意する。その際，スコープとしては明確に定義されなかったプロジェクトへの期待があることを想定して，プロジェクトへの過大な期待や主要ステークホルダ間の相反する期待の有無を確認する。過大な期待や相反する期待に対しては，適切にマネジメントしないと目標の達成が妨げられるおそれがある。そこで，主要ステークホルダと積極的にコミュニケーションを行い，過大な期待や相反する期待によって目標の達成が妨げられないように努める。

　　プロジェクトの実行段階においては，コミュニケーションの不足などによって，主要ステークホルダに認識の齟齬や誤解（以下，認識の不一致という）が生じることがある。これによって目標の達成が妨げられるおそれがある場合，主要ステークホルダと積極的にコミュニケーションを行って認識の不一致の解消に努める。

　　あなたの経験と考えに基づいて，設問ア～設問ウに従って論述せよ。

設問ア　あなたが携わったシステム開発プロジェクトの概要，目標，及び主要ステークホルダが目標の達成に与える影響について，800 字以内で述べよ。

設問イ　設問アで述べたプロジェクトに関し，"計画段階"において確認した主要ステークホルダの過大な期待や相反する期待の内容，過大な期待や相反する期待によって目標の達成が妨げられるおそれがあると判断した理由，及び"計画段階"において目標の達成が妨げられないように積極的に行ったコミュニケーションについて，800 字以上 1,600 字以内で具体的に述べよ。

設問ウ　設問アで述べたプロジェクトに関し，"実行段階"において生じた認識の不一致とその原因，及び"実行段階"において認識の不一致を解消するために積極的に行ったコミュニケーションについて，600 字以上 1,200 字以内で具体的に述べよ。

●令和 4 年度秋期
午前 I 問題 解答・解説

問1　エ
カルノー図と等価な論理式（R4 秋・高度 午前 I 問 1）

カルノー図と等価な論理式を導くためには，図の値が "1" になっている部分に着目する。まず，図中の中央部分で 1 になっている 4 か所に着目する。この部分では，A，C の値は "0"，"1" の両方をとるが，B，D の値はともに "1" しかとらない。よって，この部分は A と C の値にかかわらず，B と D が 1 であれば結果が 1 になるということを示している。そして，このことから論理式の一部として $B \cdot D$ を得る。次に，図中の 1 行目で 1 になっている 2 か所に着目すると，C の値は "0"，"1" の両方をとるが，A，B，D の値はいずれも "0" である。よって，この部分は，C の値にかかわらず，A，B，D の値が "0" であれば結果が 1 になるということを示しており，論理式の一部である $\overline{A} \cdot \overline{B} \cdot \overline{D}$ を得る。

この二つのケースは，それぞれ問題のカルノー図の一部分を示すものなので，全体としては，この二つの論理式の和になる。したがって，等価な論理式は（エ）の $\overline{A} \cdot \overline{B} \cdot \overline{D} + B \cdot D$ である。

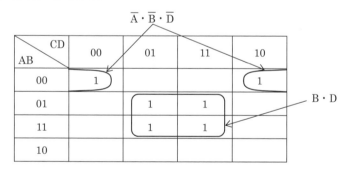

問2　イ
AI における過学習の説明（R4 秋・高度 午前 I 問 2）

AI における過学習は，過剰学習，過適合（オーバーフィッティング）とも呼ばれる。AI では，大量のデータからルールやパターンを発見して，知識を獲得することを「学習」という。学習に使う訓練データに重点をおいた「学習」を過剰に行うと，その訓練データから得られた知識を用いる推定は非常に精度が高い結果となるが，訓練データとは異なる分野や条件下のデータ，すなわち未知のデータに対しては，推定を行うために用いる知識が乏しいために精度が下がることがあ

る。この現象を過学習という。したがって，（イ）が最も適切である。

　過学習の現象を防ぐには，多分野や様々な条件下でのデータを取得して，偏りの少ない訓練データを用いた「学習」を行うことが前提であるが，正則化（複雑になったモデルをシンプルなモデルにする），交差検証（幾つかのグループに分けたデータからそれぞれ得られるモデルについて，同じ傾向をもつかどうかをチェックする）といった手法を用いることも有効である。

ア：転移学習に関する記述である。
ウ：誤差逆伝播法に関する記述である。
エ：強化学習に関する記述である。

問3　イ
ハッシュ表によるデータの衝突条件 (R4秋·高度 午前Ⅰ問3)

　異なるキー値からハッシュ関数で求められる値（ハッシュ値という）が等しいとき，衝突が起きたという。つまり，キーaとbが衝突する条件とは，キーaとbのハッシュ値が等しくなることであり，そのハッシュ値をrとすれば，

　　　$a \bmod n = b \bmod n = r$ となる。

　このとき，aをnで割ったときの商をp，bをnで割ったときの商をqとすると（p，qは整数），次の式①，②が成り立つ。

　　　$a = n \times p + r$ ……①
　　　$b = n \times q + r$ ……②

　二つの式から①－②を求めてrを消す。

　　　$a - b = n \times (p - q)$

　この式において，p，qは整数だから$p-q$も整数となり，$a-b$はnの$(p-q)$倍，つまり，nの倍数であることが分かる。したがって，衝突が起きるときの条件としては，（イ）の「$a-b$がnの倍数」が正しい。

問4　エ
2段のキャッシュをもつキャッシュシステムのヒット率 (R4秋·高度 午前Ⅰ問4)

　L1，L2と2段のキャッシュメモリからなるキャッシュシステムにおけるヒット率について考える。「L1キャッシュにあるデータは全てL2キャッシュにもある」ということから，L1キャッシュを1次キャッシュ，L2キャッシュを2次キャッシュととらえることができ，主な記憶装置の関係は図のようになる。

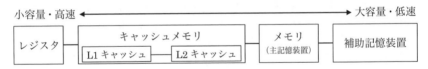

図　記憶装置の関係

　2 段のキャッシュシステムのヒット率は，①1 段目の L1 キャッシュでヒットする場合，②L1 キャッシュでヒットせずに 2 段目の L2 キャッシュでヒットする場合を考える必要がある。よって，キャッシュシステムとしてのヒット率は，①のヒット率と②のヒット率の和となる。

　① 1 段目の L1 キャッシュのヒット率　0.95

　② L1 キャッシュでヒットせず（$1-0.95$）に，2 段目の L2 キャッシュでヒット（0.6）する場合のヒット率

$$（1-0.95）×0.6=0.05×0.6$$
$$=0.03$$

　したがって，キャッシュシステムとしてのヒット率（①＋②）は $0.95+0.03=0.98$ となり，（エ）が正解である。

問5　ウ

　コンテナ型仮想化は，システムの仮想化技術の一つである。コンテナ型仮想化では，アプリケーションプログラムの実行に必要なライブラリなどのプログラムの実行環境をコンテナと呼ばれる単位にまとめ，ホスト OS と仮想化ソフトウェアによって，このコンテナを仮想化して，独立性を保ちながら複数動作させる。また，コンテナ型仮想化では，コンテナごとに個別のゲスト OS をもたない。したがって，（ウ）が正解である。

　前述のようにコンテナ型仮想化の特徴は，コンテナごとのゲスト OS をもたないことで，このメリットとしては，少ないシステム資源で構築が可能であり，オーバヘッドが少ないといった点が挙げられる。一方，デメリットとしては，ホスト OS と異なる OS 上でしか動作しないプログラムを実行することができない点が挙げられる。

　主な仮想化方式には，コンテナ型，ハイパバイザ型，ホスト型の三つがあり，それぞれの構成を図に示す。

図　システムの仮想化技術

ア：コンテナ型仮想化では，仮想環境であるコンテナが物理サーバの OS を利用
するので，共有するという見方ができないこともないが，OS は物理サーバ上
で動作し，仮想環境（コンテナ）には必要としないので，どちらかにもてばよ
いわけではない。

イ：ホスト OS をもたないということから，ハイパバイザ型仮想化の説明である。
物理サーバに対する OS 機能をもつとともに，仮想化ソフトウェアでもあるハ
イパバイザ（hypervisor）上に仮想サーバを生成し，ゲスト OS と呼ばれる OS
による仮想サーバを構築する方式で，サーバの OS と異なるゲスト OS を稼働
させることができる。仮想サーバごとにゲスト OS を動かすために，コンテナ
型仮想化に比べて，多くのシステム資源を必要とする。なお，ハイパバイザ型
の仮想サーバは，仮想マシン（VM）と呼ばれることが多い。また，hypervisor
は，supervisor と呼ばれていた OS に対して，super よりさらに上という意味
で命名されたとされる。

エ：ホスト型仮想化の説明である。仮想サーバの構築がしやすい反面，物理サー
バのハードウェアへアクセスする場合，ホスト OS を経由しなければならない
のでオーバヘッドが発生する。物理サーバの OS 上で仮想化ソフトウェアを動
作させる点がハイパバイザ型と違い，ゲスト OS をもつ点がコンテナ型と違う。

問6　イ　　　　　　　　　　　　　　　　デッドロックの発生を防ぐ方法（R4秋·高度 午前 I 問 6）

デッドロックとは，例えば，二つのタスク（A，B）が共用する二つの資源（α，
β）の両方にアクセスしなければならない条件下で，A が α→β，B が β→α の
順にアクセスしようとして，お互いに他方が既に獲得した資源の解放を待ち合わ
せる状態となり，処理が進まなくなってしまう現象である。

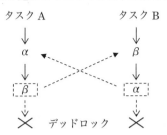

この場合，資源獲得の順序を同じにすると，デッドロックは発生しなくなる。
したがって，（イ）が正解である。しかし，一般に資源獲得の順序をあらゆる場合
（エラー処理などを含む）で同じにするのは容易ではないので，デッドロックの
発生を完全に防ぐことは困難である。

ア：優先度が高くても先に資源を獲得していないと待ち状態になるので，デッド
ロックが発生する可能性がある。

ウ:資源獲得の順序を両方のタスクで逆にすると，資源獲得の順序は同じにならないので，デッドロックが発生する可能性がある。

エ:(ア)で述べたように，デッドロックの発生は優先度と無関係である。

問7 ウ　　　　　　　　　　　　　　　　　　　　　論理回路 (R4 秋・高度 午前 I 問 7)

実際にそれぞれの回路で，入力 X，Y と出力値である Z をトレースした結果を次に示す。この中で X と Y の値が同じときにだけ Z が 1 になるのは，(ウ)である。

	ア	イ	ウ	エ
X：0，Y：0	0	1	1	0
X：1，Y：0	0	1	0	1
X：0，Y：1	0	1	0	1
X：1，Y：1	0	1	1	0

実際には，各回路について，検証をする上で全てのパターンを列挙する必要はなく，条件に合わない時点で次の回路の検証に移ればトレースにそれほど時間のかかる問題ではない。例えば，「X：0，Y：0」によって，正解の候補を (イ)，(ウ) に絞ることができ，「X：1，Y：0」によって，(ウ) が正解であることが分かる。

問8 ア　　　　　　　　　　　　　　　　顧客コードの桁数計算 (R4 秋・高度 午前 I 問 8)

英大文字 A～Z の 26 種類を使って顧客コードを作成することを試しに考えてみると，1 桁では A，B，…，Z の 26 種類が表現できる。2 桁では AA，AB，…，AZ，BA，BB，…，BZ，…，ZA，ZB，…，ZZ となり $26 \times 26 = 26^2 = 676$ 種類表現できる。同じように考えて，3 桁では AAA，AAB，…，AAZ，ABA，ABB，…，ABZ，…，ZZA，ZZB，…，ZZZ となり $26^3 = 17,576$ 種類表現できる。

現在の顧客総数が 8,000 人で，新規顧客が毎年 2 割ずつ増えていくとして，1 年後には $8,000 \times 1.2$ 人，2 年後には，$(8,000 \times 1.2) \times 1.2$ 人，3 年後には，$((8,000 \times 1.2) \times 1.2) \times 1.2$ 人 = 13,824 人になる。

英大文字 A～Z を使って表現できる顧客コードの種類は，3 桁で 17,576 種類なので，3 年後の顧客数 13,824 人は 3 桁で表現できることになる。したがって，(ア) が正解である。

　DBMS による障害回復の原則は，「障害発生までにコミットされているトランザクションの処理結果は保証し，コミットが未済のトランザクションについては開始前の状態に戻す」なので，この原則に従って各トランザクションについて考える。

　チェックポイント以降，システム障害発生までにコミットが完了したトランザクション T4，T5 は，更新後ログは取られているが，次のチェックポイントが発生していないので，更新データが DB へ書き出されていない状態にある。このような場合，更新後ログを用いた前進復帰（ロールフォワード）で更新結果を DB へ反映することで障害回復ができるので，（ウ）が正しい。

　T1 はチェックポイント時に DB への実更新が完了しているので，何もする必要がない。

　T2 は，チェックポイント時に DB へ更新データが書き出されているがコミットされていないので，更新前ログを用いて後退復帰（ロールバック）する。

　T3 は DB への実更新が行われていないので，ログ及びバッファ上の更新データを破棄するだけでよく，前進復帰による障害回復を行う必要はない。

　ACID 特性とは，トランザクション処理に求められる原子性（atomicity），一貫性（consistency），独立性（isolation；隔離性とも呼ぶ），耐久性（durability）の四つの特性の頭文字を並べたものである。したがって，ACID 特性に**含まれないもの**は，（イ）の可用性であり，（イ）が正解である。

　ACID 特性に含まれる四つの特性は，それぞれ次のとおりである。
・原子性……トランザクションの処理結果は，全ての更新処理が完全に行われた状態か，全く処理しなかった状態かのいずれかであることを保証する特性。
・一貫性……トランザクションの処理の状態にかかわらず，データベースの内容に矛盾がないことを保証する特性。例えば，銀行の A 口座から B 口座にお金を振り込むトランザクションがあるとき，処理の途中では，A 口座のレコードの残高を減算したにもかかわらず，B 口座のレコードの残高を加算していないというようなデータベースの内容が矛盾した（不完全な）状態が生じるが，このような状態を他のトランザクションから見られないように制御する。
・独立性……複数のトランザクションを同時に実行させた場合と，一つずつ順番に実行させた場合とで処理結果が一致していることを保証する特性。ただし，順番に実行させた場合には，実行順によって処理結果が異なることがあるが，そのどれかに一致していればよい。
・耐久性……トランザクションの実行終了後は，障害が発生しても更新結果が損なわれることがないことを保証する特性。

なお，可用性（availability）とは，システムなどが正常に稼働している状態や，そのための能力のことで，信頼性（reliability）と保守性（serviceability）を加えた RAS，さらに，完全性（integrity）と機密性（security）を加えた RASIS という信頼性評価指標に含まれる。

問 11　ウ　　DHCP サーバが設置された LAN 環境（R4 秋・高度 午前 I 問 11）

DHCP（Dynamic Host Configuration Protocol）とは，インターネットなどのネットワークに接続するパソコン（PC）などに，IP アドレスを自動的に割り当てるプロトコルであり，IP アドレスに関するネットワーク設定を手動で行う必要はない。DHCP サーバには，ストックしてある IP アドレスを，要求があった PC などに配布する役割がある。次の図は PC が IP アドレスを取得するまでの流れである。

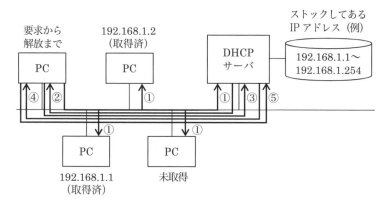

手順①：IP アドレスを取得したい PC が，UDP プロトコルのパケットをブロードキャストする（全ノード向けの 255.255.255.255 アドレス宛に送信）。（DHCP Discover）

手順②：DHCP サーバだけがその要求を受け取り，設定情報（例：192.168.1.3）を要求のあった PC 宛に返信する。（DHCP Offer）

手順③：返信が要求した PC にとって問題がない場合，その旨を DHCP サーバに返信する。（DHCP Request）

手順④：DHCP サーバは了解の旨を要求した PC に改めて返信する。（DHCP ACK）

手順⑤：PC をシャットダウンするときなど，取得した IP アドレスを使用しなくなった際は効率的に使いまわしができるよう，IP アドレスを解放する旨を PC から DHCP サーバに伝える。（DHCP Release）

このフローのとおり，PC には DHCP サーバのアドレスを設定しておく必要は

ない。したがって，（ウ）が正解である。なお，DHCP によって IP アドレスを設
定する PC は，最初は IP アドレスが割り当てられていないために，宛先に DHCP
のアドレスを設定しても通信はできない。

ア：サブネットマスクやデフォルトゲートウェイアドレスは，オプションによっ
　　て自動設定が可能である。

イ：IP アドレスが固定された PC はこの仕組みを適用しないだけで，混在は可能
　　である。

エ：電源が切られる際は使用していた IP アドレスを解放するのが一般的な運用
　　であり，必ず同じ IP アドレスが割り当てられるとは限らない。

問 12　ウ　　　　デジタル証明書の失効確認をするプロトコル（R4 秋·高度 午前 I 問 12)

　　デジタル証明書が失効しているかどうかをオンラインで確認するためのプロト
コルは OCSP（Online Certificate Status Protocol）である。したがって，（ウ）
が正しい。なお，"Certificate" とは証明書という意味である。

　　デジタル証明書の状態を確認するためには，CRL（Certificate Revocation
List；証明書失効リスト）をダウンロードする方法があるが，CRL のファイルサ
イズが大きくなると確認に時間がかかるという問題があった。OCSP では，対象
のデジタル証明書に限定して状態を問い合わせることができるので，リアルタイ
ムに確認を行うことができる。

ア：CHAP（Challenge Handshake Authentication Protocol）は，PPP（Point to
　　Point Protocol）を使用する通信において，チャレンジレスポンス方式によって
　　ユーザを認証するためのプロトコルである。

イ：LDAP（Lightweight Directory Access Protocol）は，ディレクトリサービス
　　にアクセスするためのプロトコルである。ディレクトリサービスとは，ユーザ
　　やコンピュータに関する属性情報を検索するサービスで，Linux 向けの
　　OpenLDAP や Windows 向けの Active Directory などがある。

エ：SNMP（Simple Network Management Protocol）は，ネットワーク上の機
　　器の監視や管理を行うためのプロトコルである。

問 13　イ　　　　リスクアセスメントを構成するプロセスの組合せ（R4 秋·高度 午前 I 問 13)

　　JIS Q 31000：2019（リスクマネジメント-指針）では，リスクアセスメント
を「リスク特定，リスク分析及びリスク評価を網羅するプロセス全体を指す」と
しており，一般に，次の順番でアセスメントを行う。

・リスク特定：リスクを洗い出し，それぞれのリスクの内容を整理する。
・リスク分析：各リスクの特質や発生確率，影響度を数値化する。
・リスク評価：各リスクに対して，対応の要否を決定する。

したがって，（イ）が正解である。なお，リスクアセスメントの結果を受けて，

リスクに対処するための選択肢を選定し，実行するリスク対応では，リスク低減，
リスク回避，リスク共有（移転）といった選択肢の中から対応方針を決定して，
実行する。

問 14　イ　　　　WAF による防御が有効な攻撃（R4 秋·高度 午前 I 問 14）

　　WAF（Web Application Firewall）は，Web アプリケーションの脆弱性を悪用
する攻撃を防御するために，HTTP メッセージの内容を検査して攻撃を検知，遮
断するファイアウォールである。また，REST API サービスとは，Web サービス
の機能を外部から利用するための API（Application Programming Interface）を
公開している Web サービスである。REST（REpresentational State Transfer）
API は，HTTP を利用する Web API の一つで，HTTP の GET，POST，PUT，
DELETE のいずれかのメソッドを使用する，セッション管理を行わない（ステー
トレス）などの特徴をもつ。そして，Web アプリケーションの脆弱性を狙った攻
撃に対する防御と同様に，REST API サービスに対する，OS コマンドインジェ
クションや SQL インジェクションのような API の脆弱性を狙った攻撃に対して
は，WAF による防御が有効である。したがって，（イ）が正しい。

　　その他は，次のような攻撃で，Web アプリケーションの脆弱性を悪用するもの
でないので，WAF による防御が有効とはいえない。

ア：キャッシュ DNS サーバの設定に起因する脆弱性を悪用する攻撃
ウ：SMTP サーバの設定に起因するオープンリレー脆弱性を悪用する攻撃
エ：大量の電子メールを送り付ける DoS 攻撃（Denial of Service 攻撃；サービ
　　ス妨害攻撃）

問 15　ア　　　　家庭内 LAN 環境のセキュリティ（R4 秋·高度 午前 I 問 15）

　　IP マスカレード（NAPT；Network Address Port Translation ともいう）とは，
内部ネットワークにある複数の PC などがもつ IP アドレスを，ルータやファイア
ウォールがもつ一つのグローバル IP アドレスに変換して通信を行うための仕組
みである。例えば，家庭内で，PC を無線 LAN とブロードバンドルータを介して
インターネットに接続する場合，PC がもつ IP アドレスは，IP マスカレード機能
によって，全てブロードバンドルータがもつ IP アドレスに変換される。このた
め，インターネット側に見える IP アドレスは，ブロードバンドルータがもつ IP
アドレスだけに限定され，家庭内にある PC の IP アドレスはインターネット側に
は知られない。つまり，インターネットからは PC の IP アドレスが分からないの
で，PC への不正侵入を基本的に防止できる。したがって，（ア）が正解である。

イ：PPPoE は，PPP（Point to Point Protocol）を，Ethernet 上で利用するため
　　のプロトコルであり，経路上の盗聴を防止するための機能はもっていない。
ウ：WPA（Wi-Fi Protected Access）は無線 LAN の暗号化方式であり，不正な

Web サイトへの接続を防止する機能はない。不正な Web サイトへの接続を防止するには，URL フィルタリングによって制限をかける必要がある。

エ：WPS（Wi-Fi Protected Setup）は，無線 LAN 設定を簡素化するための標準規格であり，マルウェア感染を防止する機能はない。

問 16　ア　　成果物の振る舞いを机上でシミュレートして問題点を発見する手法 (R4 秋·高度 午前 I 問 16)

ウォークスルーは，レビュー手法の一つで，仕様書やソースコードといった成果物について，作成者を含めた複数人で，記述されたシステムやソフトウェアの振る舞いを机上でシミュレートして，問題点を発見する。したがって，（ア）が正しい。ウォークスルーは，通常，システムやソフトウェアの一連の処理手順に沿って，作成者が他の参加者（レビューア）に成果物の説明を行い，参加者が問題点を指摘するという形式で行われる。

その他は次のとおりであり，ウォークスルーのようなレビュー手法ではない。

イ，ウ：トップダウンテスト（ウ）は，ソフトウェアの結合テストの手法の一つで，上位のモジュールから順に下位のモジュールに向かって結合を進める。逆に，下位モジュールから順にテストを行うのがボトムアップテストである。そして，サンドイッチテスト（イ）は，上位，下位の双方向から，テストを進める結合テスト手法である。なお，これらのテストで用いる，上位モジュールの代替モジュールをドライバ，下位のモジュールの代替モジュールをスタブと呼ぶ。

エ：並行シミュレーションは，システム監査技法の一つで，監査対象及び監査用の二つのプログラムの実行結果を比較することによって，監査対象のプログラムの処理の正確性を確認する。

問 17　ウ　　KPT 手法で行ったスプリントレトロスペクティブの事例 (R4 秋·高度 午前 I 問 17)

スプリント（sprint）とは，アジャイル開発手法の一つであるスクラムにおいて，繰り返して実施する短期間の開発サイクルのことである。スプリントレビューは，スプリントの成果物の実際の動作をステークホルダに見せて，フィードバックを受けるイベントである。また，スプリントレトロスペクティブは，スプリントの活動を振り返るイベントで，スプリントの最後に実施される。スプリントレトロスペクティブの方法の一つである KPT 手法では，次の三つの観点から振返りを行って，チームのメンバで共有する。

・K（Keep）…次のスプリントでも継続させたい良かったこと
・P（Problem）…うまくいかなかったことや発生した問題点
・T（Try）…次のスプリントで取り組むべき改善案

（ウ）の「次のスプリントからは，スタンドアップミーティングにタイムキーパーを置き，終了 5 分前を知らせるようにする」は，次のスプリントで取り組むべ

き改善案なので，"KPT"の"T"に該当する。したがって，（ウ）が正しい。

その他は次のとおりである。

ア："KPT"の"K"に該当する。

イ，エ："KPT"の"P"に該当する。

問18 イ　　プレシデンスダイアグラム法における作業完了日数（R4秋・高度 午前Ⅰ問18）

プレシデンスダイアグラム法（Precedence Diagramming Method）とは，プロジェクトのアクティビティ（作業）の依存関係に注目し，論理的順序関係を図式化したものである。プレシデンスダイアグラム法では，アクティビティを四角形のノードで表記し，作業の実施順序や依存関係を矢印で表現する。

この方式で実施順序を設定する場合，先行作業と後続作業の開始と終了の関係として，次の4タイプが指定できる。

・終了－開始関係（Finish to Start；FS関係）

　　先行作業が終了したら，後続作業を開始する

・開始－開始関係（Start to Start；SS関係）

　　先行作業が開始したら，後続作業を開始する

・終了－終了関係（Finish to Finish；FF関係）

　　先行作業が終了したら，後続作業を終了する

・開始－終了関係（Start to Finish；SF関係）

　　先行作業が開始したら，後続作業を終了する

アクティビティAとアクティビティBは「終了－開始関係（FS）」なので，先行しているAが完了するまで，後続のBが開始できない。ここで，後続作業の開始を早められる時間の「リード」が2日あるので，Bの最早開始日は，Aが完了する6日から2日を引いた4日となり，Bの作業日数は7日なので，4＋7＝11日でBの作業は完了する。

次に，アクティビティBとアクティビティCは「開始－開始関係（SS）」なので，先行しているBが開始すると，後続のCも開始できる。しかし，後続作業の開始を遅らせる時間の「ラグ」が3日あるので，Cの開始を3日遅らせることになる。よって，Cの最早開始日は，Bの最早開始日の4日に3日足した7日となり，Cの作業日数は5日なので，7＋5＝12日でCは完了する。このとき，Bの作業も完了している。

よって，全ての作業を完了するための所要日数は，最少で12日となり，（イ）が正解である。

問19 ウ　　多基準意思決定分析の加重総和法を用いた製品の評価（R4秋・高度 午前Ⅰ問19）

多基準意思決定分析の加重総和法とは，評価項目ごとの評価点数に評価項目の重みを乗じた点数の総和を求めて総合評価点数を計算する方法である。製品A〜

D の総合評価点数は次の計算式で求められる。

製品 A の総合評価点数＝5×7＋1×9＋4×8＝35＋9＋32＝76
製品 B の総合評価点数＝5×8＋1×10＋4×5＝40＋10＋20＝70
製品 C の総合評価点数＝5×9＋1×4＋4×7＝45＋4＋28＝77
製品 D の総合評価点数＝5×9＋1×7＋4×6＝45＋7＋24＝76

「評価点数の値が大きいほど，製品の評価は高い」ということから，総合評価点数が最も高い製品は，製品 C である。したがって，（ウ）が正解である。

問20　イ　　　　　問題管理プロセスの目的 (R4 秋·高度 午前 I 問 20)

サービスマネジメントにおける問題管理の目的は，システムダウンなどのインシデント発生後に未知の根本原因を究明し，恒久的な抜本的対策を施して，インシデントの発生や再発を防止することである。したがって，（イ）が正解である。

なお，JIS Q 20000-1:2020（サービスマネジメントシステム要求事項）の「8.6.3 問題管理」では，問題について次のことを実施しなければならないとしている。

a) 記録し，分類する。
b) 優先度付けをする。
c) 必要であれば，エスカレーションする。
d) 可能であれば，解決する。
e) 終了する。

ア：インシデント管理の説明である。
ウ：サービス継続管理の説明である。
エ：変更管理の説明である。

問21　エ　　　ISMS 内部監査で監査報告書に記載すべき指摘事項 (R4 秋·高度 午前 I 問 21)

JIS Q 27001:2014（情報セキュリティマネジメントシステム－要求事項）は，情報セキュリティマネジメントシステム（ISMS）を確立し，実施し，維持し，継続的に改善するための要求事項を提供するために作成されたものである。

リスクアセスメントの実施について，この規格の「6.1.2 情報セキュリティリスクアセスメント」では，次の事項を行うプロセスを定め，適用しなければばらないとしている（ここでは概要を記載）。

a) 次を含む情報セキュリティのリスク基準を確立し，維持する。
  1) リスク受容基準
  2) 情報セキュリティリスクアセスメントを実施するための基準
b) 繰り返し実施した情報セキュリティリスクアセスメントが，一貫性及び妥当性があり，かつ，比較可能な結果を生み出すことを確実にする。
c) 次によって情報セキュリティリスクを特定する。
d) 次によって情報セキュリティリスクを分析する。

e) 次によって情報セキュリティリスクを評価する。

　リスク受容基準はリスクアセスメントを実施する前に決めておくべきもので，「リスクアセスメントを実施した後に，リスク受容基準を決めていた」ことは，順序が逆で不適切であり，監査人が指摘事項として監査報告書に記載すべきものである。したがって，(エ) が正解である。

　その他，(ア)「USBメモリの使用を，定められた手順に従って許可していた」，(イ)「個人情報の誤廃棄事故を主務官庁などに，規定されたとおりに報告していた」，(ウ)「マルウェアスキャンでスパイウェアが検知され，駆除されていた」は，全てISMSで実施すべき正しい行動であり，監査報告書に指摘事項として記載すべき内容ではない。

問22　ウ

　システム監査は，監査対象に合わせて監査計画を立案し，その計画に基づく予備調査，本調査，そして，調査結果に対する評価を結論として報告するという手順で行われる。これらの手順のうち，一般に監査と呼ばれる活動は，予備調査，本調査の部分であり，これらの調査は，監査対象に対する評価を行うための根拠となる証拠を入手するために行われる。また，システム監査基準（平成30年）には「システム監査人は，システム監査を行う場合，適切かつ慎重に監査手続を実施し，監査の結論を裏付けるための監査証拠を入手しなければならない」と記述されている（【基準8】監査証拠の入手と評価）。したがって，監査手続としては，(ウ) の「監査項目について，十分かつ適切な証拠を入手するための手順」が適切である。

　監査手続の具体的な方法には，ドキュメントレビュー，インタビュー，チェックリストなど様々なものがあり，監査計画立案時にそれぞれの監査項目に合った適切な方法が選択される。

問23　エ

　企業活動におけるBCP（Business Continuity Plan；事業継続計画）は，災害や事故などが発生した場合にも，可能な範囲で事業の継続ができるように，事前に策定された計画のことであり，事業の中断・阻害に対応し，あらかじめ定められたレベルに回復するように組織を導く手順を文書化しておくものである。したがって，(エ) が正解である。

　なお，情報システムでは，BCPと似たコンティンジェンシープラン（緊急事態計画）が以前から知られているが，コンティンジェンシープランの方は，緊急事態が発生した後の行動計画であり，BCPは普段からの対策を含めて事業の継続やそのための復旧に重点を置いたものである。

　また，事業継続に当たっては，BCPの立案だけではなく，実際の運用や訓練，

そして，その見直しと改善という一連のプロセスが必要となるが，こうした一連のプロセスを継続的に管理，改善することを BCM（Business Continuity Management；事業継続管理）と呼ぶ。

ア：バランススコアカード（Balanced Score Card）による企業戦略検討の説明である。

イ：BPM（Business Process Management）と呼ばれる経営手法の説明である。

ウ：BPO（Business Process Outsourcing）の説明であり，業務効率の向上などを目的に，企業がコアビジネス以外の業務の一部又は全部を，外部の専門業者に委託することである。

問 24　イ　　　　　　　　正味現在価値法による投資効果の評価（R4秋·高度 午前 I 問 24）

現在の 100 万円を，年利 3% で 1 年間運用すると 103 万円になり，現時点で得られる 100 万円と 1 年後に得られる 100 万円とは，価値が異なることになる。逆に年利 3% で 1 年間運用した結果が 100 万円になるとすると，これに対する現在の価値は，

100 万円／(1＋0.03)≒97 万円

と求めることができ，1 年後の 100 万円は現在の 97 万円に相当することが分かる。このように，現在の価値に換算して考えると，将来の回収額は額面が同じなら回収が先になるほどその価値は低くなると考えてよい。一般に，投資額に対して一定期間の回収額が大きいほど，投資効果も大きいといえる。

この問題のシナリオでは A，B，C とも同じ投資額であり，それぞれ 3 年間で 240 万円の回収額なので，3 年間の合計では同じ投資効果のように見える。しかし，2 年間で見ると，シナリオ A は 120 万円，B は 200 万円，C は 160 万円となり，シナリオ B が最も大きい。さらに，1 年間で見ると，シナリオ A は 40 万円，B は 120 万円，C は 80 万円となり，この場合もシナリオ B が最も大きい。したがって，最も投資効果が大きいシナリオは B となり，(イ) が正解である。

なお，現在価値とは，将来得られる価値を，現在の価値に換算した値のことである。将来の価値から現在の価値へ換算するときの利率に相当する値を，割引率という。1 年間の割引率が r であるとき，n 年後の回収額 CF に対する現在価値 DCF は，$DCF = CF / (1 + r)^n$　という式で計算できる。

この問題では割引率が 5% となっており，例えば，シナリオ A における 1 年目の回収額 40 万円の現在価値は，$40 / (1 + 0.05) ≒ 38.1$（万円）と求められる。

現在価値に換算した将来の回収額の合計から投資金額を減じた結果が，大きければ大きいほど投資効果があるといえる。参考までに，問題の各シナリオについて，現在価値に換算した回収額，回収額の合計，投資金額と回収額合計との差異を計算した結果は，次のとおりである。

単位　万円

シナリオ	投資額	現在価値換算の回収額			回収額合計	回収額－投資額
		1年目	2年目	3年目		
A	220	38.1	72.6	103.7	214.4	−5.6
B	220	114.3	72.6	34.6	221.5	1.5
C	220	76.2	72.6	69.1	217.9	−2.1
投資をしない	0	0.0	0.0	0.0	0.0	0.0

問25　エ　　ハードウェア製造の外部委託に対するコンティンジェンシープラン（R4秋・高度 午前Ⅰ問25）

　　コンティンジェンシープラン（Contingency Plan）とは，不測の事態が起こった際に対処するために策定した事前の計画である。「部品調達のリスクが顕在化したとき」というのは，不測の事態であり，これに対処するための計画を策定することは，コンティンジェンシープランを記述したものであるといえる。したがって，（エ）が正解である。

ア：リスクマネジメントに関する記述である。
イ：品質管理に関する記述である。
ウ：コスト管理に関する記述である。

問26　イ　　コンジョイント分析の説明（R4秋・高度 午前Ⅰ問26）

　　コンジョイント分析（conjoint analysis；結合分析）とは，マーケティングで用いられる分析手法である。顧客（購入者）は，一般に商品やサービスの選択に際して，単に一つの属性で決めているのではなく，複数の評価属性項目を組み合わせて評価をしていることが多い。コンジョイント分析では，顧客が重視する複数の属性の組合せが，どのように選択に影響を与えているのかを分析する。評価項目ごとに単独で，「どれが良いか」と質問すれば，評価項目ごとの回答者の希望が明確にできる。しかし，どの評価項目を回答者が重視しているのか，どのような組合せを欲しているのかなどは分からない。回答者に対して複数の評価項目（例；色，材質，価格）について，具体的な値の組合せを提示し，回答者には，提示された組合せに対して順位付けをさせる。順位付けされた結果を統計的な手法によって分析すると，回答者が希望する商品を選択する場合に，どの評価項目（例；価格）を重要視しているか，また，例えば，価格と性能についてどのような組合せが最も好まれるか，といったことなどが明らかにできる。したがって，（イ）が正解である。

ア：ABC分析の説明である。
ウ：コーホート分析（cohort analysis；同世代分析）の説明である。コーホートとは本来「同一性をもつ仲間」の意味だが，人口学においては同年度生まれの集団を指す。

エ：コレスポンデンス分析（correspondence analysis；対応分析）の説明である。
多変量のデータを集計して統計的な解析を行う多変量解析の一つである。

問27 エ

　API エコノミーとは，インターネットを介して様々な企業が提供する機能（API；Application Programming Interface）をつなげることで API による経済圏を形成していく考え方である。例えば，他社が公開しているタクシー配車アプリの API をホテル事業者のアプリに組み込み，サービス提供することは API エコノミーに当たる。これによって付加価値の高いサービスを提供できるだけでなく，自社のシステムだけでは獲得できなかった利用者を獲得できるようになるなどの経済的効果も見込める。よって，（エ）が正解である。

ア，イ，ウ：いずれも組織内で API を利用する事例となっており，API による経済圏の形成を行っていないため誤りである。

各選択肢に登場する用語の解説は次のとおりである。

ア：EAI（Enterprise Application Integration）ツールとは，組織内のシステムを連携・統合して利用するためのツールである。

イ：音声合成システムとは，文字情報をインプットして，人工的に音声読上げデータを作成するシステムである。

ウ：BI（Business Intelligence）ツールとは，企業内で保持するデータを収集・保存・分析・可視化するツールの総称である。

問28 ウ

　CPS（サイバーフィジカルシステム）とは，サイバー空間（コンピュータ上で再現した仮想空間）を使いフィジカル（現実）で起こり得る事象を再現するシステムのことである。IoT の普及などによって，現実世界で起こる様々な事象のデータを集めやすくなってきており，これらのデータを CPS 上で分析・加工して，現実世界側にフィードバックすることで，付加価値を創造することができるようになる。したがって，（ウ）が正解である。

ア：サーバの仮想化のことである。1 台の物理サーバ上に，複数の仮想サーバを構築し運用することができるようになっている。物理サーバの OS と仮想サーバの OS が異なっていても動作可能であることが多く，クラウド上のサーバもほとんどの場合，仮想サーバで動作している。

イ：VR（Virtual Reality；仮想現実）のことである。VR ゴーグルやヘッドセット，コントローラを組み合わせることで，視覚・聴覚・触覚を刺激し，仮想世界での没入感を与えるようなデバイスが増えてきている。

エ：ビットコインやイーサリアムなどに代表される仮想通貨のことである。日本やその他諸外国が発行する通貨や紙幣のような法定通貨ではないものの，イン

ターネット上でやり取りできる財産的な価値である。

問 29　ウ　　類似する事実やアイディアをグルーピングしていく収束技法（R4 秋・高度 午前 I 問 29）

　ブレーンストーミングやその他思考の発散方法で引き出された多くの事実やアイディアの親和性を見つけ類似するものでグルーピングしていく収束技法は親和図法である。したがって，（ウ）が正解である。

ア：NM 法とは，中山正和氏が考案した発想技法であり，そのイニシャルから名付けられたものである。NM 法では，世の中にある一見関係はないが類似性のあるものから，その本質的な要素を見いだし解決したいテーマに適用する方法である。

イ：ゴードン法とは，NM 法や後述のブレーンストーミングを組み合わせたようなアイディア発想技法である。会議の進行役だけが課題を知っている状態で，会議の参加者にはその機能だけを提示し，自由に討議してもらい，その後課題を明かし討議した内容を組み合わせて解決策を見いだす方法である。

エ：ブレーンストーミングとは，アイディアの発想技法の一つである。複数人が集まり自由に意見を出し合うことで新しいアイディアを生み出す方法であり，批判厳禁，質より量を重視する，他者のアイディアから着想を得たアイディアを歓迎するなどのルールがある。

問 30　ウ　　作業委託における著作権の帰属（R4 秋・高度 午前 I 問 30）

　システム開発を委託した場合の著作権の帰属先について問われている。システム開発を含む業務委託に伴う著作活動については，著作権の帰属に関する特段の取決めがない限り，実際に委託を受けて開発を行った側に著作権が帰属する。また，法人に雇用される社員が法人の業務として実施したシステム開発を含む著作活動については，その法人と当該社員との間に著作権の帰属に関する特段の取決めがない限り，その著作権は法人に帰属することになる。この問題では，A 社における顧客管理システムの開発を B 社に委託し，また，ソフトウェア設計・プログラミング・ソフトウェアテストを C 社に再委託していることから，実際にプログラミングを行うのは C 社である。著作権の帰属に関する特段の取決めはないため，著作権は C 社に帰属する。したがって，（ウ）が正解である。

午前Ⅱ問題 解答・解説

問1　イ　　変更要求を契機に相互作用するプロセス群（JIS Q 21500）（R4 秋·PM 午前Ⅱ問 1）

　　JIS Q 21500:2018（プロジェクトマネジメントの手引）は，国際標準である ISO 21500 を基に平成 30 年 3 月 20 日に制定された。

　　"変更要求"の申請が行われると変更の可否を判断し，変更が必要と判断されたら変更の承認が行われる。この変更の可否判断と変更承認は，管理のプロセス群で行われる（4.2.2.5 管理のプロセス群）。変更が承認されると変更を行う作業が実行される（4.3.4 プロジェクト作業の指揮）。これは，実行のプロセスグループに含まれる。プロジェクトマネジメントとしては変更作業が適切に実行されたかを確認する必要がある（4.3.6 変更の管理）。これは，管理のプロセス群に含まれる。もし，変更が適切に実行されていなければ，是正処置を行わせるなど，適切な作業を行わせる必要がある。作業を行うのは，前記のとおり実行のプロセス群に含まれる。このような形で，実行のプロセス群と管理のプロセス群は，"変更要求"の申請を契機に相互に作用する。したがって，（イ）が正解である。

　　なお，変更が承認されたら計画の変更を伴うこともあり，計画のプロセス群と管理のプロセス群の間にも相互作用が発生するが，本問では選択肢に含まれていない。

問2　エ　　　　　　　　　　　　　　　　プロジェクト憲章の説明（R4 秋·PM 午前Ⅱ問 2）

　　プロジェクトの立上げプロセスで作成されるプロジェクト憲章は，プロジェクトを公式に承認する文書である。プロジェクト憲章には，ステークホルダからの要求事項，プロジェクトの目的，プロジェクトスコープの概要，プロジェクトマネージャ，マイルストーンを含むプロジェクトの概括スケジュール，プロジェクトの概括予算などが記載されている。プロジェクト憲章によってプロジェクトが承認されると，プロジェクトマネージャが正式に任命され，プロジェクトマネージャには人員や予算など組織の資源をプロジェクト活動に使用する権限が与えられる。したがって，（エ）が正解である。

ア：プロジェクト作業範囲記述書（SOW；Statement Of Work）の説明である。

イ：プロジェクトマネジメント計画書の説明である。

ウ：プロジェクトスコープ記述書の説明である。

問3 ア JIS Q 21500 において WBS を主要なインプットとしているプロセス（R4 秋·PM 午前Ⅱ問 3）

JIS Q 21500:2018（プロジェクトマネジメントの手引）は日本産業規格であり，プロジェクトの実施に重要で，かつ，影響を及ぼすプロジェクトマネジメントの概念及びプロセスに関する包括的な手引を提供している。

「4.2.3 対象群 4.2.3.1 一般」 において「各対象群は，あらゆるプロジェクトフェーズ又はプロジェクトに適用するプロセスで構成する。これらのプロセスは，4.3 に示す目的，説明並びに主要なインプット及びアウトプットによって定義し，相互依存の関係にある。対象群は，適用分野又は業界の観点に依存しない」と「主要なインプット」についての説明があり，「4.3.14 スコープの管理」において，スコープの管理における主要なインプットとして，進捗データ・スコープ規定書・WBS ・活動リストが挙げられている。したがって，（ア）が正解である。

イ：「品質管理の遂行（4.3.34）」における主要なインプットは，進捗データ・成果物・品質計画である。

ウ：「変更の管理（4.3.6）」における主要なインプットは，プロジェクト計画・変更要求である。

エ：「リスクの管理（4.3.31）」における主要なインプットは，リスク登録簿・進捗データ・プロジェクト計画・リスク応答である。

問4 ア RACI チャートで示す 4 種類の役割と責任（R4 秋·PM 午前Ⅱ問 4）

責任分担マトリックス（RAM；Responsibility Assignment Matrix）は，PMBOK®ガイドのプロジェクト資源マネジメント知識エリアにおける資源マネジメント計画に使用する技法である。責任分担マトリックスでは，プロジェクトにおける OBS（Organizational Breakdown Structure） と WBS（Work Breakdown Structure）を関連付けて，要員の役割と責任を定義する。プロジェクトの下位レベルの責任分担マトリックスにおいて，アクティビティに対して誰がどのような役割，責任，権限などをもっているかが表される。

アクティビティの完了に責任を負う者を表す実行責任（R；Responsible），アクティビティの完了について外部への説明に責任を負う者を表す説明責任（A；Accountable），アクティビティの成果物に関して相談をする者を表す相談対応（C；Consulted），アクティビティの成果物が提供される者を表す情報提供（I；Informed）として，役割を頭文字で表記する責任分担マトリックスを RACI チャートと呼ぶ。したがって，（ア）が正解である。

RACI チャートの例を次に示す。

アクティビティ	要員					
	栗原	見城	小林	佐藤	清水	杉本
企画	R	A	I	I	I	C
設計	A	I	I	C	C	R
開発	I	－	R	R	－	A
運用	C	C	I	A	R	I

R：実行責任　　A：説明責任　　C：相談対応　　I：情報提供

問5　エ　　　　　*タックマンモデルでメンバーが意見を主張し合う段階（R4 秋·PM 午前Ⅱ問 5）*

タックマンモデルは，チームの発展段階を以下の 5 段階に分けて定義している。
① 成立期（Forming）：メンバーが顔を合わせ，チームの内容と公式な役割と責任について学ぶ段階
② 動乱期（Storming）：チームの目的，各自の役割を話し合い，作業に取り組み始める段階
③ 安定期（Norming）：チームのメンバーがチームを支援するために自らの習慣や行動を調整し始める段階
④ 遂行期（Performing）：チームが，よく組織されたグループとして機能する段階
⑤ 解散期（Adjourning）：作業を完了してプロジェクトから転出していく段階
　チームの作業に取り組み始めた動乱期には，メンバーの異なる考え方や価値観が明確になり，メンバーがそれぞれの意見を主張し合う。この段階を経て，お互いの価値観や考え方を受け入れ，チームのメンバーが一緒に作業を始めるようになると安定期に入り，チームのメンバーがチームを支援するために自らの習慣や行動を調整し始める。したがって，（エ）が正解である。

問6　エ　　　　　*JIS Q 21500 における "資源の管理" の目的（R4 秋·PM 午前Ⅱ問 6）*

　JIS Q 21500:2018（プロジェクトマネジメントの手引）は日本産業規格であり，プロジェクトの実施に重要で，かつ，影響を及ぼすプロジェクトマネジメントの概念及びプロセスに関する包括的な手引を提供している。
　「4.3.19 資源の管理」において「資源の管理の目的は，プロジェクトの要求事項を満たすように資源をプロジェクト作業の実施に必要な資源を確保し，必要な方法で配分することである」との記述があり，資源の管理の目的について説明されている。したがって，（エ）が正解である。
ア：「資源の見積り（4.3.16）」の目的に関する説明である。
イ：「プロジェクトチームの開発（4.3.18）」の目的に関する説明である。
ウ：「プロジェクトチームのマネジメント（4.3.20）」の目的に関する説明である。

問7 イ EVM使用のプロジェクトに対する適切な評価と対策（R4秋・PM 午前II問7）

EVMを使用してマネジメントしているプロジェクトにおける各種の指標値から，プロジェクトの状況を把握する問題である。

まず，提示されている各指標値を順に見ていく。

①CPI（コスト効率指数）

EV（Earned Value）をAC（Actual Cost）で割った値であり，プロジェクト進行中のコストの状況を表す指標である。CPI＝1であればコストは予算通りであり，CPI＞1であれば予算よりコストが少なく，CPI＜1であればコストが予算を超過していることになる。

ここでは，CPI＝0.9であることから「コストが予算を超えている」ことが分かる。

②SPI（スケジュール効率指数）

EV（Earned Value）をPV（Planned Value）で割った値であり，プロジェクト進行中の進捗の状況を表す指標である。SPI＝1であれば進捗は予定通りであり，SPI＞1であれば予定より進んでおり，SPI＜1であれば予定より遅延していることになる。

ここでは，SPI＝1.1であることから「スケジュールには余裕がある」ことが分かる。

③BAC（完成時総予算）に基づくTCPI（残作業効率指数）

プロジェクト計画時に算定される予算が「完成時総予算（BAC）」であり，プロジェクトは，基本的にこのBACを達成するように管理される。TCPI（残作業効率指数）は，「残りの作業を予算内に収めるために達成されるべきパフォーマンス」を表し，BACを用いて以下のように算定される。

TCPI ＝ （BAC－EV） ／ （BAC－AC）

TCPIは予算内でプロジェクトを完了するには，残作業のコスト効率をどこまで高めるべきかの指標となる。

ここでは，TCPI＝1.2であることから，予算内で完了するには，現状のCPI＝0.9よりも0.3高めることが必要であることが分かる。

以上の①〜③の各指標値からプロジェクトの状況を整理すると，

・現状ではコストが予算を超えている
・現状ではスケジュールには余裕がある
・本プロジェクトを予算内で完了するには，現状のCPI＝0.9よりも0.3高めることが必要

という状況であることが分かる。

したがって，この状況に合致する評価と対策の（イ）が正解である。

　WBS（Work Breakdown Structure；作業分解構造）は，システム開発の成果物を作成するためにプロジェクトチームが実行する作業を詳細化し，階層構造で表現したものである。作業を分解することを要素分解と呼ぶ。要素分解のレベルに決りはないが，最下層の作業に対して，役割を分担し，責任者を決め，所要時間を見積もるので，それらを管理できるレベルまで分解することが望ましい。したがって，（エ）が適切である。

ア：プロジェクトにおいて，進捗管理及び費用管理を行うトレンドチャートの目的である。

イ：スケジュールネットワーク図を使用する目的である。

ウ：ガントチャートを使用する目的である。

　アローダイアグラムは、プロジェクト全体の流れを，各作業の所要時間などの情報を組み合わせて図に表したものである。「アローダイアグラムから読み取れることとして，適切なもの」が問われているので，作業ごとの最早開始時刻と最早終了時刻，最遅開始時刻と最遅終了時刻を求めることで，解答を導く。作業ごとの最早開始時刻と最早終了時刻，最遅開始時刻と最遅終了時刻の定義は「JIS Z 8121　オペレーションズリサーチ用語」で次のようになっている。

・最早開始時刻……作業を始めうる最も早い時刻
・最早終了時刻……作業が最早開始時刻で着手された場合の終了時刻
・最遅開始時刻……工期に影響することなく，作業の着手を遅らせうる限界の時刻
・最遅終了時刻……最遅開始時刻で始めた場合の終了時刻

　図のアローダイアグラムの結合点に番号を付け，最早開始時刻と最早終了時刻，最遅開始時刻と最遅終了時刻の値を求めると次の表のようになる。なお，プロジェクトの開始日を 1 日目としているので注意が必要である。

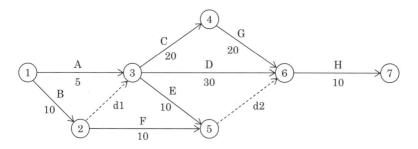

(注) 結合点②→③のダミー作業を d1, ⑤→⑥を d2 としている。

作業名	所要日数	最早開始時刻	最早終了時刻	最遅開始時刻	最遅終了時刻
A	5	1	5	6	10
B	10	1	10	1	10
d1	0	—	—	—	—
C	20	11	30	11	30
D	30	11	40	21	50
E	10	11	20	41	50
F	10	11	20	41	50
G	20	31	50	31	50
d2	0	—	—	—	—
H	10	51	60	51	60

ア：作業 C の最早開始時刻は 11 日目なので誤りである。

イ：クリティカルパスとは余裕のない作業経路のことで，最早開始時刻と最遅開始時刻が等しい作業のつながりである。作業 D は最早開始時刻と最遅開始時刻が異なり余裕があるため，クリティカルパス上の作業ではなく誤りである。なお，図のアローダイアグラムのクリティカルパスは，作業 B→C→G→H で，結合点では①→②→③→④→⑥→⑦となり，工期は合計した 60 日間となる。

ウ：JIS の定義では，総余裕時間を「作業を最早開始時刻で始め，最遅終了時刻で終了する場合に出てくる余裕時間」としている。

まず，作業 E の最早開始時刻，最早終了時刻，最遅開始時刻，最遅終了時刻を求めると次のようになる。

・作業 E の最早開始時刻……11 日目
・作業 E の最早終了時刻……20 日の終わり(後続作業は 21 日目から開始可)
・作業 E の最遅開始時刻……41 日目
・作業 E の最遅終了時刻……50 日の終わり(後続作業は 51 日目から開始可)

この結果から，作業 E は最早開始時刻の 11 日目から最遅終了時刻の 50 日の間の 40 日間（＝50−11＋1）で行えばよく，所要日数の 10 日を除くと余裕日

数は $40-10=30$（日）となる。したがって，正しい記述である。

エ：作業 F の最遅開始時刻は 41 日目なので誤りである。

問10 エ　　　　　COCOMO における開発規模と開発生産性の関係（R4 秋-PM 午前 II 問 10）

COCOMO（COnstructive COst MOdel）は，ソフトウェア開発に関する見積りのモデルで，米国のソフトウェア技術者のバリー・ベーム博士が 1981 年に発表したものである。開発するソフトウェアの期待コード行数（LOC）を基本として，（LOC）を x 乗したものに補正係数 k を掛けて開発工数（T 人月）を見積もることが特徴である。すなわち，$T=k \times (LOC)^x$ とする。

この式で用いている k は，成果物の属性，ハードウェアの属性，開発者の属性，プロジェクトの属性などから決まる 1 以上の係数であり，x は主として開発規模の大小や複雑性などから決まる 1.05〜1.25 の乗数である。

開発生産性は，開発規模（KDSI）／開発工数（MM）で表され，問題で使われているグラフは，開発生産性（KDSI／MM）が開発規模（KDSI）に応じてどのように変化するかを示すものである。

ここで，示されている見積り式を用いて開発生産性を開発規模の関数として表してみる。

$$
\begin{aligned}
開発生産性 &= KDSI / MM \\
&= KDSI / (3.0 \times (KDSI)^{1.12}) \\
&= 1 / (3.0 \times (KDSI)^{1.12} / KDSI) \\
&= 1 / (3.0 \times (KDSI)^{0.12})
\end{aligned}
$$

ここで，分母の $(KDSI)^{0.12}$ という値は，KDSI が小さくなってゼロに近付くとやはりゼロに近付いていく。したがって，開発生産性自体は式の分母側にある KDSI が小さくなるとどんどん大きくなり，KDSI がゼロに近付くと無限大になってしまうことが分かる。

一方，KDSI が大きくなると，分母の $(KDSI)^{0.12}$ の値は大きくなっていく。すなわち，開発生産性自体は式の分母側にある KDSI が大きくなると減少していくことが分かる。つまり，生産性は規模が増すにつれて減少するといえる。したがって，開発規模がゼロに近いところで大きい生産性を示し，開発規模が大きくなるほど減少していく（ウ）か（エ）のグラフが正解候補となる。

これらの中では，開発規模が小さくなればなるほど開発生産性の伸びが大きくなり，開発規模が大きくなるほどゼロに近付くが永遠にゼロにならないことを示すグラフとして，（エ）が正解のグラフとなる。

なお，べき乗の数が整数値なら 2 乗，3 乗，…というような値を示すが，0 から 1 の間の場合にはべき乗根を示す。例えば，X の 0.5 乗は 2 乗根（平方根）で $\sqrt{X}$，X の $(1/3)$ 乗すなわち 0.333…乗は 3 乗根（立方根）で $\sqrt[3]{X}$ である。前記の式にある 0.12 乗というのは，X の 8 乗根と 9 乗根の間の数値ということになる。

問 11 エ

生産性とは，成果量（この場合は完成ステップ数）を所要工数で割った値である。この値が大きくなれば生産性が高いといえる。

設計工程，製造工程，試験工程という三つの工程を終えた総ステップである M ステップのプログラムがあると考えてみる。工程別の生産性が与えられているので，これからこのプログラムがそれぞれの工程で必要とした工数を求めると，設計工程では（M／X）人月，製造工程では（M／Y）人月，試験工程では（M／Z）人月である。

三つの工程の総所要人月は，次のとおりである。

$$\frac{M}{X} + \frac{M}{Y} + \frac{M}{Z} = M\left(\frac{1}{X} + \frac{1}{Y} + \frac{1}{Z}\right)$$

総ステップ数（M）を総所要人月（前記の値）で割ると次のようになるため，（エ）が正解である。

$$全体の生産性 = \frac{M}{M\left(\dfrac{1}{X} + \dfrac{1}{Y} + \dfrac{1}{Z}\right)}$$

$$= \frac{1}{\dfrac{1}{X} + \dfrac{1}{Y} + \dfrac{1}{Z}}$$

問 12 ア

新規システムを開発する案と既存システムを改修する案を「期待金額価値」によって判断する問題である。示された条件に従って，新規システム及び既存システム改修の「期待金額価値」を算出する。需要が拡大する確率及び需要が縮小する確率はどちらの場合でも共通であるので，それぞれの場合の収入見込み金額に確率を乗じて加算し，投資額を減じる。

①新規システムを開発する場合
収入 $= 180 \times 0.7 + 50 \times 0.3 = 141$（億円）
期待金額価値 $= 141 - 100 = \underline{41}$（億円）

②既存システムを改修する場合
収入 $= 120 \times 0.7 + 40 \times 0.3 = 96$（億円）
期待金額価値 $= 96 - 50 = \underline{46}$（億円）

以上の結果から，既存システムを改修する場合に期待金額価値は高くなり，その金額は 46 億円である。したがって，（ア）が正解である。

問 13　ア　　定量的評価基準で品質に問題があると判定される機能（R4 秋·PM 午前 II 問 13）

ソフトウェアの基本設計書のレビューにおける品質評価指標を判定する問題である。一般的にソフトウェアの開発規模が大きくなるほど，レビューにおける指摘件数は増加する傾向にある。そこで，開発規模の見積り値の単位規模に対する基準値を設け，品質評価指標の値が，この基準値から上下に一定の範囲内に入っていることをもって品質水準が満たされていると判断する。上限値を超えている場合は「ソフトウェアの品質に懸念がある」という判断となり，下限値を下回る場合は「十分にレビューが実施できていない懸念がある」という判断になる。どちらの場合も品質に問題があると判定され，品質改善や再レビューなどの追加処置がとられる場合がある。

〔基本設計工程における品質の定量的評価基準〕によると，「品質評価指標の値が，基準値の 0.9 倍～1.1 倍の範囲内であれば，品質に問題がないと判定する」「基準値は開発規模の見積り 1k ステップ当たり 5.0 件とする」との記述があることから，品質評価指標が 4.5～5.5 の範囲内であれば品質評価指標の視点で品質に問題がないと判定することができる。

そこで，各機能の単位規模当たりの指摘件数を計算すると以下のとおりである。

機能	開発規模の見積り値（k ステップ）	指摘件数の実績値（件）	単位規模当たりの指摘件数	判定
A	30	130	4.3	下限値以下
B	24	120	5	範囲内
C	16	64	4	下限値以下
D	10	46	4.6	範囲内

この結果から，単位規模当たりの指摘件数が下限値以下となる機能 A，C が品質に問題があると判定される。したがって，（ア）が正解である。

問 14　ウ　　JIS X 25010 で規定された品質副特性における信頼性（R4 秋·PM 午前 II 問 14）

JIS X 25010:2013（システム及びソフトウェア製品の品質要求及び評価（SQuaRE）－システム及びソフトウェア品質モデル）では，システム及びソフトウェア製品品質を，次のように八つの品質特性と 31 の品質副特性に分類している。なお，JIS X 25010 は，六つの品質特性を規定していた JIS X0129-1（ソフトウェア製品の品質－第 1 部：品質モデル）の後継の規格である。

特性	副特性	特性	副特性
機能適合性	機能完全性	信頼性	成熟性
	機能正確性		可用性
	機能適切性		障害許容性
性能効率性	時間効率性		回復性
	資源効率性	セキュリティ	機密性
	容量満足性		インテグリティ
互換性	共存性		否認防止性
	相互運用性		責任追跡性
使用性	適切度認識性		真正性
	習得性	保守性	モジュール性
	運用操作性		再利用性
	ユーザエラー防止性		解析性
	ユーザインタフェース快美性		修正性
	アクセシビリティ		試験性
		移植性	適応性
			設置性
			置換性

　前掲のように，信頼性には，成熟性，可用性，障害許容性，回復性の四つの副特性があるが，中断時又は故障時に，製品又はシステムが直接的に影響を受けたデータを回復し，システムを希望する状態に復元することができる度合いは，その一つである回復性の説明である。したがって，（ウ）が正解である。

ア：使用性に分類される副特性の運用操作性の説明である。

イ：保守性に分類される副特性の解析性の説明である。

エ：互換性に分類される副特性の相互運用性の説明である。

問 15　エ　　　　　アジャイルソフトウェア開発宣言で述べている価値（R4 秋-PM 午前 II 問 15）

　ウォータフォール型のソフトウェア開発手法が主流であった 1990 年代においては，ビジネス要件の変更に対してソフトウェアの変更対応が迅速にできないという大きな課題があった。このような状況に対して，従来のソフトウェア開発のやり方とは異なる手法を実践していた 17 名のソフトウェア開発者が，スピード感のある新しいソフトウェア開発の考え方に関して議論を行い，討議の結果をとりまとめて 2001 年に公開されたのが「アジャイルソフトウェア開発宣言」である。そこには，彼らがソフトウェア開発を行う上で重視している「マインドセット」が書かれている。その後，このマインドセットは，世界中の多くのソフトウェア開発者達に支持されることになり，「アジャイルソフトウェア開発」という分

野として発展していった。

　アジャイルソフトウェア開発宣言は，ソフトウェア開発におけるアジャイル型のアプローチを実現する四つの基本的な価値観とそれを支持する 12 の原則で構成されている。

　本問で問われている，アジャイルソフトウェア開発宣言における"四つの基本的な価値観"は以下のとおりである。

　①プロセスやツールよりも個人と対話を

　②包括的なドキュメントよりも動くソフトウェアを

　③契約交渉よりも顧客との協調を

　④計画に従うことよりも変化への対応を

　したがって，②の価値観に合致する（エ）が正解である。

ア：前段は④に相当するが，後段の表現が違っている。

イ：前段は③に相当するが，後段の表現が違っている。

ウ：前段は①に相当するが，後段の表現が違っている。

問 16　エ　　　　　　　　　　XP（Extreme Programming）のプラクティス（R4 秋·PM 午前Ⅱ問 16）

　XP（Extreme Programming；エクストリームプログラミング）は，アジャイルソフトウェア開発（迅速なソフトウェア開発）手法の一つとして提唱されている。XP では開発チームのプラクティス（規範）として，ペアプログラミングや反復開発（イテレーション），プログラミングの前にテストを作成するテスト駆動開発，必要な機能だけを実装する YAGNI（You Aren't Going to Need It）というプログラム原則などを取り入れている。

　ペアプログラミングは，2 人 1 組でプログラミングを行うものである。一人がプログラミングをし，もう一人が並行してレビューするなどして，品質や開発効率の向上を目指す。したがって，（エ）が正しい。

　その他の用語の意味は，次のとおりであり，いずれも XP のプラクティスには含まれない。

ア：構造化プログラミング……機能の構造に着目して一連の処理を複数のモジュールやサブルーチンに分割してプログラミングする方法である。

イ：コンポーネント指向プログラミング……ソフトウェアを部品として組み合わせ，再利用することを目的としたプログラミング方法である。

ウ：ビジュアルプログラミング……ソースコードをテキスト入力せずに，図形などを使って視覚的にプログラムを生成する方法である。

問 17　エ　　　　　　　　　　　　ユースケース駆動開発の利点（R4 秋·PM 午前Ⅱ問 17）

　ユースケース駆動開発（UCDD；Use Case Driven Development）とは，UML を策定したスリーアミーゴスの一人であるスウェーデンのヤコブソン氏が定義し

たもので,「オブジェクト指向」で,大規模並行開発に対応できる「システマチックな基本行動」を定義している。その目標の中に「システム開発の成功を,ユーザの要求が動いているプログラムに反映されていることとし,ユーザ指向でシステムを検証できること」というのがある。つまり要件ごとの開発状況が把握できる。したがって,(エ)が正解である。

ア:アジャイル開発のことである。アジャイルとは「俊敏,すばやい」といった意味であり,昨今のビジネス目標の変化に柔軟に対応するために短いプロセスを反復して組み立てていく。最初は最低限の機能だけを完成し,顧客部門や開発チームとレビューを行いながら変更や追加を行う形で進めていく。このサイクルを繰り返すことで完成度を高めていく。

イ:反復型開発(インクリメンタル開発又はイテレーション開発など)のことである。開発サイクルを短期間で行い,小さな単位でリリースして検証を繰り返していく。これによってリスクを減らし,最後に致命的な問題が発覚しにくいようにすることで,プロジェクト全体のリスクを減らすことが可能である。反復型開発もアジャイル開発もどちらも反復型開発であるが,どちらかというと反復型開発の方が,繰返し単位の期間が長く,管理的側面を重視する。

ウ:イベント駆動アーキテクチャのことである。初期にアーキテクチャを決定し,疎結合なシステムとし,コンポーネントの再利用がしやすくなる。

午前 II 解答

問 18　エ　　　　　　　　最も投資利益率の高いシステム化案 (R4 秋·PM 午前 II 問 18)

　システム化の投資効果を判定する問題である。システム化案ごとに示されている初期費用,運用費などの数値に基づき,「利益の増加額」及び「投資額」を算定し,それらの値から「投資利益率」が最も高いシステム化案を選択すればよい。
　ここで,問題文に説明されているとおり,
　利益の増加額=削減される 1 年間の業務費×5(年)-投資額
　投資額=初期費用+1 年間の運用費×5(年)
　投資利益率=利益の増加額/投資額
で計算を行うと以下のとおりとなる。

単位　百万円

システム化案	初期費用	1 年間の運用費	削減される 1 年間の業務費	投資額	利益の増加額	投資利益率
	a	b	c	d=a+b×5	e=c×5-d	f=e/d
A	30	4	25	50	75	1.500
B	20	6	20	50	50	1.000
C	20	4	15	40	35	0.875
D	15	5	22	40	70	1.750

以上から，システム化案で最も投資利益率が高いのは D 案の 1.75 となる。
したがって，（エ）が正解である。

問 19　エ　　　　　　ウォームスタンバイの説明（R4 秋·PM 午前Ⅱ問 19）

　ウォームスタンバイとは，通常使用しているメインシステムと同じ構成のバックアップシステムを用意しておき，そのバックアップシステムに電源を入れて OS を起動した状態で待機する方式である。メインシステムに障害が発生した場合には，ネットワークの切替え，データの最新化などとともに，待機しているシステムにおいて，業務アプリケーションを起動して，バックアップシステム側に処理を移行する。したがって，（エ）が最も適切である。

　なお，これはホットスタンバイとコールドスタンバイの中間のスタンバイ方式である。

ア：災害時などに備えた相互援助協定の説明である。
イ：コールドスタンバイの説明である。
ウ：ホットスタンバイの説明である。

問 20　ウ　　　　実費償還契約で追加費用を負担すべき会社（R4 秋·PM 午前Ⅱ問 20）

　IoT を活用した工場管理システムの開発に A 社，B 社及び C 社の 3 社が関与して進めた際に，作業遅延によって追加の費用が発生した場合の負担はどの社が負うべきかを問う問題である。各社の役割と契約関係について整理すると次のようになる。

　①各社の役割
A 社：システムを構築し，サービスを運営する。
B 社：A 社から委託を受けたボード開発を行う。
C 社：工場の設備を管理する。
　②各社の契約関係
A 社→B 社：「定額契約」でボード開発を委託
B 社→C 社：工場の一部区画とネットワークに関する管理費用を「実費償還契約」で支払う

　問題文によると，「B 社の人的リソース不足が原因でネットワーク試験の作業が遅延し，追加の費用が発生した」とあることから，一義的には追加費用の発生原因は B 社にあると考えられる。ここで，発注した A 社はその費用を分担する必要があるかということを考えると，A 社は B 社に対して「定額契約」を行っており，「開発のスコープは十分明確で，契約以降の変更はない」とのことであるから，当初に契約した費用以上に支払う義務はない。次に，C 社であるが，C 社は B 社に対して「実費償還契約」を締結しており，B 社が借用する工場の一部区画とネットワークに関する管理費用などの実費を精算するだけであり，「B 社の人的リソ

ース不足が原因」であれば負担する義務はない。

したがって，追加費用は人的リソース不足という原因を生じさせた B 社が支払うべきであり，（ウ）が正解である。

問 21　イ　　　　　　　　　　有害物質使用制限のため施行しているもの（R4 秋-PM 午前 II 問 21）

　RoHS（Restriction of Hazardous Substances；有害物質使用制限）指令とは，コンピュータ，通信機器，家電製品などの電気製品に，有害な化学物質（鉛，六価クロム，水銀，カドミウム，ポリ臭化ビフェニル，ポリ臭化ジフェニルエーテル）の使用を禁止する EU の指令である。2006 年 7 月から EU 加盟国で施行されており，2011 年 7 月に改正され，2015 年 6 月にフタル酸エステルなど 4 種類の規制物質が追加され制限物質は 10 物質となっている。RoHS 指令は EU 加盟国内での規制であり，日本に同様の規制はまだ存在しない。ただし，EU 加盟国へ日本から製品を輸出したり，EU 加盟国内で日本製品の販売をしたりする場合には，製品を RoHS 指令に準拠させる必要がある。EU 加盟国において，製品を構成する部品や材料を日本の取引先から調達する場合は，取引先に対して RoHS 指令に準拠することを要求することになる。したがって，（イ）が正解である。

ア：ISO 14001 は，環境マネジメントシステムにおける要求事項を規定した国際規格である。

ウ：WEEE 指令は，WEEE（Waste Electrical and Electronic Equipment；電気・電子機器廃棄物）に関する EU の指令である。WEEE を削減することを目的として，EU 加盟国及び生産者に WEEE の回収・リサイクルシステムの構築・費用負担が義務化されている。

エ：グリーン購入法は，循環型社会形成推進基本法の個別法の一つとして制定された法律で，環境物品などへの需要の転換を促進するため，国，地方公共団体，事業者及び国民の基本的な責務を規定している。正式名称は，「国等による環境物品等の調達の推進等に関する法律」である。

問 22　エ　　　　　　　　　　　　　　　　SDGs の説明（R4 秋-PM 午前 II 問 22）

　SDGs（Sustainable Development Goals）とは「持続可能な開発目標」とも呼ばれ，2001 年に策定されたミレニアム開発目標（MDGs）の後継として，2015 年 9 月の国連サミットで加盟国の全会一致で採択された「持続可能な開発のための 2030 アジェンダ」に記載されたところの，地球環境などの課題において，2030 年までに持続可能でよりよい世界を目指す国際目標である。17 のゴール・169 のターゲットから構成され，地球上の「誰一人取り残さない（leave no one behind）」ことを誓っている。したがって，（エ）が正解である。

ア：「カーボンニュートラル」に関する説明である。

イ：CSR（企業の社会的責任）に関する説明である。

ウ：国連環境計画は，環境分野における国連の主要な機関であり，持続可能でよりよい世界を目指す国際目標である SDGs とは異なる。

問 23　イ

　CRL（Certificate Revocation List；証明書失効リスト）は，失効したデジタル証明書を記載したリストで，CA（Certification Authority；認証局）あるいは VA（Validation Authority；検証局）が発行するものである。有効期限内にあるデジタル証明書のうち，秘密鍵が漏えいしたり，危殆化したりしてデジタル証明書を失効させたい場合，利用者が CA に申請してリストに登録してもらう必要がある。CRL には，失効したデジタル証明書のシリアル番号と失効した日時の対応が記載されるので，（イ）が正しい。

　その他の記述には，次のような誤りがある。

ア：CRL には，秘密鍵は登録されない。

ウ：CRL は，失効したデジタル証明書のリストであって，プロトコルではない。なお，失効したデジタル証明書をリアルタイムで問い合わせるためには，OCSP（Online Certificate Status Protocol）が使用される。

エ：有効期限切れで失効したデジタル証明書は，CRL に登録されない。また，CRL に登録されていたデジタル証明書は有効期限が過ぎると，CRL から削除される。

問 24　エ

　シングルサインオン（Single Sign On；SSO）とは，複数のシステムに対する利用者認証を，一元的な方法で行うための仕組みである。SSO を導入すると，利用者は一度の認証操作で複数のシステムを利用することが可能になる。

　SSO の実装方式は，大別すると，エージェント方式とリバースプロキシ方式に分けられる。

　エージェント方式は，対象となる各サーバにエージェントと呼ばれる SSO 機能を実現するためのソフトウェアをインストールしておき，利用者からのサービス要求があると，サービス要求中の cookie に認証済資格情報（アクセスチケット）が含まれているか確認する。含まれていれば，サーバ内のエージェントは，アクセスチケットを認証サーバに送る。そして，認証済みであることを確認できれば，サービス要求を受け入れる。一方，含まれていない場合には，認証サーバにリダイレクトさせ，認証サーバが直接，利用者に利用者 ID とパスワードなどの認証情報を入力させて利用者認証を行う。認証に成功すると，利用者にアクセスチケットを発行し，cookie に含めて応答を返す。なお，認証情報としてはパスワードだけではなく，デジタル証明書も利用できる。

　リバースプロキシ方式は，SSO 対象のサーバに対するアクセス要求を，認証サ

ーバが全て受け取り，利用者認証を行ってから，該当するサーバに中継する方式である。認証結果は有効期間を設定でき，有効期間内は一度の認証操作で複数のサーバへの接続が許可される。また，認証情報としてはパスワードだけではなく，デジタル証明書も利用できる。

以上のことから，「リバースプロキシを使ったシングルサインオンの場合，利用者認証においてパスワードの代わりにデジタル証明書を用いることができる」と記述された（エ）が正解である。

その他の記述には，次のような誤りがある。

ア：cookie を生成するのは認証サーバであり，クライアントではない。

イ：cookie は，同じドメインでないとクライアントから送信されないので，認証対象のサーバを，異なるインターネットドメインに配置すると，SSO を実現できなくなる。

ウ：リバースプロキシ方式の場合，認証サーバが認証対象の Web サーバへのアクセスを中継するので，認証対象の Web サーバはどこに配置してもよく，異なるインターネットドメインに配置する必要はない。

問25　ウ　　　　サイバーセキュリティ演習でのレッドチームの役割 (R4 秋·PM 午前II問 25)

サイバーセキュリティ演習とは，実際のサイバー攻撃が行われる状況を模したネットワーク環境を準備し，その環境下でサイバー攻撃に対するインシデントレスポンスなどの演習を実施することによって，演習参加者のサイバー攻撃への対応スキルを向上させる目的で実施される。実際の演習の進め方は目的によって様々なパターンがあるが，基本的には演習のシナリオを作成し，そのシナリオに従った攻撃と防御を実際の PC やサーバを使って実践的に演習するのが通常である。多くは防御側のインシデントレスポンスに注目した演習であり，攻撃の検知・連絡・受付，トリアージ，インシデントレスポンス，報告・公表，事後対応などの一連の対応の流れを経験できるものとなっている。また，演習に当たってチーム編成を行うが，攻撃側となる「レッドチーム」と防御側となる「ブルーチーム」に分けるケースが一般的である。サイバーセキュリティ演習の目的は主に防御側のスキル向上にあるが，防御に当たっては攻撃側の手法を知ることも重要であり，両方のチームを経験することも有用であるといわれている。したがって，（ウ）が正解である。

ア：演習参加チームの行動管理は，演習の主催者側が実施するのが一般的である。

イ：ブルーチームについての説明である。

エ：演習におけるナレッジなどの共有はチームごとの発表などによって実施されるのが一般的である。

●令和4年度秋期

午後Ⅰ問題 解答・解説

問1	SaaS を利用して短期間にシステムを導入するプロジェクト	(R4 秋-PM 午後Ⅰ問1)

【解答例】

[設問1]　AIボットの運用開始がクリスマスギフト商戦に遅れるリスク

[設問2]　(1) AIボット導入によるコールセンター業務の実施イメージ
　　　　　　　　＜別解＞顧客がどのようにAIボットを使うのかのイメージ

　　　　　(2) より類似性の高い質問や回答の提示状況

　　　　　(3) FAQの自動更新に関わる要求

　　　　　(4) a：パラメータ設定の変更だけで実現できる。

[設問3]　(1) 顧客の真のニーズを踏まえたギフトを販売できるかどうか

　　　　　(2) デジタルマーケティング戦略の立案を先にすべきだから

　　　　　(3) マーケティング業務でAIを活用したデータ分析などを行う。

【解説】

　ギフト販売会社のコールセンター業務でSaaSを利用して短期間にシステムを導入するプロジェクトを題材として，SaaSの特長を生かした導入手順の決定，システムの利用者と認識を共有するプロセス及びUX改善ノウハウの蓄積方法について，PMとしての実践的な能力を問う問題である。PMは，ビジネス環境の変化に迅速に対応することを目的に，SaaSを利用して業務改善やサービス品質向上などの顧客体験価値（UX）改善を図る場合は，効率的な導入を実現するようにプロジェクト計画を作成する必要がある。

　問題文の文脈に沿って客観的な根拠を押さえ，解答していくようにすることが肝要である。

[設問1]

　〔AIボットの機能と導入方法〕の本文中の下線①について，N課長が第1次開発においてこのような開発対象や開発方法としたのは，M社のどのようなリスクを軽減するためかを解答する設問である。

　第1次開発については，下線①の後に続く一つ目の箇条書きに記載があり，「UX改善のための機能を対象とする」こと，「画面・機能はパラメータ設定の変更だけで実現できる範囲で最適化を図る」こと，「2か月後に運用開始する」ことが分かる。こうした記述から，第1次開発では，喫緊の課題に対応するための必要最小限の開発を行うことが読み取れる。このことを念頭において，冒頭文の第2段落を確認すると，「近

年ギフト需要が高まる時期には FAQ だけでは解決しない内容に関する問合せが急増している。その結果,対応待ち時間が長くなり顧客が不満を抱き,見込客を失っている」との記述がある。また,その対策として第 4 段落に,「早急に顧客の不満を解消するためには,2 か月後のクリスマスギフト商戦までに AI ボットを運用開始することが必達である」との記述もある。

したがって,「AI ボットの運用開始がクリスマスギフト商戦に遅れるリスク」といった解答をすればよい。

[設問2]

〔第 1 次開発の進め方の検討〕について解答する設問である。

(1) 本文中の下線②について,N 課長は標準画面・機能のプロトタイピングで,CC 管理職のどのような理解を深めることを狙ったのかについて解答する。

下線②の直前の段落である〔第 1 次開発の進め方の検討〕の最初の文に,「M 社コールセンター管理職社員(以下,CC 管理職という)は要件を確定する役割を担うが,顧客がどのように AI ボットを使うのか,オペレーターの運用がどのように変わるのかについてのイメージをもてていない」との記述がある。

したがって,「AI ボット導入によるコールセンター業務の実施イメージ」又は「顧客がどのように AI ボットを使うのかのイメージ」といった解答をすればよい。

(2) 本文中の下線③について,N 課長は何を確認したのかについて解答する。

〔AI ボットの機能と導入方法〕の(1) 機能に関する特長の二つ目の箇条書きに,R 社の AI ボットの機能に関する特徴として「AI ボットは,問合せ情報などのデータを用いて FAQ を自動更新するとともに,これらのデータを機械学習して分析することで,より類似性の高い質問や回答の提示が可能になるので,問合せへの対応の迅速化と回答品質の継続的な向上が図れる」との記述がある。しかし,この記述からだけでは,より類似性の高い質問や回答の提示がどの程度可能か不明確なため,確認する必要がある。

したがって,「より類似性の高い質問や回答の提示状況」といった解答をすればよい。

(3) N 課長は,要件定義時には収集できなかった CC 管理職のどのような要求を受入テストで追加収集できると考えたのかについて解答する。

〔AI ボットの機能と導入方法〕に,「AI ボットは,問合せ情報などのデータを用いて FAQ を自動更新する」との記述があるが,この機能について CC 管理職の要求を確認していない。一方,〔第 1 次開発の進め方の検討〕の第 2 段落に,「受入テストでは M 社の最新の FAQ と実運用時に想定される多数の問合せデータを用い(後略)」との記述がある。要件定義時は R 社提供の標準 FAQ を用いてプロトタイピングを実施したが,受入テストでは M 社の最新の FAQ と多数の問合せデータを用いて,R 社の AI ボットの機能である「問合せ情報などのデータを用いて FAQ を自動更新する」機能を確認するのである。

したがって,「FAQ の自動更新に関わる要求」といった解答をすればよい。

(4) 本文中の空欄 a に入れる適切な字句を解答する。

　　空欄 a は、受入テストの期間中に対応して第 1 次開発に取り込む場合に満たすべき基準の一つである。〔AI ボットの機能と導入方法〕に第 1 次開発の範囲として、「Web からの問合せに AI ボットで回答し、顧客の選択に応じて有人チャットに切り替えるという UX 改善のための機能を対象とする。画面・機能はパラメータ設定の変更だけで実現できる範囲で最適化を図る」といった記述がある。

　　したがって、「パラメータ設定の変更だけで実現できる」といった解答をすればよい。

〔設問 3〕

　　〔第 2 次開発の進め方の検討〕の表 1 について解答する設問である。

(1) N 課長は、No.2 について対応有無を判断するために具体的にどのような評価を行ったのかについて解答する。表 1 の No.2 の「機能が創出する成果」として「M 社が顧客の真のニーズを踏まえたギフトを企画、販売できる」といった記述がある。

　　したがって、「顧客の真のニーズを踏まえたギフトを販売できるかどうか」といった解答をすればよい。

(2) N 課長が、No.3 について対応しないと判断した理由について解答する。表 1 の No.3 の機能に対する要求は、「AI を活用した市場トレンド・詳細な対応履歴などのデータ分析による最適な SNS への広告出稿」であり、SNS マーケティングや AI を活用したデータ分析に関するものである。しかし冒頭文第 2 段落の最後に、「顧客視点に立ったデジタルマーケティング戦略も存在しないので、現状では SNS マーケティングや AI を活用したデータ分析などを行うことが難しい」との記述があり、分析に着手する以前の状況であることが分かる。

　　したがって、「デジタルマーケティング戦略の立案を先にすべきだから」といった解答をすればよい。

(3) N 課長は、今後 No.3 などの検討に向けて現状を改善するために、取りまとめたノウハウをどのように活用することを狙っているのかについて解答する。

　　設問 3 の(2)の解説で見たように、現状は、「顧客視点に立ったデジタルマーケティング戦略も存在しない」状況である。それに対して、冒頭文第 5 段落の最後に、「戦略立案後は、更なる UX 改善を図るマーケティング業務を実施することを目指す。そのために、導入プロジェクト終了時には、業務における AI 活用のノウハウをまとめることにした。実践的なノウハウを蓄積することで、デジタルマーケティング戦略に沿って、様々なマーケティング業務で AI を活用したデータ分析などを行うことを可能とする」との記述がある。

　　したがって、「マーケティング業務で AI を活用したデータ分析などを行う」といった解答をすればよい。

問 2　ECサイト刷新プロジェクトにおけるプロジェクト計画 (R4 秋-PM 午後 I 問 2)

【解答例】

［設問 1 ］　(1)　開発課：利用部門の要求を迅速に実現すること

　　　　　　　　運用課：システムの安定運用を実現すること

　　　　　　(2)　実店舗同様に試着したり提案を受けたりできること

［設問 2 ］　(1)　的確に顧客のニーズを把握するスキル

　　　　　　(2)　A 社社内にスキルをもった人材を育成するため

　　　　　　(3)　メンバーに多様な視点からの意見を理解してもらうため

［設問 3 ］　(1)　デプロイまでの時間を短縮する効果

　　　　　　(2)　ガバナンス規程を遵守しつつ，安定した運用を提供すること

【解説】

　アパレル業において，EC サイトを刷新し，仮想店舗構想実現を目的とするプロジェクトを題材として，顧客要望を迅速かつ的確に把握して対応できるプロジェクトチームの編成，顧客体験価値を迅速に提供するための，社内外の知識の集約や開発・運用プロセスの整備などを反映したプロジェクト計画の作成について，PM としての知識と実践的な能力を問う出題である。

　プロジェクトマネージャは，新規事業を実現するためのプロジェクトにおいては，現状の体制やプロセスにとらわれずに，プロジェクトの計画を作成する必要がある。

　問題文の文脈に沿って客観的な根拠を押さえ，解答していくようにすることが肝要である。

［設問 1 ］

　〔目標の達成に向けた課題〕について解答する設問である。

(1)　本文中の下線①について，このような分析の根拠として，B 課長は開発課と運用課がそれぞれ何を重視していると考えたのかを解答する。

　　下線①では，「開発課と運用課では，重視していることが異なり，それらを相互に理解できていない」と分析されている。〔現状のヒアリング〕には，「開発課のミッションは，利用部門からの要求を迅速に実現することである」との記述がある。また，「運用課のミッションは，安定した運用の提供であり，利用部門と合意した SLA を遵守することである」との記述がある。

　　したがって，開発課については「利用部門の要求を迅速に実現すること」，運用課については「システムの安定運用を実現すること」といった解答をすればよい。

(2)　本文中の下線②について，B 課長は仮想店舗で具体的にどのような UX を提供しようと考えたのかを解答する。

　　〔現行システムの状況と A プロジェクトの目標〕の第 2 段落には，「ショッピングモール運営会社から提供された情報によると，現在の EC サイトでは"欲しい商品がどこにあるかが分からない。気になる商品があっても，それを試着したときの

イメージが湧かず，実店舗で得られるようなコーディネートの提案も聞けない。"という顧客からの声がある」という記述があり，この問題を解決することが解答となる。

したがって，「実店舗同様に試着したり提案を受けたりできること」といった解答となる。

［設問2］
〔UX提供の仕組み作り〕について解答する設問である。
(1) 本文中の下線③について，B課長が店舗スタッフ部門のメンバーをAプロジェクトにアサインしたのは，Aプロジェクトの最優先の目標の達成に向けてどのようなスキルを期待したからかを解答する。

冒頭文の最初には，「店舗スタッフ部門の現場の経験豊富なメンバーが的確に顧客のニーズを把握し，接客時にお勧めのコーディネートを提案できることが評価され，ハイクラスの顧客層から強く支持されるブランドになっている」と記述されており，店舗スタッフ部門のメンバーは，的確に顧客のニーズを把握するスキルがあると期待できる。

したがって，「的確に顧客のニーズを把握するスキル」といった解答になる。
(2) 本文中の下線④について，B課長がUXの設計やレビューに関して共同作業を前提にした意図は何かを解答する。

下線④には，「外部のデザイン会社に，共同作業を前提にUXの設計やレビューを依頼する」とあることから，共同作業を実施するのはAプロジェクトのメンバーと外部のデザイン会社である。〔目標の達成に向けた課題〕の四つ目の箇条書きに，「SoE型のシステム開発のプロセスにおいて，顧客視点での体験価値の設計や評価に必要なスキルをもった人材が社内にいないので，外部の知見を導入しながら社内の人材を育成していく必要がある」との記述がある。このことから，プロジェクトの推進に必要なスキルをもった人材が社内にいないので，外部の知見を導入しながら社内の人材を育成していきたいとの意図があることが分かる。

したがって，「A社社内にスキルをもった人材を育成するため」といった解答となる。
(3) 本文中の下線⑤について，B課長がこのように全員で議論することにした狙いは何かを解答する。

下線⑤から，ミーティングの目的は「UXに関する意識を高める」ことであり，「開発課，運用課，仮想店舗スタッフ課及び外部のデザイン会社から参加するメンバー全員で議論する」ことが分かる。これに対して，〔目標の達成に向けた課題〕の六つ目の箇条書きに，「A社の強みを生かして提供される②仮想店舗での顧客体験価値(UX)についてメンバーの意識を高めるためには，メンバーに多様な視点からの意見を理解してもらう必要がある」との記述がある。

したがって，「メンバーに多様な視点からの意見を理解してもらうため」といった解答となる。

［設問 3］

　〔開発・運用プロセスの整備〕について解答する設問である。

(1) 本文中の下線⑥について，B 課長が考えた，A プロジェクトの最優先の目標の達成に寄与する，自動化ツールの導入効果とは何かを解答する。

　　〔現行システムの状況と A プロジェクトの目標〕では，デプロイについて開発課と運用課の役割の記述があった後，「しかし，開発課は利用部門から求められたソフトウェアの仕様変更への対応をデプロイ直前まで実施することがあり，その結果，デプロイの 3 営業日前となっているアップロード期限が守られないことがある」といった記述がある。開発課の努力にもかかわらず，アップロード期限に間に合わないことがあり，デプロイまでの時間短縮が課題となっていることが分かる。また，〔現状のヒアリング〕における運用課のヒアリング概要の二つ目の箇条書きに，「A 社のガバナンス規程で定められている必要な作業や手続があり，一定の期間が必要なので，開発課にはこの点を考慮してアップロード期限を守るように再三伝えているが改善されない。その結果，開発課が希望する日時にデプロイできないことがある」との記述もある。現状では運用課の作業のため，デプロイまで時間がかかっていることも課題の一つである。

　　したがって，「デプロイまでの時間を短縮する効果」といった解答となる。

(2) 本文中の下線⑦について，B 課長がこのようなプロセスに見直すことにした狙いは何かを解答する。

　　下線⑦の記述から，「自動化ツールに記録された作業ログ及び開発課のメンバーの最終確認の証跡をもって，運用課のメンバーがデプロイを承認する，というプロセスに見直す」ことが分かる。〔現状のヒアリング〕における運用課のヒアリング概要の二つ目の箇条書きに，「A 社のガバナンス規程で定められている必要な作業や手続があり，一定の期間が必要なので，開発課にはこの点を考慮してアップロード期限を守るように再三伝えているが改善されない」，三つ目の箇条書きに「自動化ツールの導入効果は認識しているが，運用課の作業や手続なしにデプロイするのは安定した運用を提供する立場から許可できない」との記述がある。デプロイのプロセスを見直すのは，運用課のこうした課題を解決するためである。

　　したがって，「ガバナンス規程を遵守しつつ，安定した運用を提供すること」といった解答となる。

問3　プロジェクトにおけるチームビルディング

【解答例】

[設問1]　(1)　DX の推進方針とプロジェクトの実施内容の整合を取る役割

　　　　　(2)　DX の推進に意欲をもった社員を集めること

　　　　　(3)　チームの運営方法を改革することを，経営の意思として示すため

[設問2]　メンバーの本音の意見を把握すること

[設問3]　(1)　メンバーの心理的安全性が確保された状況

　　　　　(2)　多様な考えに基づいた，より良い意思決定ができる。

　　　　　　　＜別解＞チームのパフォーマンスが最大限に発揮できる。

　　　　　(3)　他のメンバーの支援によって状況を速やかに解決できる。

　　　　　(4)　予算や期限よりも新事業の実現が優先されるから

【解説】

　本問は，玩具製造業におけるデジタルトランスフォーメーション（DX）の推進によるシステム開発プロジェクトのチームビルディングをテーマにした問題である。DX（Digital Transformation）とは，AI，IoT などのデジタル技術を活用したビジネス変革であり，現在多くの組織が取り組んでいる。また，問題文にあるとおり，予算や期限といった，いわゆる QCD（品質，コスト，進捗）の確保より新事業の実現に主眼が置かれている。開発手法も従来のウォーターフォール型よりアジャイル開発を採用し，機能単位での開発サイクルを回して，フィードバックを基に細かく修正しながらビジネス変革に向けて素早く，柔軟に対応して進めていく組織が多い。そして，アジャイル開発においては，これまでのようにチームメンバーを引っ張っていく支配型リーダーではなく，メンバーの自主性を認めて意見を傾聴し，メンバーが主体的に目標を達成していくことを後押しする支援型のサーバントリーダーが，より求められている。本問はこのような背景を踏まえた設問で構成されている。

[設問1]

　〔プロジェクトチームの編成〕について考える設問である。〔プロジェクトチームの編成〕の冒頭に「CDO と G 氏は，これまでのように事業部門の指示を受けてシステム部の社員だけでシステム開発をするプロジェクトチームの編成や，事業部門によって設定された目標の達成を使命とするプロジェクトチームの運営方法では，本プロジェクトで求められている DX を推進するシステム開発は実現できないと考えた」とあり，これまでとは違ったプロジェクトチームの編成や運営方法が必要である。

(1)　本文中の下線①について，PM である G 氏が事業開発部のメンバーに期待した，本プロジェクトでの役割を解答する設問である。事業開発部については，〔システム開発の現状〕の(2)に，「事業開発部では，経営状況を改善するには DX の推進が重要となることが理解されており，新事業を契機として，システムの改革を含む DX の推進方針を定め，その推進方針に沿って活動している」とあり，事業開発部

は DX の推進役でもあることから，システムの改革を含む DX の推進方針を定め，その推進方針に沿って活動している。システム開発プロジェクトも DX の推進方針に基づいて進めていく必要があることが分かる。したがって解答は，「DX の推進方針とプロジェクトの実施内容の整合を取る役割」などとなる。

(2) 本文中の下線②について，G 氏が本プロジェクトに参加する事業部門の社員を，社内公募とすることにした狙いを解答する設問である。下線②の直前には，「業務の知識や経験をもち，また DX の推進に関心のある社員が必要と考えた」とある。事業部門については，〔システム開発の現状〕の(3)に，社員の多くは「DX の推進には消極的な姿勢」であるが，「一部の社員は DX の推進に関心をもち，この環境の下で業務を行いつつも，部門としての意識や姿勢を改革する必要があると考えている」とあり，少数派ではあるが DX の推進に関心がある社員が事業部門に存在していることが分かる。事業部門から DX の推進に関心がある社員を人事異動でプロジェクトチームのメンバーとするやり方もあるが，公募とした方が誰が DX の推進に本当に関心や意欲があるのかが分かる。したがって解答は，「DX の推進に意欲をもった社員を集めること」などとなる。

(3) 本文中の下線③について，G 氏が CDO に伝えてもらうことにしたメッセージの内容について，CDO が直接伝える理由を含めて解答する設問である。〔プロジェクトチームの編成〕の冒頭にあるとおり，CDO と G 氏は，これまでどおりの事業部門によって設定された目標の達成を使命とするプロジェクトチームの運営方法では，DX を推進するシステム開発は実現できず，チームの運営方法を変える必要があると考えており，このことをしっかりと伝える必要がある。また，PM の G 氏からでなく役員である CDO にお願いした背景としては，プロジェクト方針だけでなく，経営方針でもあることを伝える意図があると考えられる。したがって解答は，「チームの運営方法を改革することを，経営の意思として示すため」などとなる。

〔設問 2〕
〔プロジェクトチームの形成〕の下線④について，G 氏がアンケートを無記名とした狙いを解答する設問である。これは問題文中から解を導くのではなく，アンケートを記名とするか無記名とするかの違いを考えればよい。一般的に記名でアンケートを行うとその後の人事などの待遇にも影響があると考えてしまう社員もいるため本音で書かないことが想定される。無記名とすれば誰が意見をしたのかが分からないため，より本音で回答することが想定される。したがって解答は，「メンバーの本音の意見を把握すること」などとなる。

〔設問 3〕
〔プロジェクトチームの運営〕について考える設問である。
(1) 本文中の下線⑤について，対立する意見にも耳を傾け，自分の意見も率直に述べることによって，メンバーにとってプロジェクトチームの状況をどのようにしたいと G 氏が考えたのかを解答する設問であるが，一般的な知識から解答を導くことと

なる。1999 年にハーバード大学で組織行動学を研究するエイミー・エドモンドソン教授が，心理的安全性について，「チームにおいて，他のメンバーが自分が発言することを恥じたり，拒絶したり，罰をあたえるようなことをしないという確信をもっている状態であり，チームは対人リスクをとるのに安全な場所であるとの信念がメンバー間で共有された状態」と定義している。したがって解答は，「メンバーの心理的安全性が確保された状況」などとなる。なお，Google 社が 4 年をかけて実施した，生産性が高く成功するチームの条件に関する社内調査の結果として，心理的安全性がその要素の一つであると発表したことがきっかけで，心理的安全性は注目を集めるようになった。

(2) 本文中の下線⑥について，メンバー間の対話を通じて意思決定することによって，これまでのチームの運営方法では得られなかったチームマネジメント上のどのような効果が得られると G 氏が考えたかを解答する設問である。これまでに行われていたチーム運営に関する記述として，〔システム開発の現状〕の(3)，(4)に，「支配型リーダーシップの意識が強く，社員の意思をチーム作業に生かす姿勢が乏しい」，「統制型のマネジメントであり，メンバーが自分の意見を伝えづらかった」とあり，また〔プロジェクトチームの形成〕の二つ目の箇条書きには，「これまでのチーム作業では，自分の考えをチームの意思決定のために提示できていない。後になって自分の考えを採用されていれば，チームにとってより良い意思決定になったかもしれないと後悔している者も多い」とあるため，この改善が G 氏が考えた効果となる。様々な解答が想定されるが，解答例としては，「多様な考えに基づいた，より良い意思決定ができる」，「チームのパフォーマンスが最大限に発揮できる」などとなる。

(3) 本文中の下線⑦について，自分の能力不足によって困難な状況になったときに，それを他のメンバーにためらわずに伝えることによって，どのような効果が得られると G 氏が考えたかを解答する設問である。〔プロジェクトチームの形成〕の三つ目の箇条書きに，「チーム作業の遂行において，自分の能力不足によって困難な状況になったときに，他のメンバーの支援を受ければ早期に解決できたかもしれないのに，支援を求めることができずに苦戦した者が多い」とあり，この解決と考えられる。したがって解答は，「他のメンバーの支援によって状況を速やかに解決できる」などとなる。これまでのシステム開発プロジェクトにおいて，一般論としてプロジェクトの進行中はメンバー全員が多忙なため，自分の質問によって他のメンバーの作業をストップさせることを申し訳ないと思う社員も多く，また自分で可能な限り解決を試みてから支援を求めるという文化や風潮がある。このような雰囲気を含めた改善であるとも考えられる。

(4) 本文中の下線⑧について，G 氏が，必要に応じて予算も期限も柔軟に見直すこととした理由を解答する設問である。F 社のシステム開発プロジェクトにおける予算や期限の考え方については，〔システム開発の現状〕の(1)に「経営層の多くは，事業を改革するために戦略的にシステム開発プロジェクトを実施するとの意識がこれまでは薄く，プロジェクトチームの使命は，予算や納期などの設定された目標の達成であると考えてきた。しかし，CDO をはじめとする一部の役員は，DX を推進す

るためには，システム開発プロジェクトの位置付けを変えていく必要があると経営会議で強調してきており，最近は経営層の意識が変わってきている」とある。これまでのシステム開発プロジェクトにおいては，いわゆる QCD の確保が主眼に置かれてきたが，DX を推進するプロジェクトでは新技術を導入することによる新規事業の実現，ビジネス変革により主眼が置かれ，多くの組織ではアジャイル開発を取り入れて素早くまた柔軟に対応している。したがって解答は，「予算や期限よりも新事業の実現が優先されるから」などとなる。

●令和4年度秋期

午後Ⅰ問題　ＩＰＡ発表の解答例と採点講評

問1

出題趣旨
プロジェクトマネージャ（PM）は，ビジネス環境の変化に迅速に対応することを目的に，SaaS を利用して業務改善やサービス品質向上などの顧客体験価値（UX）改善を図る場合は，効率的な導入を実現するようにプロジェクト計画を作成する必要がある。 　本問では，ギフト販売会社のコールセンターの業務で SaaS を利用して短期間にシステム導入するプロジェクトを題材として，SaaS の特長を生かした導入手順の決定，システムの利用者と認識を共有するプロセス及び UX 改善ノウハウの蓄積方法について，PM としての実践的な能力を問う。

設問			解答例・解答の要点
設問1			AI ボットの運用開始がクリスマスギフト商戦に遅れるリスク
設問2	(1)		・AI ボット導入によるコールセンター業務の実施イメージ ・顧客がどのように AI ボットを使うのかのイメージ
	(2)		より類似性の高い質問や回答の提示状況
	(3)		FAQ の自動更新に関わる要求
	(4)	a	パラメータ設定の変更だけで実現できる。
設問3	(1)		顧客の真のニーズを踏まえたギフトを販売できるかどうか
	(2)		デジタルマーケティング戦略の立案を先にすべきだから
	(3)		マーケティング業務で AI を活用したデータ分析などを行う。

採点講評
問1では，SaaS を利用したシステム導入プロジェクトを題材に，SaaS の特長を生かした導入手順について出題した。全体として正答率は平均的であった。 　設問2(3)は，正答率が低かった。M 社の最新の FAQ や問合せデータなどに言及せず，オペレーターの運用だけに着目した解答が多かった。要件定義では用いなかったデータを用いた受入テストから新たな要求が生じること，新たな要求を把握した上で適切に対応することが重要であることを理解してほしい。 　設問3(2)は，正答率がやや低かった。第2次開発の評価基準への適合に関する解答が多かった。機能の採否の判断には評価基準の適合も当然のことながら，UX の改善に向けた適切なアプローチという視点が重要であることを理解してほしい。

問 2

| | 出題趣旨 |

　プロジェクトマネージャ（PM）は，新規事業を実現するためのプロジェクトにおいては，現状の体制やプロセスにとらわれずに，プロジェクトの計画を作成する必要がある。
　本問では，アパレル業において EC サイトを刷新し，仮想店舗構想実現を目的とするプロジェクトを題材として，顧客要望を迅速かつ的確に把握して対応できるプロジェクトチームの編成，顧客体験価値を迅速に提供するための，社内外の知識の集約や開発・運用プロセスの整備などを反映したプロジェクト計画の作成について，PM としての知識と実践的な能力を問う。

設問			解答例・解答の要点
設問 1	(1)	開発課	利用部門の要求を迅速に実現すること
		運用課	システムの安定運用を実現すること
	(2)		実店舗同様に試着したり提案を受けたりできること
設問 2	(1)		的確に顧客のニーズを把握するスキル
	(2)		A 社社内にスキルをもった人材を育成するため
	(3)		メンバーに多様な視点からの意見を理解してもらうため
設問 3	(1)		デプロイまでの時間を短縮する効果
	(2)		ガバナンス規程を遵守しつつ，安定した運用を提供すること

採点講評

　問 2 では，EC サイトを刷新し新たな事業を実現するためのプロジェクトを題材に，顧客の要望を迅速かつ的確に把握して対応できるプロジェクトについて出題した。全体として正答率は平均的であった。
　設問 3(1)は，正答率が低かった。"A プロジェクトの最優先の目標"そのものを解答した受験者が多かった。"A プロジェクトの最優先の目標"に自動化ツールがどのように寄与するかを読み取った上で正答を導き出してほしい。
　設問 3(2)は，正答率が低かった。"無駄を省く"，"効率化を図る"といった点を解答した受験者が散見された。運用課へのヒアリングから，"ガバナンス規程の遵守"は必須であり，これに対応するためのプロセスに見直すことでデプロイツールを導入しつつ，安定した運用を実現することが狙いであることを理解してほしい。

問3

出題趣旨
プロジェクトマネージャ（PM）は，プロジェクトチームのメンバーを選定し，プロジェクトチームのマネジメントルールを定めるとともに，リーダーシップを発揮して，プロジェクトの目標を実現するようにチームビルディングを行う必要がある。 　本問では，玩具製造会社での新事業の実現を目的とするシステム開発のプロジェクトを題材として，意欲のあるメンバーの選定，多様性による価値創造を狙ったチームの形成，チームによる自律的なマネジメントの実現及び支援型リーダーシップの発揮について，PMとしての実践的な能力を問う。

設問		解答例・解答の要点
設問1	(1)	DX の推進方針とプロジェクトの実施内容の整合を取る役割
	(2)	DX の推進に意欲をもった社員を集めること
	(3)	チームの運営方法を改革することを，経営の意思として示すため
設問2		メンバーの本音の意見を把握すること
設問3	(1)	メンバーの心理的安全性が確保された状況
	(2)	・多様な考えに基づいた，より良い意思決定ができる。 ・チームのパフォーマンスが最大限に発揮できる。
	(3)	他のメンバーの支援によって状況を速やかに解決できる。
	(4)	予算や期限よりも新事業の実現が優先されるから

採点講評
問3では，DX の実現を目的とするシステム開発プロジェクトを題材に，自律的なマネジメントを行うためのチームビルディングについて出題した。全体として正答率は平均的であった。 　設問1(1)は，正答率が低かった。"DX を推進する役割"や"DX の推進が重要であることをメンバーに伝える役割"と解答した受験者が多かった。プロジェクトの目的は"新事業の実現"である。DX を推進する事業開発部のメンバーをプロジェクトのメンバーとして選任することの意味を理解し，正答を導き出してほしい。 　設問3(4)は，正答率がやや低かった。プロジェクトの目的や目標と，経営の目的を混同した解答が散見された。プロジェクトマネジメント業務を担う者として，"プロジェクトの目的を実現するために有益"という観点を意識する必要があることを理解してほしい。

●令和4年度秋期
午後II問題 解答・解説

| 問1 | システム開発プロジェクトにおける事業環境の変化への対応について | (R4 秋・PM 午後II問 1) |

【解説】

　本問は，システム開発プロジェクトにおける，事業環境の変化に対してどのように積極的に対応するかがテーマの問題である。システム開発プロジェクトの開始後に，外部のステークホルダから計画変更の要求を受ける場合がある。例えば，事業環境が変化して，当初に計画していたシステム要件ではシステムの目的が十分達成できなくなったので，システム要件を変更あるいは追加してほしいといった要求である。PMにとっては，変更要求を受け入れることによって，当初に設定したスケジュールや要員計画の見直しを行う必要が生じ，場合によっては品質問題や納期遅延といったリスクを抱え込むことにもなるから，開始後の計画変更は行いたくないのが本音であろう。

　しかし，事業環境の変化によってシステム開発の目的が十分に達成できないとなると，当初計画した投資効果が見込めない可能性もあり，関係する様々なステークホルダに大きな影響が出ることにもなる。このような計画変更の要求が出された場合は，PMはプロジェクトオーナやステークホルダとも協議し，計画変更をどのように受け入れるのか，また，その際に必要な対応策について十分に検討・協議する必要がある。

　昨今は，事業環境の変化のスピードも速いことから，受験生の方が参画されたプロジェクトにおいても，大なり小なりこのようなプロジェクト開始後の計画変更要求が発生した事例があることだろう。システム開発プロジェクトに従事していれば，多くの受験生が本問のテーマに関わる何らかの経験をしているのではないかと思われる。そのような状況になったとき，PMはどのように判断して対処したのかを振り返り，これまでに経験したプロジェクトを計画変更の視点で見直してみることによって論点を整理することができると考える。

　それでは段落ごとに問題文の中から論述のポイントを拾い出してみよう。

　第1段落では，「このような計画変更には，プロジェクトにプラスの影響を与える機会とマイナスの影響を与える脅威が伴う。計画変更を効果的に実施するためには，機会を生かす対応策と脅威を抑える対応策の策定が重要である」と述べられていることから，PMは「計画変更」をマイナスの側面だけで捉えるのではなく，積極的に計画変更を検討し，ステークホルダなどが得る利益・利便性についても考慮して判断することが重要である。

　第2段落では，「競合相手が同種の新機能を提供することを公表し，これに対応して営業部門から，差別化を図る機能の提供時期を，予算を追加してでも前倒しする計画変更が要求されたとする」との記述があるが，これは，競合相手の状況が変化した

典型的な「事業環境の変化による計画変更」の事例であると考えられる。論述のテーマを選定するに当たっては，単純な仕様の変更ではなく，事業環境の変化による計画変更をテーマとする必要がある。

　同じ第 2 段落に，「この計画変更で，短期開発への挑戦というプラスの影響を与える機会が生まれ，プロジェクトチームの成長が期待できる。この機会を生かすために，短期開発の経験者をプロジェクトチームに加え，メンバーがそのノウハウを習得するという対応策を策定する」とあることから，ここでは計画変更が与える「プラスの影響」について論述することが求められている。計画変更には何らかの目的があることから，それを実行することによってステークホルダやプロジェクトメンバーにどのような良い影響があるのか説明し，また，実行に際して必要となる対応策について整理することが必要である。次に「一方で，スケジュールの見直しというマイナスの影響を与える脅威が生まれ，（中略）この脅威を抑えるために，差別化に寄与する度合いの高い機能から段階的に前倒しして提供していくという対応策を策定する」とあることから，計画変更が与える「マイナスの影響」について論述することも必要である。例えば，計画変更を受け入れることによって，プロジェクトチームの負担が増加したり，スケジュールが遅延したりするリスクの発生などが考えられるであろう。そのようなマイナスの影響を最小化するためにどのような対応策を策定したのかを整理しておきたい。

　論述に当たっては，上記のような問題文中に示されているポイントについて論述することが重要である。設問の趣旨を踏まえた上で，具体的な事例の内容を詳細までしっかり展開する必要がある。事例に沿って実体やリアリティのある内容を示して，論点を明確にし，理由・根拠などを論理的に表現していかなければ合格評価には至らないので注意したい。

　なお，論述の骨子を考える上で，問題文に沿った章立てにすることをお勧めする。そうすることによって，出題者の意図に沿った論述になるだけでなく，頭を整理しながら論述できるからである。本問の場合は，次のような章立てにするとよいであろう。

　（章立ての例）
　1.　私が携わったシステム開発プロジェクトの概要
　　1.1　プロジェクトの概要と目的
　　1.2　計画変更の背景となった事業環境の変化
　　1.3　計画変更の要求の内容
　2.　計画変更への対応について
　　2.1　機会を生かす対応策
　　2.2　脅威を抑える対応策
　　2.3　確定させた計画変更の内容
　3.　計画変更の実施の状況及び事業環境の変化への対応の評価
　　3.1　計画変更の実施の状況
　　3.2　事業環境の変化への対応の評価

　なお，各設問の論述例は論述のポイントを示したもので，必ずしも設問の規定の文字数に従っていない。実際の試験では，事例の詳細な内容を肉付けし，あなた自身の文章，具体例を大切にして論述することが望まれる。

[設問ア]
　あなたが携わったシステム開発プロジェクトにおけるプロジェクトの概要と目的，計画変更の背景となった事業環境の変化，及びプロジェクトチームの外部のステークホルダからプロジェクトの実行中に受けた計画変更の要求の内容について論述する。プロジェクトの概要と目的については，その後の「事業環境の変化」や「計画変更の要求」に結び付くよう，システムに関する視点だけでなく，事業や業務の視点も含めることが重要である。

(論述例)

> 1.　私が携わったシステム開発プロジェクトの概要
> 1.1　プロジェクトの概要と目的
> 　　私が携わったプロジェクトは，地方自治体における少額物品の調達システムの開発である。具体的には，文房具などの少額物品を調達するためのインターネットを活用したマーケットプレースを構築するプロジェクトである。システム構築に当たっては，複数の自治体で共同利用可能なシステムとすることになり，プロジェクト全体の取りまとめを行うA自治体の他に五つの自治体が参画することになった。六つの自治体で共同利用できる少額物品の調達システムを構築することによって，これらの自治体における少額物品の調達事務を効率化することがプロジェクトの目的である。
>
> 1.2　計画変更の背景となった事業環境の変化
> 　　当初の計画では，各自治体と取引のある各社が販売可能な商品のカタログをシステムに登録することで，自治体の調達担当者がシステムを使って商品の検索や発注を行えるようにする運用を想定していた。しかし，昨今はインターネットを用いたネット通販が拡大しており，自治体が調達している文房具や各種資材についても大手の通販事業者が様々な利便性の高いマーケットプレースを展開しており，民間企業や一般消費者が利用しているといった事業環境の変化があった。これらのマーケットプレースは商品数が極めて多いことから商品選択の幅が広く，利用者の利便性も高い。
>
> 1.3　計画変更の要求の内容
> 　　プロジェクトがスタートして数か月が経過し，基本設計が完了した頃である。B自治体の会計担当部署から，計画変更についての打診がA自治体のプロジェクトマネージャ宛にあった。その内容は，計画では各自治体と取引のある少額物品の販売事業者がマーケットプレースに参加・登録する形態であ

るが,「この方式では調達に必要な十分な種類の商品が確保できないのではないか。大手の通販事業者が既に開設しているマーケットプレースも接続して利用できる方式を検討してほしい。」という内容であった。

［設問イ］
　ここでは，設問アで述べた計画変更の要求を受けて策定した，機会を生かす対応策,脅威を抑える対応策，及び確定させた計画変更の内容について論述する。
　「機会を生かす対応策」とは，その変更計画を実行することによって，ステークホルダやプロジェクトメンバーにとってプラスの影響があると考えられる対応策であり，例えば，以下のような状況が考えられる。
　・プロジェクトメンバーの成長が図れる機会となる。
　・ステークホルダの利益や利便性に貢献できる機会となる。
　・新しい技術に挑戦する機会となる。
　このような，プラスの影響があると考えた理由や具体的な対応策について整理し論述することが重要である。
　「脅威を抑える対応策」とは，その変更計画を実行することによって，プロジェクトにとってマイナスの影響を与えると考えられる事態に対してどのように対応するかということになる。マイナスの影響としては，以下のような状況が考えられる。
　・計画変更によって，プロジェクトチームの負荷が増大し，モチベーションが低下する。
　・開発のコストが増加する。
　・スケジュールの見直しや納期遅延のリスクが発生する。
　このような，マイナスの影響があると考えた理由やその脅威を抑えるための具体的な対応策について，整理し論述することが重要である。

（論述例）

　2.　計画変更への対応について
　2.1　機会を生かす対応策
　　　B 自治体からの計画変更の要求内容について，システムの設計・開発を行っている実務担当者を含めて，計画変更の可能性についての検討を行うこととなった。まず，既に同種のマーケットプレースを展開している大手事業者3 社に声をかけ，実施に当たっての課題などのヒアリングを行った。
　　　ヒアリングの結果，以下の状況が判明した。
　・今回のような連携事例は他にもあり，技術的には十分に対応可能である。
　・接続に当たっては，API 連携を用いるのが標準的であるが，事業者によって API の仕様が異なることもあり，現時点での対応では，基本設計に関する手戻りが発生する可能性が高い。
　・事業者ごとに連携に当たってのルールがあり，調整に時間がかかる場合がある。

　これらの結果について，A自治体の上層部も含めて検討を行った結果，「機会を生かす対応策」としては，以下の対応策を行うこととなった。
・大手通販事業者と連携することによって扱える商品点数が大幅に増え，調達担当者の利便性が向上し，また価格競争が活性化されることによる調達コストの削減に繋がることから，連携を実施する方針で進める。
・技術的には可能との判断であるが，基本設計の見直しも必要となることから，大手通販事業者とも協力して進めることができる体制を構築する。

2.2　脅威を抑える対応策

　一方，大手通販事業者との連携に当たっては，以下の課題があると認識した。
・連携に当たっては，既に完了している基本設計の見直しが必要となり，当初のスケジュール（今期内の完成）を遵守するためには，リソースの増強やスケジュールの組換えなどの対応が必要となる。
・参画する通販事業者ごとにルールが異なることから，多くの通販事業者が参画する場合には，当初は予定していなかった調整期間が必要となる。
　これらは，システム開発における脅威にもなることから，以下の対応策を策定した。
・開発スケジュールについて見直しを行ったところ，計画では総合テスト段階で少し余裕があることから，API連携に慣れた技術者を増員すれば，基本設計の見直しを行ったとしても今期中に完了させることができると判断し，リソースの増強とスケジュールの見直しを行うものとした。
・参画する通販事業者については，今期中は試行期間として1事業者に限ることとし，来年度以降に順次追加するものとした。これによって，調整にかかる時間を短縮し，予定どおりのリリースを行うものとした。

2.3　確定させた計画変更の内容

　以上の検討結果に基づき，確定させた計画変更の内容は以下のとおりである。
①調達担当者の利便性を高めるため，通販事業者を参画させる計画とする。
②体制・スケジュール・リソースを見直し，基本設計の見直しを含めて当初予定どおりの期間でリリースを行う。
③通販事業者の参画は「段階的」に実施する。当初は試行期間として1社だけの参画とし，来年度以降に順次参画する事業者を増やす。

［設問ウ］

　ここでは，設問イで述べた計画変更の実施の状況及びその結果による事業環境の変化への対応の評価について論述する。
　計画変更の実施の状況については，決定した計画変更の内容をどのように実施した

のか，実施において対応策の効果はあったのかについて具体的に論述する。

　事業環境の変化への対応の評価については，計画変更を行った結果，事業環境の変化に対応することができたのか，システム稼働後の状況も踏まえて，計画変更を行ったことの効果を具体的に論述する。また，当初想定した効果が得られたのか，もし計画変更を受け入れていなかったとしたらどのような状況が想定されたか，といった視点で評価することも考慮したい。

（論述例）

3. 計画変更の実施の状況及び事業環境の変化への対応の評価

3.1 計画変更の実施の状況

　この計画変更については，システム開発に参画する自治体で構成する運営会議に諮り，変更の承認を得ることができた。私はプロジェクトの体制を強化し，基本設計の見直しに必要な人的リソースを増強し，連携に必要な基本設計の見直しを進めた。また，比較的余裕があると考えた総合テストについては WBS を見直し，当初計画よりも短縮することができたことから，基本設計の見直しに必要な時間を吸収することができた。初年度に参画する予定の通販事業者である C 社からは，アドバイザーという立場でプロジェクトに関与してもらい，主に API 連携についての技術的アドバイスを得ることができたため，基本設計の見直しもスムーズに行えた。

　計画変更を実施したプロジェクトは，大きなトラブルもなく，当初計画したスケジュールで完了することができた。

3.2 事業環境の変化への対応の評価

　本システムの稼働後，これまでに各自治体と取引のあった事業者がシステムにカタログを登録し，試行運用を開始した。ただ，この段階においては参加事業者が当初の想定よりも少なく，商品の分野・種類にも偏りが見られた。これは，各事業者が扱う商品が，大手の通販事業者に比較して限定されているためである。試行運用に参加した自治体の調達担当者からは，「この状況では全ての少額物品の調達に利用するのは難しいのではないか」との意見も寄せられた。その後，大手通販事業者 C 社がマーケットプレースに接続し利用できるようになった。これによって，商品の分野・種類が格段に増加し，様々な商品を比較検討できるようになった。B 自治体の会計担当部署の懸念と提案は，調達マーケットプレースに関する環境の変化を適切に踏まえていたといえよう。その環境変化をプロジェクトに取り込めたことは，少額物品の調達事務を効率化し，価格競争を促すことによる調達コストの削減に資するという目的にかなったものであったと評価している。

| 問 2 | プロジェクト目標の達成のためのステークホルダとの コミュニケーションについて | (R4 秋·PM 午後 II 問 2) |

【解説】

　本問は，システム開発プロジェクトにおける，ステークホルダとのコミュニケーションがテーマの問題である。システム開発プロジェクトには様々なステークホルダが関与することになるが，目標の達成に大きな影響を与えるステークホルダについては積極的にコミュニケーションを行い，ステークホルダの期待について適切にマネジメントを行う必要がある。JIS Q 21500:2018（プロジェクトマネジメントの手引）においても，対象群「ステークホルダ」において，以下の 2 つのプロセス群が定義されている。

　立ち上げ：4.3.9 ステークホルダの特定

　実行：4.3.10 ステークホルダのマネジメント

　特に，「4.3.10 ステークホルダのマネジメント」においては，「ステークホルダのマネジメントの目的は，ステークホルダのニーズ及び期待を適切に理解し，注意を払うことである。このプロセスには，ステークホルダの関心事の特定，課題の解決などの活動が含まれる」との記述があり，本問のテーマにも関係が深いと考える。JIS Q 21500:2018 などのガイドラインに記載のある一般的なステークホルダマネジメントに関する知識も整理しておくことによって，論述のポイントが捉えやすくなると考える。

　システム開発プロジェクトが開始されたとき，ステークホルダに対してプロジェクトの目的やゴールが十分に共有できていないケースは比較的多く見受けられる。そのため，ステークホルダがプロジェクトの成果に対して過剰な期待をもってしまい，システムの完成後に「想定していた機能が実現できていない」「想定していた効率が発揮できない」などのクレームが寄せられることにもなりかねない。また，プロジェクトの実行段階においてこのような事態が発生すると，実行が中断したり，手戻りが発生したりすることによって，スケジュール遅延などのリスクが発生することにもなる。そこで，PM はプロジェクトの計画段階，実行段階を通じて，主要なステークホルダと積極的にコミュニケーションを行うための手法を確立し，常に情報を共有して認識の不一致の解消に努めなければならない。

　受験生の方が参画されたプロジェクトにおいても，ステークホルダとのコミュニケーション不足によって仕様の誤認識による手戻りが発生したような事例を経験されたことがあるかもしれない。そうであれば，そのようなプロジェクトを振り返り，どのようなコミュニケーションが不足していたのか，どのタイミングで何を共有しておけばそのような事態を回避することができたのかといった視点で整理されることをお勧めする。それによって，論点を整理することができると考える。

　それでは段落ごとに問題文の中から論述のポイントを拾い出してみよう。

　第 1 段落では，「目標の達成に大きな影響を与えるステークホルダ（以下，主要ステークホルダという）と積極的にコミュニケーションを行うことが求められる」と記述されていることから，本問のテーマは，タイトルにもあるように，「ステークホルダ

とのコミュニケーション」であることが分かる。

　第 2 段落では，「プロジェクトの計画段階においては，主要ステークホルダへのヒアリングなどを通じて」と記述されていることから，まず，「プロジェクト計画段階」における論述を行うことになる。次の段落において「プロジェクトの実行段階」についての記述があることから，論述においては両者を明確に区分するように注意したい。第 2 段落には「プロジェクトへの過大な期待や主要ステークホルダ間の相反する期待の有無を確認する」と記述されていることから，ステークホルダのプロジェクトへの「期待」をマネジメントすることが重要であるといえる。そのためのコミュニケーション手段について整理しておきたい。

　第 3 段落では，「プロジェクトの実行段階においては，コミュニケーションの不足などによって，主要ステークホルダ間に認識の齟齬や誤解（以下，認識の不一致という）が生じることがある」と記述されていることから，ここでは「プロジェクト実行段階」におけるステークホルダの「認識の齟齬や誤解」に注目したい。例えば，システムの仕様についてプロジェクトの計画段階において十分に説明を行った場合であっても，実行段階においてプロトタイプのデモンストレーションを行ったところ，「想定と違う」といった意見が出る場合などである。このような認識の齟齬や誤解を生まないために，実行段階において実施したコミュニケーション手段について整理しておきたい。

　論述に当たっては，上記のような問題文中に示されているポイントを押さえ，設問の趣旨を踏まえた上で，具体的な事例の内容や詳細をしっかり展開する必要がある。事例に沿って実体やリアリティのある内容を示して，論点を明確に理由・根拠などを論理的に表現していかなければ合格評価には至らないので注意したい。また，本問の設問は従来の過去問題と少し異なっているので，注意が必要である。過去問題の多くは「設問ウ」において「評価や改善点」を問うものが多いが，本問においては，「設問イ」「設問ウ」共にコミュニケーションの内容について問う内容となっている。「設問ウ」が評価や改善点に終始しないように注意したい。

　なお，論述の骨子を考える上で，問題文に沿った章立てにすることをお勧めする。そうすることによって，出題者の意図に沿った論述になり，頭を整理しながら論述できるからである。本問の場合は，次のような章立てにするとよいだろう。

　（章立ての例）
　1.　私が携わったシステム開発プロジェクトの概要
　　1.1　プロジェクトの概要と目標
　　1.2　主要ステークホルダが目標の達成に与える影響
　2.　プロジェクトの計画段階における対応
　　2.1　主要ステークホルダの過大な期待や相反する期待の内容
　　2.2　目標の達成が妨げられるおそれがあると判断した理由
　　2.3　計画段階におけるステークホルダとのコミュニケーション
　3.　プロジェクトの実行段階における対応

3.1 認識の不一致とその原因
3.2 実行段階におけるステークホルダとのコミュニケーション

　なお，各設問の論述例は論述のポイントを示したもので，必ずしも設問の規定の文字数に従っていない。実際の試験では，事例の詳細な内容を肉付けし，あなた自身の文章，具体例を大切にしていくことが望まれる。

［設問ア］
　あなたが携わったシステム開発プロジェクトの概要，目標，及び主要ステークホルダが目標の達成に与える影響について論述する。プロジェクトの概要と目標の論述においては，システムの概要に終始せず，主要ステークホルダの役割・立場についても説明しておくことが必要である。それによって，「設問イ」以降の論述内容により説得力をもたせることができる。次に，主要ステークホルダが目標の達成に与える影響については，前述したプロジェクトの目標に対して具体的にどのような影響を与えるのかを，主要ステークホルダの役割・立場を踏まえて論理的に論述することが重要である。

（論述例）

1. 私が携わったシステム開発プロジェクトの概要
1.1 プロジェクトの概要と目標
　私が携わったシステム開発プロジェクト（以下，本プロジェクトという）は，ある省庁が主導する補助金の申請に関するシステム（以下，本システムという）である。行政機関が目的を決めて配分する補助金については，補助金を予算化して配分する複数の組織（以下，配分機関と呼ぶ）が存在している。各配分機関はそれぞれの専門分野をもち，テーマを決めて補助金の公募を行う。本システムはそれらの複数の配分機関が共通に使えるシステムとして構築される。
　補助金の申請事務は大きく以下の区分となる。
①公募（補助金のテーマを決めて公募する）
②申請（補助金を受ける個人や団体が申請を行う）
③審査（申請内容を審査する）
④交付決定（補助金の交付を決定する）
⑤成果報告（補助金の使途や成果についての報告を受け付ける）
　これらの事務処理については，大筋では流れが一致しているものの，細部の手続については配分機関ごとに異なっており，本システムは共通システムとして構築することから，どこまでを共通システムの仕様として織り込むかが課題となる。
　本プロジェクトの目標は，このような複数の機関が利用することのできる共通システムを構築し，申請者の利便性を図ると共に，各配分機関の事務処理を現状よりも効率化することである。

1.2　主要ステークホルダが目標の達成に与える影響
　　前述のとおり，事務処理の手順は配分機関ごとに異なることから，主要ス
テークホルダの現状を調査し，どこまでを標準化しシステムの機能として取
り込むかが重要となる。例えば，ある配分機関にとっては事務処理効率が向
上する機能であっても，他の配分機関では利用できないといった事象が発生
する懸念がある。このことから，共通システムの仕様の検討においては，主
要ステークホルダ間の意見調整が極めて重要であり，申請者の利便性を図り
ながら各配分機関の事務処理を現状よりも効率化するという目標の達成に大
きな影響を与える。

［設問イ］
　ここでは，設問アで述べたプロジェクトに関し，"計画段階"において確認した主要
ステークホルダの過大な期待や相反する期待の内容，過大な期待や相反する期待によ
って目標の達成が妨げられるおそれがあると判断した理由，及び"計画段階"におい
て目標の達成が妨げられないように積極的に行ったコミュニケーションについて論述
する。ここでは，"プロジェクトの計画段階"について論述することを強く意識してお
こう。「設問ウ」においては"プロジェクトの実行段階"について記述することになる
ので，両者を混同しないように注意したい。計画段階であるので，ステークホルダも
まだプロジェクトの詳細を理解していない段階であり，過大な期待やステークホルダ
間での理解の相違が発生しやすい。そのため，主要ステークホルダへの説明会の開催
やヒアリングを実施するなど，事前情報の収集に注力し，その結果から，主要ステー
クホルダが過大な期待をしていないか，ステークホルダ間での理解の差異はないかな
どの分析を行い，目標の達成が妨げられると考えられる要素を抽出するのが一般的な
流れであろう。その結果を基に，この段階における有効なコミュニケーション手段を
考える。このような一連の流れを，あなたの経験に基づいて具体的に論述することに
なる。

（論述例）
2.　プロジェクトの計画段階における対応
2.1　主要ステークホルダの過大な期待や相反する期待の内容
　　私は，プロジェクトの計画段階において，主要ステークホルダ向けに，プ
ロジェクトの概要・目標と想定しているシステムの主な機能要件についての
説明会を実施した。説明会終了後に質疑応答を行ったが，主要ステークホル
ダからは以下のような質問が出た。
①システム化の範囲は申請事務だけなのか，その他の事務も含むのか。
②審査について独自のシステムをもっているが，本システムと連携できるの
　か。
③成果報告については独自の処理を行っているが対応は可能か。
　　いずれの質問も，システムのスコープや基本的な仕様に関するものであり，

これらについては以前に主要ステークホルダには文書で説明していたという認識であったが，まだほとんど理解されていない，あるいはステークホルダ間での理解度に大きな差があると感じた。また，本システムは電子申請を主体に効率化する想定であったが，申請から成果報告までの全ての事務を効率化できるといった過大な期待もあった。

2.2　目標の達成が妨げられるおそれがあると判断した理由

説明会の状況から，現状のままでは，プロジェクトの目標の達成が妨げられると判断した。その理由は以下のとおりである。

①主要ステークホルダにおいて，システム化のスコープ，主要機能についての理解が異なっており，このままでは要件定義フェーズでの混乱が生じる。

②システム化による事務効率向上に過大な期待をもっているステークホルダが存在し，プロジェクトが進んだ段階で不満が出る可能性が高い。

③主要ステークホルダの事務処理の流れが十分に整理できておらず，標準化を検討する際に混乱が生じる。

2.3　計画段階におけるステークホルダとのコミュニケーション

最大の問題点は，主要ステークホルダ間の連携がほとんどとれておらず，スコープや主要機能について各ステークホルダが独自に解釈していることであると考えた。そこで，主要ステークホルダである8機関のコミュニケーションを図るための運営組織を立ち上げ，情報共有のためのコミュニケーションツールも導入して，相互の意見交換やプロジェクトの計画に関する情報をリアルタイムに共有できるものとした。また，プロジェクトに対する期待・要望についてのアンケート調査を行い，その結果について取りまとめた後に再度説明会を開催して，システム化のスコープ，主要機能についての理解を深めるための情報提供を行った。

［設問ウ］

ここでは，設問アで述べたプロジェクトに関し，"実行段階"において生じた認識の不一致とその原因，及び"実行段階"において認識の不一致を解消するために積極的に行ったコミュニケーションについて論述する。ここでは，"プロジェクトの実行段階"について論述することを強く意識しておこう。プロジェクトの計画段階におけるコミュニケーションについては，既に設問イで論述しているので，設問ウでは，プロジェクトが開始して以降の要件定義，設計，開発といったフェーズにおけるコミュニケーションが対象となる。

3．プロジェクトの実行段階における対応

3.1　認識の不一致とその原因

　　システムの要件定義については，主要ステークホルダの担当者で仕様策定委員会」を構成し，システム要件については全て仕様策定委員会の承認を得て進めることになった。承認を得ることで，主要ステークホルダ間におけるシステム要件に関する齟齬や誤解の発生を抑えることができると考えた。要件定義工程は順調に推移し，担当したシステム開発事業者から要件定義書が提出された。この内容について各仕様策定委員にレビューを依頼したところ，相当数の意見が提出された。その主な内容は次のとおりである。

・自機関で行っている事務処理とは異なるフローが多く，実装されても使えない

・電子申請の項目に不足しているものがある

・審査機能が実装されると考えていたが，データのインターフェースだけである

　　これらの意見が出された原因について分析したところ，主要ステークホルダ間での認識は合っていたものの，要件定義を担当したシステム開発事業者にその内容が十分に伝わっておらず，誤った要件定義を行っていたことが分かった。

3.2　実行段階におけるステークホルダとのコミュニケーション

　　計画段階においては，主要ステークホルダ間のコミュニケーションが不足しているとの判断から，主要ステークホルダである８機関のコミュニケーションを図るための運営組織を立ち上げた。また，情報共有のためのコミュニケーションツールも導入するなどの対策をとったが，実行段階で重要な役割を担う，システム開発事業者とのコミュニケーションが不足していたのが，今回の齟齬の原因である。

　　そこで，実行段階においては，運営組織に新たにシステム開発事業者を加え，日頃から細かく情報共有ができるように配慮するとともに，システム開発事業者との打合せの会議には全てのステークホルダの担当者が出席して，できるだけ早期にチェックできる体制とした。また，システム開発事業者にはステークホルダに分かりやすい説明をすることを求め，システムの画面仕様についてはモックアップを提示するなど，コミュニケーションの改善を図った。

　　以上の方策をとることによって，その後の認識の不一致は大幅に減少したと評価している。

●令和 4 年度秋期
午後II問題 IPA発表の出題趣旨と採点講評

問1

出題趣旨
事業環境の変化が激しい昨今では，プロジェクトの目的を実現するために，プロジェクトの実行中の計画変更に積極的に対応するとともに，この計画変更をプロジェクトにとって効果的に実施することが求められる。そのためには，計画変更に伴う脅威を抑えるとともに，計画変更を機会と捉えてこれを生かして適応力を高める対応策が重要である。 　本問は，プロジェクトチームの外部のステークホルダからプロジェクトの実行中に要求された計画変更について，機会を生かす対応策及び脅威を抑える対応策の策定，並びに対応策を反映させた計画変更の内容，実施の状況及び評価を具体的に論述することを求めている。論述を通じて，プロジェクトマネジメント業務を担う者として有すべき，事業環境の変化に対応するための計画変更の実施に関する知識，経験，実践能力などを評価する。

問2

出題趣旨
ステークホルダはプロジェクト目標の達成に様々な影響を及ぼす。プロジェクトマネジメント業務を担う者は，ステークホルダによって及ぼされる影響が目標の達成の妨げとならないように，ステークホルダと積極的にコミュニケーションを行う必要がある。 　本問は，プロジェクト目標の達成に向けて，計画段階ではステークホルダの期待を的確にマネジメントするためのコミュニケーションについて，実行段階ではステークホルダの認識の齟齬や誤解を解消するためのコミュニケーションについて，それぞれ具体的に論述することを求めている。論述を通じて，プロジェクトマネジメント業務を担う者として有すべき，ステークホルダマネジメントにおけるコミュニケーションに関する知識，経験，実践能力などを評価する。

午後II解答

問1,問2

採点講評
全問に共通して,問題文中の事例や見聞きしたプロジェクトの事例を参考にしたと思われる論述や,プロジェクトの作業状況の記録に終始して,自らの考えや行動に関する記述が希薄な論述が散見された。プロジェクトマネジメント業務を担う者として,主体的に考えてプロジェクトマネジメントに取り組む姿勢を明確にした論述を心掛けてほしい。 　問1では,脅威を抑える対応策については,実際の経験に基づいて論述していることがうかがわれた。一方で,機会を生かす対応策については,対応策が不明な論述やプロジェクトの状況に即していない論述も見受けられた。事業環境の変化が激しい昨今では,プロジェクトマネジメント業務を担う者として計画変更に伴う脅威を抑えるとともに,計画変更をプラスの機会と捉えて積極的に対応できるように,変化への適応力を高めるためのプロジェクトマネジメントのスキルの習得に努めてほしい。 　問2では,計画段階におけるコミュニケーションについては,プロジェクトマネジメント業務を担う者として期待される経験が不足していると推察される論述が見受けられた。一方,実行段階におけるコミュニケーションについては,認識の不一致の原因や不一致の解消のためのステークホルダへの働きかけなどについて,具体的に論述できているものが多かった。プロジェクトマネジメント業務を担う者として,ステークホルダとの関係性の維持・改善を意識して,コミュニケーションのスキル向上に努めてほしい。

令和5年度秋期試験
問題と解答・解説編

問題を解き，**解答・解説**でポイントを確認してください

令和5年度　秋期
プロジェクトマネージャ試験
データベーススペシャリスト試験
エンベデッドシステムスペシャリスト試験
システム監査技術者試験
情報処理安全確保支援士試験
午前Ⅰ　問題【共通】

試験時間	9:30 ～ 10:20 （50分）

注意事項

1. 試験開始及び終了は，監督員の時計が基準です。監督員の指示に従ってください。試験時間中は，退室できません。

2. 試験開始の合図があるまで，問題冊子を開いて中を見てはいけません。

3. 答案用紙への受験番号などの記入は，試験開始の合図があってから始めてください。

4. 問題は，次の表に従って解答してください。

問題番号	問1 ～ 問30
選択方法	全問必須

5. 答案用紙の記入に当たっては，次の指示に従ってください。

   (1) 答案用紙は光学式読取り装置で読み取った上で採点しますので，B 又は HB の黒鉛筆で答案用紙のマークの記入方法のとおりマークしてください。マークの濃度がうすいなど，マークの記入方法のとおり正しくマークされていない場合は，読み取れないことがあります。特にシャープペンシルを使用する際には，マークの濃度に十分注意してください。訂正の場合は，あとが残らないように消しゴムできれいに消し，消しくずを残さないでください。

   (2) 受験番号欄に受験番号を，生年月日欄に受験票の生年月日を記入及びマークしてください。答案用紙のマークの記入方法のとおりマークされていない場合は，採点されないことがあります。生年月日欄については，受験票の生年月日を訂正した場合でも，訂正前の生年月日を記入及びマークしてください。

   (3) 解答は，次の例題にならって，解答欄に一つだけマークしてください。答案用紙のマークの記入方法のとおりマークされていない場合は，採点されません。

   〔例題〕　秋期の情報処理技術者試験・情報処理安全確保支援士試験が実施される月はどれか。

   　　　　ア　8　　　　イ　9　　　　ウ　10　　　　エ　11

   　　　　正しい答えは "ウ　10" ですから，次のようにマークしてください。

例題	⑦ ④ ● ㊴

注意事項は問題冊子の裏表紙に続きます。
こちら側から裏返して，必ず読んでください。

6. **問題に関する質問にはお答えできません。** 文意どおり解釈してください。

7. 問題冊子の余白などは，適宜利用して構いません。ただし，問題冊子を切り離して利用することはできません。

8. 試験時間中，机上に置けるものは，次のものに限ります。

   なお，会場での貸出しは行っていません。

   受験票，黒鉛筆及びシャープペンシル（B 又は HB），鉛筆削り，消しゴム，定規，時計（時計型ウェアラブル端末は除く。アラームなど時計以外の機能は使用不可），ハンカチ，ポケットティッシュ，目薬

   これら以外は机上に置けません。使用もできません。

9. 試験終了後，この問題冊子は持ち帰ることができます。

10. 答案用紙は，いかなる場合でも提出してください。回収時に提出しない場合は，採点されません。

11. 試験時間中にトイレへ行きたくなったり，気分が悪くなったりした場合は，手を挙げて監督員に合図してください。

12. 午前 II の試験開始は <u>10:50</u> ですので，<u>10:30</u> までに着席してください。

問題文中で共通に使用される表記ルール

各問題文中に注記がない限り，次の表記ルールが適用されているものとする。

1. 論理回路

図記号	説明
	論理積素子（AND）
	否定論理積素子（NAND）
	論理和素子（OR）
	否定論理和素子（NOR）
	排他的論理和素子（XOR）
	論理一致素子
	バッファ
	論理否定素子（NOT）
	スリーステートバッファ
	素子や回路の入力部又は出力部に示される○印は，論理状態の反転又は否定を表す。

2．回路記号

図記号	説明
—⋁⋁⋁—	抵抗（R）
—||—	コンデンサ（C）
—▷|—	ダイオード（D）
—K —K	トランジスタ（Tr）
⊥⊥⊥	接地
▷—	演算増幅器

問1　逆ポーランド表記法（後置記法）で表現されている式 ABCD － × ＋において，A＝16，B＝8，C＝4，D＝2 のときの演算結果はどれか。逆ポーランド表記法による式 AB ＋は，中置記法による式 A ＋ B と同一である。

ア　32　　　　　　イ　46　　　　　　ウ　48　　　　　　エ　94

問2　図のように 16 ビットのデータを 4×4 の正方形状に並べ，行と列にパリティビットを付加することによって何ビットまでの誤りを訂正できるか。ここで，図の網掛け部分はパリティビットを表す。

1	0	0	0	1
0	1	1	0	0
0	0	1	0	1
1	1	0	1	1
0	0	0	1	

ア　1　　　　　　イ　2　　　　　　ウ　3　　　　　　エ　4

問3 あるデータ列を整列したら状態 0 から順に状態 1, 2, ···, N へと推移した。整列に使ったアルゴリズムはどれか。

状態 0　3, 5, 9, 6, 1, 2
状態 1　3, 5, 6, 1, 2, 9
状態 2　3, 5, 1, 2, 6, 9
.
.
.
状態 N　1, 2, 3, 5, 6, 9

ア　クイックソート　　　　　　　　　イ　挿入ソート
ウ　バブルソート　　　　　　　　　　エ　ヒープソート

問4 パイプラインの性能を向上させるための技法の一つで，分岐条件の結果が決定する前に，分岐先を予測して命令を実行するものはどれか。

ア　アウトオブオーダー実行　　　　　イ　遅延分岐
ウ　投機実行　　　　　　　　　　　　エ　レジスタリネーミング

問5 IaC (Infrastructure as Code) に関する記述として，最も適切なものはどれか。

ア　インフラストラクチャの自律的なシステム運用を実現するために，インシデントへの対応手順をコードに定義すること
イ　各種開発支援ツールを利用するために，ツールの連携手順をコードに定義すること
ウ　継続的インテグレーションを実現するために，アプリケーションの生成手順や試験の手順をコードに定義すること
エ　ソフトウェアによる自動実行を可能にするために，システムの構成や状態をコードに定義すること

問6　プリエンプティブな優先度ベースのスケジューリングで実行する二つの周期タスク A 及び B がある。タスク B が周期内に処理を完了できるタスク A 及び B の最大実行時間及び周期の組合せはどれか。ここで，タスク A の方がタスク B より優先度が高く，かつ，タスク A と B の共有資源はなく，タスク切替え時間は考慮しないものとする。また，時間及び周期の単位はミリ秒とする。

ア
	タスクの 最大実行時間	タスクの 周期
タスクA	2	4
タスクB	3	8

イ
	タスクの 最大実行時間	タスクの 周期
タスクA	3	6
タスクB	4	9

ウ
	タスクの 最大実行時間	タスクの 周期
タスクA	3	5
タスクB	5	13

エ
	タスクの 最大実行時間	タスクの 周期
タスクA	4	6
タスクB	5	15

問7　真理値表に示す3入力多数決回路はどれか。

入力			出力
A	B	C	Y
0	0	0	0
0	0	1	0
0	1	0	0
0	1	1	1
1	0	0	0
1	0	1	1
1	1	0	1
1	1	1	1

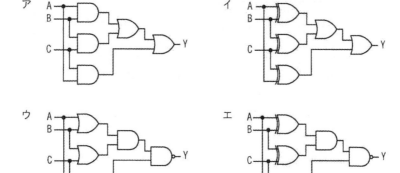

問8　バーチャルリアリティに関する記述のうち，レンダリングの説明はどれか。

ア　ウェアラブルカメラ，慣性センサーなどを用いて非言語情報を認識する処理

イ　仮想世界の情報をディスプレイに描画可能な形式の画像に変換する処理

ウ　視覚的に現実世界と仮想世界を融合させるために，それぞれの世界の中に定義された3次元座標を一致させる処理

エ　時間経過とともに生じる物の移動などの変化について，モデル化したものを物理法則などに当てはめて変化させる処理

問9 DBMS をシステム障害発生後に再立上げするとき，ロールフォワードすべきトラン
ザクションとロールバックすべきトランザクションの組合せとして，適切なものはど
れか。ここで，トランザクションの中で実行される処理内容は次のとおりとする。

トランザクション	データベースに対する Read 回数 と Write 回数
T1, T2	Read 10, Write 20
T3, T4	Read 100
T5, T6	Read 20, Write 10

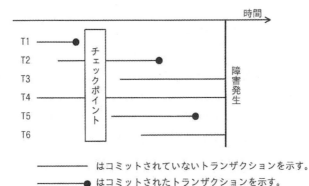

――――――― はコミットされていないトランザクションを示す。
――――● はコミットされたトランザクションを示す。

	ロールフォワード	ロールバック
ア	T2, T5	T6
イ	T2, T5	T3, T6
ウ	T1, T2, T5	T6
エ	T1, T2, T5	T3, T6

問10 サブネットマスクが 255.255.252.0 のとき，IP アドレス 172.30.123.45 のホスト
が属するサブネットワークのアドレスはどれか。

ア 172.30.3.0　　イ 172.30.120.0　　ウ 172.30.123.0　　エ 172.30.252.0

問11 IPv4 ネットワークにおけるマルチキャストの使用例に関する記述として，適切な
ものはどれか。

ア LAN に初めて接続する PC が，DHCP プロトコルを使用して，自分自身に割り当て
られる IP アドレスを取得する際に使用する。

イ ネットワーク機器が，ARP プロトコルを使用して，宛先 IP アドレスから MAC ア
ドレスを得るためのリクエストを送信する際に使用する。

ウ メーリングリストの利用者が，SMTP プロトコルを使用して，メンバー全員に対
し，同一内容の電子メールを一斉送信する際に使用する。

エ ルータが RIP-2 プロトコルを使用して，隣接するルータのグループに，経路の更
新情報を送信する際に使用する。

問12 パスワードクラック手法の一種である，レインボーテーブル攻撃に該当するものは
どれか。

ア 何らかの方法で事前に利用者 ID と平文のパスワードのリストを入手しておき，
複数のシステム間で使い回されている利用者 ID とパスワードの組みを狙って，ロ
グインを試行する。

イ パスワードに成り得る文字列の全てを用いて，総当たりでログインを試行する。

ウ 平文のパスワードとハッシュ値をチェーンによって管理するテーブルを準備して
おき，それを用いて，不正に入手したハッシュ値からパスワードを解読する。

エ 利用者の誕生日，電話番号などの個人情報を言葉巧みに聞き出して，パスワード
を類推する。

問13 自社の中継用メールサーバで，接続元 IP アドレス，電子メールの送信者のメール
アドレスのドメイン名，及び電子メールの受信者のメールアドレスのドメイン名から
成るログを取得するとき，外部ネットワークからの第三者中継と判断できるログはど
れか。ここで，AAA.168.1.5 と AAA.168.1.10 は自社のグローバル IP アドレスとし，
BBB.45.67.89 と BBB.45.67.90 は社外のグローバル IP アドレスとする。a.b.c は自社
のドメイン名とし，a.b.d と a.b.e は他社のドメイン名とする。また，IP アドレスと
ドメイン名は詐称されていないものとする。

	接続元 IP アドレス	電子メールの送信者の メールアドレスの ドメイン名	電子メールの受信者の メールアドレスの ドメイン名
ア	AAA.168.1.5	a.b.c	a.b.d
イ	AAA.168.1.10	a.b.c	a.b.c
ウ	BBB.45.67.89	a.b.d	a.b.e
エ	BBB.45.67.90	a.b.d	a.b.c

問14 JPCERT コーディネーションセンター "CSIRT ガイド (2021 年 11 月 30 日)" では，CSIRT を機能とサービス対象によって六つに分類しており，その一つにコーディネーションセンターがある。コーディネーションセンターの機能とサービス対象の組合せとして，適切なものはどれか。

	機能	サービス対象
ア	インシデント対応の中で，CSIRT 間の情報連携，調整を行う。	他の CSIRT
イ	インシデントの傾向分析やマルウェアの解析，攻撃の痕跡の分析を行い，必要に応じて注意を喚起する。	関係組織，国又は地域
ウ	自社製品の脆弱性に対応し，パッチ作成や注意喚起を行う。	自社製品の利用者
エ	組織内 CSIRT の機能の一部又は全部をサービスプロバイダとして，有償で請け負う。	顧客

問15 DKIM (DomainKeys Identified Mail) に関する記述のうち，適切なものはどれか。

ア 送信側のメールサーバで電子メールにデジタル署名を付与し，受信側のメールサーバでそのデジタル署名を検証して送信元ドメインの認証を行う。

イ 送信者が電子メールを送信するとき，送信側のメールサーバは，送信者が正規の利用者かどうかの認証を利用者 ID とパスワードによって行う。

ウ 送信元ドメイン認証に失敗した際の電子メールの処理方法を記載したポリシーを DNS サーバに登録し，電子メールの認証結果を監視する。

エ 電子メールの送信元ドメインでメール送信に使うメールサーバの IP アドレスを DNS サーバに登録しておき，受信側で送信元ドメインの DNS サーバに登録されている IP アドレスと電子メールの送信元メールサーバの IP アドレスとを照合する。

問16 アプリケーションソフトウェアの開発環境上で，用意された部品やテンプレートを
GUI による操作で組み合わせたり，必要に応じて一部の処理のソースコードを記述し
たりして，ソフトウェアを開発する手法はどれか。

ア 継続的インテグレーション　　　　イ ノーコード開発
ウ プロトタイピング　　　　　　　　エ ローコード開発

問17 組込みシステムのソフトウェア開発に使われる IDE の説明として，適切なものはど
れか。

ア エディター，コンパイラ，リンカ，デバッガなどが一体となったツール
イ 専用のハードウェアインタフェースで CPU の情報を取得する装置
ウ ターゲット CPU を搭載した評価ボードなどの実行環境
エ タスクスケジューリングの仕組みなどを提供するソフトウェア

問18 PMBOK ガイド 第 7 版によれば，プロジェクト・スコープ記述書に記述する項目は
どれか。

ア WBS　　　　　　　　　　　　　　イ コスト見積額
ウ ステークホルダー分類　　　　　　エ プロジェクトの除外事項

問19 プロジェクトのスケジュールを短縮したい。当初の計画は図1のとおりである。作業 E を作業 E1, E2, E3 に分けて，図 2 のとおりに計画を変更すると，スケジュールは全体で何日短縮できるか。

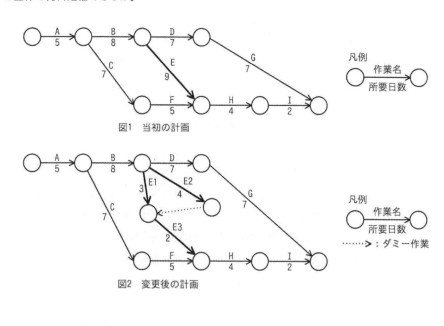

図1　当初の計画

図2　変更後の計画

凡例
作業名
所要日数
……▷：ダミー作業

ア　1　　　　　イ　2　　　　　ウ　3　　　　　エ　4

問20　Y社は，受注管理システムを運用し，顧客に受注管理サービスを提供している。日数が30日，月曜日の回数が4回である月において，サービス提供条件を達成するために許容されるサービスの停止時間は最大何時間か。ここで，サービスの停止時間は，小数第1位を切り捨てるものとする。

〔サービス提供条件〕
・サービスは，計画停止時間を除いて，毎日0時から24時まで提供する。
・計画停止は，毎週月曜日の0時から6時まで実施する。
・サービスの可用性は99%以上とする。

ア　0　　　　　　　イ　6　　　　　　　ウ　7　　　　　　　エ　13

問21　フルバックアップ方式と差分バックアップ方式とを用いた運用に関する記述のうち，適切なものはどれか。

ア　障害からの復旧時に差分バックアップのデータだけ処理すればよいので，フルバックアップ方式に比べ，差分バックアップ方式は復旧時間が短い。

イ　フルバックアップのデータで復元した後に，差分バックアップのデータを反映させて復旧する。

ウ　フルバックアップ方式と差分バックアップ方式とを併用して運用することはできない。

エ　フルバックアップ方式に比べ，差分バックアップ方式はバックアップに要する時間が長い。

問22 販売管理システムにおいて，起票された受注伝票の入力が，漏れなく，かつ，重複することなく実施されていることを確かめる監査手続として，適切なものはどれか。

ア 受注データから値引取引データなどの例外取引データを抽出し，承認の記録を確かめる。

イ 受注伝票の入力時に論理チェック及びフォーマットチェックが行われているか，テストデータ法で確かめる。

ウ 販売管理システムから出力したプルーフリストと受注伝票との照合が行われているか，プルーフリストと受注伝票上の照合印を確かめる。

エ 並行シミュレーション法を用いて，受注伝票を処理するプログラムの論理の正確性を確かめる。

問23 バックキャスティングの説明として，適切なものはどれか。

ア システム開発において，先にプロジェクト要員を確定し，リソースの範囲内で優先すべき機能から順次提供する開発手法

イ 前提として認識すべき制約を受け入れた上で未来のありたい姿を描き，予想される課題や可能性を洗い出し解決策を検討することによって，ありたい姿に近づける思考方法

ウ 組織において，下位から上位への発議を受け付けて経営の意思決定に反映するマネジメント手法

エ 投資戦略の有効性を検証する際に，過去のデータを用いてどの程度の利益が期待できるかをシミュレーションする手法

問24 SOA を説明したものはどれか。

ア 企業改革において既存の組織やビジネスルールを抜本的に見直し，業務フロー，管理機構及び情報システムを再構築する手法のこと

イ 企業の経営資源を有効に活用して経営の効率を向上させるために，基幹業務を部門ごとではなく統合的に管理するための業務システムのこと

ウ 発注者と IT アウトソーシングサービス提供者との間で，サービスの品質について合意した文書のこと

エ ビジネスプロセスの構成要素とそれを支援する IT 基盤を，ソフトウェア部品であるサービスとして提供するシステムアーキテクチャのこと

問25 半導体メーカーが行っているファウンドリーサービスの説明として，適切なものはどれか。

ア 商号や商標の使用権とともに，一定地域内での商品の独占販売権を与える。

イ 自社で半導体製品の企画，設計から製造までを一貫して行い，それを自社ブランドで販売する。

ウ 製造設備をもたず，半導体製品の企画，設計及び開発を専門に行う。

エ 他社からの製造委託を受けて，半導体製品の製造を行う。

問26 市場を消費者特性でセグメント化する際に，基準となる変数を，地理的変数，人口統計的変数，心理的変数，行動的変数に分類するとき，人口統計的変数に分類されるものはどれか。

ア 社交性などの性格　　　　　　イ 職業

ウ 人口密度　　　　　　　　　　エ 製品の使用割合

問27 オープンイノベーションの説明として，適切なものはどれか。

ア 外部の企業に製品開発の一部を任せることで，短期間で市場へ製品を投入する。

イ 顧客に提供する製品やサービスを自社で開発することで，新たな価値を創出する。

ウ 自社と外部組織の技術やアイディアなどを組み合わせることで創出した価値を，
　　さらに外部組織へ提供する。

エ 自社の業務の工程を見直すことで，生産性向上とコスト削減を実現する。

問28 スマートファクトリーで使用される AI を用いたマシンビジョンの目的として，適
　　切なものはどれか。

ア 作業者が装着した VR ゴーグルに作業プロセスを表示することによって，作業効
　　率を向上させる。

イ 従来の人間の目視検査を自動化し，検査効率を向上させる。

ウ 需要予測を目的として，クラウドに蓄積した入出荷データを用いて機械学習を行
　　い，生産数の最適化を行う。

エ 設計変更内容を，AI を用いて吟味して，製造現場に正確に伝達する。

問29 発生した故障について，発生要因ごとの件数の記録を基に，故障発生件数で上位を
　　占める主な要因を明確に表現するのに適している図法はどれか。

ア 特性要因図　　　　　　　　　イ パレート図

ウ マトリックス図　　　　　　　エ 連関図

問30 匿名加工情報取扱事業者が，適正な匿名加工を行った匿名加工情報を第三者提供する際の義務として，個人情報保護法に規定されているものはどれか。

ア 第三者に提供される匿名加工情報に含まれる個人に関する情報の項目及び提供方法を公表しなければならない。

イ 第三者へ提供した場合は，速やかに個人情報保護委員会へ提供した内容を報告しなければならない。

ウ 第三者への提供の手段は，ハードコピーなどの物理的な媒体を用いることに限られる。

エ 匿名加工情報であっても，第三者提供を行う際には事前に本人の承諾が必要である。

令和5年度　秋期
プロジェクトマネージャ試験
午前II　問題

試験時間	10:50 〜 11:30 （40分）

注意事項

1. 試験開始及び終了は，監督員の時計が基準です。監督員の指示に従ってください。試験時間中は，退室できません。

2. 試験開始の合図があるまで，問題冊子を開いて中を見てはいけません。

3. 答案用紙への受験番号などの記入は，試験開始の合図があってから始めてください。

4. 問題は，次の表に従って解答してください。

問題番号	問1 〜 問25
選択方法	全問必須

5. 答案用紙の記入に当たっては，次の指示に従ってください。

(1) 答案用紙は光学式読取り装置で読み取った上で採点しますので，B 又は HB の黒鉛筆で答案用紙のマークの記入方法のとおりマークしてください。マークの濃度がうすいなど，マークの記入方法のとおり正しくマークされていない場合は，読み取れないことがあります。特にシャープペンシルを使用する際には，マークの濃度に十分注意してください。訂正の場合は，あとが残らないように消しゴムできれいに消し，消しくずを残さないでください。

(2) 受験番号欄に受験番号を，生年月日欄に受験票の生年月日を記入及びマークしてください。答案用紙のマークの記入方法のとおりマークされていない場合は，採点されないことがあります。生年月日欄については，受験票の生年月日を訂正した場合でも，訂正前の生年月日を記入及びマークしてください。

(3) 解答は，次の例題にならって，解答欄に一つだけマークしてください。答案用紙のマークの記入方法のとおりマークされていない場合は，採点されません。

〔例題〕　秋期の情報処理技術者試験が実施される月はどれか。

　　　ア　8　　　　イ　9　　　　ウ　10　　　　エ　11

　　　正しい答えは "ウ　10" ですから，次のようにマークしてください。

例題	⑦ ⑦ ● ㊉

注意事項は問題冊子の裏表紙に続きます。
こちら側から裏返して，必ず読んでください。

6. 問題に関する質問にはお答えできません。文意どおり解釈してください。

7. 問題冊子の余白などは，適宜利用して構いません。ただし，問題冊子を切り離して利用することはできません。

8. 試験時間中，机上に置けるものは，次のものに限ります。

  なお，会場での貸出しは行っていません。

  受験票，黒鉛筆及びシャープペンシル（B 又は HB），鉛筆削り，消しゴム，定規，時計（時計型ウェアラブル端末は除く。アラームなど時計以外の機能は使用不可），ハンカチ，ポケットティッシュ，目薬

  これら以外は机上に置けません。使用もできません。

9. 試験終了後，この問題冊子は持ち帰ることができます。

10. 答案用紙は，いかなる場合でも提出してください。回収時に提出しない場合は，採点されません。

11. 試験時間中にトイレへ行きたくなったり，気分が悪くなったりした場合は，手を挙げて監督員に合図してください。

12. 午後 I の試験開始は <u>12:30</u> ですので，<u>12:10</u> までに着席してください。

試験問題に記載されている会社名又は製品名は，それぞれ各社又は各組織の商標又は登録商標です。

なお，試験問題では，^{TM} 及び ® を明記していません。

問1　アジャイル開発プロジェクトの状況について，振り返りで得られた教訓のうち，
　　　"アジャイル宣言の背後にある原則"に照らして適切なものはどれか。

〔プロジェクトの状況〕

　　イテレーション 1～6 から成る開発を計画し，イテレーションごとに動くソフトウェ
　アのデモを顧客に対して実施することによって，進捗状況を報告していた。イテレ
　ーション 4 のデモの後に顧客から機能追加の要求が提示された。顧客と対面による
　議論を行った結果，その要求に価値があると判断し，機能追加を受け入れることに
　した。機能追加を行うことによって，追加機能を含むイテレーション 5 の全機能の
　完成が間に合わなくなることが分かったので，イテレーション 5 の期間を延長して
　この機能追加を行うことにした。イテレーション 5 で予定していた全ての機能を実
　装してイテレーション 5 のデモを行ったときに，追加した機能の使い勝手に問題が
　あることが分かった。その時点で，当初予定した開発期間は終了した。

ア　開発の後期に提示された顧客からの機能追加の要求は受け入れず，拒否すべきで
　　あった。

イ　追加機能を含む機能の優先順位を顧客と合意し，イテレーション5の期間を延長
　　せずに，優先順位の高い機能から開発すべきであった。

ウ　使い勝手に関する認識の食い違いが発生しないように，対面ではなくメールによ
　　って記録を残す形で議論すべきであった。

エ　デモは顧客からの変更要望が出やすくなるので，進捗状況を完成度合いの数値で
　　表して報告すべきであった。

問2　JIS Q 21500:2018（プロジェクトマネジメントの手引）によれば，プロジェクトマネジメントに関する計画のプロセス群のプロセス"プロジェクト全体計画の作成"を実施する目的として，適切なものはどれか。

　　ア　活動リストの活動ごとに必要な資源を決定する。
　　イ　どのようにしてプロジェクトを実行し，管理し，終結するのかを文書化する。
　　ウ　プロジェクトに関係する全ての当事者から必要な全てのコミットメントを得る。
　　エ　プロジェクトの目標を達成するために完了する必要がある作業を表すための，階層的分割の枠組みを提供する。

問3　JIS Q 21500:2018（プロジェクトマネジメントの手引）によれば，プロジェクトマネジメントのプロセスのうち，計画のプロセス群に属するプロセスはどれか。

　　ア　スコープの定義　　　　　　　　　　イ　品質保証の遂行
　　ウ　プロジェクト憲章の作成　　　　　　エ　プロジェクトチームの編成

問4　JIS Q 21500:2018（プロジェクトマネジメントの手引）によれば，プロジェクトマネージャがステークホルダの貢献をプロジェクトに最大限利用することができるように，プロセス"ステークホルダのマネジメント"で行う活動はどれか。

　　ア　ステークホルダ及びステークホルダがプロジェクトに及ぼす影響を詳細に分析する。
　　イ　ステークホルダのコミュニケーションのニーズを確実に満足し，コミュニケーションの課題を解決する。
　　ウ　ステークホルダの情報のニーズ及び全ての法令要求に従った情報のニーズを特定し，そのニーズを満たすための適切な手段を明確にする。
　　エ　プロジェクトに影響されるか，又は影響を及ぼす個人，集団又は組織を明らかにし，その利害及び関係に関連する情報を文書化する。

問5 ある組織では，プロジェクトのスケジュールとコストの管理にアーンドバリューマ
　　ネジメントを用いている。期間 10 日間のプロジェクトの，5 日目の終了時点の状況
　　は表のとおりである。この時点でのコスト効率が今後も続くとしたとき，完成時総コ
　　スト見積り（EAC）は何万円か。

管理項目	金額（万円）
完成時総予算（BAC）	100
プランドバリュー（PV）	50
アーンドバリュー（EV）	40
実コスト（AC）	60

ア　110　　　　　　イ　120　　　　　　ウ　135　　　　　　エ　150

問6　表は，あるプロジェクトにおける作業① ～ ④の担当者，所要日数の見積り，前作業を示している。条件に従って，クリティカルチェーンプロジェクトマネジメント（CCPM）によって日程計画を策定するとき，プロジェクトバッファを含めた全体の所要日数は何日か。

〔条件〕
・各作業は，前作業が終了してから開始する。
・担当者が異なる作業は，並行して実施可能である。
・各作業の余裕日数は，式 "HP－ABP" によって算出する。
・プロジェクトバッファは，クリティカルチェーン上の作業の余裕日数の合計の半分とする。

作業	担当者	所要日数の見積り（日）		前作業
		HP [1]	ABP [2]	
①	A	8	6	なし
②	A	3	2	①
③	B	5	3	なし
④	A	4	3	②, ③

注 [1] HP（Highly Possible）による所要日数のこと。"まず大丈夫" と考えて見積もった所要日数であり，実現の確率は約90％である。

注 [2] ABP（Aggressive But Possible）による所要日数のこと。"厳しそうだが，やればできる" と考えて見積もった所要日数であり，実現の確率は約50％である。

ア　11　　　　　　イ　13　　　　　　ウ　14　　　　　　エ　15

問7　四つのアクティビティ A～D によって実行する開発プロジェクトがある。図は，各アクティビティの依存関係を PDM（プレシデンスダイアグラム法）によって表している。各アクティビティの実行に当たっては，同じ専門チームの支援が必要である。条件に従ってアクティビティを実行するとき，開発プロジェクトの最少の所要日数は何日か。

〔アクティビティの依存関係〕

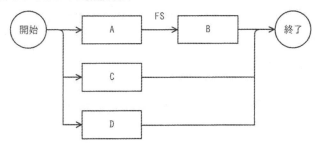

〔条件〕

・各アクティビティの所要日数及び実行に当たっての専門チームの支援期間は，次のとおりである。

アクティビティ名	所要日数（日）	専門チームの支援期間
A	10	実行する期間の最初の4日間
B	5	実行する期間の最初の2日間
C	10	実行する期間の最初の4日間
D	4	実行する期間の全て

・専門チームは，同時に複数のアクティビティの支援をすることはできない。

・専門チームは，各アクティビティを連続した日程で支援する。

・専門チーム以外の資源にアクティビティ間の競合はない。

ア　15　　　　　　イ　16　　　　　　ウ　17　　　　　　エ　18

問8　プロジェクトのスケジュール管理で使用する"クリティカルチェーン法"の実施例はどれか。

　ア　限りある資源とプロジェクトの不確実性とに対応するために，合流バッファとプロジェクトバッファとを設ける。

　イ　クリティカルパス上の作業に，生産性を向上させるための開発ツールを導入する。

　ウ　クリティカルパス上の作業に，要員を追加投入する。

　エ　クリティカルパス上の先行作業の全てが終了する前に後続作業に着手し，一部を並行して実施する。

問9　従業員が週に 40 時間働くソフトウェア会社がある。この会社が，1 人で開発すると 440 人時のプログラム開発を引き受けた。開発コストを次の条件で見積もるとき，10 人のチームで開発する場合のコストは，1 人で開発する場合のコストの何倍になるか。ここで，倍率は小数第 2 位を切り捨てて小数第 1 位まで求めるものとする。

〔条件〕
　(1)　10 人のチームでは，コミュニケーションをとるための工数が余分に発生する。
　(2)　コミュニケーションはチームのメンバーが総当たりでとり，その工数は 2 人 1 組の組合せごとに週当たり 4 人時（1 人につき 2 時間）である。
　(3)　従業員の週当たりのコストは従業員間で差がない。
　(4)　(1)～(3)以外の条件は無視できる。

　　ア　1.2　　　　　　　イ　1.5　　　　　　ウ　1.8　　　　　　エ　2.1

問10　売上管理を行うアプリケーションソフトウェアの規模を，条件に従ってファンクションポイント法で見積もる。調整要因も加味したファンクションポイント数は幾つか。ここで，未調整ファンクションポイントの算出は，JIS X 0142:2010（ソフトウェア技術―機能規模測定―IFPUG 機能規模測定手法（IFPUG 4.1 版未調整ファンクションポイント）計測マニュアル）による。

〔条件〕
・トランザクションファンクションの未調整ファンクションポイントの算出には，表1 ～ 表4 を用いる。
・データファンクションの未調整ファンクションポイントは，33 である。
・調整要因は，0.9 である。

表1　要素処理

要素処理	ファンクション型	関連ファイル数	データ項目数
①	外部入力	1	8
②	外部照会	3	21
③	外部照会	1	12
④	外部出力	2	10

表2　複雑さ（外部入力）

関連ファイル数	データ項目数		
	1 ～ 4	5 ～ 15	16 以上
0 ～ 1	低	低	中
2	低	中	高
3 以上	中	高	高

表3　複雑さ（外部出力，外部照会）

関連ファイル数	データ項目数		
	1 ～ 5	6 ～ 19	20 以上
0 ～ 1	低	低	中
2 ～ 3	低	中	高
4 以上	中	高	高

表4　未調整ファンクションポイント

ファンクション型	複雑さ		
	低	中	高
外部入力	3	4	6
外部出力	4	5	7
外部照会	3	4	6

ア　45　　　　イ　46　　　　ウ　49　　　　エ　50

問11 リスクマネジメントに使用するEMV（期待金額価値）の算出に用いる式はどれか。

ア　リスク事象発生時の影響金額　×　リスク事象の発生確率

イ　リスク事象発生時の影響金額　÷　リスク事象の発生確率

ウ　リスク事象発生時の影響金額　×　リスク対応に掛かるコスト

エ　リスク事象発生時の影響金額　÷　リスク対応に掛かるコスト

問12　JIS Q 21500:2018（プロジェクトマネジメントの手引）によれば，プロセス"リスクの特定"及びプロセス"リスクの評価"は，どのプロセス群に属するか。

ア　管理　　　　　イ　計画　　　　　ウ　実行　　　　　エ　終結

問13　a～cの説明に対応するレビューの名称として，適切な組合せはどれか。

a　参加者全員が持ち回りでレビュー責任者を務めながらレビューを行うので，参加者全員の参画意欲が高まる。

b　レビュー対象物の作成者が説明者になって，参加者は質問をし，かつ，要検討事項となり得るものについてコメントしてレビューを行う。

c　資料を事前に準備し，進行役の議長や読み上げ係といった，参加者の役割をあらかじめ決めておくとともに，焦点を絞って厳密にレビューし，結果を分析して，レビュー対象物を公式に評価する。

	a	b	c
ア	インスペクション	ウォークスルー	ラウンドロビン
イ	ウォークスルー	インスペクション	ラウンドロビン
ウ	ラウンドロビン	インスペクション	ウォークスルー
エ	ラウンドロビン	ウォークスルー	インスペクション

問14 オブジェクト指向における汎化の説明として，適切なものはどれか。

ア あるクラスを基に，これに幾つかの性質を付加することによって，新しいクラス
を定義する。

イ 幾つかのクラスに共通する性質をもつクラスを定義する。

ウ オブジェクトのデータ構造から所有の関係を見つける。

エ 同一名称のメソッドをもつオブジェクトを抽象化してクラスを定義する。

問15 アジャイル開発のフレームワークであるスクラムのルールとして，適切なものはど
れか。

ア 1か月以内のスプリント　　　　　イ 構造化言語による仕様の記述

ウ 頻繁なリファクタリング　　　　　エ ペアプログラミング

問16 JIS X 0160:2021（ソフトウェアライフサイクルプロセス）によれば，ソフトウェ
アシステムのライフサイクルで実行するプロセスグループの説明のうち，テクニカル
プロセスの説明はどれか。

ア 取得者及び供給者の双方が，それらの組織のために価値を実現し，ビジネス戦略
を支援することを可能にする。

イ 組織の管理者によって割り当てられた資源及び資産を管理すること，並びに一つ
以上の組織が行った合意を果たすために資源及び資産を適用することに関係する。

ウ プロジェクトが組織の利害関係者のニーズ及び期待を満たすことができるように，
必要な資源を提供することに関係する。

エ 利害関係者のニーズを製品又はサービスに変換し，その製品を適用するか，又は
そのサービスを運用することによって，利害関係者要件を満たし，顧客満足を獲得
できるようにする。

問17 組込み機器用のソフトウェアを開発委託する契約書に開発成果物の著作権の帰属先が記載されていない場合，委託元であるソフトウェア発注者に発生するおそれがある問題はどれか。ここで，当該ソフトウェアの開発は委託先が全て行うものとする。

ア 開発成果物を，委託元で開発する別のソフトウェアに適用できなくなる。

イ 当該ソフトウェアのソースコードを公開することが義務付けられる。

ウ 当該ソフトウェアを他社に販売する場合，バイナリ形式では販売できるが，ソースコードは販売できなくなる。

エ 当該ソフトウェアを組み込んだ機器のハードウェア部分の特許を取得できなくなる。

問18 新システムの開発を計画している。提案された 4 案の中で，TCO（総所有費用）が最小のものはどれか。ここで，このシステムは開発後，3 年間使用するものとする。

単位 百万円

	A案	B案	C案	D案
ハードウェア導入費用	30	30	40	40
システム開発費用	30	50	30	40
導入教育費用	5	5	5	5
ネットワーク通信費用／年	20	20	15	15
保守費用／年	6	5	5	5
システム運用費用／年	6	4	6	4

ア A案　　　　イ B案　　　　ウ C案　　　　エ D案

問19　JIS Q 20000-1:2020（サービスマネジメントシステム要求事項）を適用している組織において，サービスマネジメントシステム（SMS）が次の要求事項に適合している状況にあるか否かに関する情報を提供するために，あらかじめ定めた間隔で組織が実施するものはどれか。

〔要求事項〕
・SMS に関して，組織自体が規定した要求事項
・JIS Q 20000-1:2020 の要求事項

　ア　監視，測定，分析及び評価　　　　イ　サービスの報告
　ウ　内部監査　　　　　　　　　　　　エ　マネジメントレビュー

問20　要件定義プロセスにおいて，要件を評価する際には，矛盾している要件，検証できない要件などを識別することが求められている。次のうち，要件が検証可能である例はどれか。

　ア　個々の要件に，対応必須，対応すべき，できれば対応，対応不要といったように重要性のランク付けがなされている。
　イ　システムのライフサイクルの全期間を通して，システムに正当な利害関係をもつ個々の利害関係者が識別できている。
　ウ　システムやソフトウェアが，要件定義書の記述内容を満たすか否かをチェックするための方法があり，チェック作業が妥当な費用内で行える。
　エ　実現可能か否かにはこだわらず，全ての利害関係者のニーズ及び期待が漏れなく要件定義書に盛り込まれている。

問21　プロバイダ責任制限法が定める特定電気通信役務提供者が行う送信防止措置に関する記述として，適切なものはどれか。

ア　明らかに不当な権利侵害がなされている場合でも，情報の発信者から事前に承諾を得ていなければ，特定電気通信役務提供者は送信防止措置の結果として情報の発信者に生じた損害の賠償責任を負う。

イ　権利侵害を防ぐための送信防止措置の結果，情報の発信者に損害が生じた場合でも，一定の条件を満たしていれば，特定電気通信役務提供者は賠償責任を負わない。

ウ　情報発信者に対して表現の自由を保障し，通信の秘密を確保するために，特定電気通信役務提供者は，裁判所の決定を受けなければ送信防止措置を実施することができない。

エ　特定電気通信による情報の流通によって権利を侵害された者が，個人情報保護委員会に苦情を申し立て，被害が認定された際に特定電気通信役務提供者に対して命令される措置である。

問22　労働基準法で定める制度のうち，いわゆる 36 協定と呼ばれる労使協定に関する制度はどれか。

ア　業務遂行の手段，時間配分の決定などを大幅に労働者に委ねる業務に適用され，労働時間の算定は，労使協定で定めた労働時間の労働とみなす制度

イ　業務の繁閑に応じた労働時間の配分などを行い，労使協定によって 1 か月以内の期間を平均して 1 週の法定労働時間を超えないようにする制度

ウ　時間外労働，休日労働についての労使協定を書面で締結し，労働基準監督署に届け出ることによって，法定労働時間を超える時間外労働が認められる制度

エ　労使協定によって 1 か月以内の一定期間の総労働時間を定め，1 日の固定勤務時間以外では，労働者に始業・終業時刻の決定を委ねる制度

問23 セキュリティ評価基準である ISO/IEC 15408 の説明はどれか。

ア IT 製品のセキュリティ機能を，IT 製品の仕様書，ガイダンス，開発プロセスなどの様々な視点から評価するための国際規格である。

イ IT 製品やシステムを利用する要員に対するセキュリティ教育やセキュリティ監査の実施といった，組織でのセキュリティ管理を評価するための国際規格である。

ウ 暗号モジュールに暗号アルゴリズムが適切に実装されているかどうかを評価するための国際規格である。

エ 評価保証レベル（Evaluation Assurance Level：EAL）の要件に基づいて，セキュリティ機能の強度を評価するための国際規格である。

問24 デジタルフォレンジックスに該当するものはどれか。

ア 画像，音楽などのデジタルコンテンツに著作権者などの情報を埋め込む。

イ コンピュータやネットワークのセキュリティ上の弱点を発見するテストとして，システムを実際に攻撃して侵入を試みる。

ウ 巧みな話術，盗み聞き，盗み見などの手段によって，ネットワークの管理者，利用者などから，パスワードなどのセキュリティ上重要な情報を入手する。

エ 犯罪に関する証拠となり得るデータを保全し，調査，分析，その後の訴訟などに備える。

問25　脆弱性検査手法の一つであるファジングはどれか。

ア　既知の脆弱性に対するシステムの対応状況に注目し，システムに導入されている
　　ソフトウェアのバージョン及びパッチの適用状況の検査を行う。

イ　ソフトウェアの，データの入出力に注目し，問題を引き起こしそうなデータを大
　　量に多様なパターンで入力して挙動を観察し，脆弱性を見つける。

ウ　ソフトウェアの内部構造に注目し，ソースコードの構文をチェックすることによ
　　って脆弱性を見つける。

エ　ベンダーや情報セキュリティ関連機関が提供するセキュリティアドバイザリなど
　　の最新のセキュリティ情報に注目し，ソフトウェアの脆弱性の検査を行う。

令和5年度　秋期
プロジェクトマネージャ試験
午後Ⅰ　問題

試験時間	12:30 〜 14:00（1時間30分）

注意事項

1. 試験開始及び終了は，監督員の時計が基準です。監督員の指示に従ってください。

2. 試験開始の合図があるまで，問題冊子を開いて中を見てはいけません。

3. <u>答案用紙への受験番号などの記入は，試験開始の合図があってから始めてください。</u>

4. 問題は，次の表に従って解答してください。

問題番号	問1〜 問3
選択方法	2問選択

5. 答案用紙の記入に当たっては，次の指示に従ってください。

   (1) B又は HB の黒鉛筆又はシャープペンシルを使用してください。

   (2) <u>受験番号欄</u>に受験番号を，<u>生年月日欄</u>に受験票の<u>生年月日</u>を記入してください。正しく記入されていない場合は，採点されないことがあります。生年月日欄については，受験票の生年月日を訂正した場合でも，訂正前の生年月日を記入してください。

   (3) <u>選択した問題</u>については，次の例に従って，<u>選択欄</u>の<u>問題番号</u>を〇印で囲んでください。〇印がない場合は，採点されません。3問とも〇印で囲んだ場合は，はじめの2問について採点します。

   (4) 解答は，問題番号ごとに指定された枠内に記入してください。

   (5) 解答は，丁寧な字ではっきりと書いてください。読みにくい場合は，減点の対象になります。

〔問1，問3を選択した場合の例〕

選択欄

2問選択

問1

問2

問3

注意事項は問題冊子の裏表紙に続きます。
こちら側から裏返して，必ず読んでください。

6. 退室可能時間中に退室する場合は，手を挙げて監督員に合図し，答案用紙が回収されてから静かに退室してください。

退室可能時間	13:10 ～ 13:50

7. **問題に関する質問にはお答えできません。**文意どおり解釈してください。

8. 問題冊子の余白などは，適宜利用して構いません。ただし，問題冊子を切り離して利用することはできません。

9. 試験時間中，机上に置けるものは，次のものに限ります。

　なお，会場での貸出しは行っていません。

　受験票，黒鉛筆及びシャープペンシル（B 又は HB），鉛筆削り，消しゴム，定規，時計（時計型ウェアラブル端末は除く。アラームなど時計以外の機能は使用不可），ハンカチ，ポケットティッシュ，目薬

　これら以外は机上に置けません。使用もできません。

10. 試験終了後，この問題冊子は持ち帰ることができます。

11. 答案用紙は，いかなる場合でも提出してください。回収時に提出しない場合は，採点されません。

12. 試験時間中にトイレへ行きたくなったり，気分が悪くなったりした場合は，手を挙げて監督員に合図してください。

13. 午後 II の試験開始は 14:30 ですので，14:10 までに着席してください。

問1　価値の共創を目指すプロジェクトチームのマネジメントに関する次の記述を読んで，
　　設問に答えよ。

　　E 社は IT ベンダーで，不動産業や製造業を中心にシステムの構築，保守及び運用
を手掛けており，クラウドサービスの提供，大規模なシステム開発プロジェクト及び
アジャイル型開発プロジェクトのマネジメントの実績が豊富である。E 社では近年，
主要顧客からデジタル技術を活用した体験価値の提供についてよく相談を受けること
から，E 社経営層はこれをビジネスチャンスと捉え，事業化の検討を始めた。E 社内
で検討を進めたが，ショールームの来館体験や，住宅の完成イメージの体験など他社
でも容易に実現できそうなアイディアしか出てこず，経営層の期待する E 社独自の体
験価値を提供する目途が立たなかった。E 社経営層は新たな価値を創出する事業を実
現するために，社内外を問わずノウハウを結集する必要があると考えた。そこで，E
社は共同事業化の計画を作成し，G 社及び H 社に提案した。G 社は，デジタル技術に
よってものづくりだけでなくサービス提供を含めた事業変革を目指すことを宣言して
いる大手住宅建材・設備会社である。H 社は，VR や AR などの xR 技術とそれを生かし
た UI/UX のデザインに強みをもつベンチャー企業である。両社とも自社の強みを生か
せるメリットを感じ，共同事業化に合意して，E 社が 40%，G 社と H 社が 30%の出資
比率で新会社 X 社を設立した。

〔X 社の状況〕
　　X 社の役員及び社員は出資元各社から出向し，社長は E 社出身である。共同事業化
の計画では，xR 技術などを活用して，X 社独自の体験価値を提供するシステムを，ま
ずは G 社での実証実験向けに開発する。その実績をベースに不動産デベロッパーなど
への展開を目指して，新しいニーズやアイディアを取り込みながら価値を高めていく
構想である。X 社は，体験価値を提供するシステム開発プロジェクト（以下，X プロ
ジェクトという）を立ち上げた。X プロジェクトは，新たな体験価値を迅速に創出す
ることが目的であり，出資元各社がこれまで経験したことのない事業なので，X 社の
社長は，共同事業化の計画は開発の成果を確認しながら修正する意向である。一方で，
出資元の各社内の一部には，投資の回収だけを重視して，X 社ができるだけ早期に収
益を上げることを期待する意見もある。

〔X プロジェクトの立ち上げの状況〕

　プロジェクトチームは，各社から出向してきている社員から，システム開発やマネジメントの経験が豊富な10名のメンバーを選任して編成された。F氏は，旧知のX社社長から推薦されてE社から出向してきており，アジャイル型開発のリーダーの経験が豊富である。F氏は，システム開発アプローチについて，①スキルや知見を出し合いながらスピード感をもって進めるアジャイル型開発アプローチを採用することを提案した。メンバー全員で話し合った結果，F氏の提案が採用され，早急にプロジェクトを立ち上げるためにプロジェクトマネージャ（PM）の役割が必要であることから，F氏がPMに選任された。

　F氏は，Xプロジェクトは，出資元各社では過去に経験がない新たな価値の創出への取組であると捉えている。このことをPMが理解するだけでなく，メンバー全員が理解して自発的にチャレンジをすることが重要であると考えた。そして，チャレンジの過程で新たなスキルを獲得して専門性を高め，そこで得られたものも含めて，それぞれの知見や体験をメンバー全員で共有して，チームによる価値の共創力を高めることを目指そうと考えた。この考えの下で，F氏はメンバー全員にヒアリングした結果，次のことを認識した。

・メンバーはいずれも出資元各社では課長，主任クラスであり，担当するそれぞれの分野での経験やノウハウが豊富である。E社からは，F氏を含めて4名が，G社，H社からは，それぞれ3名が参加している。

・メンバーはXプロジェクトの目的の実現に前向きな姿勢であり，提供する具体的な体験価値に対して，それぞれに異なる思いをもっているが，共有されてはいない。

・メンバーは出資元各社の期待も意識して活動する必要があると感じている。これがメンバーのチャレンジへの制約となりそうなので，プロジェクトの環境に配慮が必要である。

・メンバーは，チームの運営方法や作業の分担などのプロジェクトの進め方について，基本的にはPMのF氏の考えを尊重する意向ではあるが，各自の経験に基づいた自分なりの意見ももっている。その一方で，現在は自分の考えや気持ちを誰に対してでも安心して発言できる状態にはないと感じており，意見をはっきりと主張することはまだ控えているようである。

　F氏は，ヒアリングで認識したメンバーの状況から，当面はF氏がPMとしてマネジ

メントすることを継続するものの，チームによる価値の共創力を高めるためには，早期にチームによる自律的なマネジメントに移行する必要があると考えた。ただし，Ｆ氏は，②自律的なマネジメントに移行するのは，チームの状態が改善されたことを慎重に確認してからにしようと考えた。

　一方でＦ氏は，リーダーがメンバーを動機付けしてチームのパフォーマンスを向上させるリーダーシップに関しては，メンバーの状況をモニタリングしながら修整（テーラリング）していくことにした。具体的には，リーダーが，各メンバーの活動を阻害する要因を排除し，活動しやすいプロジェクトの環境を整備する支援型リーダーシップと，リーダーが主導的にメンバーの作業分担などを決める指示型リーダーシップとのバランスに配慮することにした。そこで，メンバーの状況から，③指示型リーダーシップの発揮をできるだけ控え，支援型リーダーシップを基本とすることにした。そして，Ｘプロジェクトでメンバー全員に理解してほしい重要なことを踏まえて，④各メンバーがセルフリーダーシップを発揮できるようにしようと考えた。

〔目標の設定と達成に向けた課題と対策〕

　Ｆ氏は，ヒアリングで認識したメンバーの状況から，メンバーが価値を共創する上でチームの軸となる，提供する体験価値に関するＸプロジェクトの目標が必要と感じた。そこで，⑤メンバーで議論を重ね，メンバーが理解し納得した上で，Ｘプロジェクトの目標を設定しようと考えた。そして，"サイバー空間において近未来の暮らしを疑似体験できる"という体験価値の提供を目標として設定した。

　Ｆ氏は，設定したＸプロジェクトの目標，及び目標の達成に向けてメンバーの積極的なチャレンジが必要であるという認識をＸ社社長と共有した。また，チャレンジには失敗のリスクが避けられないが，失敗から学びながら成長して目標を達成するというプロジェクトの進め方となることについてもＸ社社長と認識を合わせて，Ｘ社社長からＸ社の役員に説明してもらい理解を得た。さらに，Ｆ氏は，ヒアリングから認識したメンバーの状況を踏まえ，Ｘ社社長から出資元各社にＸプロジェクトの進め方を説明してもらい，各社に納得してもらった。その上で，それをＸ社社長から各メンバーにも伝えてもらうことによって，⑥メンバーがチャレンジする上でのプロジェクトの環境を整備することにした。

〔X プロジェクトの行動の基本原則〕

F 氏は，X プロジェクトの行動の基本原則をメンバーと協議した上で次のとおり定めた。

・担当する作業を決める際は，自分の得意な作業やできそうな作業だけではなく，各自にとってチャレンジングな作業を含めること

・⑦他のメンバーに対して積極的にチャレンジの過程で得られたものを提供すること，また自身の専門性に固執せず柔軟に他のメンバーの意見を取り入れること

F 氏は，これらの行動の基本原則に基づいて作業を進めることで，チームによる価値の共創力を高めることにし，目標の達成に必要な作業を全てメンバーで洗い出して定義した。

設問1 〔X プロジェクトの立ち上げの状況〕について答えよ。

　(1) 本文中の下線①について，F 氏がアジャイル型開発アプローチを採用することを提案した理由は何か。30 字以内で答えよ。

　(2) 本文中の下線②について，F 氏が自律的なマネジメントに移行する際に確認しようとした，改善されたチームの状態とはどのような状態のことか。35 字以内で答えよ。

　(3) 本文中の下線③について，F 氏が指示型リーダーシップの発揮をできるだけ控えることにしたのは，メンバーがどのような状況であるからか。30 字以内で答えよ。

　(4) 本文中の下線④について，各メンバーがセルフリーダーシップを発揮できるようにしようとF 氏が考えた理由は何か。25 字以内で答えよ。

設問2 〔目標の設定と達成に向けた課題と対策〕について答えよ。

　(1) 本文中の下線⑤について，F 氏が，X プロジェクトの目標の設定に当たって，メンバーで議論を重ね，メンバーが理解し納得した上で設定しようと考えた狙いは何か。35 字以内で答えよ。

　(2) 本文中の下線⑥について，F 氏が，X プロジェクトの進め方を出資元各社に納得してもらい，それを X 社社長から各メンバーにも伝えてもらうことによって整備することにしたプロジェクトの環境とはどのような環境か。35 字以内で答えよ。

設問3　〔Xプロジェクトの行動の基本原則〕について，F氏が本文中の下線⑦をXプロ
　　　ジェクトの行動の基本原則とした狙いは何か。30字以内で答えよ。

問2　システム開発プロジェクトにおけるイコールパートナーシップに関する次の記述を
　　読んで，設問に答えよ。

　　S 社は，ソフトウェア会社である。予算と期限の制約を堅実に守りながら高品質な
ソフトウェアの開発で顧客の期待に応え，高い顧客満足を獲得している。開発アプロ
ーチは予測型が基本であり，プロジェクトを高い精度で正確に計画し，変更があれば
計画を見直し，それを確実に実行するという計画重視の進め方を採用してきた。
　　S 社の T 課長は，この8年間プロジェクトマネジメントに従事しており，現在は 12
名の部下を率いて，自ら複数のプロジェクトをマネジメントしている。数年前から，
プロジェクトを取り巻く環境の変化の速度と質が変わりつつあることを肌で感じてお
り，S 社のこれまでのやり方では，これからの環境の変化に対応できなくなると考え
た。そこで，適応型開発アプローチや回復力（レジリエンス）に関する勉強会に参加
するなどして，変化への対応に関する学びを深めてきた。

〔予測型開発アプローチに関する T 課長の課題認識〕
　　T 課長は，これまでの学びを受けて，現状の課題を次のように認識していた。
・顧客の事業環境は，ここ数年の世界的な感染症の流行などの影響で大きく変化して
　いる。受託開発においては，要件や契約条件の変更が日常茶飯事であり，顧客が求
　める価値（以下，顧客価値という）が，事業環境の変化にさらされて受託当初から
　変わっていく。この傾向は今後更に強まるだろう。したがって，①これまでの計画
　重視の進め方では，S 社のプロジェクトの一つ一つの活動が顧客価値に直結するか
　否かという観点で，プロジェクトマネジメントに関する課題を抱えることになる。
・顧客価値の変化に対応するためには，顧客も S 社も行動が必要であるが，顧客は，
　購買部門の意向で今後も予測型開発アプローチを前提とした請負契約を継続する考
　えである。そこで，しばらくは予測型開発アプローチに軸足を置きつつ，適応型開
　発アプローチへのシフトを準備していく。具体的には，計画の精度向上を過度には
　求めず，顧客価値の変化に対応する適応力と回復力の強化に注力していく。このよ
　うな状況の下では，まず S 社が行動を起こす必要がある。
・これまで S 社は，協力会社に対して，予測型開発アプローチを前提とした請負契約
　で発注してきたが，顧客価値の変化に対応するためには，今後も同じやり方を続け

るのが妥当かどうか見直すことが必要になる。

〔協力会社政策に関する T 課長の課題認識〕

　S 社は，これまで，"完成責任を全うできる協力会社の育成"を掲げて，協力会社政策を進めていた。その結果，協力会社のうち 3 社を予測型開発アプローチでの計画や遂行の力量がある優良協力会社に育成できたと評価している。

　しかし，T 課長は，現状の協力会社政策には次の二つの課題があると感じていた。

・顧客との契約変更を受けて行う一連の協力会社との契約変更，計画変更の労力が増加している。これらの労力が増えていくことは，プロジェクトの一つ一つの活動が顧客価値に直結するか否かという観点で，プロジェクトマネジメントに関する課題を抱えることになる。

・顧客から請負契約で受託した開発プロジェクトの一部の作業を，請負契約で外部に再委託することは，プロジェクトの制約に関するリスク対応戦略の"転嫁"に当たるが，実質的にはリスクの一部しか転嫁できない。というのも，委託先が納期までに完成責任を果たせなかった場合，契約上は損害賠償請求や追完請求などを行うことが可能だが，これらの権利を行使したとしても，②プロジェクトのある制約に関するリスクについては，既に対応困難な状況に陥っていることが多いからである。

　さらに T 課長には，請負契約で受託した開発プロジェクトで，リスクの顕在化の予兆を検知した場合に，顧客への伝達を躊躇したことがあった。これは，リスクが顕在化し，それを顧客に伝達した際に，顧客から契約上の規定によって何度も細かな報告を求められた経験があったからである。このような状況になると，PM やリーダーの負荷が増え，本来注力すべき領域に集中できなくなる。また，チームが強い監視下に入り，メンバーの士気が落ちていくことを経験した。そして T 課長は，自分自身がこれまで，協力会社に対して顧客と同様の行動をとっていたことに気づき，反省した。

　T 課長は，顧客と S 社，S 社と協力会社との間で，リスクが顕在化することによって協調関係が乱れてしまうのは，これまでのパートナーシップにおいて，発注者の優越的立場が受託者に及ぼす影響に関する認識が発注者に不足しているからではないか，と考えた。このことを踏まえ，発注者の優越的立場が悪影響を及ぼさないようにしっかり意識して行動することによって，顧客と S 社，S 社と協力会社とのパートナーシップは，顧客価値の創出という目標に向かってより良い対等な共創関係となることが

期待できる。そこで，顧客とS社との間に先立ち，S社と協力会社との間でイコール
パートナーシップ（以下，EPS という）の実現を目指すことを上司の役員と購買部門
に提案し，了解を得た。

〔パートナーシップに関する協力会社の意見〕

　T課長は，EPS を共同で探求する協力会社として，来月から始まる請負契約で受託
した開発プロジェクトで委託先として予定している優良協力会社のA社が最適だと考
えた。A社のB役員，PMのC氏とは，仕事上の関係も長く，気心も通じていた。

　T課長はA社に，次回のプロジェクトへの参加に先立って③EPS の"共同探求"と
いうテーマで対話をしたい，と申し入れた。そして，その背景として，これまで自分
が受託者の立場で感じてきたことを踏まえ，A社に対する行動を改善しようと考えて
いることと，これはあくまで自分の経験に基づいた考えにすぎないので多様な視点を
加えて修正したり更に深めたりしていきたいと思っていることを伝えた。A社の快諾
を得て，対話を行ったところ，B役員及びC氏からは次のような意見が上がった。

・進捗や品質のリスクの顕在化の予兆が検知された場合に，S社に伝えるのを躊躇し
　たことがあった。これは，T課長と同じ経験があり，自力で何とかするべきだ，と
　いう思いがあったからである。

・急激な変化が起こる状況での見積りは難しく，見積りと実績の差異が原因で発生す
　るプロジェクトの問題が多い。このような状況では，適応力と回復力の強化が重要
　だと感じる。

・S社と請負契約で契約することで計画力や遂行力がつき，生産性を向上させるモチ
　ベーションが上がった。S社以外との間で行っている業務の履行割合に応じて支払
　を受ける準委任契約においても善管注意義務はあるし，顧客満足の追求はもちろん
　行うのだが，請負契約に比べると，モチベーションが下がりがちである。

〔T課長がA社と探求する EPS〕

　両社はS社の購買部門を交えて対話を重ね，顧客価値を創出するための対等なパー
トナーであるという認識を共有することにした。そこでS社は発注者の立場で④ある
ことをしっかりと意識して行動することを基本とし，A社は，顧客価値の創出のため
のアイディアを提案していくことなどを通じて，両社の互恵関係を強化していくこと

にした。また，今後の具体的な活動として，次のような進め方で取り組むことを合意した。

・リスクのマネジメントは，両社が自律的に判断することを前提に，共同で行う。

・見積りは不確実性の内在した予測であり，計画と実績に差異が生じることは不可避であることを認識し，計画の過度な精度向上に掛ける労力を削減する。フレームワークとして，PDCA サイクルだけでなく，行動（Do）から始める DCAP サイクルや観察（Observe）から始めて実行（Act）までを高速に回す　　a　　ループも用いる。

・計画との差異の発生，変更の発生，予測困難な状況の変化などに対応するための適応力と　　b　　を強化することに取り組む。　　b　　を強化するためには，チームのマインドを楽観的で未来志向にすることが重要であるという心理学の知見を共有し，リカバリする際に，現実的な対処を前向きに積み重ねていく。特に，状況が悪いときこそ，チームの士気に注意してマネジメントする。

・顧客価値の変化に対応するために，契約については，請負契約ではなく，2020 年（令和 2 年）4 月施行の改正民法において準委任契約に新設された類型である　　c　　型をベースとして，これまでの請負契約での工程ごとの検収サイクルと同一のタイミングで，成果物の納入に対して支払を行う。

・さらに今後は，顧客価値の対象のうち必ずしも明確な成果物がないものが含まれることを鑑みて，コスト・プラス・インセンティブ・フィー（CPIF）契約の採用について検討を進める。この場合，S 社は委託作業に掛かった正当な全コストを期間に応じて都度支払い，さらにあらかじめ設定した達成基準を A 社が最終的に達成した場合には，S 社は A 社に対し　　d　　を追加で支払う。

　T 課長は，この試みによって，EPS の現実的な効果や課題などの経験知が得られるとともに，両社の適応力と　　b　　が強化されることを期待した。そして，この成果を基に，顧客を含めた EPS を実現し，より良い共創関係の構築を目指していくことにした。

設問1　〔予測型開発アプローチに関する T 課長の課題認識〕の本文中の下線①について，どのようなプロジェクトマネジメントに関する課題を抱えることになるのか。35 字以内で答えよ。

設問2　〔協力会社政策に関するT課長の課題認識〕の本文中の下線②について，既に
　　　　対応困難な状況とはどのような状況か。35字以内で答えよ。

設問3　〔パートナーシップに関する協力会社の意見〕の本文中の下線③について，T
　　　　課長は，"共同探求"の語を入れることによって A 社にどのようなメッセージを
　　　　伝えようとしたのか。20字以内で答えよ。

設問4　〔T課長がA社と探求するEPS〕について答えよ。

　　　(1)　本文中の下線④のあることとは何か。30字以内で答えよ。

　　　(2)　両社はリスクのマネジメントを共同で行うことによって，どのようなリス
　　　　　クマネジメント上の効果を得ようと考えたのか。25字以内で具体的に答えよ。

　　　(3)　本文中の　　　　a　　　　～　　　　d　　　　に入れる適切な字句を答えよ。

　　　(4)　両社は改正民法で準委任契約に新設された類型を適用したり，今後は CPIF
　　　　　契約の採用を検討したりすることで，A 社のプロジェクトチームに，顧客価値
　　　　　の変化に対応するためのどのような効果を生じさせようと考えたのか。25 字
　　　　　以内で答えよ。

問3　化学品製造業における予兆検知システムに関する次の記述を読んで，設問に答えよ。

　J 社は，化学品を製造する企業である。化学品を製造するための装置群（以下，プラントという）は 1960 年代に建設され，その後改修を繰り返して現在も使われている。プラントには，広大な敷地の中に，配管でつながれた多くの機器，タンクなど（以下，機器類という）が設置されている。

　機器類で障害が発生すると，プラントの停止につながることがあり，停止すると化学品を製造できないので，大きな機会損失となる。このような障害の発生を防止するため，J 社は，プラントの運転中に，ベテラン技術者が“機器類の状況について常に監視・点検を行い，その際に，機器類の障害の予兆となるような通常とは異なる状況があれば，早めに交換・修理”（以下，点検業務という）を行っている。機器類の障害を確実に予兆の段階で特定し，早めに交換・修理を行えば，障害を未然に防止できる。しかし，プラントに設置されている機器類は膨大な数に上り，どの機器類のどのような状況が障害の予兆となるのかを的確に判断するには，長年の経験を積んだベテラン技術者が点検業務を実施する必要がある。

　最近は，ベテラン技術者の退職が増え，点検業務の作業負荷が高まったことにベテラン技術者は不満を抱えている。一方で，以前はベテラン技術者が多数いて，点検業務の OJT によって中堅以下の技術者（以下，中堅技術者という）を育成していたが，最近はその余裕がなく，中堅技術者はベテラン技術者の指示でしか作業ができず，点検業務を任せてもらえないことに不満を抱えている。

　ベテラン技術者は，長年の経験で，機器類の障害の予兆を検知するのに必要な知見と，プラントの特性を把握した交換・修理のノウハウを多数有している。J 社では，デジタル技術を活用した，障害の予兆検知のシステム化を検討していた。これによってベテラン技術者の知見をシステムに取り込むことができれば，中堅技術者への業務移管が促進され，双方の不満が解消される。しかし，プラントの点検業務の作業は，一歩間違えば事故につながる可能性があり，プラントの特性を理解せずにシステムに頼った点検業務を行うことは事故につながりかねないとのベテラン技術者の抵抗があり，システム化の検討が進んでいない。

〔予兆検知システムの開発〕

　J社情報システム部のK課長は，ITベンダーのY社から設備の障害検知のアルゴリズムを利用したコンサルティングサービスを紹介された。K課長は，この設備の障害検知のアルゴリズムがプラントの障害の予兆検知のシステム化に使えるのではないかと考え，Y社に実現可能性を尋ねた。Y社からは，機器類の状況を示す時系列データが蓄積されていれば，多数ある機器類のうち，どの機器類の時系列データが障害の予兆検知に必要なデータかを特定して，予兆検知が可能になるのではないかとの回答を得た。そこでK課長は，プラントが設置されている工場に赴いて，プラントの点検業務の責任者であるL部長に相談した。L部長は，長年プラントの点検業務を担当してきており，ベテラン技術者からの信頼も厚い。

　L部長から，機器類の状況を示す時系列データとしては，長期間にわたり蓄積されたセンサーデータが利用できるとの説明があった。そこでK課長は，プラント上の様々な機器類のセンサーから得られるセンサーデータに対し，Y社のアルゴリズムを適用して"障害の予兆"を検知するシステム（以下，予兆検知システムという）の開発をL部長と協議した。

　K課長はL部長の同意を得た上で，工場と情報システム部で共同して，予兆検知システムの開発プロジェクト（以下，本プロジェクトという）を立ち上げることを経営層に提案して承認され，本プロジェクトが開始された。

〔プロジェクトの目的〕

　K課長は，本プロジェクトの目的を，"プラントの障害の予兆を検知し，障害を未然に防止すること"とした。さらにK課長は，中堅技術者が早い段階からシステムの仕様を理解し，システムを活用して障害の予兆が検知できれば，点検業務を担当することができ，ベテラン技術者の負荷軽減につながると考えた。一方で，システムの理解だけでなく，予兆を検知した際のプラントの特性を把握した交換・修理のノウハウを継承するための仕組みも用意しておく必要があると考えた。K課長は情報システム部のプロジェクトメンバーとともに，工場の技術者と共同でシステムの構想・企画の策定を開始することにした。その際，L部長に参加を依頼して了承を得た。

〔構想・企画の策定〕

　K課長は，L部長に依頼して工場の技術者全員を集め，L部長から本プロジェクトの目的を説明してもらった。その上で，K課長は，本プロジェクトでは，最初に要件定義チームを立ち上げ，長期にわたり蓄積されたセンサーデータから，障害の予兆を検知するデータの組合せを特定すること，及び予兆が検知された際の機器類の交換・修理の手順を可視化することに関して要件定義フェーズを実施することを説明した。要件定義チームは，工場の技術者，情報システム部のプロジェクトメンバー，及びY社のメンバーで構成される。

　K課長は，事前にY社に対し，業務委託契約の条項を詳しく説明していた。特に，J社の時系列データ及びY社のアルゴリズムの知的財産権の保護に関して，認識の相違がないことを十分に確認した上で，Y社にある支援を依頼していた。

　K課長は，要件定義チームの技術者のメンバーに，ベテラン技術者だけでなく中堅技術者も選任した。要件定義チームの作業は，多様な経験と点検業務に対する知見・要求をもつ，技術者，情報システム部のプロジェクトメンバー及びY社のメンバーが協力して進める。また，様々な観点から多様な意見を出し合い，その中からデータの組合せを特定するという探索的な進め方を，要件定義として半年を期限に実施する。その結果を受けて，予兆検知システムの開発のスコープが定まり，このスコープを基に，要件定義フェーズの期間を含めて1年間で本プロジェクトを完了するように開発フェーズを計画し，確実に計画どおりに実行する。

〔プロジェクトフェーズの設定〕

　本プロジェクトには，要件定義フェーズと開発フェーズという特性の異なる二つのプロジェクトフェーズがある。K課長は，要件定義フェーズは，仮説検証のサイクルを繰り返す適応型アプローチを採用して，仮説検証の1サイクルを2週間に設定した。一方，開発フェーズは予測型アプローチを採用し，本プロジェクトを確実に1年間で完了する計画とした。

　さらに，K課長は，機器類の交換・修理の手順を模擬的に実施することで，手順の間違いがプラントにどのように影響するかを理解できる機能を予兆検知システムに実装することにした。

設問1　〔プロジェクトの目的〕について，K 課長が，工場の技術者と共同でシステムの構想・企画の策定を開始する際に，長年プラントの点検業務を担当してきており，ベテラン技術者からの信頼も厚い，L 部長に参加を依頼することにした狙いは何か。35 字以内で答えよ。

設問2　〔構想・企画の策定〕について答えよ。

(1) K 課長が，L 部長に本プロジェクトの目的を説明してもらう際に，工場の技術者全員を集めた狙いは何か。25 字以内で答えよ。

(2) K 課長が，J 社と Y 社との間の知的財産権を保護する業務委託契約の条項を詳しく説明し，認識の相違がないことを十分に確認した上で，Y 社に依頼したのはどのような支援か。30 字以内で答えよ。

(3) K 課長が，要件定義チームのメンバーとして選任したベテラン技術者と中堅技術者に期待した役割は何か。それぞれ 30 字以内で答えよ。

設問3　〔プロジェクトフェーズの設定〕について答えよ。

(1) K 課長が，本プロジェクトのプロジェクトフェーズの設定において，要件定義フェーズと開発フェーズは特性が異なると考えたが，それぞれのプロジェクトフェーズの具体的な特性とは何か。それぞれ 20 字以内で答えよ。

(2) K 課長が，機器類の交換・修理の手順を模擬的に実施することで，手順の間違いがプラントにどのように影響するかを理解できる機能を予兆検知システムに実装することにした狙いは何か。35 字以内で答えよ。

令和5年度　秋期
プロジェクトマネージャ試験
午後II　問題

試験時間	14:30 〜 16:30（2時間）

注意事項

1. 試験開始及び終了は，監督員の時計が基準です。監督員の指示に従ってください。

2. 試験開始の合図があるまで，問題冊子を開いて中を見てはいけません。

3. 答案用紙への受験番号などの記入は，試験開始の合図があってから始めてください。

4. 問題は，次の表に従って解答してください。

問題番号	問1，問2
選択方法	1問選択

5. 答案用紙の記入に当たっては，次の指示に従ってください。

   (1) B又はHBの黒鉛筆又はシャープペンシルを使用してください。

   (2) 受験番号欄に受験番号を，生年月日欄に受験票の生年月日を記入してください。
   正しく記入されていない場合は，採点されないことがあります。生年月日欄につい
   ては，受験票の生年月日を訂正した場合でも，訂正前の生年月日を記入してくださ
   い。

   (3) 選択した問題については，次の例に従って，選択欄の問題番号を○印で囲んで
   ください。○印がない場合は，採点されません。2問とも○印で囲んだ場合は，は
   じめの1問について採点します。

   〔問2を選択した場合の例〕

注意事項は問題冊子の裏表紙に続きます。
こちら側から裏返して，必ず読んでください。

6. 解答に当たっては，次の指示に従ってください。指示に従わない場合は，評価を下げることがあります。

   (1) **問題文の趣旨に沿って解答してください。**

   (2) 解答欄は，"論述の対象とするプロジェクトの概要" と "本文" に分かれています。"論述の対象とするプロジェクトの概要" は，2 ページの記入方法に従って，全項目について記入してください。**項目に答えていない又は適切に答えていない場合（項目と本文のプロジェクトが異なる，項目間に矛盾があるなど）は減点されます。**

   (3) "本文" は，設問ごとに次の解答字数に従って，それぞれ指定された解答欄に記述してください。

   ・設問ア：800 字以内

   ・設問イ：**800 字以上** 1,600 字以内

   ・設問ウ：**600 字以上** 1,200 字以内

   (4) 解答は，丁寧な字ではっきりと書いてください。

7. 退室可能時間中に退室する場合は，手を挙げて監督員に合図し，答案用紙が回収されてから静かに退室してください。

退室可能時間	15:10 ～ 16:20

8. **問題に関する質問にはお答えできません。**文意どおり解釈してください。

9. 問題冊子の余白などは，適宜利用して構いません。ただし，問題冊子を切り離して利用することはできません。

10. 試験時間中，机上に置けるものは，次のものに限ります。

    なお，会場での貸出しは行っていません。

    受験票，黒鉛筆及びシャープペンシル（B 又は HB），鉛筆削り，消しゴム，定規，時計（時計型ウェアラブル端末は除く。アラームなど時計以外の機能は使用不可），ハンカチ，ポケットティッシュ，目薬

    これら以外は机上に置けません。使用もできません。

11. 試験終了後，この問題冊子は持ち帰ることができます。

12. 答案用紙は，いかなる場合でも提出してください。回収時に提出しない場合は，採点されません。

13. 試験時間中にトイレへ行きたくなったり，気分が悪くなったりした場合は，手を挙げて監督員に合図してください。

<u>"論述の対象とするプロジェクトの概要"の記入方法</u>

　論述の対象とするプロジェクトの概要と，そのプロジェクトに，あなたがどのような立場・役割で関わったかについて記入してください。

　質問項目①は，プロジェクトの名称を記入してください。

　質問項目②〜⑦，⑪〜⑬は，記入項目の中から該当する番号又は記号を〇印で囲み，必要な場合は（　　）内にも必要な事項を記入してください。複数ある場合は，該当するものを全て〇印で囲んでください。

　質問項目⑧，⑩，⑭及び⑮は，（　　）内に必要な事項を記入してください。

　質問項目⑨は，（　　）内に必要な事項を記入し，記入項目の中から該当する記号を〇印で囲んでください。

問1　プロジェクトマネジメント計画の修整（テーラリング）について

　　　システム開発プロジェクトでは，プロジェクトの目標を達成するために，時間，コ
　　スト，品質以外に，リスク，スコープ，ステークホルダ，プロジェクトチーム，コミ
　　ュニケーションなどもプロジェクトマネジメントの対象として重要である。プロジェ
　　クトマネジメント計画を作成するに当たっては，これらの対象に関するマネジメント
　　の方法としてマネジメントの役割，責任，組織，プロセスなどを定義する必要がある。
　　　その際に，マネジメントの方法として定められた標準や過去に経験した事例を参照
　　することは，プロジェクトマネジメント計画を作成する上で，効率が良くまた効果的
　　である。しかし，個々のプロジェクトには，プロジェクトを取り巻く環境，スコープ
　　定義の精度，ステークホルダの関与度や影響度，プロジェクトチームの成熟度やチー
　　ムメンバーの構成，コミュニケーションの手段や頻度などに関して独自性がある。
　　　システム開発プロジェクトを適切にマネジメントするためには，参照したマネジメ
　　ントの方法を，個々のプロジェクトの独自性を考慮して修整し，プロジェクトマネジ
　　メント計画を作成することが求められる。
　　　さらに，修整したマネジメントの方法の実行に際しては，修整の有効性をモニタリ
　　ングし，その結果を評価して，必要に応じて対応する。
　　　あなたの経験と考えに基づいて，設問ア～ウに従って論述せよ。

設問ア　あなたが携わったシステム開発プロジェクトの目標，その目標を達成するため
　　　　に，時間，コスト，品質以外に重要と考えたプロジェクトマネジメントの対象，
　　　　及び重要と考えた理由について，800 字以内で述べよ。
設問イ　設問アで述べたプロジェクトマネジメントの対象のうち，マネジメントの方法
　　　　を修整したものは何か。修整が必要と判断した理由，及び修整した内容について，
　　　　800 字以上 1,600 字以内で具体的に述べよ。
設問ウ　設問イで述べた修整したマネジメントの方法の実行に際して，修整の有効性を
　　　　どのようにモニタリングしたか。モニタリングの結果とその評価，必要に応じて
　　　　行った対応について，600 字以上 1,200 字以内で具体的に述べよ。

問2　組織のプロジェクトマネジメント能力の向上につながるプロジェクト終結時の評価
　　について

　　プロジェクトチームには，プロジェクト目標を達成することが求められる。しかし，
過去の経験や実績に基づく方法やプロセスに従ってマネジメントを実施しても，重要
な目標の一部を達成できずにプロジェクトを終結すること（以下，目標未達成という）
がある。このようなプロジェクトの終結時の評価の際には，今後のプロジェクトの教
訓として役立てるために，プロジェクトチームとして目標未達成の原因を究明して再
発防止策を立案する。

　　目標未達成の原因を究明する場合，目標未達成を直接的に引き起こした原因（以下，
直接原因という）の特定にとどまらず，プロジェクトの独自性を踏まえた因果関係の
整理や段階的な分析などの方法によって根本原因を究明する必要がある。その際，プ
ロジェクトチームのメンバーだけでなく，ステークホルダからも十分な情報を得る。
さらに客観的な立場で根本原因の究明に参加する第三者を加えたり，組織内外の事例
を参照したりして，それらの知見を活用することも有効である。

　　究明した根本原因を基にプロジェクトマネジメントの観点で再発防止策を立案する。
再発防止策は，マネジメントプロセスを煩雑にしたりマネジメントの負荷を大幅に増
加させたりしないような工夫をして，教訓として組織への定着を図り，組織のプロジ
ェクトマネジメント能力の向上につなげることが重要である。

　　あなたの経験と考えに基づいて，設問ア～ウに従って論述せよ。

設問ア　あなたが携わったシステム開発プロジェクトの独自性，未達成となった目標と
　　　　目標未達成となった経緯，及び目標未達成がステークホルダに与えた影響につい
　　　　て，800字以内で述べよ。

設問イ　設問アで述べた目標未達成の直接原因の内容，根本原因を究明するために行っ
　　　　たこと，及び根本原因の内容について，800字以上1,600字以内で具体的に述べ
　　　　よ。

設問ウ　設問イで述べた根本原因を基にプロジェクトマネジメントの観点で立案した再
　　　　発防止策，及び再発防止策を組織に定着させるための工夫について，600字以上
　　　　1,200字以内で具体的に述べよ。

●令和 5 年度秋期
午前 I 問題 解答・解説

問1　ア　　　　　逆ポーランド表記法で表現されている式の計算 (R5 秋・高度 午前 I 問 1)

　逆ポーランド表記法（後置記法）は，演算子を被演算子（演算する二つの値）の右側に記述する表記法である。例えば，中置記法の「A＋B」は，後置記法では「AB＋」のように表記する。問題のように式が連続している場合には，一般的な演算子の優先順によらず，次の様に演算子の出現順に計算していく。

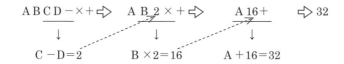

$$A B C D - × + \Rightarrow A B 2 × + \Rightarrow A 16 + \Rightarrow 32$$
$$\downarrow \qquad\qquad \downarrow \qquad\qquad \downarrow$$
$$C - D = 2 \qquad B × 2 = 16 \qquad A + 16 = 32$$

　したがって，演算結果は 32 となるため，（ア）が正解である。

問2　ア　　　　パリティビットの付加で訂正できるビット数 (R5 秋・高度 午前 I 問 2)

　パリティビットは，データに対して付加する冗長ビットである。そして，この冗長ビットも含めて"1"の状態のビットの数を偶数（あるいは奇数）となるようにする。問題のような行列（垂直・水平）ではなく，一方向だけのパリティビットの場合，奇数個のビット誤りは検出できるが，誤り箇所は識別できない。また，偶数個のビット誤りでは検出もできない。

　では，問題のような行列の場合はどうなるかを，調べてみる。

〔正しい状態〕

1	0	0	0	1
0	1	1	0	0
0	0	1	0	1
1	1	0	1	1
0	0	0	1	

←── データ部分の"1"ビットが一つなので，パリティビットは 1 とし，全体として"1"のビットの数が偶数になるようにしている。

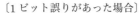
〔1ビット誤りがあった場合〕

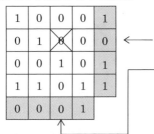

⊠ の箇所に誤りがあり，1のところが0となった。

← "1"ビットの数が奇数なので，この行に誤りが発生している。

→ "1"ビットの数が奇数なので，この列に誤りが発生。したがって，2行3列に誤りが発生していることが分かり，その値を訂正できる。

〔2ビットの誤りがあった場合〕

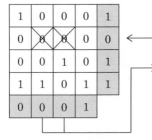

⊠ の箇所に誤りがあり，1のところが0になった。

← 1行に2ビット（偶数個）の誤りがある場合は，検出不可能。

→ それぞれの列のどこかに誤りがあることは検出できるが，どこであるかは分からない。

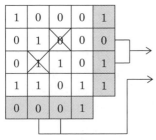

⊠ の箇所に誤りがある。

→ これらの行に誤りがあることが分かる。

→ これらの列に誤りがあることが分かる。
しかし，2行2列，2行3列，3行2列，3行3列のどこが誤りかは分からない。

　以上のように，1ビットの誤り検出と訂正は可能であるが，2ビットの誤り訂正は不可能である。よって，（ア）が正解である。なお，問題では「何ビットまでの誤りを訂正できるか」と問われているので，2ビットの誤り訂正ができないことが分かれば，3ビット以上を考える必要はない。

問3　ウ　　　　　　　　　　　整列に使ったアルゴリズム（R5秋・高度 午前I問3）

　データ列中の数字の位置の変化に注目する。状態0から状態1の推移を見ると，9が末尾に移動しているが，その他の数字の順序は変わらない。また，状態1から状態2を見ると，6が右に二つ移動しているが，その他の数字の順序は変わらない。これらの様子から，データ列を先頭（左端）から見ていき，隣り合う数字

の大小関係が正しくない場合は交換を行い，大小関係が正しくなるように末尾(右端)まで調べて整列を行っていることが分かる。このアルゴリズムで整列を行うのはバブルソートである。バブルとは泡のことで，泡がたっていく様子に似ていることからこの名称がついたとされる。したがって，(ウ)が正解である。

状態0から状態N（この例では4）へと推移する際に行われるデータの交換の様子を図に示す。

```
              先頭から見る
              →
状態0   3,  5,  9,←→6,  1,  2      9と6を交換
        3,  5,  6,  9,←→1,  2      9と1を交換
        3,  5,  6,  1,  9,←→2      9と2を交換→9の位置が確定
状態1   3,  5,  6,←→1,  2,  9      6と1を交換
        3,  5,  1,  6,←→2,  9      6と2を交換→6の位置が確定
状態2   3,  5,←→1,  2,  6,  9      5と1を交換
        3,  1,  5,←→2,  6,  9      5と2を交換→5の位置が確定
状態3   3←→1,  2,  5,  6,  9       3と1を交換
        1,  3,←→2,  5,  6,  9      3と2を交換→3の位置が確定
        1,  2,  3,  5,  6,  9      1と2は交換の必要がなく，1と2の位置が確定
状態4   1,  2,  3,  5,  6,  9      整列終了
```

図　状態0から状態4へと推移する際に行われるデータの交換の様子

同じデータ列に対して，(ア)，(イ)，(エ)のアルゴリズムで整列を行う様子を示す。

ア：クイックソートは，ソートの対象となるデータ列を基準に従って分割し，分割されたデータ列に対して同様の処理を繰り返してソートを行う方法である。グループの分け方や基準値の選び方には幾つか方法があり，次に整列の過程の一例を示す。

```
3,  5,  9,  6,  1,  2        基準値3より小さい数字と大きい数字に分ける。
1,  2, │ 3, │ 5,  9,  6      三つのグループに分割後，新たに基準値1と5を処理する。
1, │ 2, │ 3, │ 5, │ 9,  6   グループは五つになり，新たに基準値9を処理する。
1, │ 2, │ 3, │ 5, │ 6, │ 9  全てのデータが分割され，整列が終了する。
```

イ：挿入ソートは，数字を一つずつ取り出し，整列済のデータ列の適切な位置に
挿入を行い，整列を進める方法である。

| 3, | 5, | 9, | 6, | 1, | 2 | 3を整列済のデータ列（初めは0個）に挿入する。 |

3, 5, 9, 6, 1, 2　　3を整列済のデータ列（初めは0個）に挿入する。
3, 5, 9, 6, 1, 2　　5を整列済のデータ列（3）の適切な位置に挿入する。
3, 5, 9, 6, 1, 2　　9を整列済のデータ列（3,5）の適切な位置に挿入する。
3, 5, 9, 6, 1, 2　　6を整列済のデータ列（3,5,9）の適切な位置に挿入する。
3, 5, 6, 9, 1, 2　　1を整列済のデータ列（3,5,6,9）の適切な位置に挿入する。
1, 3, 5, 6, 9, 2　　2を整列済のデータ列（1,3,5,6,9）の適切な位置に挿入する。
1, 2, 3, 5, 6, 9　　整列終了

エ：ヒープソートは，データ列に対して，「親＞子」（又は「親＜子」）という関係
（ヒープの性質）になるような2分木を構成し，そこから最大値（又は最小値）
を取り出し，整列を進める方法である。例えば，データ列 3, 5, 9, 6, 1, 2
から木構造を作成し，「親＞子」を満たすように数字を交換し，最大値を取り出
す例を示す。

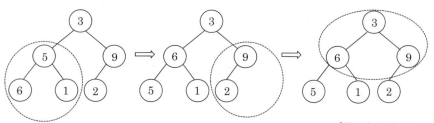

「親＞子」になるよ　　　「親＞子」を満たしている。　　　「親＞子」になるよ
うに，5と6を交換。　　　　　　　　　　　　　　　　　うに，3と9を交換。

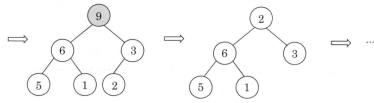

最大値9が決定。9を除く　　　この例では，葉の右端にあった2を根に移動。
残りのデータで木を再構成する。　同様に「親＞子」になるように交換を行いながら，
　　　　　　　　　　　　　　　　木を再構成していき，最大値（根）を除く。

問4　ウ　　　　　　　　　　　　　　パイプラインの性能を向上させる技法（R5秋·高度 午前I問4）

パイプラインは，命令の実行を幾つかのステージに分割して，複数の命令の異

なるステージを同時に実行することによって，CPUの性能を向上させる手法である。この手法を単純にとらえると，物理的に連続する順番で続く命令の先読みなど，命令実行のための準備をしておくということである。しかし，分岐命令が実行されると，せっかく行った続く命令の実行準備が無駄になってしまい，こうしたことがパイプラインによる性能向上を阻害する原因（ハザードと呼ばれる）となる。

選択肢の内容は全て阻害要因の対策技法であり，これらのうち"分岐先を予測して命令を実行"する技法は，（ウ）の投機実行と呼ばれる。予想に基づく実行なので，無駄になることもあり，"投機"ということになる。なお，分岐先の予想は，過去の分岐履歴によって行われることが一般的である。

ア：パイプラインによる並列実行性能を向上させるために，プログラムの意味を変えない範囲で実際の命令の並び（オーダー）とは，違う順序で命令を実行する技法である。

イ：投機実行は，予想に反した分岐となった場合，投機的に実行した部分が無駄になるが，こうしたことのないように，分岐命令の直前にある命令など，どちらに分岐しても必ず実行する命令を，分岐スロットと呼ばれる分岐命令の直後の位置に移動させ，その命令を実行してから分岐させる技法。直後に移動した命令の実行を待ってから分岐するため，分岐が遅延することから，遅延分岐と呼ばれる。

エ：連続した命令中に同じレジスタが指定されている場合，前の命令がレジスタを使い終わるまで，次の命令の実行準備が待たされ，パイプラインによる並列処理が有効に機能しない。レジスタリネーミングとは，こうした命令間で，前の命令の実行結果（レジスタの値）を次の命令で利用するなどの関係がない場合に，命令中で指定されているのとは違ったレジスタを割り当てることによって，並列処理性能を向上させる技法である。

問5　エ　　　　　　　　　　　IaCに関する記述（R5秋・高度 午前Ⅰ問5）

IaC（Infrastructure as Code）は，システムの基盤を構成するハードウェア，ソフトウェア（OSも含む），ネットワーク，データベースなどのインフラストラクチャの管理・運用に必要なシステム構成や状態，及び構築や管理手順を，プログラムのようにコードとして記述して，ソフトウェアによる自動実行を可能にする手法である。したがって，（エ）が正解である。

IaCを導入すると，自動化による人為的なミスの削減によって品質の向上が図られ，管理コストの削減も可能になるといったメリットがある。一方，導入時にコストや作業時間が発生するといったデメリットが挙げられる。

ア：インシデントは，「出来事，事件」といった意味の英単語で，「何らかの問題が発生して，事故（アクシデント）が起きる可能性がある状況」を指す。IaCはインシデントへの対応手順のコード化を目的とするものではないので，適切

ではない。

イ：IaC は，開発の局面で使用する各種開発支援ツールの連携手順をコードに定義するものではないので，適切ではない。

ウ：継続的インテグレーションとは，ソフトウェアの開発者が作成又は変更したコードを，定期的に中央のリポジトリに統合し，再構成してテストを行う手法で，バグの早期発見や完成までの時間短縮といったメリットがある。IaC は，継続的インテグレーションを実現するための手順をコードに定義する目的をもったものではないので，適切ではない。

問6　ア　　　　　　　　　　　　タスクの最大実行時間と周期の組合せ（R5 秋·高度 午前 I 問 6）

　プリエンプティブな優先度ベースのスケジューリングで実行する二つの周期タスク（一定間隔で実行される処理）A 及び B があるとき，タスク B が周期内に処理を完了できるタスク A 及び B の最大実行時間及び周期の正しい組合せを考える。ここで，プリエンプティブな優先度ベースのスケジューリングとは，プリエンプティブ（preemptive；先取り，横取り）の用語が意味するように，最も高い優先度をもつタスクから実行する方式において，現在実行中のタスクより優先度の高いタスクが実行可能になると，切替えが行われて優先度の高いタスクが実行される。そして，その実行が終了するまで切り替えられたタスクは実行可能状態で待機する。

　ここで，問題を考える上で，重要な条件は次のとおりである。

① タスク A の方がタスク B より優先度が高い。

② タスク A と B の共有資源はない。

③ タスクの切替え時間は考慮しない。

④ 時間及び周期の単位はミリ秒とする。

　これらの条件の下で，それぞれ実行を行った様子を示す。タスク A の方がタスク B より優先度が高いので，最初に実行されるのはタスク A である。様子を示した図のタスク内に示す分数は，例えば 2/3 であれば，タスクの最大実行時間 3 のうちの 2 の実行が終了していることを表す。したがって，実行の様子を示した図から，タスク B が周期内に処理を完了できるのは，（ア）となる。

ア：タスク A は周期の 4 ミリ秒内に処理を完了し，タスク B も周期の 8 ミリ秒内の 7 ミリ秒の時点で処理を完了できるので，正しい組合せである。

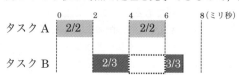

イ：タスク A は周期の 6 ミリ秒内に処理を完了できるが，タスク B は周期の 9 ミリ秒内で処理を完了できないので，この組合せは正しくない。

ウ：タスク A は周期の 5 ミリ秒内にその処理を完了できるが，タスク B は周期の 13 ミリ秒内で処理を完了できないので，この組合せは正しくない。

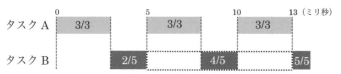

エ：タスク A は周期の 6 ミリ秒内にその処理を完了できるが，タスク B は周期の 15 ミリ秒内で処理を完了できないので，この組合せは正しくない。

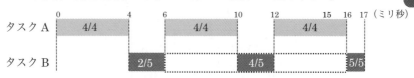

以上から，正しい組合せは（ア）だけなので，（ア）が正解である。

問7　ア　　　　　　　　　　　3 入力多数決回路の論理回路図（R5 秋・高度　午前 I 問 7）

午前 I 解答

　本問の選択肢にある ⊐─ は論理積（AND），⊐○─ は否定論理積（NAND），⊐─ は論理和（OR），⊐○─ は排他的論理和（XOR）の各素子を表す記号である。一方，問題の真理値表が示す 3 入力多数決回路は，三つの入力の中に二つ以上の 1 があれば，1 を出力する。

　二つの入力 P，Q に対して論理積 P・Q をとり，その結果が 1 になったときは，P，Q の双方が 1 ということである。この性質を利用して，三つの入力 A，B，C のうち二つを組み合わせて論理積 A・B，B・C，C・A をとれば，二つの入力がともに 1 のものだけ結果が 1 になる。この A・B，B・C，C・A のうち，1 になるものが一つ以上ある場合に最終的な出力 Y が 1 になるようにすれば，3 入力多数決回路を実現することができる。そして，三つの入力のうち 1 になるものが一つ以上ある場合に 1 を出力するためには，三つの入力の論理和をとればよい。したがって，二つの入力がともに 1 であるときに 1 を出力する A・B，B・C，C・A の論理和（A・B＋B・C＋C・A）をとればよいので，（ア）が正解である。

与えられた回路図の出力 Y について，論理積を"・"，論理和を"＋"，排他的論理和を"⊕"，否定を"￣"で表し，真理値表を作成すると次のようになる。作成された真理値表からも，（ア）が正解であることが分かる。

ア：Y＝A・B＋B・C＋C・A

入力			A・B	B・C	C・A	出力
A	B	C				Y
0	0	0	0	0	0	0
0	0	1	0	0	0	0
0	1	0	0	0	0	0
0	1	1	0	1	0	1
1	0	0	0	0	0	0
1	0	1	0	0	1	1
1	1	0	1	0	0	1
1	1	1	1	1	1	1

イ：Y＝A⊕B＋B⊕C＋C⊕A

入力			A⊕B	B⊕C	C⊕A	出力
A	B	C				Y
0	0	0	0	0	0	0
0	0	1	0	1	1	1
0	1	0	1	1	0	1
0	1	1	1	0	1	1
1	0	0	1	0	1	1
1	0	1	1	1	0	1
1	1	0	0	1	1	1
1	1	1	0	0	0	0

ウ：X＝（A＋B）・（B＋C）・（C＋A），Y＝X̄ とする。

入力			A＋B	B＋C	C＋A	X	出力
A	B	C					Y
0	0	0	0	0	0	0	1
0	0	1	0	1	1	0	1
0	1	0	1	1	0	0	1
0	1	1	1	1	1	1	0
1	0	0	1	0	1	0	1
1	0	1	1	1	1	1	0
1	1	0	1	1	1	1	0
1	1	1	1	1	1	1	0

エ：X＝（A⊕B）・（B⊕C）・（C⊕A），Y＝X̄ とする。

入力			A⊕B	B⊕C	C⊕A	X	出力
A	B	C					Y
0	0	0	0	0	0	0	1
0	0	1	0	1	1	0	1
0	1	0	1	1	0	0	1
0	1	1	1	0	1	0	1
1	0	0	1	0	1	0	1
1	0	1	1	1	0	0	1
1	1	0	0	1	1	0	1
1	1	1	0	0	0	0	1

問8　イ　　　　バーチャルリアリティにおけるレンダリング（R5秋・高度 午前Ⅰ問8）

　バーチャルの世界（仮想世界）においても，実際の世界（現実世界）での体験と実質的に同じ体験ができるように，必要な情報を定められた形式でコンピュータに記録することを，バーチャルリアリティにおけるモデリングという。そして，モデリングした仮想世界の情報をディスプレイに描画可能な画像に変換する処理をレンダリングという。したがって，（イ）が正解である。仮想世界を体験している人が姿勢や向きを変えると，その動きに応じて画像を変えるために，レンダリングはリアルタイムに行う必要がある。なお，レンダリングとは，数値データをディスプレイに描画可能な画像に変換する処理のことで，バーチャルリアリティだけに限定されるものではない。

ア：モーションキャプチャシステムの説明である。例えば，人の細かい動きをウェアラブルカメラやセンサーで計測し，位置や姿勢の情報に変換することによ

って，仮想世界の登場人物の動きとして再現することができる。
ウ：レジストレーション技術の説明である。例えば，仮想世界の登場人物が現実
　世界にある物体の背後に隠れるといった動きをする場面で使われる技術であ
　る。
エ：シミュレーションの説明である。現実世界では時間経過とともに物の移動な
　どの変化が起きるが，これらの変化は物理法則などの法則で定式化できる。仮
　想世界のシミュレーションも，物理法則などを適用して現実世界と同様の変化
　を再現しようというものである。

問9　ア　　障害発生後の DBMS 再立上げ時の復帰方法（R5 秋·高度 午前 I 問 9）

　データベースの障害が発生した場合，再立上げするときに，データの整合性が
とれた状態に復旧する必要がある。このために，ロールフォワード（前進復帰）
とロールバック（後退復帰）という方法が使用される。そして，システム障害時
の回復時間を短縮する目的で，チェックポイントを活用することが一般的である。
チェックポイントとは，データベースの更新性能を向上させるために，更新内容
を主記憶のバッファ上に記録しておき，周期的に一括して書き込む手法，及び，
そのタイミングのことであり，最新のチェックポイントまでは，データベースの
更新内容が確定されている。この性質を利用すると，システム障害時に障害発生
時刻から直近のチェックポイントまで戻れば，それ以前の更新はディスクへの書
込みが終了しているため，回復対象から除外できるからである。
　ロールフォワードでは，障害発生以前にコミットされたトランザクションに対
して，その処理を完了させるために，チェックポイント時点のデータベースの内
容に対して，ログファイルの更新後情報を使って，その後の更新内容を反映する。
問題の図のトランザクションでは，T2 と T5 が対象になる。一方，ロールバック
では，障害発生時にコミットされていないトランザクションに対し，ログファイ
ルの更新前情報を使って，データベースの内容をトランザクションの実行前の状
態に戻す。図のトランザクションでは，T3，T4，T6 が該当する。しかし，問題
の表からトランザクションの中で実行される処理内容を確認すると，T3 と T4 は
データベースに対して Read しか行っていない。つまり，データベースの内容を
更新していないので，ロールバックの対象にはならない。したがって，（ア）が適
切な組合せである。
　なお，T1 はチェックポイント前にコミットされているので，回復処理の対象に
はならない。

問10　イ　　ホストが属するサブネットワークのアドレス（R5 秋·高度 午前 I 問 10）

　サブネットワークのアドレスは，IP アドレスとサブネットマスクの論理積をと
ることによって導くことができる。172.30.123.45 と 255.255.252.0 をそれぞれ

ビット表示すると，次のようになる。

ホストの IP アドレス 172.30.123.45： 10101100 00011110 01111011 00101101
サブネットマスク　　　255.255.252.0： 11111111 11111111 11111100 00000000

　これらの論理積をとると，10101100 00011110 01111000 00000000 となり，
10 進表現では，172.30.120.0 になる。したがって，（イ）が正解である。

問 11　エ　　　　　　　　　　　　　　マルチキャストの使用例（R5 秋・高度 午前 I 問 11）

　マルチキャストは，複数のノード（ネットワーク上にある通信機器）をグルー
プ化して，同じマルチキャストグループに所属するノードに対して同報通信する
方式で，1 対多の通信を実現する。また，RIP-2（Routing Information Protocol
version2）は，IPv4 ネットワークで用いられるルーティングプロトコルで，マル
チキャストを使用する。ルータは，宛先としてマルチキャスト IP アドレスの
224.0.0.9 を指定し，隣接するルータのグループに，経路の更新情報を送信する。
RIP-2 に対応するルータは，この更新情報のパケットを受信し，自身がもつ経路
情報を更新する。したがって，（エ）が正しい。なお，マルチキャスト IP アドレ
スは，クラス D の 224.0.0.0 〜 239.255.255.255 の範囲を用いることが規定さ
れている。

　その他は，次のようにマルチキャストは使用されない。

ア：DHCP（Dynamic Host Configuration Protocol）による IP アドレス取得で
　　は，同一ネットワーク内の全てのノードへの通信を行うブロードキャストと，
　　1 対 1 の通信であるユニキャストを使用し，マルチキャストは使用しない。

イ：ARP（Address Resolution Protocol）による MAC アドレス取得のリクエス
　　トには，ブロードキャストを使用する。また，その応答（リプライ）は，ユニ
　　キャストを使用する。なお，ARP は IP と同じネットワーク層のプロトコルで
　　あり，イーサネットフレーム（MAC フレーム）でカプセル化されて LAN 上を
　　伝送される。

ウ：SMTP（Simple Mail Transfer Protocol）は，TCP（Transmission Control
　　Protocol）上で動作するプロトコルであり，ユニキャストだけを使用する。メ
　　ーリングリストにおいてメンバー全員に対して一斉送信するときには，各メン
　　バーと 1 対 1 の TCP コネクションを確立した上で，SMTP でメールをそれぞ
　　れに送信する。なお，SMTP に限らず，コネクション型の TCP を使用する応
　　用層プロトコルは，ユニキャストの通信だけを行う。マルチキャストやブロー
　　ドキャストの通信は，DHCP のようにコネクションレス型の UDP を用いる。

問 12　ウ　　　　　　　　　レインボーテーブル攻撃に該当するもの（R5 秋・高度 午前 I 問 12）

　レインボーテーブル攻撃は，不正に入手したパスワードのハッシュ値から，平文

のパスワードをクラックする（解析する）手法の一種である。レインボーテーブルは，平文のパスワードとハッシュ値からなるブロックを順につないだ複数のチェーンによるテーブルである。レインボーテーブルを利用することによって，ハッシュ値を総当たりで探索する手法と比較して，少ない探索回数で効率的に平文のパスワードを特定することができる。したがって，レインボー攻撃に該当するのは，（ウ）である。

その他は，次の手法に関する記述である。

ア：パスワードリスト攻撃，あるいはリスト型攻撃と呼ばれる，不正ログイン攻撃の手法

イ：総当たり攻撃（ブルートフォース攻撃）と呼ばれる，不正ログイン攻撃の手法

エ：ソーシャルエンジニアリングと呼ばれる，パスワードの類推の手法

問 13　ウ　　メールの第三者中継に該当するもの（R5 秋・高度　午前 I 問 13）

メールの第三者中継とは，外部ネットワークから受信したメールの宛先が，メールサーバの管理するドメインとは異なるドメイン名をもったメールアドレスであった場合に，その異なるドメインにあるメールサーバに対してメールを中継することをいう。

具体的には，接続元 IP アドレスが社外で，受信者のメールアドレスのドメイン名も社外であるメールが該当する。この条件で，表中の選択肢を確認していくと，接続元 IP アドレスが社外（BBB.45.67.89）で，かつ受信者のメールアドレスのドメイン名も他社（a.b.e）となっている（ウ）を見つけることができる。したがって，（ウ）が正しい。この問題では，IP アドレスとドメイン名は詐称されていないという条件があるので，送受信者のメールアドレスのドメイン名だけに着目しても正解を見つけることができる。

なお，（ア）は自社から他社，（イ）は自社から自社，（エ）は他社から自社へのメールなので，第三者中継には該当しない。

問 14　ア　　コーディネーションセンターの機能とサービス対象の組合せ（R5 秋・高度　午前 I 問 14）

JPCERT コーディネーションセンターが公開している "CSIRT ガイド（2021 年 11 月 30 日）" では，CSIRT（Computer Security Incident Response Team）を，機能とサービス対象によって六つに分類している。その内容を整理すると，次の表のようになる。したがって，コーディネーションセンターの機能とサービス対象の組合せとして，（ア）が適切である。

その他については，（イ）は分析センター，（ウ）はベンダーチーム，（エ）はインシデントレスポンスプロバイダーの機能とサービス対象の組合せである。

名称	機能	サービス対象
組織内 CSIRT	組織に関わるインシデントに対応する。	組織の従業員, システム, ネットワークなど
国際連携 CSIRT	国や地域を代表して, 他の国や地域とのインシデント対応のための連絡窓口として活動する。	国や地域
コーディネーションセンター	インシデント対応において CSIRT 間の情報連携, 調整を行う。	他の CSIRT
分析センター	インシデントの傾向分析やマルウェアの解析, 侵入等の攻撃活動の痕跡の分析を行い, 必要に応じて注意喚起を行う。	その CSIRT が属する組織又は国や地域
ベンダーチーム	自社製品の脆弱性に対応し, パッチの作成やアップデートの提供を行い, 製品利用者への情報提供と注意喚起を行う。	自組織及び自社製品の利用者
インシデントレスポンスプロバイダー	組織内 CSIRT の機能又はその一部を, サービスプロバイダーとして有償で請け負う。	サービス提供契約を結んでいる顧客

問 15　ア

DKIM に関する記述 (R5 秋・高度 午前 I 問 15)

　DKIM (DomainKeys Identified Mail) は, 送信側のメールサーバで電子メールにデジタル署名を付与し, 受信側のメールサーバでそのデジタル署名を検証して送信元ドメインの認証を行う仕組みである。したがって, (ア) が正しい。なお, このデジタル署名の検証によって, 署名を行ったドメイン名の真正性だけでなく, 署名対象のヘッダー及び本文の完全性も確認することができる。DKIM では, 次の①〜③の手順で認証が行われる。

　①送信側では, デジタル署名を検証するための公開鍵などを含む DKIM レコードを, DNS の TXT レコードに格納して, 署名を行うドメインの権威 DNS サーバにあらかじめ登録する。

　②送信側のメールサーバが, 電子メールにデジタル署名を付与し, DKIM-Signature ヘッダーに格納して送信する。

　③受信側のメールサーバが, DKIM-Signature ヘッダーで指定されているドメインの権威 DNS サーバから DKIM レコードを取得し, デジタル署名を検証する。

　その他については, (イ) は POP before SMTP, (ウ) は DMARC (Domain-based Message Authentication, Reporting & Conformance), (エ) は SPF (Sender Policy Framework) に関する記述である。

　　ローコード開発は，プログラムのコーディングをできるだけ行わずに，アプリケーションソフトウェアを開発する手法である。開発環境上で，用意された部品やテンプレートを GUI による操作で組み合わせたり，必要に応じて一部の処理のソースコードの変更や追加を行ったりする。したがって，（エ）が正しい。

　　その他の手法は次のとおりである。

ア：継続的インテグレーション（CI；Continuous Integration）は，開発者がソースコードをリポジトリへコミットすると，ビルドとテストが自動実行されるというプロセスを高頻度で繰り返す，アジャイル開発の実践手法である。

イ：ノーコード開発は，プログラムのコーディングを全く行わずに，アプリケーションソフトウェアを開発する手法である。開発環境上で，用意された部品やテンプレートを GUI による操作で組み合わせるなどする。ローコード開発と比較して，より簡単に開発を行える一方，カスタマイズの自由度は低い，という特徴がある。

ウ：プロトタイピングは，プロトタイプ（試作品）を用いる開発手法である。例えば，設計工程において，簡易的に動作する入力画面のサンプルコードを作成し，ユーザーレビューによって設計の品質を高める。

　　IDE（Integrated Development Environment；統合開発環境）は，エディター，コンパイラ，リンカ，デバッガなどが一体となった開発ツールで，ソフトウェア開発に必要なツールを一つの環境にまとめ，同じインタフェースで利用しやすくなるよう統合したものである。したがって，（ア）が正解である。

イ：デバッグに使われる JTAG（Joint Test Action Group）の説明である。JTAG を利用できるのは，バウンダリスキャンという動作に支障を与えない制御端子の機能をもつ CPU に限られるが，現在では多くの CPU に備わっている。

ウ：製品の試作段階で，擬似的な実機環境を提供する IC や部品などを搭載したボードの説明である。JTAG との接続も容易である。

エ：タスクスケジューリングの仕組みなどを提供するソフトウェアは，OS のタスクスケジューラーである。

　　PMBOK®（Project Management Body Of Knowledge）とは，プロジェクトマネジメントに関する知識を体系的にまとめたものである。最新の PMBOK®ガイド第 7 版では，プロジェクト・スコープを「(前略) プロダクト，サービス，所産を生み出すために実行する作業」とし，プロジェクト・スコープ記述書につい

ては，「プロジェクトのスコープ，主要な成果物，除外事項を記述した文書」と説明している。したがって（エ）のプロジェクトの除外事項が正解である。

ア：WBS（Work Breakdown Structure）は，プロジェクト・スコープ記述書に記載されたスコープを階層的に要素分解し詳細化したものである。

イ：コスト見積額は，プロジェクトの計画における見積りの情報を基に求められる項目で，プロジェクトマネジメント計画書に記述する項目である。

ウ：ステークホルダー分類は，ステークホルダーに関する情報を含むステークホルダー登録簿に記述する項目である。

問 19　ア　　計画変更によるスケジュール短縮日数 (R5 秋・高度 午前 I 問 19)

　図 1 の当初の計画で示された当初の作業スケジュールを，図 2 のように変更して実施した場合に短縮できる作業日数が問われている。当初の計画で所要日数 9 日の作業 E を，図 2 では作業 E1，E2，E3 の三つに分けて，E1 と E2 を並行して行い，両方の作業が終了してから E3 を実行するように計画を変更している。この結果，次の図のように 6 日で終えることができ，作業 E の部分の日数を 3 日短縮することができる。

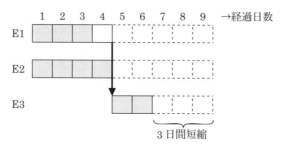

　このように，一部の作業を 3 日短縮できることが分かったが，スケジュール全体でも 3 日短縮できるかどうか確認する必要がある。

　まず，当初の計画の図 1 について全体の所要日数を求めると A→B→E→H→I が最も長く 28 日かかり，クリティカルパスとなる（A→C→F→H→I は 23 日，A→B→D→G は 27 日）。

　変更後の計画の図 2 では，変更前に 9 日かかった作業 E が，作業 E1，E2，E3 に分けて 6 日で終えられるので，クリティカルパスが A→B→D→G に変わり，全体の所要日数も 27 日となる（A→C→F→H→I は 23 日，A→B→(E1,E2,E3)→H→I は 25 日）。これより，スケジュールは全体で 1 日短縮できることができるので，（ア）が正解である。

　なお，この問題のように，順番に実行する予定の作業を並行して行うことで全体の所要日数を短縮する技法をファストトラッキングという。

SLA（サービスレベルアグリーメント）などで示される可用性は，期間中の全サービス時間に対するサービス提供時間の比率であり，次の式で求められる。

$$可用性 = \frac{サービス提供時間}{全サービス時間} = \frac{全サービス時間 - サービスの停止時間}{全サービス時間}$$

まず，全サービス時間を求める。計算対象となる月の日数が 30 日で，サービスは毎日 0 時から 24 時まで提供されるので，全体で 30×24（時間）となるが，計画停止を実施する月曜日が 4 回あり，この日は 0 時から 6 時までの 6 時間が計画停止となるので，全サービス時間は 30×24−4×6＝720−24＝696（時間）となる。

この条件でサービスの可用性が 99％（＝0.99）以上になるサービスの停止時間を求めると，次の式が成り立つ。

$$0.99 \leqq \frac{696（時間）- サービスの停止時間}{696（時間）}$$

この式の両辺に 696（時間）を掛けると，

0.99×696（時間）≦ 696（時間）− サービスの停止時間
サービスの停止時間 ≦ 696（時間）− 0.99×696（時間）
（右辺）＝ 696×（1−0.99）＝ 696×0.01＝6.96（時間）
≒ 6（時間）……小数第 1 位切捨て

したがって，許容されるサービスの停止時間は最大 6 時間で，（イ）が正解となる。

フルバックアップ方式はディスク全体の内容をテープなどに取得する方式で，差分バックアップ方式は直近のフルバックアップ以降に変更になった内容だけをテープなどに取得する方式である。障害から復旧するには，直近のフルバックアップのデータをディスクに復元（リストア）した後，変更内容の差分バックアップのデータを反映することになる。したがって，（イ）が適切な記述である。

ア：フルバックアップ方式での復旧は，フルバックアップの復元だけ行い，差分のデータ処理はない。一方，差分バックアップ方式は，フルバックアップの復元に加えて，変更になった差分のデータを反映する処理も必要なため，障害からの復旧時間は，フルバックアップ方式に比べて長い。

ウ：差分のデータだけでは復旧できないので，フルバックアップの取得が必須である。一般には，例えば，週末にフルバックアップを行い，それ以外の日は差分バックアップを行うといった運用となる。

エ：バックアップの対象となるデータ量はフルバックアップよりも差分バックアップの方が少なく，バックアップに要する時間も差分バックアップ方式の方が短い。

問22 ウ
起票された受注伝票に関する監査手続 (R5秋・高度 午前Ⅰ問22)

「起票された受注伝票の入力が，漏れなく，かつ，重複することなく実施されていること」を確認するためには，販売管理システムからデータ内容をそのまま出力したプルーフリストと受注伝票との照合が実際に行われていることを確認する必要がある。そのためには，プルーフリストと受注伝票上で照合が行われたことを示す照合印の有無を確かめる必要があるので，（ウ）が監査手続として適切である。

ア：この記述は例外取引の妥当性を確認するための監査手続であり，受注伝票が漏れなく，重複することなく入力されていることを確かめるものではない。

イ，エ：テストデータ法と並行シミュレーション法は，システムが行うデータの処理が正しいことを確認するシステム監査技法であり，受注伝票が漏れなく，重複することなく入力されていることを確かめるものではない。

問23 イ
バックキャスティングの説明 (R5秋・高度 午前Ⅰ問23)

バックキャスティングとは，未来のありたい姿を目標として設定し，現在に向かって遡る過程で予想される課題や解決策を検討することで，目標を達成するために現在から未来に向かってやるべきことを考える思考法である。したがって，（イ）が正解である。バックキャスティングの逆で，未来に向かって課題や解決策を検討する思考法をフォワードキャスティングと呼ぶ。

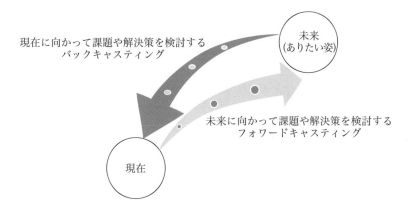

図 バックキャスティングとフォワードキャスティング

ア：アジャイル開発の説明である。事前に決めたプロジェクト要員の範囲内で，機能を優先順位付けし優先する機能から繰返し順次開発していく開発手法である。

ウ：ボトムアップの説明である。ボトム（下位）から上位に向かって意思伝達していく手法である。ボトムアップとは逆にトップ（上位）から下位に向かって意思伝達していく手法をトップダウンと呼ぶ。

エ：バックテストの説明である。バックテストは主に投資で使われる用語で，投資戦略を過去のデータに当てはめて，どの程度の利益が出るのかシミュレーションすることでその有効性を検証する手法である。

問24 エ

SOA（Service Oriented Architecture）とは，ネットワーク上に公開されている"サービス"と呼ばれるソフトウェア部品を組み合せることで，企業などの情報システムを構築していこうとする考え方や，それを実現させるためのアーキテクチャのことであり，（エ）が正解である。

なお，ビジネスプロセスとは，業務上の処理のことであり，コンポーネントウェアなどのソフトウェア部品を利用する他のシステム開発手法と比べて，部品の単位が業務処理（サービス）という，ある程度大きなまとまりであることが特徴とされている。

ア：BPR（Business Process Reengineering）の説明である。

イ：ERP（Enterprise Resource Planning）の説明である。

ウ：SLA（Service Level Agreement）の説明である。

問25 エ

ファウンドリーはいわゆる鋳物工場を指す言葉であるが，半導体メーカーにおいては半導体工場を指す。ファウンドリーサービスとは，半導体製品の製造を専門に行うサービスのことである。自社で製造設備をもたず半導体製品の企画や販売を専門に行うファブレス企業などからの製造委託を受けて半導体製品の製造を行う。したがって，（エ）が正解である。

なお，ファウンドリーサービスを行う半導体メーカーやファブレス企業のように水平分業をする形態に対して，半導体製品の企画，設計，製造，販売などを全て自社で行う企業を垂直統合型デバイスメーカー（IDM；Integrated Device Manufacturer）と呼んでいる。

ア：ライセンスビジネスの説明である。

イ：垂直統合型デバイスメーカー；IDM（Integrated Device Manufacturer）の説明である。

ウ：ファブ（製造設備）レス企業の説明である。

問26 イ

　市場にあふれる顧客の数は多く，広範囲に分散しており，顧客のニーズも日々変化している。急速に変化する市場に対応するためには，効果的にマーケティングを行わなければならない。効果的な市場開拓を目的としたマーケティング手法の一つであるSTPマーケティングでは，年齢，性別，地域など，幾つかの条件を付けて市場全体をセグメントという単位に細分化し（セグメンテーション；Segmentation），自社の製品やサービスを踏まえ，ターゲットとなるセグメントを絞り込み（ターゲティング；Targeting），自社の製品やサービスをターゲットのニーズに適合させる（ポジショニング；Positioning）という三つのステップを踏む。

　セグメンテーション変数とは，市場を細分化する際に用いる基準であり，地理的変数（Geographic Variables），人口統計的変数（Demographic Variables），心理的変数（Psychographic Variables），行動的変数（Behavioral Variables）の四つに分類される。それぞれの変数の例は次のとおりである。

表　セグメンテーション変数の分類

名称	例
地理的変数	国，州，地域，郡，都市規模，人口密度など
人口統計的変数	年齢，性別，所得，職業，宗教，人種，国籍など
心理的変数	社会階層，パーソナリティ，ライフスタイル，性格など
行動的変数	購買契機，使用頻度，ロイヤルティ，使用者状態など

　職業は人口統計的変数となる。したがって，（イ）が正解である。

ア：社交性などの性格は，心理的変数である。

ウ：人口密度は，地理的変数である。

エ：製品の使用割合は，行動的変数である。

問27 ウ

　オープンイノベーションとは，H.チェスブロウが提唱した概念で，企業内部と外部のアイディアを有機的に結合させ，価値創造することである。これは，主に自社が使用する特許を中心とした知的財産戦略が中心となるクローズドイノベーションと対比されるもので，自社と外部組織の技術やアイディアなどを組み合わせることで創出した価値を，更に外部組織へ提供する。したがって，（ウ）が正解である。

ア：「外部の企業に製品開発の一部を任せることで，短期間で市場へ製品を投入する」のは，OEM（Original Equipment Manufacturing）である。

イ：「顧客に提供する製品やサービスを自社で開発することで，新たな価値を創出

する」のは，クローズドイノベーションである。

エ：「自社の業務の工程を見直すことで，生産性向上とコスト削減を実現する」の
は，プロセスイノベーションである。

問 28　イ　　　　　　　　　　AI を用いたマシンビジョンの目的 (R5 秋・高度 午前 I 問 28)

　スマートファクトリーで使用される AI を用いたマシンビジョンとは，産業機
器に搭載されたカメラによって対象物を認識し，映し出された画像を処理し，処
理結果に基づいて機器を動作させるシステムである。産業機器に人間の視覚をも
たせ，AI が判別する機能を提供する。マシンビジョンは，カメラ，照明，ソフト
ウェアで構成され，従来，人間が実施していた目視検査を自動化し，検査効率を
向上させることを目的とする。したがって，（イ）が正解である。

ア：VR ゴーグルは現実ではない空間を見せるもので，VR ゴーグルに作業プロセ
　　スを表示することは，作業効率を向上させることを目的とするものである。よ
　　って，記述はマシンビジョンの目的には該当しない。

ウ：クラウドに蓄積した入出荷データを用いて機械学習を行い，生産数の最適化
　　を行うことは，需要予測を目的とするものである。よって，記述はマシンビジ
　　ョンの目的には該当しない。

エ：設計変更内容を，AI を用いて吟味することは，製造現場に正確に伝達するこ
　　とを目的とするものである。よって，記述はマシンビジョンの目的には該当し
　　ない。

問 29　イ　　　　　　発生した故障の要因を表現するのに適した図法 (R5 秋・高度 午前 I 問 29)

　問題文の記述に適した図法は（イ）のパレート図である。パレート図は QC 七
つ道具の一つで，量の累計を多いものから順番に表示して重点的対策の対象を明
らかにする。まず，横軸に項目ごとの棒グラフを量の多い順に並べ，次に縦軸に
項目累計表示も加えて，その累計を線で結び，100％に至るまで表示したもので
ある。在庫管理の ABC 分析などにも使用される。

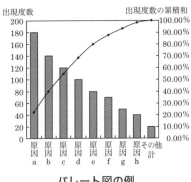

パレート図の例

ア：特性要因図は，QC 七つ道具の一つで，問題としている対象の特性（結果）を分析するのに，要因を魚の骨に似た形で表現する方法である。

ウ：マトリックス図は新 QC 七つ道具の一つで，問題としている対象全体を二次元的な配置図（マトリックス）として表現する方法である。行と列にそれぞれ大きな項目要素の分類を配置し，それら項目間の関連性などを交点に記入して全体観を得る。

エ：連関図は新 QC 七つ道具の一つで，幾つもの問題点とそれらの要因との間に想定される因果関係を矢印でつないで表現する図である。原因と結果，目的と手段などが複雑に絡み合う問題の全体を，明らかにするために用いられる。

問 30　ア
匿名加工情報取扱事業者が第三者提供する際の義務（R5 秋・高度 午前 I 問 30）

　　個人情報保護法第 2 条第 6 項によると，「匿名加工情報」とは，個人情報の区分に応じて規定に定める措置を講じて特定の個人を識別することができないように個人情報を加工して得られる個人に関する情報であって，当該個人情報を復元することができないようにしたものをいう。同法第 44 条によると，匿名加工情報取扱事業者は，匿名加工情報を第三者に提供するときは，個人情報保護委員会規則で定めるところにより，あらかじめ，第三者に提供される匿名加工情報に含まれる個人に関する情報の項目及びその提供の方法について公表するとともに，当該第三者に対して，当該提供に係る情報が匿名加工情報である旨を明示しなければならない。したがって，（ア）が正解である。

イ：個人情報保護法には，「第三者へ提供した場合は，速やかに個人情報保護委員会へ提出した内容を報告しなければならない」という規定はない。

ウ：個人情報保護法には，「第三者への提供手段は，ハードコピーなどの物理的な媒体を用いることに限られる」という規定はない。サーバに格納するという提供手段も認められる。

午前 I 解答

エ：個人情報保護法には，「匿名加工情報であっても，第三者提供を行う際には事前に本人の承諾が必要である」という規定はない。匿名加工情報を第三者提供を行う際に，事前に本人の承諾は不要である。

●令和 5 年度秋期
午前 II 問題 解答・解説

問 1　イ　　　アジャイル宣言の背後にある原則に照らして適切な教訓 (R5 秋·PM 午前 II 問 1)

　「アジャイル宣言の背後にある原則」とは「アジャイルソフトウェア開発宣言」で表明されているマインドセットを実現するために，従うことが望ましい原則・取り組み姿勢についてまとめられたものであり，次の 12 の原則が示されている。

① 顧客満足を最優先し，価値のあるソフトウェアを早く継続的に提供します。

② 要求の変更はたとえ開発の後期であっても歓迎します。 変化を味方につけることによって，お客様の競争力を引き上げます。

③ 動くソフトウェアを，2-3 週間から 2-3 ヶ月という できるだけ短い時間間隔でリリースします。

④ ビジネス側の人と開発者は，プロジェクトを通して日々一緒に働かなければなりません。

⑤ 意欲に満ちた人々を集めてプロジェクトを構成します。 環境と支援を与え仕事が無事終わるまで彼らを信頼します。

⑥ 情報を伝えるもっとも効率的で効果的な方法は フェイス・トゥ・フェイスで話をすることです。

⑦ 動くソフトウェアこそが進捗の最も重要な尺度です。

⑧ アジャイル・プロセスは持続可能な開発を促進します。 一定のペースを継続的に維持できるようにしなければなりません。

⑨ 技術的卓越性と優れた設計に対する不断の注意が機敏さを高めます。

⑩ シンプルさ（ムダなく作れる量を最大限にすること）が本質です。

⑪ 最良のアーキテクチャ・要求・設計は， 自己組織的なチームから生み出されます。

⑫ チームがもっと効率を高めることができるかを定期的に振り返り， それに基づいて自分たちのやり方を最適に調整します。

　問題文にある[プロジェクトの状況]よると，本プロジェクトでは，追加した機能の使い勝手に問題がある状態のまま，予定していた開発期間が終了してしまったという状態であり，このプロジェクトでは顧客要求を満たせず，顧客満足を得られなかったと考える。

　②の原則に従って，要求の変更を受け入れたのは正しいが，本来は追加機能の優先度を検討し，機能追加の優先順位について顧客と合意し，イテレーション 5

の期間を延長せずに優先順位の高い機能から開発し，当初予定した開発期間で完了して顧客満足が得られるようにすべきであった。したがって，（イ）が正解である。

ア：機能追加の要求を受け入れないのは②の原則に反する。

ウ：対面でなくメールによるコミュニケーションに限定するのは，⑥の原則に反する。

エ：進捗状況を完成度合いの数値で表して報告するのは⑦の原則に反する。

問2　イ　　　　　　　プロジェクト全体計画作成の目的（JIS Q 21500）（R5秋·PM　午前Ⅱ問2）

JIS Q 21500:2018（プロジェクトマネジメントの手引）は日本産業規格であり，プロジェクトの実施に重要で，かつ，影響を及ぼすプロジェクトマネジメントの概念及びプロセスに関する包括的な手引を提供している。

本規格のプロセス群及び対象群に関連するプロジェクトマネジメントのプロセスにおいて，「プロジェクト全体計画の作成」は対象群「統合」のプロセス群「計画」において定義されており，その実施目的は「4.3.3　プロジェクト全体計画の作成」に記載されている。それによると，プロジェクト全体計画の作成の目的は，次の事項を文書化することであると記載されている。

① なぜプロジェクトを実施するのか。

② 誰が何を提供するのか。

③ どのように提供するのか。

④ コストはどれほどか。

⑤ どのようにしてプロジェクトを実行し，管理し，終結するのか。

したがって，⑤に該当する（イ）が正解である。

ア：「4.3.16　資源の見積り」の目的である。

ウ：「4.3.17　プロジェクト組織の定義」の目的である。

エ：「4.3.12　ワークブレークダウンストラクチャ（WBS）の作成」の目的である。

問3　ア　　　　　　　計画のプロセス群に属するプロセス（JIS Q 21500）（R5秋·PM　午前Ⅱ問3）

JIS Q 21500:2018（プロジェクトマネジメントの手引）は，国際標準であるISO 21500を基に平成30年3月20日に制定された規格である。プロジェクトマネジメントには立ち上げ，計画，実行，管理，終結の五つのプロセスがあり，それぞれのプロセスで実施する作業をまとめてプロセス群と呼ぶ。

このうち，計画のプロセス群では，プロジェクトの作業範囲と成果物をスコープとして定義し，これに基づいてWBS（Work Breakdown Structure）やプロジェクトの遂行に必要な様々な計画（スケジュール，コストの見積り，リスクの特定，品質・調達の計画など）の詳細を作成する。したがって，（ア）が正解である。

イ：品質保証の遂行は，実行のプロセス群で実施するプロセスである。

ウ，エ：プロジェクト憲章の作成やプロジェクトチームの編成は，立ち上げのプ
ロセス群で実施するプロセスである。

問4 ア ステークホルダ貢献を最大化する活動（JIS Q 21500）（R5 秋·PM 午前 II 問 4）

JIS Q 21500:2018（プロジェクトマネジメントの手引）は日本産業規格であり，
プロジェクトの実施に重要で，かつ，影響を及ぼすプロジェクトマネジメントの
概念及びプロセスに関する包括的な手引を提供している。

プロセス「ステークホルダのマネジメント」で行う活動は「4.3.10 ステークホ
ルダのマネジメント」に記載されており，「プロジェクトマネージャがステークホ
ルダの貢献をプロジェクトに最大限利用することができるように，ステークホル
ダ及びステークホルダがプロジェクトに及ぼす影響を詳細に分析することが望ま
しい。このプロセスから，優先順位を付けたステークホルダのマネジメントの計
画を作成することがある」とあることから，（ア）が正解である。

イ：「4.3.40 コミュニケーションのマネジメント」で行う活動である。
ウ：「4.3.38 コミュニケーションの計画」で行う活動である。
エ：「4.3.9 ステークホルダの特定」の目的である。

問5 エ アーンドバリューマネジメントによる完成時総コスト見積り（R5 秋·PM 午前 II 問 5）

アーンドバリューマネジメント（EVM；Earned Value Management）は，プ
ロジェクトのコストとスケジュールに関して，計画と実績を対比しながら一元的
に管理する手法である。

EVM では，次の三つの指標を使って，コスト差異＝EV−AC，スケジュール差
異＝EV−PV などを求めて管理を行う。

① プランドバリュー（PV；Planned Value，計画価値）
② アーンドバリュー（EV；Earned Value，獲得価値）
③ 実コスト（AC；Actual Cost）

他の用語は，完成時総予算（BAC；Budget At Completion），完成時総コスト
見積り（EAC；Estimate At Completion）である。

この問題は 10 日間のプロジェクトの 5 日目の結果が示されているが，計画ど
おりに進まず，アーンドバリュー（EV）＝40 万円，実コスト（AC）＝60 万円
という結果で，40 万円の価値を獲得するのに 1.5 倍の 60 万円のコストが実際に
必要になったことを示している。

完成時総予算は 100 万円なので，現在のコスト効率（1.5 倍）が続くとすれば，
100×1.5＝150 万円のコストが必要になる。したがって，完成時総コスト見積り
として，（エ）が正解である。

　クリティカルチェーンプロジェクトマネジメント（CCPM）は，プロジェクトの各タスクの工数を「厳しそうだが，やればできる（ABP）」レベルに抑えて提示し，その分，プロジェクトバッファという余裕日数をプロジェクト全体に設けておく管理手法である。これは，当初から余裕のある工数（HP）を提示すると，要員は余裕日数を意識せず計画値どおりに進める傾向にあり，最後に余裕が全く無くなる場合があることから，そのような状況に陥るのを防ぐための管理手法である。

　ここでは示された条件から，プロジェクトバッファを含めた全体の所要日数を求める。

　まず，HP を用いた場合の全体の所要日数を求める。

　作業①②はどちらも担当者が A であることから，作業①に 8 日，作業②に 3 日を要し，合わせて 11 日を要する。

　作業③は担当者が B であることから，作業①②とは並行して実施可能であり，その所要日数は 5 日である。このことから，作業②が完了している時点（11 日）では作業③も完了しており，担当者 A は作業②に引き続いて作業④を開始することができ，その所要日数は 4 日である。

　以上から，HP を用いた場合の全体の所要日数は 8 日＋3 日＋4 日＝15 日となる。同様に ABP を用いた場合の所要日数は，6 日＋2 日＋3 日＝11 日となる。

　両者の差がクリティカルチェーン上の作業の余裕日数になることから（HP － ABP），余裕日数を計算すると，15 日－11 日＝4 日となる。

　問題文の[条件]において，「プロジェクトバッファは，クリティカルチェーン上の作業の余裕日数の合計の半分とする」との記述があることから，プロジェクトバッファは 4 日÷2＝2 日となり，プロジェクトバッファを含めた全体の所要日数は，11 日＋2 日＝13 日となる。したがって，（イ）が正解である。

　FS は終了－開始（Finish-Start）関係のことであり，A が終了しないと B が開始できないことを意味する。C と D は A，B の作業と並行実施可能である。したがって，単純に所要日数を計算すると，A→B の作業が最も時間がかかり，合計で 15 日間かかる計算となる。しかし，全てのアクティビティが専門チームの支援を必要としており，専門チームは，同時に複数のアクティビティの支援をすることはできない。したがって，最小の所要日数を算出するには，専門チームがどのような順番で支援したら最も所要日数が短いかを考える必要がある。

　専門チームが先に C 又は D の作業を支援すると，その間 A の作業に着手できないため，開発プロジェクトには，最短でも専門チームの支援期間 4 日に A と B の所要日数 15 日を加えた 19 日を要することになる。設問の選択肢の範囲は 15

〜18日であるから，これは正解とはなりえない。したがって，まずAの作業を支援してから他の作業を支援することになる。このとき，専門チームの支援の順番として次の6つのパターンがある。なお，図中の網掛けは専門チームの支援期間を表す。

① A→B→C→D：所要日数 22 日

1	2	3	4	5	6	7	8	9	10	11	12	13	14	15	16	17	18	19	20	21	**22**
A	A	A	A	A	A	A	A														
								B	B	B	B	B									
										C	C	C	C	C	C	C	C	C			
																	D	D	D	D	

② A→B→D→C：所要日数 26 日

1	2	3	4	5	6	7	8	9	10	11	12	13	14	15	16	17	18	19	20	21	22	23	24	25	**26**
A	A	A	A	A	A	A	A																		
								B	B	B	B	B													
								D	D	D	D														
																C	C	C	C	C	C	C	C	C	

③ A→C→B→D：所要日数 16 日

1	2	3	4	5	6	7	8	9	10	11	12	13	14	15	**16**
A	A	A	A	A	A	A	A								
			C	C	C	C	C	C	C	C	C				
								B	B	B	B	B			
												D	D	D	D

④ A→C→D→B：所要日数 17 日

1	2	3	4	5	6	7	8	9	10	11	12	13	14	15	16	**17**
A	A	A	A	A	A	A	A									
			C	C	C	C	C	C	C	C	C					
								D	D	D	D					
											B	B	B	B	B	

⑤ A→D→B→C：所要日数 22 日

1	2	3	4	5	6	7	8	9	10	11	12	13	14	15	16	17	18	19	20	21	**22**
A	A	A	A	A	A	A	A														
			D	D	D	D															
								B	B	B	B	B									
												C	C	C	C	C	C	C	C	C	

⑥ A→D→C→B：所要日数 18 日

1	2	3	4	5	6	7	8	9	10	11	12	13	14	15	16	17	**18**
A	A	A	A	A	A	A	A										
			D	D	D	D											
								C	C	C	C	C	C	C	C	C	
													B	B	B	B	B

この中で最も少ない所要日数は③の 16 日，すなわち（イ）が正解である。

問8　ア　　　　　　　　　　　クリティカルチェーン法の実施例（R5秋·PM 午前Ⅱ問8）

　スケジュールネットワーク図を用いたプロジェクトスケジュール管理には，要員数などのリソース（資源）の制約に関する情報が含まれていないため，リソースの不足や競合が発生すると，クリティカルパス（最短工期を決定する経路）で示されている所要期間では作業が完了しなくなることがある。

　クリティカルチェーン法は，限度（制約）のあるリソース（資源）を考慮してプロジェクトスケジュールを調整していく手法であり，クリティカルチェーンとは，リソースの制約を踏まえた，最も長い時間を要するタスクの連鎖のことである。クリティカルチェーン法では，リソースの不足や競合が発生することを前提

として，バッファ（余裕日数）という概念を導入し，スケジュールネットワーク上の各作業の所要期間を厳しく見積もるとともに，プロジェクトの不確実性に対応するためのバッファを配置しておく。

　バッファには，大きく分けるとフィーディングバッファ（合流バッファ）と所要期間バッファ（プロジェクトバッファ）の二つがある。フィーディングバッファとは，スケジュールネットワークの中で，クリティカルチェーン上のアクティビティと他のアクティビティの合流地点に設けるバッファのことである。これは，合流側のアクティビティの遅れによってクリティカルチェーン上のアクティビティが遅れることがないようにするためのバッファである。また，所要期間バッファ（プロジェクトバッファ）とは，プロジェクト全体のバッファとしてクリティカルチェーンの最後に配置するバッファのことであり，プロジェクトの進捗具合によって増減されていく安全余裕のためのバッファである。したがって，（ア）が正解である。

　なお，もう一つ，リソースバッファ（資源バッファ）を用いることがあるが，これは制約されている資源の遅れを考慮するもので，常に使用するのではなく，対象となるタスクがあるときだけ，そのタスクの後に配置する。

イ，ウ：それぞれ，スケジュール短縮技法としてのクラッシングの特徴である。クラッシングはコストを追加してスケジュール短縮を図る技法で，資源を必要最低限度に絞って投入し，所要期間の短縮を実現させるものであるが，コストの増加を覚悟しなければならない。

エ：スケジュール短縮技法としてのファストトラッキングの特徴である。ファストトラッキングはスケジュール上で前後となる作業を重ね合わせたり，並行に作業したりして期間短縮を図る技法であるが，同時に作業前倒しに伴うリスクを覚悟しなければならない。

問9　ウ　開発コストの見積り（R5 秋·PM 午前Ⅱ問 9）

　10 人のチームの場合，各従業員はほかの 9 人に対して 1 週間ごとに 2 時間ずつコミュニケーションのための時間が必要となるので，実質的に開発に当てられる時間は，10 人とも週 22 時間（＝40−2×9）しかない。したがって，440 人時の開発を完了するためには，440÷(22×10)＝2，つまり 2 週間必要ということが分かる。一方，1 人だけで開発を行う場合には，コミュニケーションをとる必要がないので，週 40 時間をそのまま開発に当てることができるため，440÷40＝11，つまり 11 週間必要ということが分かる。社員 1 人の 1 週間のコスト（週·人）を単位として計算すると，10 人の場合は 20（週·人），1 人の場合は 11（週·人）のコストが必要となる。したがって，10 人の場合は 1 人の場合の約 1.8 倍のコストがかかることになるため，（ウ）が正解である。

（別の考え方）

　開発工数が 440 人時のシステムを，週 40 時間働く従業員が，1 人で開発する

には 11 週間必要である。一方，多数で開発する場合は，コミュニケーションのために 2 人 1 組の組合せごとに週当たり 4 時間が必要であるとされる。10 人の場合は，2 人 1 組の組合せの数が $_{10}C_2 = 10 \times 9 \div 2 = 45$（組）であるので，週当たりでは 4（時間）$\times 45 = 180$（時間）のコミュニケーションロスが生じる。そこで，10 人が 1 週間働いた場合の実質開発工数は，$40 \times 10 - 180 = 220$（人時）ということになる。つまり，10 人で実質 440 人時のシステムを開発する場合は，$440 \div 220 = 2$（週）となる。

コストの比較は，（10 人 $\times$ 2 週）と（1 人 $\times$ 11 週）との比で，やはり $20 \div 11 = 1.818\cdots \fallingdotseq 1.8$ 倍となるため，（ウ）が正解となる。

問 10　ア　ファンクションポイント法によるソフトウェア規模の見積計算 (R5 秋·PM 午前II問 10)

ファンクションポイント法とは，システム開発における見積手法の一種であり，システムの機能に着目して規模を見積もる手法である。ここで，ファンクションとは，機能の「データ」と「トランザクション」を意味している。保持すべきデータ項目数，関連ファイル数から複雑性による重み付けを加味することによって算出する。

本問においては，データファンクションの未調整ファンクションポイントは，既に 33 と算出されていることから，解答に当たっては，表 1～表 4 を用いて，トランザクションファンクションの未調整ファンクションポイントを算出することになる。

算出手順は次のとおりである。

① 表 1 のファンクション型が「外部入力」の場合は表 2 を，「外部出力」あるいは「外部照会」の場合は表 3 を用いて，「関連ファイル数」と「データ項目数」に基づき，「複雑さ」を求める。

② 求めた「複雑さ」と「ファンクション型」を表 4 に当てはめ，未調整ファンクションポイントを算定する。

③ 算定した要素処理ごとの未調整ファンクションポイントの合計値を算定する。

以上の手順で算定した各要素処理のファンクションポイント数を次に示す。

要素処理	ファンクション型	関連ファイル数	データ項目数	複雑さ	未調整ファンクションポイント
①	外部入力	1	8	低	3
②	外部照会	3	21	高	6
③	外部照会	1	12	低	3
④	外部出力	2	10	中	5
				合計	17

トランザクションファンクションの未調整ファンクションポイントは 17 と算

出されたことから，これにデータファンクションの未調整ファンクションポイント 33 を加え，調整要因の 0.9 を乗じることによって，調整要因を加味したファンクションポイント数を求めることができる。

　　調整要因を加味したファンクションポイント数　＝　（17＋33）×0.9＝45
したがって，（ア）が正解である。

問 11　ア　　　　　　　　リスクマネジメントに使用する EMV の算出式（R5 秋·PM 午前Ⅱ問 11）

　リスクマネジメントにおける EMV（Expected Monetary Value；期待金額価値）とは，特定のリスク事象の発生確率と，それが発生したときの影響金額（多くは損失額）とを掛け算し求めた値のことであり，将来発生するかどうか分からない場合の結果を求めるための統計的な考え方である。

　EVM は次の算出式で求められる。

　リスク事象発生時の影響金額　×　リスク事象の発生確率

　したがって，（ア）が正解である。この算出式はデシジョンツリー分析で用いられる手法である。

イ：リスク事象の発生確率が増えると EMV が減ることになり，該当しない。

ウ，エ：リスク対応に掛かるコストを足すのであれば，期待値ではなく，ある程度の金額の見積りにはなるが，掛けると割るでは該当しない。

問 12　イ　　　　　　　　リスクの特定とリスクの評価が属するプロセス群（R5 秋·PM 午前Ⅱ問 12）

　JIS Q 21500:2018（プロジェクトマネジメントの手引）は日本産業規格であり，プロジェクトの実施に重要で，かつ，影響を及ぼすプロジェクトマネジメントの概念及びプロセスに関する包括的な手引を提供している。4.2 プロセス群及び対象群の 4.2.3.8 リスク において「リスクの対象群には，脅威及び機会を特定し，マネジメントするために必要なプロセスを含む」とされており，そのプロセス群は，「表 1–プロセス群及び対象群に関連するプロジェクトマネジメントのプロセス」において次のように定められている。

対象群	プロセス群				
	立ち上げ	計画	実行	管理	終結
リスク	-	4.3.28 リスクの特定 4.3.29 リスクの評価	4.3.30 リスクへの対応	4.3.31 リスクの管理	-

　前記のとおり，プロセス"リスクの特定"及びプロセス"リスクの評価"はプ

ロセス群「計画」に属している。したがって，（イ）が正解である。

ア：プロセス"リスクの管理"が「管理」プロセス群に属する。

ウ：プロセス"リスクへの対応"が「実行」プロセス群に属する。

エ：「終結」プロセス群に属するリスクマネジメントのプロセスはない。

問 13　エ　　　　　　　　　　　　レビュー技法の適切な名称の組合せ（R5 秋・PM 午前Ⅱ問 13）

　ソフトウェアの要求定義，設計仕様，プログラムなどを形式の定められた会議方式によって検討し，その欠陥を発見して品質の向上を図る方法をレビューという。代表的なレビュー技法として，試験によく出題されるものには，次の三つがある。

・インスペクション：モデレータと呼ばれる進行役が中心となって，実施するレビューである。インスペクション（検査や監査）の名前が示すように，レビュー対象物が，開発における規約に合致しているかどうかといった形式的な内容を中心に行うことが多く，ソースコードを対象としたコードインスペクションと呼ばれるものが代表的である。

・ウォークスルー：本来は，プログラムに対し適切に設定した入力値を仮定し，机上で実行過程を模擬的にたどるという検査法を指す用語である。一般には，レビュー対象物の作成者が開催し，自身がその内容を説明し，複数の関係者が随時質問するという形で進められるレビューをいう。

・ラウンドロビン：参加者が順番に項目の説明をしていく方式である。意思疎通や教育の場ともなる。

　問題にある a〜c の記述内容からは，それぞれ次のようなレビュー法が該当する。

・a：参加者全員が持ち回りでレビュー責任者を務めながらレビューを行う点から，ラウンドロビンの特徴を述べていると判断できる。

・b：レビュー対象物の作成者が説明者になっている点，要検討事項となり得るものについてコメントしてレビューを行う点から，ウォークスルーの特徴を述べていると判断できる。

・c：進行役の議長や読み上げ係など役割を固定している点，また，焦点を絞ってレビューし結果分析後に対象物を評価するという点から，インスペクションの特徴を述べていると判断できる。

　したがって，（エ）の組合せが適切である。

問 14　イ　　　　　　　　　　　　オブジェクト指向における汎化の説明（R5 秋・PM 午前Ⅱ問 14）

　オブジェクト指向の特徴の一つに抽象データ型を扱うという点がある。抽象データ型とは，実世界の「もの」や「対象」などのオブジェクトのデータ構造をその性質（属性）と操作（手続）の集合として扱うデータの型である。この考え方

がデータとメソッドを一体化するというカプセル化であり，情報隠ぺいによって
データの独立性を実現している。性質が共通するオブジェクトの集まりをクラス
と呼ぶ。例として，自動車クラスと飛行機クラスを考える。ここで，二つのクラ
スに共通する，最高速度や乗車定員といった属性だけをもつ乗り物クラスを定義
することを汎化と呼ぶ。したがって，汎化の説明としては（イ）が適切である。

逆にクラスの細分化，例えば，乗り物クラスを基に自動車クラスと飛行機クラ
スを定義することを特化と呼ぶ。上位の抽象クラスをスーパクラス，下位の細分
化したクラスをサブクラスと呼ぶ。共通する性質はスーパクラス（乗り物クラス）
で定義して，サブクラスではそれぞれに固有なエンジン排気量（自動車クラス）
や航続時間（飛行機クラス）といった属性を定義する。汎化－特化（専化）の関
係は，例えば「飛行機 is a 乗り物」と表現できるので，is-a 関係である。
ア：スーパクラスを基にサブクラスを定義する特化に関する説明である。
ウ：所有（has-a）の関係とは，オブジェクト間の関係の一つで，例えば「社員ク
　　ラス」と「自動車クラス」において，「社員が自動車を所有している／していな
　　い」といった関係である。これは，クラス図で表現する。
エ：同一名称のメソッド（操作）であっても，その振る舞いが同じ，つまり性質
　　が共通であるとは限らない。したがって，同一名称のメソッドをもつオブジェ
　　クトを抽象化してクラスを定義することは汎化とは限らない。

問15　ア　　　　　　アジャイル開発におけるスクラムのルール（R5秋・PM 午前II問15）

アジャイル（Agile）開発とは「俊敏性の高いソフトウェア開発」の概念を意味
し，短い開発期間でのシステム開発を実現する開発概念の総称である。アジャイ
ル開発においては，従来型のウォーターフォール開発よりも細かい単位で計画・
設計・テストを繰り返すことから，短い開発期間でより利用者のニーズに適した
システムを開発しやすくなる。ウォーターフォール開発のように綿密な開発計画
を立ててから開発を開始するのではなく，当初に開発の計画をおおまかに立てた
うえで，仕様や設計の変更を前提に開発を行う手法がアジャイル開発である。

アジャイル開発のフレームワークである「スクラム」とは，チームで競技を行
うラグビーの「スクラム」にちなんで名付けられたフレームワークであり，開発
チームを組んで役割やタスクを分散しつつ，コミュニケーションを取りながら開
発を進める手法である。スクラムにおいては，「スプリント」と呼ばれる，プロジ
ェクトを項目に分けて区切った期間が定められ，システム開発の進捗状況などを
この単位で確認することになる。そのため，スクラムのルールとして，あらかじ
めスプリントの期間を定めておくことは有効である。したがって，（ア）が正解で
ある。
イ：「構造化言語」とは，HTML や XML のように文書の意味を構造として明示
　　する言語であるが，スクラムのルールとして仕様の記述を構造化言語に限定す
　　る必要性はない。

ウ:「リファクタリング」とはソースコードを整理・再設計することであるが，スピード感を重視するスクラムのルールとして，煩雑に行うことを規定するのは適切ではない。

エ:「ペアプログラミング」とは2人のプログラマで開発を行う手法であるが，スクラムのルールとしてプログラミングの手法を限定するのは適切ではない。

問16 エ テクニカルプロセスの説明（JIS X 0160） (R5秋·PM 午前Ⅱ問16)

JIS X 0160:2021（ソフトウェアライフサイクルプロセス）は日本産業規格であり，ソフトウェアシステムのライフサイクルを記載し，ソフトウェアエンジニアリング手法を適用するための共通のプロセスの枠組みを提供している。

本規格においては，次のライフサイクルプロセスが定義されている。

a) 合意プロセス
b) 組織のプロジェクトイネーブリングプロセス
c) プロジェクトプロセス
d) テクニカルプロセス
e) ソフトウェア実装プロセス
f) ソフトウェア支援プロセス
g) ソフトウェア再利用プロセス

本問で問われている「テクニカルプロセス」においては，JIS X 0160:2021では「利害関係者要求事項定義プロセス」に定義されており，「利害関係者要求事項定義プロセスは，定義された環境において，利用者及び他の利害関係者が必要とするサービスを提供できるシステムに対する要求事項を定義することを目的とする」と記載されている。このことから，（エ）が正解である。

ア:「合意プロセス」の説明である。

イ，エ:「組織プロジェクトイネーブリングプロセス」の説明である。

問17 ア 著作権帰属先の記載がない契約で発生するおそれがある問題 (R5秋·PM 午前Ⅱ問17)

開発委託した開発成果物の著作権は，契約書に特段の記載がない場合，開発した委託先に著作権が帰属することになっている。委託元は開発委託した組込み機器用のソフトウェアを効果的に使用するための改変は認められるものの，別のソフトウェアに適用することまでは認められない。したがって，（ア）が発生するおそれがある問題になる。

イ:著作権の帰属先の記載の有無によってソースコードの公開が義務付けられることはないので誤りである。なお，OSS（Open Source Software）ライセンスの代表的なものにGPL（General Public License）があるが，GPLではソースコードの公開が義務付けられている。

ウ:著作権の帰属とソフトウェアの販売形式は関係ない。なお，バイナリ形式は

機械語に翻訳されたビット列で表現された形式のことである。

エ：特許法では，ソフトウェアやアルゴリズム単独での特許取得はできないが，ハードウェアと組み合わせることで特許の取得は可能である（ソフトウェア特許と呼ぶ）。このとき特許の対象となるアルゴリズムは考え方の基になる原理のことで，ソフトウェアの著作権とは関係ない。

問18　ウ　　　システム開発計画案でTCOが最小になるもの（R5秋·PM 午前Ⅱ問18）

TCO（Total Cost of Ownership；総所有費用）は，コンピュータシステムを中核とした情報システムの導入から維持・運用にかかる費用の総額である。対象になっている新システムは開発後，3年間使用されるので，3年分の費用の総額を求めて比較すればよい。3年分の費用としては，導入時期に1回だけ計上すればよいものと，毎年1回，3年間で3回計上しなければならないものがある。

表の費用項目の中で1回だけ計上すればよいものは，ハードウェア導入費用，システム開発費用，導入教育費用である。毎年計上しなければならないものは，ネットワーク通信費用，保守費用，システム運用費用で，これらは1年分の費用を3倍すればよい。四つの案の3年間の費用を計算すると次のようになり，合計したTCOを比較すると，最小のものはC案（ウ）であることが分かる。

単位　百万円

	A案	B案	C案	D案
ハードウェア導入費用	30	30	40	40
システム開発費用	30	50	30	40
導入教育費用	5	5	5	5
ネットワーク通信費用／年×3	60	60	45	45
保守費用／年×3	18	15	15	15
システム運用費用／年×3	18	12	18	12
合計	161	172	153	157

問19　ウ　　　JIS Q 20000を適用している組織が定めた間隔で実施するもの（R5秋·PM 午前Ⅱ問19）

JIS Q 20000-1:2020 は，サービスマネジメントシステム（SMS）を確立し，実施し，維持し，継続的に改善するための要求事項を規定するための規格である。この規格の「9.2　内部監査」の 9.2.1 において「組織は，SMS が次の状況にあるか否かに関する情報を提供するために，あらかじめ定めた間隔で内部監査を実施しなければならない」とし，「次の状況」には「SMS に関して，組織自体が規定した要求事項」と「この規格（JIS Q 20000-1:2020）の要求事項」の2点が挙げられている。したがって，内部監査（ウ）が正しい。

その他の用語が示すものは，次のとおりである。

ア：監視，測定，分析及び評価……9.1 項の規定事項であり，SMS 及びサービスに関する監視・測定の対象を決定したり，分析・評価方法を決定したりする活動である。

イ：サービスの報告……9.4 項の規定事項であり，SMS 及びサービスに関する報告の目的を決定し，パフォーマンスや有効性を報告する活動である。

エ：マネジメントレビュー……9.3 項の規定事項であり，トップマネジメントが，SMS 及びサービスが適切，妥当かつ有効であることを確実にするために，あらかじめ定めた間隔で実施する活動である。

問20　ウ　要件定義プロセスにおいて要件が検証可能な例 (R5 秋・PM 午前 II 問 20)

要件定義プロセスにおいて，要件を評価する際には，矛盾している要件，検証できない要件などを識別することが求められているが，これらを識別するためには，次の条件が整えば可能である。

① システムやソフトウェアが，要件定義書の記述内容を満たすか否かをチェックするための「方法」が確立されていること。

② チェック作業が「妥当な費用内」で行えること。

したがって，（ウ）が正解である。

ア：要件に対する重要性のランク付けが行われていても，実装される要件が未確定であることから，要件の検証は困難である。

イ：システムに正当な利害関係をもつ個々の利害関係者（ステークホルダ）が識別できていても，個々の要件とは直接関係しないので，要件の検証は困難である。

エ：要件の実現可能性が不明であることから，要件の検証は困難である。

問21　イ　プロバイダ責任制限法が定める送信防止措置 (R5 秋・PM 午前 II 問 21)

送信防止措置とは，インターネット上で名誉毀損の書込みやプライバシーの侵害があった場合に，これらの権利侵害の申し立てを Web ホスティングや電子掲示板の管理者である特定電気通信役務提供者に対して行うことで，権利を侵害する情報の送信を防止する措置のことである。

ここで情報の発信者には表現の自由があり，無条件に送信防止措置をすることはできない。もし相当な理由がないのに送信防止措置を行った場合は，発信者に対して損害賠償責任を負うことになるが，次のような要件を満たせば損害賠償責任を負わないと定められている。

・不当な権利侵害が行われたと信じるに足りる相当の理由があった場合
・発信者に送信防止措置に同意するか確認する手続を行い，7 日以内に反論がなかった場合

・必要最小限度の情報の送信防止措置を行った場合

ア：発信者に事前に承諾を得ていなくても，送信防止措置に同意するか確認する手続を行って7日経過すれば賠償責任を負わない。

イ：一定条件を満たせば賠償責任を負わないため，適切な記述である。

ウ：裁判所の決定を受けなくても，送信防止措置を実施することは可能である。

エ：苦情の申立は個人情報保護委員会ではなく，特定電気通信役務提供者に対して直接行う。

　以上のことから，適切な記述は（イ）となる。

問22　ウ　36協定と呼ばれる労使協定に関する制度（R5秋·PM 午前Ⅱ問22）

　36協定とは，労働基準法の第36条（時間外及び休日の労働）に規定された労働者と使用者（労使）の間で取り決めた労働時間の延長に関する協定のことである。したがって，正解は（ウ）である。

　36協定を結ぶ場合，月45時間以内，年360時間以内が上限時間になるが，通常予見することができない業務量の増加や臨時的にこの上限時間を超えた場合に，月100時間以内，年720時間以内，2か月～6か月の平均が80時間以内，月45時間を超える回数の上限6回以内を限度とする特別条項を労使で取り決めることができる。ただし，この特別条項は研究開発に係る業務については適用できないことになっている。また，36協定では，対象期間は1年以内と定められている。

ア：専門業務型裁量労働制の説明である。

イ：1週間単位の非定型的変形労働時間制の説明である。

エ：フレックスタイム制の説明である。

問23　ア　セキュリティ評価基準 ISO/IEC 15408 の説明（R5秋·PM 午前Ⅱ問23）

　セキュリティ評価基準であるISO/IEC15408とは，IT製品・システムのセキュリティ機能が適切に設計され，その設計が正しく実装されているかどうかを客観的に評価するための国際規格である。CC（Common Criteria)と呼ばれることもある。また，日本においてはJIS X5070としてJIS化されている。このセキュリティ評価基準は，企業が自社製品に網羅的に必要なセキュリティ機能を実装する際の指針とするなど，IT製品・システムのセキュリティ機能の設計・実装の基準として活用されている。開発者はISO/IEC15408を考慮したセキュリティ対策やセキュリティ機能の設計をすることによって，考慮漏れのない安全な製品やシステムを開発することが可能となる。また，官公庁などの調達においては，納入製品が本規格に準拠していることを求めるなど，調達時の評価基準とする場合もある。したがって，（ア）が正解である。

イ：ISO/IEC 27001に関する説明である

ウ：ISO/IEC 19790 に関する説明である。

エ：「評価補償レベル（EAL）」の概念は ISO/IEC 15408 に含まれるが，セキュリティ機能の強度を評価するための国際規格ではない。

問 24　エ　　　　デジタルフォレンジックスに該当するもの（R5 秋-PM 午前 II 問 24）

　デジタルフォレンジックス（forensics；犯罪科学）とは，電子文書などのデジタルデータを扱う際において発生し得る犯罪に対し，その証拠を確保できるように，原因究明に必要な情報を保全，収集して分析することである。したがって，犯罪に関する証拠となり得るデータを保全し，調査，分析，その後の訴訟などに備えると記述された（エ）が正しい。

　その他の記述が示すものは，次のとおりである。

ア：電子透かし（Digital Watermarking）に関する記述である。

イ：ペネトレーションテストに関する記述である。

ウ：ソーシャルエンジニアリングに関する記述である。

問 25　イ　　　　脆弱性検査手法のファジング（R5 秋-PM 午前 II 問 25）

　IPA（独立行政法人 情報処理推進機構）が公開している「ファジング活用の手引き」によると，ファジングについては，次のように説明されている。

> 　「ファジング」とは，検査対象のソフトウェア製品に「ファズ（英名：fuzz）」と呼ばれる問題を引き起こしそうなデータを大量に送り込み，その応答や挙動を監視することで脆弱性を検出する検査手法です。
>
> 　例えば，あるソフトウェア製品に極端に長い文字列や通常用いないような制御コードなどを送り込み，状態を観察します。その結果，予期せぬ異常動作や異常終了，再起動などが発生した場合，このソフトウェア製品の処理に何らかの問題がある可能性が高いと判断できます。このように，ソフトウェア製品（の製品開発者）が想定していないデータを入力し，その挙動から脆弱性を見つけ出す検査手法を「ファジング」と言います。

　したがって，（イ）が正解である。

ア：検疫ネットワークのことである。検疫ネットワークは，ソフトウェアのバージョン及びパッチの適用状況の検査の他，セキュリティ対策ソフトの稼働状況，問題のあるソフトをインストールしていないかなども検査する。

ウ：ソフトウェアの内部構造の一つ一つの機能が意図どおりに動作するかを確認するためにソースコードの構文をチェックするホワイトボックス検査は，脆弱性を見つけるものではない。

エ：セキュリティアドバイザリは，例えば，マイクロソフト社では「セキュリティ情報の補足」，シスコ社では「製品の脆弱性に関する情報をセキュリティ脆弱

性ポリシーに基づき，重要なセキュリティ問題と考えられるもの」としている
ように，いずれも公開される情報のことであり，脆弱性の検査を行うものでは
ない。

●令和 5 年度秋期

午後 I 問題 解答・解説

| 問 1 | 価値の共創を目指すプロジェクトチームのマネジメント | (R5 秋·PM 午後 I 問 1) |

【解答例】

[設問 1]　(1) 成果を随時確認しながらプロジェクトを進められるから

　　　　　(2) 自分の考えや気持ちを誰に対してでも安心して発言できる状態

　　　　　(3) メンバーは目的の実現に前向きな姿勢である状況

　　　　　(4) メンバーの自発的なチャレンジが重要だから

[設問 2]　(1) 提供する体験価値に対するメンバーの思いを統一し共有するため

　　　　　(2) メンバーが出資元各社の期待に制約されずにチャレンジできる環境

[設問 3]　知見や体験を共有して価値の共創力を高めるため

【解説】

　プロジェクトマネージャ（PM）のマネジメントスタイルは，プロジェクトの性質，組織文化，及び関与する人々の特性によって変えるべきである。メンバーのニーズや成長を理解し，彼らが最高の成果を達成できるように支援する。また個々のメンバーの強みや成長の機会を見極め，それに基づいて指導することもある。PM には，プロジェクトの特定のニーズや状況に応じてマネジメントのスタイルを変えることや，柔軟に組み合わせることが求められる。

　本問では，プロジェクトチームの形成，チームの自律型マネジメントの実現及び発揮するリーダーシップの修整について，PM としての実践的な能力を問う。

　問題文の文脈に沿って客観的な根拠を押さえ，解答していくようにすることが肝要である。

[設問 1]

　〔X プロジェクトの立ち上げの状況〕について解答する設問である。

(1) 本文中の下線①について，F 氏がアジャイル型開発アプローチを採用することを提案した理由を解答する。

　システム開発アプローチ手法としては，ウォーターフォールモデルやアジャイル開発，プロトタイピングなどの各種の手法がある。どの手法が最適かはプロジェクトの性格や要件に依存する。〔X 社の状況〕には，「X 社の社長は，共同事業化の計画は開発の成果を確認しながら修正する意向である」との記載があるので，開発手法としては成果を確認しながら修正ができるアジャイル開発手法が最適であると判断できる。

したがって，「成果を随時確認しながらプロジェクトを進められるから」といった解答をすればよい。

(2) 本文中の下線②について，F 氏が自律的なマネジメントに移行する際に確認しようとした，改善されたチームの状態とはどのような状態のことかを解答する。

〔X プロジェクトの立ち上げの状況〕の第 2 段落の，F 氏がメンバー全員にヒアリングを実施した結果，認識した内容の 4 番目に，「プロジェクトの進め方について，基本的には PM の F 氏の考えを尊重する意向ではあるが，各自の経験に基づいた自分なりの意見ももっている。その一方で，現在は自分の考えや気持ちを誰に対しても安心して発言できる状態ではないと感じており，意見をはっきりと主張することはまだ控えているようである」との記載がある。各メンバーが自分の意見をはっきり主張できない状況では，F 氏の望む自律的なマネジメントへの移行は困難である。

したがって，「自分の考えや気持ちを誰に対してでも安心して発言できる状態」といった解答をすればよい。

(3) 本文中の下線③について，F 氏が指示型リーダーシップの発揮をできるだけ控えることにしたのは，メンバーがどのような状況にあるからかを解答する。

〔X プロジェクトの立ち上げの状況〕の第 2 段落の，F 氏がメンバー全員にヒアリングを実施した結果，認識した内容の 1 番目に，「メンバーはいずれも出資元各社では課長，主任クラスであり，担当するそれぞれの分野での経験やノウハウが豊富である」，2 番目に，「メンバーは X プロジェクトの目的の実現に前向きな姿勢であり」との記載がある。経験やノウハウがないメンバーなら，リーダーが主導的にメンバーの作業分担などを決める指示型リーダーシップでもよいが，X プロジェクトのメンバーは経験・ノウハウが豊富であり，前向きな姿勢でもあるので支援型リーダーシップが最適である。

したがって，「メンバーは目的の実現に前向きな姿勢である状況」といった解答をすればよい。

(4) 本文中の下線④について，各メンバーがセルフリーダーシップを発揮できるようにしようと F 氏が考えた理由を解答する。

〔X プロジェクトの立ち上げの状況〕の第 2 段落の冒頭に，「F 氏は，X プロジェクトは，出資元各社では過去に経験がない新たな価値の創出への取組であると捉えている。このことを PM が理解するだけでなく，メンバー全員が理解して自発的にチャレンジすることが重要であると考えた。そして，チャレンジの過程で新たなスキルを獲得して専門性を高め，そこで得られたものも含めて，それぞれの知見や体験をメンバー全員で共有して，チームによる価値の共創力を高めることを目指そうと考えた」との記載がある。過去に経験がない新たな価値の創出への取組みであることを理解して，メンバー全員が自発的にチャレンジすることが重要であると F 氏は考えたのである。

したがって，「メンバーの自発的なチャレンジが重要だから」といった解答をすればよい。

〔設問2〕

〔目標の設定と達成に向けた課題と対策〕について解答する設問である。

(1) 本文中の下線⑤について，F氏が，Xプロジェクトの目標の設定に当たって，メンバーで議論を重ね，メンバーが理解し納得した上で設定しようと考えた狙いを解答する。

〔目標の設定と達成に向けた課題と対策〕の冒頭に，「ヒアリングで認識したメンバーの状況から，メンバーが価値を共創する上でのチームの軸となる，提供する体験価値に関するXプロジェクトの目標が必要と感じた」との記載がある。一方，〔Xプロジェクトの立ち上げの状況〕の第2段落の，F氏がメンバー全員にヒアリングを実施した結果，認識した内容の2番目に，「メンバーはXプロジェクトの目的の実現に前向きな姿勢であり，提供する具体的な体験価値に対して，それぞれに異なる思いをもっているが，共有されていない」との記載がある。これは，メンバー間で提供する体験価値に対する思いが共有されていなかったことを示している。

したがって，「提供する体験価値に対するメンバーの思いを統一し共有するため」といった解答をすればよい。

(2) 本文中の下線⑥について，F氏が，Xプロジェクトの進め方を出資元各社に納得してもらい，それをX社社長から各メンバーにも伝えてもらうことによって整備することにしたプロジェクトの環境を解答する。

下線⑥は，「メンバーがチャレンジする上でのプロジェクトの環境を整備する」とあるので，現状，何かチャレンジを阻害する環境があると推測できる。一方，〔Xプロジェクトの立ち上げの状況〕の第2段落の，F氏がメンバー全員にヒアリングを実施した結果，認識した内容の3番目に，「メンバーは出資元各社の期待も意識して活動する必要があると感じている。これがメンバーのチャレンジへの制約なりそうなので，プロジェクトの環境に配慮が必要である」との記載がある。F氏は，出資元各社の期待を意識して活動することが，メンバーのチャレンジへの制約となりそうと考えたのである。

したがって，「メンバーが出資元各社の期待に制約されずにチャレンジできる環境」といった解答をすればよい。

〔設問3〕

〔Xプロジェクトの行動の基本原則〕について，F氏が本文中の下線⑦をXプロジェクトの行動の基本原則とした狙いを解答する設問である。

〔Xプロジェクトの立ち上げの状況〕の第2段落に，「そして，チャレンジの過程で新たなスキルを獲得して専門性を高め，そこで得られたものも含めて，それぞれの知見や体験をメンバー全員で共有して，チームによる価値の共創力を高めることを目指そうと考えた」との記載がある。F氏は知見や体験をメンバー全員で共有して，チームによる価値の共創力を高めることを目指そうとしていた。

したがって，「知見や体験を共有して価値の共創力を高めるため」といった解答をすればよい。

【解答例】

[設問1] 顧客価値に直結しない計画変更に掛ける活動が増加していくという課題

[設問2] どんなに資源を投入しても，納期に間に合わせることができない状況

[設問3] A社の視点を加えてほしいこと

[設問4] (1) 優越的な立場が悪影響を及ぼさないようにすること

(2) 最速で予兆を検知して，協調して対応する。

(3) a：ooda

b：回復力

c：成果報酬 ＜別解＞成果完成

d：インセンティブ・フィー

(4) 生産性向上のモチベーションを維持する。

【解説】

プロジェクトマネージャ（PM）は，プロジェクトの達成のため自社の開発資源が不足している場合には外部ベンダー（協力会社）の開発資源を活用するケースがある。外部ベンダーの選定や契約（委託先との関係やプロジェクトの範囲，成果物，品質基準，スケジュール，報酬などについて詳細かつ明確な契約書）はもとより，円滑なコミュニケーションを確保するために，コミュニケーションプランの策定なども求められる。本問ではプロジェクトにおける協力会社とよりよい共創関係となることが期待できるイコールパートナーシップについての実践的なマネジメント能力を問う。問題文の文脈に沿って客観的な根拠を押さえ，解答していくようにすることが肝要である。

[設問1]

〔予測型開発アプローチに関するT課長の課題認識〕の本文中の下線①について，どのようなプロジェクトマネジメントに関する課題を抱えることになるのかを解答する設問である。

〔協力会社政策に関するT課長の課題認識〕の中の1つ目の課題として，「顧客との契約変更を受けて行う一連の協力会社との契約変更，計画変更の労力が増加している。これらの労力が増えていくことは，プロジェクトの一つ一つの活動が顧客価値に直結するか否かという観点で，プロジェクトマネジメントに関する課題を抱えることになる」との記述がある。T課長は，協力会社との契約変更，計画変更の労力は，直接顧客価値に直結しない工数であると考えている。また，それらの工数が増加していると感じている。

したがって，「顧客価値に直結しない計画変更に掛ける活動が増加していくという課題」といった解答になる。

[設問 2]

〔協力会社政策に関する T 課長の課題認識〕の本文中の下線②について，既に対応困難な状況とはどのような状況かを解答する設問である。

下線②の前には，「顧客から請負契約で受託した開発プロジェクトの一部の作業を，請負契約で外部に再委託することは，プロジェクトの制約に関するリスク対応戦略の"転換"に当たるが，実質的にはリスクの一部しか転嫁できない。というのも，委託先が納期までに完成責任を果たせなかった場合，契約上は損害賠償請求や追完請求などを行うことが可能だが，これらの権利を行使したとしても」との記述があり，プロジェクトの制約に関するリスクについて述べられている。プロジェクトには様々な制約が存在する。プロジェクトにおけるスコープ，時間，予算，品質といったものである。T 課長は，委託先が納期までに完成責任を果たせなかった場合について，「既に対応困難な状況に陥っていることが多い」と考えている。つまり，プロジェクトのある制約というのは納期(時間)の制約だと分かる。どんなに人的資源を投入してもの納期に間に合わない状況について述べている。

したがって，「どんなに資源を投入しても，納期に間に合わせることができない状況」といった解答になる。

[設問 3]

〔パートナーシップに関する協力会社の意見〕の本文中の下線③について，T 課長は，"共同探求"の語を入れることによって A 社にどのようなメッセージを伝えようとしたのかを解答する設問である。

下線③の後に，「これまで自分が受託者の立場で感じてきたことを踏まえ，A 社に対する行動を改善しようと考えていることと，これはあくまで自分の経験に基づいた考えにすぎないので多様な視点を加えて修正したり更に深めたりしていきたいと思っていることを伝えた」とある。T 課長は，自分の経験だけでなく"多様な視点を加えて修正したり更に深めたりしていきたい"と考えている。つまり，EPS を共同で探求する協力会社としての A 社の視点も取り入れていきたいと考えていることが分かる。

したがって，「A 社の視点を加えてほしいこと」といった解答になる。

[設問 4]

〔T 課長が A 社と探求する EPS〕について，解答する設問である。

(1) 本文中の下線④のあることとは何かを解答する。

〔協力会社政策に関する T 課長の課題認識〕の第 4 段落に「T 課長は，顧客と S 社，S 社と協力会社との間で，リスクが顕在化することによって協調関係が乱れてしまうのは，これまでのパートナーシップにおいて，発注者の優越的立場が受託者に及ぼす影響に関する認識が発注者に不足しているからではないか，と考えた。このことを踏まえ，発注者の優越的立場が悪影響を及ぼさないようにしっかり意識して行動することによって，顧客と S 社，S 社と協力会社とのパートナーシップは，顧客価値の創出という目標に向かってより良い対等な共創関係となることが期待で

きる」との記述がある。T課長は，発注者の優越的立場が悪影響を及ぼさないようにしっかり意識して行動することが重要であると考えた。

したがって，「優越的な立場が悪影響を及ぼさないようにすること」といった解答になる。

(2) 両社はリスクのマネジメントを共同で行うことによって，どのようなリスクマネジメント上の効果を得ようと考えたのかを解答する。

〔パートナーシップに関する協力会社の意見〕のB役員及びC氏の意見の1番目に，「進捗や品質のリスクの顕在化の予兆が検知された場合に，S社に伝えるのを躊躇したことがあった。これはT課長と同じ経験があり，自力で何とかするべきだ，という思いがあったからである」とある。共同で，迅速にリスクの顕在化の予兆を検知し，そしてリスク顕在化の予兆を検知した場合，共同でリスクに対応するといった効果が考えられる。

したがって，「最速で予兆を検知して，協調して対応する」といった解答になる。

(3) 本文中の　　a　　～　　d　　に入れる適切な字句を解答する。

空欄aは観察（Observe）から始めて実行（Act）までを高速に回すフレームワークのことであり，「ooda」ループが正解である。

ooda は，Observe（観察），Orient（方向づけ），Decide（意思決定），Act（行動）の頭文字を取った略称である。PDCA サイクルに類似した意思決定・行動のためのフレームワークで，変化の速い状況において強みを発揮する手法だといわれている。したがって，空欄aには「ooda」が入る。

空欄bを含む文章は，「計画との差異の発生，変更の発生，予測困難な状況の変化などに対応するための適応力と　　b　　を強化することに取り組む」である。〔予測型開発アプローチに関するT課長の課題認識〕の中の2つ目の課題に，「顧客価値の変化に対応する適応力と回復力の強化に注力していく」との記述があり，空欄bは，「回復力」であることが分かる。したがって，空欄bには「回復力」が入る。

空欄cを含む文章は，「契約については，請負契約でなく，2020年(令和2年)4月施行の改正民法において準委任契約に新設された類型である　　c　　型をベースとして，これまでの請負契約での工程ごとの検収サイクルと同一のタイミングで，成果物の納入に対して支払いを行う」である。改正民法で追加された類型で検収サイクルと同一のタイミングで，成果物の納入に対して支払いを行うのは，「成果報酬型（成果完成型）」である。したがって，空欄cには，「成果報酬」又は，「成果完成」が入る。

空欄dを含む文章は，「コスト・プラス・インセンティブ・フィー(CPIF)契約の採用について検討を進める。この場合，S社は委託作業に掛かった正当な全コストを期間に応じて都度支払い，さらにあらかじめ設定した達成基準をA社が最終的に達成した場合には，S社はA社に対し　　d　　を追加で支払う」である。コスト・プラス・インセンティブ・フィー(CPIF)契約についての記述であるので，追加で支払うものは，「インセンティブ・フィー」である。したがって，空欄dには，「イ

ンセンティブ・フィー」が入る。

(4) 両社は改正民法で準委任契約に新設された類型を適用したり，今後は CPIF 契約の採用を検討したりすることで，A 社のプロジェクトチームに，顧客価値の変化に対応するためのどのような効果を生じさせようと考えたのかを解答する。

〔パートナーシップに関する協力会社の意見〕の B 役員及び C 氏の意見の 3 番目に，「S 社と請負契約で契約することで計画力や遂行力がつき，生産性を向上させるモチベーションが上がった」との記述がある。改正民法で準委任契約に新設され，追加された類型である成果完成型を採用し，検収サイクルと同一のタイミングで，成果物の納入に対して支払いを行うことや，あらかじめ設定した達成基準を達成した場合に支払われるインセンティブ・フィーなどで，生産性を向上させるモチベーションを維持させたいと考えている。

したがって，「生産性向上のモチベーションを維持する」といった解答になる。

【解答例】

[設問1]　　ベテラン技術者の抵抗感を抑えプロジェクトに協力させるため

[設問2]　(1) 技術者全員の不満解消になることを伝えるため

　　　　　(2) 予兆検知に必要なデータを特定するコンサルティング

　　　　　(3) ベテラン技術者：機器類の予兆検知と交換・修理のノウハウを提示
　　　　　　　　する。
　　　　　　　中堅技術者：早い段階からシステムの仕様を理解し活用できるかを
　　　　　　　　確認する。

[設問3]　(1) 要件定義フェーズ：探索的な進め方になること
　　　　　　　開発フェーズ：計画を策定し計画どおりに実行すること

　　　　　(2) 中堅技術者がベテラン技術者の交換・修理のノウハウを継承するた
　　　　　　　め

【解説】

　本問は，化学品製造業における，デジタル技術を活用した予兆検知システムを題材
とした問題である。昨今，少子高齢化による人手不足や若手への技術の継承に時間が
かかり，ベテラン技術者の引退に間に合わないといった問題が様々な分野で起きてい
る。その解決策として，業務を可視化してデジタル技術で効率化させる DX（Digital
Transformation）が注目されており，本問の題材である予兆検知システムも，その目
的でプロジェクトが発足している。また，DX を進める際は，開発アプローチとして，
要件やスケジュールを詳細に決めていなくても柔軟な対応できる適用型アプローチを
採用することが考えられるが，スケジュールやコストなどを計画どおりに進めるため
には，予測型アプローチを採用する必要もあり，本問はそれぞれの長所を活かしたハ
イブリッド型アプローチを採用している。そして，プロジェクトマネージャ（PM）
は，システム開発プロジェクトの目的を実現するために，ステークホルダと適切なコ
ミュニケーションを取り，協力関係を構築し維持することが求められる。本問は，こ
のような背景を踏まえて構成されている。

[設問1]

　〔プロジェクトの目的〕について，K 課長が，工場の技術者と共同でシステムの構
想・企画の策定を開始する際に，長年プラントの点検業務を担当してきており，ベテ
ラン技術者からの信頼も厚い，L 部長に参加を依頼することにした狙いを解答する設
問である。

　問題文の冒頭の記述の最後に，「しかし，プラントの点検業務の作業は，一歩間違え
ば事故につながる可能性があり，プラントの特性を理解せずにシステムに頼った点検
業務を行うことは事故につながりかねないとのベテラン技術者の抵抗があり，システ
ム化の検討が進んでいない」とあり，気難しいベテラン技術者の賛成が得られていな

く，システム化の検討が進んでいないことが分かる。ベテラン技術者からの信頼も厚い，L 部長に参加を依頼した狙いは，ベテラン技術者の協力を得てシステム化の検討を進めるためである。

したがって解答は，「ベテラン技術者の抵抗感を抑えプロジェクトに協力させるため」などとなる。

〔設問 2〕

〔構想・企画の策定〕について解答する設問である。

(1) K 課長が，L 部長に本プロジェクトの目的を説明してもらう際に，工場の技術者全員を集めた狙いを解答する。

問題文の冒頭の記述の第 4 段落に，「J 社では，デジタル技術を活用した，障害の予兆検知のシステム化を検討していた。これによってベテラン技術者の知見をシステムに取り込むことができれば，中堅技術者への業務移管が促進され，双方の不満が解消される」とあり，技術者にとってのシステム化の目的は，不満が解消されることである。問題文の冒頭の記述の第 3 段落に，「最近は，ベテラン技術者の退職が増え，点検業務の作業負荷が高まったことにベテラン技術者は不満を抱えている」，「中堅技術者はベテラン技術者の指示でしか作業ができず，点検業務を任せてもらえないことに不満を抱えている」とあり，ベテラン技術者と中堅技術者の双方に不満があることが分かる。

したがって解答は，「技術者全員の不満解消になることを伝えるため」などとなる。なお，これは技術者目線のプロジェクトの目的であり，経営者目線における，デジタル技術を活用したシステム化の目的は，予兆検知により機器類の障害を未然に防ぐことで，プラントを停止させないことによる機会損失の防止と，若手への技術継承による J 社の継続的な発展である。

(2) K 課長が，J 社と Y 社との間の知的財産権を保護する業務委託契約の条項を詳しく説明し，認識の相違がないことを十分確認した上で，Y 社に依頼した支援を解答する。

〔予兆検知システムの開発〕に，「IT ベンダーの Y 社から設備の障害検知のアルゴリズムを利用したコンサルティングサービスを紹介された」とあり，Y 社は設備の障害検知のアルゴリズムを確立している IT ベンダーであることが分かる。続いて，「Y 社からは，機器類の状況を示す時系列データが蓄積されていれば，多数ある機器類のうち，どの機器類の時系列データが障害の予兆検知に必要なデータかを特定して，予兆検知が可能になるのではないかとの回答を得た」とあり，障害の予兆検知に必要な時系列データを特定することがポイントであることが分かる。また，〔構想・企画の策定〕には，「長期にわたり蓄積されたセンサーデータから，障害の予兆を検知するデータの組合せを特定すること，及び予兆が検知された際の機器類の交換・修理の手順を可視化することに関して要件定義フェーズで実施する」とあり，障害の予兆検知に必要な時系列データを特定することが要件定義フェーズのゴールの一つであることが分かる。更に，第 3 段落に，「要件定義チームの作業は，

多様な経験と点検業務に対する知見・要求をもつ，技術者，情報システム部のプロジェクトメンバー及びY社のメンバーが協力して進める。また，様々な観点から多様な意見を出し合い，その中からデータの組合せを特定するという探索的な進め方を，要件定義として半年を期限に実施する」とあり，Y社のメンバーを含めて，障害の予兆検知に必要な時系列データを特定することが分かる。

したがって解答は，「予兆検知に必要なデータを特定するコンサルティング」などとなる。

(3) K課長が，要件定義チームのメンバーとして選任したベテラン技術者と中堅技術者に期待した役割を解答する。

ベテラン技術者については，冒頭の第4段落に，「ベテラン技術者は，長年の経験で，機器類の障害の予兆を検知するのに必要な知見と，プラントの特性を把握した交換・修理のノウハウを多数有している」とある。

したがって解答は，「機器類の予兆検知と交換・修理のノウハウを提示する」などとなる。

中堅技術者については，〔プロジェクトの目的〕に，「中堅技術者が早い段階からシステムの仕様を理解し，システムを活用して障害の予兆を検知できれば，点検業務を担当することができ，ベテラン技術者の負荷軽減につながると考えた」とある。

したがって解答は，「早い段階からシステムの仕様を理解し活用できるかを確認する」などとなる。

〔設問3〕

〔プロジェクトフェーズの設定〕について解答する設問である。

(1) K課長が，本プロジェクトのプロジェクトフェーズの設定において，要件定義フェーズと開発フェーズは特性が異なると考えたが，それぞれのプロジェクトフェーズの特性を具体的に解答する。

要件定義フェーズについては，〔プロジェクトフェーズの設定〕に，「要件定義フェーズは，仮説検証のサイクルを繰り返す適応型アプローチを採用して，仮説検証の1サイクルを2週間に設定した」とあり，"適応型アプローチ"を採用している。"適応型アプローチ"とは，仮説検証のサイクルを繰り返し，段階的に仕様を決定していく開発手法であり，代表的な開発手法はアジャイル型開発である。また，〔構想・企画の策定〕の第3段落に，「様々な観点から多様な意見を出し合い，その中からデータの組合せを特定するという探索的な進め方を，要件定義として半年を期限に実施する」とあり，探索的な進め方であることから，"適応型アプローチ"を採用したことが分かる。

したがって，解答は「探索的な進め方になること」などとなる。

開発フェーズについては，〔プロジェクトフェーズの設定〕に，「開発フェーズは予測型アプローチを採用し，本プロジェクトを確実に1年間で完了する計画とした」とあり，"予測型アプローチ"を採用している。"予測型アプローチ"とは，スコープ，スケジュール，コストなど計画をプロジェクトの開始前に立案し，その決定し

た計画に基づいて進めていく開発手法であり，代表的な開発手法はウォーターフォール型開発である。また，〔構想・企画の策定〕の第 3 段落に，「その結果を受けて，予兆検知システムの開発のスコープが定まり，このスコープを基に，要件定義フェーズの期間を含めて 1 年間で本プロジェクトを完了するように開発フェーズを計画し，確実に計画どおりに実行する」とあり，確実に計画どおりに実行することから，"予測型アプローチ"を採用したことが分かる。

したがって解答は，「計画を策定し計画どおりに実行すること」などとなる。

(2) K 課長が，機器類の交換・修理の手順を模擬的に実施することで，手順の間違いがプラントにどのように影響するかを理解できる機能を予兆検知システムに実装することにした狙いを解答する。

〔プロジェクトの目的〕に，「一方で，システムの理解だけでなく，予兆を検知した際のプラントの特性を把握した交換・修理のノウハウを継承するための仕組みも用意しておく必要があると考えた」とあり，機器類の障害の未然防止，ベテラン技術者の点検業務の負荷軽減に加えて，中堅技術者への技術の継承と育成が目的の一つであることが分かる。

したがって解答は，「中堅技術者がベテラン技術者の交換・修理のノウハウを継承するため」などとなる。

問1

出題趣旨
プロジェクトマネージャ（PM）は，チームが自律的にパフォーマンスを最大限に発揮するように促し，支援する必要がある。そのためには，適切なマネジメントのスタイルを選択し，リーダーシップのスタイルを修整（テーラリング）することが求められる。 　本問では，過去に経験のない新たな価値の創出を目指すシステム開発プロジェクトを題材として，プロジェクトチームの形成，チームの自律型マネジメントの実現及び発揮するリーダーシップの修整について，PMとしての実践的な能力を問う。

設問		解答例・解答の要点
設問1	(1)	成果を随時確認しながらプロジェクトを進められるから
	(2)	自分の考えや気持ちを誰に対してでも安心して発言できる状態
	(3)	メンバーは目的の実現に前向きな姿勢である状況
	(4)	メンバーの自発的なチャレンジが重要だから
設問2	(1)	提供する体験価値に対するメンバーの思いを統一し共有するため
	(2)	メンバーが出資元各社の期待に制約されずにチャレンジできる環境
設問3		知見や体験を共有して価値の共創力を高めるため

採点講評
問1では，過去に経験のない新たな価値の創出を目指すシステム開発プロジェクトを題材に，価値の共創を目指すプロジェクトチームの形成，チームによる自律型マネジメントの実現及び発揮するリーダーシップの修整について出題した。全体として正答率は平均的であった。 　設問1(3)は，正答率がやや低かった。F氏が指示型リーダーシップの発揮を控えようと考えたのは，"メンバーそれぞれが前向きな姿勢であり自分なりの意見をもっている"という状況をヒアリング結果から得たからであり，この点を読み取って解答してほしい。 　設問2(1)は，正答率がやや低かった。"Xプロジェクトにおける目標の設定をする"のような，下線部や設問文に記載されている内容を抜き出した解答が散見された。"Xプロジェクトにおける目標の設定"に当たっては，メンバーそれぞれの，提供する体験価値への思いを統一し，共有することが重要であることを読み取って解答してほしい。

問2

	出題趣旨

　プロジェクトマネージャ（PM）は，プロジェクトの置かれた環境に合わせてプロジェクトを遂行し，その中で，自社だけでは遂行できない活動を外部組織に委ねることがある。
　本問では，変化にさらされる環境において，計画重視の進め方から，変化に対応する適応力と回復力の強化に注力していこうとする状況下で，協力会社との新しい関係を考える場面を題材として，プロジェクトにおける協力会社とより良い共創関係となることが期待できるイコールパートナーシップについての実践的なマネジメント能力を問う。

設問		解答例・解答の要点
設問1		顧客価値に直結しない計画変更に掛ける活動が増加していくという課題
設問2		どんなに資源を投入しても，納期に間に合わせることができない状況
設問3		A社の視点を加えてほしいこと
設問4	(1)	優越的な立場が悪影響を及ぼさないようにすること
	(2)	最速で予兆を検知して，協調して対処する。
	(3) a	ooda
	b	回復力
	c	成果報酬　又は　成果完成
	d	インセンティブ・フィー
	(4)	生産性向上のモチベーションを維持する。

	採点講評

　問2では，顧客が求める価値の変化に対応するシステム開発プロジェクトを題材に，変化に対応する適応力と回復力の重視への転換を目指した，協力会社とのパートナーシップの見直しについて出題した。全体として正答率は平均的であった。
　設問2の正答率は平均的であったが，"顧客から何度も細かな報告を求められる"，"チームが強い監視下に入り，メンバーの士気が低下する"など，顧客へ伝達した際の事象を記述した解答が見られた。
　設問4(2)は，正答率がやや低かった。"適応力と回復力の強化"のような，共同で行うリスクのマネジメントから焦点が外れた解答が見られた。設問文をよく読んで，解答してほしい。
　プロジェクトマネージャとして，委託元と委託先とのより良い共創関係がもたらす価値に注目して行動してほしい。

問3

出題趣旨
プロジェクトマネージャ（PM）は，システム開発プロジェクトの目的を実現するために，プロジェクトのステークホルダと適切にコミュニケーションを取り，協力関係を構築し維持することが求められる。 　本問では，化学品製造業における障害の予兆検知システムを題材として，ステークホルダのニーズを的確に把握し，適切なシステム開発のプロジェクトフェーズ及び開発アプローチを設定して，ステークホルダのニーズを実現する，PM としての実践的なマネジメント能力を問う。

設問		解答例・解答の要点
設問1		ベテラン技術者の抵抗感を抑えプロジェクトに協力させるため
設問2	(1)	技術者全員の不満解消になることを伝えるため
	(2)	予兆検知に必要なデータを特定するコンサルティング
	(3) ベテラン技術者	機器類の予兆検知と交換・修理のノウハウを提示する。
	中堅技術者	早い段階からシステムの仕様を理解し活用できるかを確認する。
設問3	(1) 要件定義フェーズ	探索的な進め方になること
	開発フェーズ	計画を策定し計画どおりに実行すること
	(2)	中堅技術者がベテラン技術者の交換・修理のノウハウを継承するため

採点講評
問3では，化学品製造業における障害の予兆検知システムを題材に，ステークホルダーのニーズを的確に把握し，適切なシステム開発のプロジェクトフェーズ及び開発アプローチを適切に設定して，ステークホルダーのニーズを実現する実践的なマネジメント能力について出題した。全体として正答率は平均的であった。 　設問2(1)の正答率は平均的であったが，"ステークホルダーだから"という，プロジェクトマネジメントとしての目的を意識していないと思われる解答が散見された。プロジェクトマネージャ（PM）として，立ち上げの時期に全員がプロジェクトの目的を共有することの重要性を理解して解答してほしい。 　設問3(2)の正答率は平均的であったが，プラントの特性を理解した交換・修理のノウハウの継承という点を正しく解答した受験者が多かった一方で，交換・修理の手順を模擬的に実施する機能の実装だけで機器類の障害の発生を防げると誤って解答している受験者も散見された。PM として，システムを正しく機能させるための利用者の訓練の重要性を理解して解答してほしい。

●令和 5 年度秋期

午後 II 問題 解答・解説

| 問 1 | PM 計画の修整（テーラリング）について | (R5 秋·PM 午後 II 問 1) |

【解説】

本問はプロジェクトマネジメント計画の修正（テーラリング）がテーマの問題である。

システム開発プロジェクトのプロジェクトマネジメントにおいては，プロジェクトの目標を達成するために，時間，コスト，品質以外に，リスク，スコープ，ステークホルダ，プロジェクトチーム，コミュニケーションなども対象として重要である。これらをマネジメントする際には，マネジメントの方法として定められた標準や過去に経験した事例を参照することは，効率的・効果的である場合が多い。

例えば

・自社で制定した「プロジェクトマネジメント標準ガイドライン」等を参照する

・PMBOK®や JIS Q 21500 等の規範を参照する

・過去の類似開発プロジェクトのプロジェクト計画を参照する

・成功した開発プロジェクトのベストプラクティスを参照する

といったことが考えられる。

一方，個々のプロジェクトには，プロジェクトを取り巻く環境，スコープ定義の精度，ステークホルダの関与度や影響度，プロジェクトチームの成熟度やチームメンバーの構成，コミュニケーションの手段や頻度などに関して独自性がある。そのため，標準や過去に経験した事例をそのまま適用したのでは，プロジェクトマネジメントにうまく適合しない場合も発生する。そこで，プロジェクトマネージャ（PM）は参照したマネジメントの方法を，個々のプロジェクトの独自性を考慮して修整し，プロジェクトマネジメント計画を作成することが求められる。本問は，個々のプロジェクトの独自性を考慮してマネジメントの方法をどのように修整し，その修整が有効に機能しているのかをどのようにモニタリングし，その結果どのように対応したのかを，具体的に論述することを求めている。論述を通して，プロジェクトマネジメント業務を担う者としてもつべき，プロジェクトマネジメント計画の修整に関する知識，経験，実践能力が評価される。

受験生の方が参画されたプロジェクトにおいても，自社のプロジェクトマネジメントガイドライン等を用いてプロジェクトを進行している途中で，違和感を感じたケースがなかっただろうか。そのような違和感は，標準ガイドライン等とプロジェクトの独自性がうまくマッチしていなかったことに起因しているかもしれない。本問のテーマは，システム開発プロジェクトに従事していれば，多くの受験者が何らかの経験を

しているのではないかと思われる。そのような状況が顕在化したとき，PM はどのようにマネジメント標準のテーラリングを行ったのか，あるいは自分が PM であればどのように対処したのかを振り返り，これまでに経験したプロジェクトの独自性とプロジェクトマネジメント計画のテーラリングの関係を見直してみることによって論点を整理することができると考える。

　段落ごとに問題文の中から論述のポイントを拾い出す。

　第一段落では，「時間，コスト，品質以外に，リスク，スコープ，ステークホルダ，プロジェクトチーム，コミュニケーションなどもプロジェクトマネジメントの対象として重要である」と述べられていることから，論述の対象は，通常のプロジェクトマネジメントで重視される「スケジュール・コスト・品質」以外の要素が中心となることが示唆されている。この点は特に注意しておきたい。

　第二段落では，「個々のプロジェクトには，プロジェクトを取り巻く環境，スコープ定義の精度，ステークホルダの関与度や影響度，プロジェクトチームの成熟度やチームメンバーの構成，コミュニケーションの手段や頻度などに関して独自性がある」との記述があることから，論述の対象とするプロジェクトにおける「独自性」とそれがプロジェクトマネジメントに与える影響について整理する必要がある。

　第三段落では，「参照したマネジメントの方法を，個々のプロジェクトの独自性を考慮して修整し，プロジェクトマネジメント計画を作成することが求められる」との記述があることから，プロジェクトの独自性によって影響を受けるマネジメントの対象が何で，どのような修整が必要であるかを整理する。第四段落に，「さらに，修整したマネジメントの方法の実行に際しては，修整の有効性をモニタリングし，その結果を評価して，必要に応じて対応する」との記述があることから，モニタリングの方法と結果の評価についても論述する必要がある。

　論述に当たっては，前記のような問題文中に示されているポイントについて論述することになる。設問の趣旨を踏まえた上で，具体的な事例の内容詳細をしっかり展開する必要がある。事例に沿って実体・リアリティのある内容を示して，論点を明確に理由・根拠などを論理的に表現していかなければ合格評価には至らないので注意したい。

　なお，論述の骨子を考える上で，問題文に沿った章立てにすることをお勧めする。そうすることによって，出題者の意図に沿った論述になり，頭を整理しながら論述できるからである。本問の場合は，次のような章立てにするとよいだろう。

（章立ての例）
1.　システム開発プロジェクトの目標と重要なプロジェクトマネジメント対象
　1.1　私が携わったシステム開発プロジェクトの目標
　1.2　重要なプロジェクトマネジメント対象とその理由
2.　マネジメント方法の修整について
　2.1　修整の対象としたマネジメント方法
　2.2　修整が必要と判断した理由

2.3 修整した内容
3. 有効性のモニタリング
3.1 モニタリングの方法
3.2 モニタリングの結果と評価

　なお，各設問の論述例は論述のポイントを示したもので，必ずしも設問の規定の文字数に従っていない。実際の試験では，事例の詳細な内容を肉付けし，あなた自身の文章，具体例を大切にしていくことが望まれる。

[設問ア]
　あなたが携わったシステム開発プロジェクトの目標，その目標を達成するために，時間，コスト，品質以外に重要と考えたプロジェクトマネジメントの対象，及び重要と考えた理由ついて論述する。注意する点は「時間，コスト，品質以外に重要と考えた」と記述されていることから，重要と考えたプロジェクトマネジメントの対象としてスケジュール管理やコスト管理を含めないことである。これらは，通常のプロジェクトマネジメントにおいては優先度が高い管理対象であるが，本問はそれ以外について論述の対象としている。また，「重要なプロジェクトマネジメント対象」は1つではなく，2～3件を挙げることが望ましい。設問イにおいて，「設問アで述べたプロジェクトマネジメントの対象のうち」との記述があることから，設問アにおいては複数の項目を挙げ，設問イでは理由を明確にして対象を絞り込むことでより説得力が高まると考える。

（論述例）

1. システム開発プロジェクトの目標と重要なプロジェクトマネジメント対象
1.1 私が携わったシステム開発プロジェクトの目標
　　私がプロジェクトマネージャとして携わったシステム開発プロジェクトは，地方自治体における少額物品の調達システムである。文房具などの少額物品の調達をインターネットを活用したマーケットプレースとして構築するプロジェクトである。システム構築に当たっては複数の自治体で共同利用可能なシステムとすることになり，プロジェクト全体のとりまとめを行うA自治体の他に5つの自治体が参画するプロジェクトとなった。プロジェクトの目標は，6つの自治体で共同利用できる少額物品の調達システムを構築し，これらの自治体における少額物品の調達事務を効率化することである。開発は事業者を調整して実施するが，開発期間は予算の関係から1年となっており，開発規模に比較して短期間である。

1.2 重要なプロジェクトマネジメント対象とその理由
　　私がプロジェクトマネージャとして，本プロジェクトにおいて重要なプロジェクトマネジメント対象と考えた項目と理由は以下のとおりである。

①ステークホルダ
　　理由：本プロジェクトはＡ自治体の他に5つの自治体が参画するプロジェクトであり，それぞれに調達の環境や要望も異なることから，これらのステークホルダの調整は重要なマネジメント対象となる。
②コミュニケーション
　　理由：ステークホルダが多いことに加え，開発スケジュールに余裕がないことから，要件の調整などにおいてきめ細かいコミュニケーションが要求される。また，開発時期がコロナ禍となり，対面でのコミュニケーションが困難な状況にあることから，重要なマネジメント対象となる。
③リスク
　　理由：複数の自治体での調達プロセスを標準化するなど，業務面での改革も必要なプロジェクトであることから，予期しないリスクが発生する懸念があり，重要なマネジメント対象となる。

［設問イ］

　ここでは，設問アで述べたプロジェクトマネジメントの対象のうち，マネジメントの方法を修整したものは何かについて論述する。また，修整が必要と判断した理由，及び修整した内容について論述する。設問アで複数のプロジェクトマネジメント対象を挙げている場合は，マネジメントの方法を修整する必要があるものについて，その理由を明確に論述する必要がある。重要と考えた対象であっても特にマネジメントの方法を修整する必要がなかったものは対象とはならないことに注意したい。

（論述例）

2.　マネジメント方法の修整について
2.1　修整の対象としたマネジメント方法
　　私が重要なプロジェクトマネジメント対象と考えた，ステークホルダ・コミュニケーション・リスクのうち，修整の対象としたマネジメント方法は，コミュニケーションに関するものである。本プロジェクトにおいては，Ａ自治体が策定しているプロジェクトマネジメントガイドラインをプロジェクト全体の標準として採用したが，システム開発期間がちょうどコロナ禍であり，コミュニケーション手段が従来の対面中心では実施できないという背景があった。

2.2　修整が必要と判断した理由
　　Ａ自治体が策定しているプロジェクトマネジメントガイドラインによると，コミュニケーションに関しては以下の項目が記載されていた。
・コミュニケーションの目的
・コミュニケーション手法（会議・メールなど）
・コミュニケーションの頻度

・ステークホルダとの調整
・コミュニケーション計画の作成
　特に，コミュニケーション手法に定義されている「会議」は対面での実施を前提としたものであり，コロナ禍では実施が困難であった。そこで，私は各ステークホルダや開発事業者と協議し，本プロジェクトにおける会議は原則としてテレビ会議ツールを用いたリモート会議で開催することを決定した。それに伴い，プロジェクトマネジメントガイドラインに記載されている会議に関する項目をテーラリングする必要が生じた。

2.3　修整した内容

　プロジェクトマネジメントガイドラインに記載されている会議に関する項目において，修整（テーラリング）・追記した内容は以下のとおりである。
①会議の種別
　これまでの対面会議に加えて，テレビ会議を対面会議と同様に扱うものとした。
②テレビ会議ツールの標準化
　本プロジェクトは多くのステークホルダが参加することから，各ステークホルダが共通して使える M 社製のコミュニケーションツールを標準とする。
③会議参加者
　テレビ会議によって，会議への参加は容易になるものの，情報セキュリティの観点から参加者を制限するものとし，そのルールについて記載した。
④資料の共有
　テレビ会議に伴う資料の扱いと共有方法について記載した。特に，これまでメール主体であったファイルのやり取りを原則禁止し，コミュニケーションツールを用いてテレビ会議との連携を図った。
⑤議事録
　対面会議の議事録は個別に作成してメールで配布していたが，これをテレビ会議ツールの録画機能や文字起こし機能で代替できるものとした。
⑥コミュニケーションのモニタリング
　対面会議が原則無くなることから，コミュニケーションの悪化が懸念された。そこで，アンケート機能などを用いて，コミュニケーションの状況についてモニタリングを行うものとした。

［設問ウ］
　ここでは，設問イで述べた修整したマネジメントの方法の実行に際して，修整の有効性をどのようにモニタリングしたか。モニタリングの結果とその評価，必要に応じて行った対応について論述する。
　モニタリングとは，修整したマネジメント方法がどのように有効であったのかを確

認するための手段であり，例えば
- ・利用者へのヒアリングやアンケート
- ・プロジェクトマネジメント対象の定量的な分析
- ・リスク管理表や課題管理表の確認

が考えられる。

　モニタリングの結果を評価した結果，改善のための方策をとった場合は，その内容や効果についても丁寧に論述することによって，PM としての力量を示すことができると考える。

（論述例）

> 3.　有効性のモニタリング
> 3.1　モニタリングの方法
> 　　本プロジェクトの会議体としては以下の2種類を設定した。
> ・週次進捗会議
> 　　開発を委託している事業者からの進捗状況や課題の報告を受け，情報共有を行う。
> ・個別検討会議
> 　　主にシステムの仕様や個別課題についてテーマを決めて検討を行う。
> 　　それぞれの会議について出席者を明確化するとともに，コミュニケーションの状況について修整の有効性をモニタリングするものとした。モニタリングの方法としては，テレビ会議ツールの一連の機能として提供されている「アンケート機能」を用いるものとした。この機能は，管理者がアンケートフォームを容易に作成することができ，利用者が Web 画面で回答することができることから，会議終了後に迅速に状況を把握することができるメリットがあると考えた。
> 　　アンケート項目としては以下の項目を定義した。
> 　①通信回線などの環境に問題がないか
> 　②テレビ会議ツールの操作に問題がないか
> 　③他の参加者の音声や画像に問題がないか
> 　④必要な発言を行うことができたか
> 　⑤十分にコミュニケーションを図ることができたか
> 　⑥資料の提示は分かりやすかったか
> 　⑦会議の満足度
> 　各項目については5段階の評価が行えるものとした。
>
> 3.2　モニタリングの結果と評価
> 　　アンケート結果は各会議の終了後3日以内に入力するルールとし，入力完了後に項目ごとの集計を行い，各会議におけるコミュニケーションの状況を分析した。

　その結果，リモートでの会議を開始した直後は，通信回線の問題や操作が分からずに会議にうまく接続できないなど，リモート会議に不慣れな利用者に問題があることが分かった。そこで，私はテレビ会議ツールの操作手順や留意事項をまとめた分かりやすい資料を作成して，会議参加者に配布し，併せてリモートでの説明会を実施した。その結果，通信回線や操作に起因する不具合は大幅に減少し，対面の会議とほぼ同じパフォーマンスを得ることができるようになった。また，リモートでの会議を実施することで，会議参加者の移動時間の節約や会議議事録作成の効率化も図ることができ，参加者からも評価が高かった。

　コロナ禍でのシステム開発という状況において，コミュニケーション管理に課題があったが，会議に関するマネジメントの方法を修整し，リモートでの会議に切り替えたことは成功であったと評価している。

以上

【解説】

本問は組織のプロジェクトマネジメント能力の向上につながるプロジェクト終結時の評価がテーマの問題である。

プロジェクトマネージャ（PM）は，プロジェクト計画当初に計画した成果が得られるようにプロジェクトをマネジメントする必要があるが，様々な環境変化や不確実性によって，重要な目標の一部を達成できずにプロジェクトを終結せざるを得ない場合も発生することがある。例えば，次のような事例を挙げることができるだろう。

・システムパフォーマンスの向上を重要な目標としていたが，計画していたパフォーマンスが達成できていない
・開発スケジュールが遅延し，当初予定していた機能を縮小してリリースせざるを得ない
・開発したプログラムの品質が想定以上に悪く，リリース後に障害が多発する
・期待していた新技術の導入が想定通りの効果を発揮していない
・大幅なコスト超過でプロジェクトが終結した

このような状況でプロジェクトが終結した場合，PM はまず当面の優先課題の収束に注力する必要があるが，一方で，こういった経験を学びの機会ととらえて組織のプロジェクトマネジメント能力の向上につなげる必要がある。

そのためには，このような目標未達成が発生した根本原因を究明して再発防止策を立案して組織に定着させる必要がある。その際，どのような方法や体制で根本原因を調査するのか，また第三者や組織内外の知見を活かすための方策などを熟慮する必要がある。本問においては，このようなプロジェクトマネジメント業務を担う者としてもつべきプロジェクトの終結での適切なプロジェクト全体の総括に関する知識, 経験, 実践能力が評価される。

受験生の方が参画されたプロジェクトにおいても，常に成功裏に終結する場合だけではなく，重要な目標の一部が達成できない場合や，リリース後に何らかの問題を抱えているプロジェクトの事例があることだろう。本問のテーマは，システム開発プロジェクトに従事していれば，多くの受験者が何らかの経験をしているのではないかと思われる。そのような結果になったとき，PM はどのように根本原因を究明したのか，再発防止策の策定に当たって留意していたことは何か，あるいは自分が PM であればどのように対処したのかを振り返り，これまでに経験した目標未達成のプロジェクトを見直してみることによって論点を整理することができると考える。

段落ごとに問題文の中から論述のポイントを拾い出してみる。

第一段落では，「重要な目標の一部を達成できずにプロジェクトを終結すること（以下，目標未達成という）がある。このようなプロジェクトの終結時の評価の際には，今後のプロジェクトの教訓として役立てるために，プロジェクトチームとして目標未達成の原因を究明して再発防止策を立案する」と述べられていることから，論述の対象としては「目標未達成」のプロジェクトであり，その原因究明と再発防止策立案の

プロセスが明確なものを選択すべきであろう。

　第二段落では,「目標未達成を直接的に引き起こした原因(以下,直接原因という)の特定にとどまらず,プロジェクトの独自性を踏まえた因果関係の整理や段階的な分析などの方法によって根本原因を究明する必要がある」との記述があることから,「プロジェクトの独自性」に注目したい。

　ここでの,プロジェクトの独自性とは

- 通常よりも短納期のプロジェクトである
- 新技術を導入するプロジェクトである
- ステークホルダ間の関係性が複雑である
- 大きな業務改革を伴うプロジェクトである

といった事項が該当すると考えられ,このようなプロジェクトの独自性と目標未達成の関係についても論述の対象としたい。

　次に,「その際,プロジェクトチームのメンバーだけでなく,ステークホルダからも十分な情報を得る。さらに客観的な立場で根本原因の究明に参加する第三者を加えたり,組織内外の事例を参照したりして,それらの知見を活用することも有効である」とあることから,原因の究明に当たっては,より視野を広げて独りよがりにならない方法を採用することも重要ポイントであり,そのような外部の知見を活用した場合は,その効果についても丁寧に論述したい。

　第三段落では,「再発防止策は,マネジメントプロセスを煩雑にしたりマネジメントの負荷を大幅に増加させたりしないような工夫をして,教訓として組織への定着を図り,組織のプロジェクトマネジメント能力の向上につなげることが重要である」との記述があることから,「再発防止策」は十分に実行可能であり,「絵に描いた餅」にならないことが重要である。原因分析の結果から多くの再発防止策が検討された場合,それらに優先度を付けるなど,マネジメントプロセスへの負荷が増大しない工夫についても丁寧に論述したい。

　論述に当たっては,前記のような問題文中に示されているポイントについて論述することになる。設問の趣旨を踏まえた上で,具体的な事例の内容詳細をしっかり展開する必要がある。事例に沿って実体・リアリティのある内容を示して,論点を明確に理由・根拠などを論理的に表現していかなければ合格評価には至らないので注意したい。

　なお,論述の骨子を考える上で,問題文に沿った章立てにすることをお勧めする。そうすることによって,出題者の意図に沿った論述になり,頭を整理しながら論述できるからである。本問の場合は,次のような章立てにするとよいだろう。

（章立ての例）
　1.　システム開発プロジェクトの概要と目標未達成の影響
　　1.1　私が携わったシステム開発プロジェクトの概要と独自性
　　1.2　未達成となった目標と目標未達成となった経緯
　　1.3　目標未達成がステークホルダに与えた影響

2.　目標未達成の原因
　　2.1　目標未達成の直接原因の内容
　　2.2　根本原因を究明するために行ったこと
　　2.3　根本原因の内容
　3.　再発防止策の立案
　　3.1　立案した再発防止策
　　3.2　再発防止策を組織に定着させるための工夫

　なお，各設問の論述例は論述のポイントを示したもので，必ずしも設問の規定の文字数に従っていない。実際の試験では，事例の詳細な内容を肉付けし，あなた自身の文章，具体例を大切にしていくことが望まれる。

［設問ア］
　あなたが携わったシステム開発プロジェクトの独自性，未達成となった目標と目標未達成となった経緯，及び目標未達成がステークホルダに与えた影響について論述する。なお，問題文では「あなたが携わったシステム開発プロジェクトの独自性」となっているが，独自性だけを説明するのは難しいので，システムの目的などの概要を述べてから独自性に言及するのが望ましいと考える。「目標未達成となった経緯」については，直接原因を中心に何が目標の達成を阻害したのか説明する。

（論述例）

　1.　システム開発プロジェクトの概要と目標未達成の影響
　1.1　私が携わったシステム開発プロジェクトの概要と独自性
　　　私がプロジェクトマネージャとして携わったシステム開発プロジェクトは，ある官公庁における統計システム（以下，本システムという）の更新プロジェクトである。
　　　本システムは各種行政関連データを収集して，統計業務を行うためのシステムであり，その運用には庁内の複数の部署が関連した共同利用システムであることが独自性である。

　1.2　未達成となった目標と目標未達成となった経緯
　　　本システムは各種統計処理と帳票出力を行うが，法律や制度が改訂されると，対象となる項目や帳票の様式が変更される。これまでのシステムは全てをプログラムの変更で処理していたことから，軽微な項目や帳票フォーマットの変更であっても，調達仕様書を作成して調達を行うことになり，事務処理の手間や予算面で大きな課題があった。そこで，今回の更新プロジェクトでは，変更があった場合にプログラム変更ではなく，職員がパラメータの変更で処理できるシステムにすることを目標とした。
　　　システムは計画通りにリリースしたが，ある利用部署から，項目の変更を

行ったところ，統計計算のロジックの変更も必要であり，その部分について
は職員が対応できないことが判明した。

1.3 目標未達成がステークホルダに与えた影響

当初の予定では，法律や制度対応に職員側で対応できるという機能の実装
であったが，それが利用できないことから，ステークホルダ（システムを利
用する部署）には以下の多大な影響が発生した。

・プログラム変更が職員ではできないことから，仕様書を作成して調達を実
施する必要がある。そのため，事務手続の手間の増加やスケジュールへの
影響が発生した。

・職員で対応できる予定であったことから，特段の予算を準備していなかっ
たため，調達に当たっては予算処置が必要となった。

［設問イ］

ここでは，設問アで述べた目標未達成の直接原因の内容，根本原因について論述す
る。まず，「直接原因」と「根本原因」について理解しておきたい。

直接原因：問題発生の直接の原因であって，システムであればプログラムのミスや
仕様漏れといった原因を挙げることができる。

根本原因：問題や直接原因に至る根本的な原因であって，前記の例であれば，プロ
グラムのミスは要員のスキルが不十分であるなど，また，仕様漏れについては，レビ
ューのプロセスが確立できていないなど，直接原因が発生する仕組みやマネジメント
システムの問題であることが多い。

（論述例）

2. 目標未達成の原因
2.1 目標未達成の直接原因の内容

システム更新に当たっては，本システムを利用する部局に，システムの課
題についてあらかじめアンケート及びヒアリングを実施していた。その結果
をシステム統括部署においてとりまとめ，要件の整理を行って調達仕様書を
作成した。とりまとめ結果によると，法律や制度の改定によって項目や帳票
のフォーマットを変更する必要があるが，毎回プログラムの変更を調達して
いるのはスケジュールや予算面で無駄が多いとの指摘が多く出されていた。
このことから，システム統括部署では，特に変更の多い帳票機能において，
「帳票作成ツール」を導入することによって，職員側で変更に対応ができる
と考え，システムベンダー数社に提案と見積を依頼していた。項目を変更し
たときに，計算のロジックを変更するという要件があることをシステム統括
部署側では把握できておらず，帳票作成ツールの導入だけを仕様化したこと
が，目標未達成の直接原因である。

2.2 根本原因を究明するために行ったこと

　項目を変更したときに，計算のロジックを変更するという要件があることをシステム統括部署側では把握できておらず，帳票作成ツールの導入だけを仕様化したことが，目標未達成の根本原因であると結論づけたが，それでは，なぜそのような状況になってしまったのか。私は根本原因を究明するために，システム統括部署のアドバイザーを委嘱しているＢ氏に第三者的視点で本件の原因究明に協力いただくように依頼し，プロジェクト関係者で原因究明のためのチームを立ち上げた。

　本システムの利用部局に行ったアンケート及びヒアリング結果について，その内容の妥当性や結果のとりまとめ方法について検討を行った。その結果，アドバイザーのＢ氏からは次の指摘を受けた。

・アンケート及びヒアリングにおいては，システム的な視点が強く，各利用部門における業務内容や業務の流れについて理解できるアウトプットが得られていない。

・業務の理解が不足していることから，法律や制度が改訂された際の影響を，システム統括部署が十分に理解できないまま仕様を作成している。

・重要なステークホルダである利用部門がシステム開発プロジェクトに参画しておらず，開発途中で使用の不備に気づくことができていない。

2.3 根本原因の内容

　アドバイザーのＢ氏の指摘を踏まえて，チームで根本原因の内容について整理を行った。その結果，根本原因の内容は次のとおりである。

・共同利用システムであるにもかかわらず，利用部署がシステム開発プロジェクトに全く関与しておらず，仕様も把握できていなかった。

・システム統括部署は利用部署の業務内容・業務の流れを把握できておらず，単に帳票作成ツールの導入だけで問題が解決すると考え，仕様を作成していた。

[設問ウ]

　設問イで述べた根本原因を基にプロジェクトマネジメントの観点で立案した再発防止策，及び再発防止策を組織に定着させるための工夫について論述する。「プロジェクトマネジメントの観点で立案」とあることから，単純な技術的対策に終始することなく，PMとしての立場での論述が求められる。

（論述例）

3. 再発防止策の立案

3.1 立案した再発防止策

　本システムは共同利用システムでありながら，利用部署のシステム開発プロジェクトへの参画がなく，システム統括部署だけで仕様書を作成して調達を行ったことが目標未達成の根本原因であり，私は今後はこのような状況に陥らないような再発防止策を立案する必要があると考えた。

　そこで，次の手順で再発防止を図るものとした。

①システム管理台帳から共同利用システムに該当するシステムを洗い出す。

②各システムについて利用部門（ステークホルダ）を明確化する。

③各共同利用システムのステークホルダ間で「システム運用会議」を設置し，システムの運用状況や課題について定期的な情報交換を実施する。

④共同利用システムの更新時期においては，システム運用会議で要件を十分に検討し，システム開発プロジェクトにも各代表者を参画させる運用とする。

⑤以上をルール化して周知徹底する。

3.2 再発防止策を組織に定着させるための工夫

　私は再発防止策を庁内ルールとして文書化し，情報化推進委員会に諮り承認を得た。これを各利用部門に送付後に説明会を開催した。説明会においては，本システムの更改プロジェクトにおいて目標未達成が発生した経緯について十分に説明を行い，ルール化の趣旨を納得いただけるように配慮した。なぜならば，ルール化の趣旨が明確でないと定着が難しいと考えたからである。また，全庁で導入が進んでいたチャットツールにも各共同利用システムごとのチャネルを開設し，質問などを受け付けた。これらによって，再発防止策は組織に定着したと評価している。

以上

午後Ⅱ解答

午後Ⅱ問題　ＩＰＡ発表の出題趣旨と採点講評

問1

出題趣旨
システム開発プロジェクトでは，プロジェクトの目標を達成するために，プロジェクトマネジメントの対象に関するマネジメントの方法を定義してプロジェクトマネジメント計画を作成する。その際，組織で定められた標準や過去に経験した事例を参照することは効率が良くまた効果的であるが，個々のプロジェクトの独自性を考慮して修整（テーラリング）することが重要である。 　本問は，個々のプロジェクトの独自性を考慮してマネジメントの方法をどのように修整し，その修整が有効に機能しているのかをどのようにモニタリングし，その結果にどのように対応したのかを，具体的に論述することを求めている。論述を通じて，プロジェクトマネジメント業務を担う者として有すべき，プロジェクトマネジメント計画の修整に関する知識，経験，実践能力を評価する。

問2

出題趣旨
昨今の不確実性が高まるプロジェクト環境において，組織のプロジェクトマネジメント能力を高めるためには，重要な目標の一部を達成できずにプロジェクトを終結した(以下，目標未達成という)場合，その経験を学びの機会と捉えて組織のプロジェクトマネジメント能力の向上につなげる必要がある。 　本問は，目標未達成のプロジェクトチームとして，目標未達成の根本原因を究明する方法や体制，究明する過程で生かした第三者や組織内外の事例や知見，及び再発防止策を組織へ定着させる工夫について，具体的に論述することを求めている。論述を通じて，プロジェクトマネジメント業務を担う者として有すべきプロジェクトの終結での適切なプロジェクト全体の総括に関する知識，経験，実践能力を評価する。

問 1，問 2

採点講評

　全問に共通して，単に見聞きした事柄だけで，自らの考えや行動に関する記述が希薄な論述や，マネジメントの経験を評価したり，それを他者と共有したりした経験が感じられない論述が散見された。プロジェクトマネジメント業務を担う者として，主体的に考えて，継続的にプロジェクトマネジメントの改善に取り組む意識を明確にした論述を心掛けてほしい。

　問 1 では，ステークホルダやコミュニケーションなどのプロジェクトマネジメントの対象を明確にした修整については，実際の経験に基づいて論述していることがうかがわれた。一方で，実行中に発生した課題に対応する計画変更やプロジェクトの目標達成に適合していない修整についての論述も見受けられた。プロジェクトマネジメント計画を作成するに当たっては，組織で定められた標準や過去に経験した事例を参照し，さらにプロジェクトの目標や独自性を考慮して的確に修整することが求められる。プロジェクトマネジメント業務を担う者として，プロジェクトマネジメント計画の修整に関するスキルの習得に努めてほしい。

　問 2 では，直接原因については，経験に基づき具体的に論述できているものが多かった。一方，根本原因の究明に至る行動において，客観的な立場で参加する第三者による原因の究明がなく，当事者にヒアリングするだけであったり，因果関係の整理や段階的な分析などの方法がなく，技術的な調査に終始するだけであったりするなど，根本原因の究明や再発防止策立案の知識や経験が乏しいと思われる論述も見受けられた。プロジェクトマネジメント業務を担う者として，目標を達成できずにプロジェクトを終結した経験を，自らの知識やスキルの向上とともに，組織のマネジメント能力の向上にもつなげてほしい。

午後 II 解答

出題分析

出題傾向を知ることで，効率的に学習を進めることができます

・午前問題出題分析で試験の傾向を知
　ることができるので，学習する際の
　強い味方になります。

プロジェクトマネージャ試験

　令和3年度秋期，令和4年度秋期，令和5年度秋期に行われた高度午前Ⅰ（共通知識）試験，プロジェクトマネージャ午前Ⅱ試験を分析し，問題番号順と，3回分を合わせた「午前の出題範囲」の出題分野順にまとめた表を掲載します。

　プロジェクトマネージャ試験を受験する際に，出題分析は重要な資料になります。

（1）午前問題出題分析

・問題番号順

　　　令和3年度秋期　高度午前Ⅰ（共通知識）試験

　　　令和3年度秋期　プロジェクトマネージャ　午前Ⅱ試験

　　　令和4年度秋期　高度午前Ⅰ（共通知識）試験

　　　令和4年度秋期　プロジェクトマネージャ　午前Ⅱ試験

　　　令和5年度秋期　高度午前Ⅰ（共通知識）試験

　　　令和5年度秋期　プロジェクトマネージャ　午前Ⅱ試験

・高度午前Ⅰ（共通知識）試験の出題範囲順

　　（令和3年度秋期，令和4年度秋期，令和5年度秋期）

・プロジェクトマネージャ　午前Ⅱ試験の出題範囲順

　　（令和3年度秋期，令和4年度秋期，令和5年度秋期）

（2）午前の出題範囲

（3）午後Ⅰ問題　予想配点表

（1）午前問題出題分析

・問題番号順

令和3年度秋期 高度午前Ⅰ（共通知識）試験

問	問題タイトル	正解	分野	大	中	小	難易度
1	接線を求めることによる非線形方程式の近似解法	エ	T	1	1	2	3
2	パリティビットの付加で訂正できるビット数	ア	T	1	1	4	2
3	バブルソートの説明	ウ	T	1	2	2	3
4	16ビット整数の加算結果でオーバフローしないもの	エ	T	2	3	1	4
5	物理サーバの処理能力を調整するスケールインの説明	イ	T	2	4	2	3
6	仮想記憶システムにおいて処理能力が低下する現象	ア	T	2	5	1	2
7	半加算器の論理回路	ア	T	2	6	1	2
8	与えられた結果を求める関係演算	エ	T	3	9	3	2
9	データベースの障害回復処理	イ	T	3	9	4	2
10	ARPの説明	ア	T	3	10	3	2
11	ブロードキャストアドレスを計算する方法	エ	T	3	10	1	3
12	IoTセキュリティガイドラインにおける対策例	イ	T	3	11	2	3
13	否認防止に関する情報セキュリティの特性	ア	T	3	11	3	3
14	盗まれたクレジットカードの不正利用防止	ア	T	3	11	4	3
15	認証ヘッダと暗号ペイロードの二つのプロトコルを含むもの	ア	T	3	11	5	3
16	UMLのアクティビティ図の説明	ア	T	4	12	3	3
17	アジャイル開発におけるバーンダウンチャート	ア	T	4	13	1	3
18	プレシデンスダイアグラムからアローダイアグラムへの書直し	イ	M	5	14	6	4
19	リスクの定量的分析で実施すること	イ	M	5	14	8	3
20	サービスマネジメントシステムにおける問題管理の活動	エ	M	6	15	2	3
21	バックアップの運用に必要な磁気テープの本数	ウ	M	6	15	4	3
22	コントロールを書面上又は実際に追跡するシステム監査技法	イ	M	6	16	1	3
23	業務プロセスの改善活動	ウ	S	7	17	2	2
24	テレワーク導入後5年間の効果	イ	S	7	17	4	3
25	RFIの説明	イ	S	7	18	3	3
26	バリューチェーンの説明	ア	S	8	19	1	3
27	リーンスタートアップの説明	エ	S	8	20	1	3
28	IoT技術のエッジコンピューティングの説明	ア	S	8	21	4	3
29	マクシミン原理に従って投資する株式	ア	S	9	22	2	3
30	特別条項を適用する36協定届の事例	ア	S	9	23	3	4

- 分野の「T」はテクノロジ系,「M」はマネジメント系,「S」はストラテジ系を表しています。
- 大,中,小は,「午前の出題範囲」に対応しています。(2)午前の出題範囲をご確認ください。

- 問題番号順

令和3年度秋期 プロジェクトマネージャ 午前II試験

問	問題タイトル	正解	分野	大	中	小	難易度
1	標準化,教育訓練,監視の役割を担うステークホルダ	ウ	M	5	14	3	3
2	RACIチャートを用いた責任分担マトリクス	エ	M	5	14	5	3
3	組織のプロセス資産	ア	M	5	14	5	3
4	プレシデンスダイアグラムにおける最少の所要日数	ウ	M	5	14	6	4
5	ガントチャートの特徴	ウ	M	5	14	6	3
6	クラッシングの例	ア	M	5	14	6	3
7	クリティカルチェーン法の実施例	ア	M	5	14	6	4
8	メンバ増員によって増加する人件費	ウ	M	5	14	7	4
9	ソフトウェアの規模の見積り方法	イ	M	5	14	7	4
10	リスクの特定,リスクの評価が属するプロセス群	イ	M	5	14	1	3
11	感度分析の結果を示した図の名称	ウ	M	5	14	8	3
12	プロジェクトマネジメントで使用する傾向分析	ウ	M	5	14	6	4
13	調達条件を満たすレンタル費用の最低金額	イ	M	5	14	10	4
14	コミュニケーションマネジメントの目的	イ	M	5	14	11	3
15	オブジェクト指向開発におけるロバストネス分析	ウ	T	4	12	4	3
16	リーンソフトウェア開発の説明	イ	T	4	13	1	4
17	マッシュアップの説明	エ	T	4	13	1	3
18	総合評価点が最も高い改善案	ウ	M	6	15	1	3
19	フェールソフトの考え方	ウ	M	6	15	2	3
20	システム要件の検討で用いるUXデザイン	ウ	S	7	18	2	3
21	労働法に照らした秘密情報を扱う従業員の扱いの見直し	ア	S	9	23	3	3
22	技術者倫理におけるホイッスルブローイング	ウ	S	9	23	4	3
23	共通鍵暗号方式	ア	T	3	11	1	2
24	テンペスト攻撃の説明とその対策	イ	T	3	11	4	3
25	DNSSECの機能	イ	T	3	11	5	3

令和4年度秋期 高度午前Ⅰ（共通知識）試験

問	問題タイトル	正解	分野	大	中	小	難易度
1	カルノー図と等価な論理式	エ	T	1	1	1	3
2	AIにおける過学習の説明	イ	T	1	1	3	3
3	ハッシュ表によるデータの衝突条件	イ	T	1	2	2	2
4	2段のキャッシュをもつキャッシュシステムのヒット率	エ	T	2	3	2	2
5	コンテナ型仮想化の説明	ウ	T	2	4	1	3
6	デッドロックの発生を防ぐ方法	イ	T	2	5	1	2
7	論理回路	ウ	T	2	6	1	2
8	顧客コードの桁数計算	ア	T	3	7	1	2
9	前進復帰で障害回復できるトランザクション	ウ	T	3	9	4	3
10	ACID特性の四つの性質に含まれないもの	イ	T	3	9	4	2
11	DHCPサーバが設置されたLAN環境	ウ	T	3	10	5	3
12	デジタル証明書の失効確認をするプロトコル	ウ	T	3	11	5	3
13	リスクアセスメントを構成するプロセスの組合せ	イ	T	3	11	2	2
14	WAFによる防御が有効な攻撃	イ	T	3	11	1	3
15	家庭内LAN環境のセキュリティ	ア	T	3	11	5	3
16	成果物の振る舞いを机上でシミュレートして問題点を発見する手法	ア	T	4	12	2	2
17	KPT手法で行ったスプリントレトロスペクティブの事例	ウ	T	4	13	1	4
18	プレシデンスダイアグラム法における作業完了日数	イ	M	5	14	6	3
19	多基準意思決定分析の加重総和法を用いた製品の評価	ウ	M	5	14	10	2
20	問題管理プロセスの目的	イ	M	6	15	2	2
21	ISMS内部監査で監査報告書に記載すべき指摘事項	エ	M	6	16	1	3
22	監査手続として適切なもの	ウ	M	6	16	1	3
23	BCPの説明	エ	S	7	17	1	3
24	正味現在価値法による投資効果の評価	イ	S	7	18	1	3
25	ハードウェア製造の外部委託に対するコンティンジェンシープラン	エ	S	7	18	3	3
26	コンジョイント分析の説明	イ	S	8	19	2	3
27	APIエコノミーの事例	エ	S	8	20	1	3
28	サイバーフィジカルシステムの説明	ウ	S	8	21	1	3
29	類似する事実やアイディアをグルーピングしていく収束技法	ウ	S	9	22	2	2
30	作業委託における著作権の帰属	ウ	S	9	23	1	2

・問題番号順

令和 4 年度秋期 プロジェクトマネージャ 午前 II 試験

問	問 題 タ イ ト ル	正解	分野	大	中	小	難易度
1	変更要求を契機に相互作用するプロセス群（JIS Q 21500）	イ	M	5	14	1	3
2	プロジェクト憲章の説明	エ	M	5	14	2	3
3	JIS Q 21500 において WBS を主要なインプットとしているプロセス	ア	M	5	14	4	2
4	RACI チャートで示す 4 種類の役割と責任	ア	M	5	14	5	4
5	タックマンモデルでメンバーが意見を主張し合う段階	エ	M	5	14	11	4
6	JIS Q 21500 における "資源の管理" の目的	エ	M	5	14	5	3
7	EVM 使用のプロジェクトに対する適切な評価と対策	イ	M	5	14	7	3
8	WBS を使用する目的	エ	M	5	14	4	3
9	アローダイアグラムから読み取れること	ウ	M	5	14	6	3
10	COCOMO における開発規模と開発生産性の関係	エ	M	5	14	7	4
11	工程全体の生産性を表す式	エ	M	5	14	7	4
12	採用すべき案と期待金額価値の組合せ	ア	M	5	14	7	4
13	定量的評価基準で品質に問題があると判定される機能	ア	M	5	14	9	4
14	JIS X 25010 で規定された品質副特性における信頼性	ウ	T	4	12	4	3
15	アジャイルソフトウェア開発宣言で述べている価値	エ	T	4	13	1	4
16	XP（Extreme Programming）のプラクティス	エ	T	4	13	1	4
17	ユースケース駆動開発の利点	エ	T	4	13	1	4
18	最も投資利益率の高いシステム化案	エ	S	7	18	2	4
19	ウォームスタンバイの説明	エ	M	6	15	4	3
20	実費償還契約で追加費用を負担すべき会社	ウ	S	9	23	3	4
21	有害物質使用制限のため施行しているもの	イ	S	9	23	4	3
22	SDGs の説明	エ	S	9	23	4	2
23	CRL に関する記述	イ	T	3	11	1	3
24	シングルサインオンの実装方式	エ	T	3	11	1	3
25	サイバーセキュリティ演習でのレッドチームの役割	ウ	T	3	11	4	3

令和 5 年度秋期 高度午前 I （共通知識）試験

問	問 題 タ イ ト ル	正解	分野	大	中	小	難易度
1	逆ポーランド表記法で表現されている式の計算	ア	T	1	2	7	2
2	パリティビットの付加で訂正できるビット数	ア	T	1	1	4	2
3	整列に使ったアルゴリズム	ウ	T	1	2	2	2
4	パイプラインの性能を向上させる技法	ウ	T	2	3	1	3
5	IaC に関する記述	エ	T	2	4	1	4
6	タスクの最大実行時間と周期の組合せ	ア	T	2	5	1	3
7	3 入力多数決回路の論理回路図	ア	T	2	6	1	3
8	バーチャルリアリティにおけるレンダリング	イ	T	3	8	2	3
9	障害発生後の DBMS 再立上げ時の復帰方法	ア	T	3	9	4	3
10	ホストが属するサブネットワークのアドレス	イ	T	3	10	3	2
11	マルチキャストの使用例	エ	T	3	10	3	3
12	レインボーテーブル攻撃に該当するもの	ウ	T	3	11	1	3
13	メールの第三者中継に該当するもの	ウ	T	3	11	5	3
14	コーディネーションセンターの機能とサービス対象の組合せ	ア	T	3	11	2	4
15	DKIM に関する記述	ア	T	3	11	5	3
16	開発環境上でソフトウェアを開発する手法	エ	T	4	12	3	3
17	IDE の説明	ア	T	4	13	1	3
18	スコープ記述書に記述する項目（PMBOK®ガイド第 7 版）	エ	M	5	14	4	2
19	計画変更によるスケジュール短縮日数	ア	M	5	14	6	3
20	許容されるサービスの停止時間の計算	イ	M	6	15	3	3
21	フルバックアップ方式と差分バックアップ方式による運用	イ	M	6	15	4	2
22	起票された受注伝票に関する監査手続	ウ	M	6	16	1	3
23	バックキャスティングの説明	イ	S	7	17	1	3
24	SOA の説明	エ	S	7	17	3	2
25	ファウンドリーサービスの説明	エ	S	7	18	3	3
26	人口統計的変数に分類される消費者特性	イ	S	8	19	2	4
27	オープンイノベーションの説明	ウ	S	8	20	1	2
28	AI を用いたマシンビジョンの目的	イ	S	8	21	5	3
29	発生した故障の要因を表現するのに適した図法	イ	S	9	22	2	2
30	匿名加工情報取扱事業者が第三者提供する際の義務	ア	S	9	23	2	3

・問題番号順

令和5年度秋期 プロジェクトマネージャ 午前II試験

問	問題タイトル	正解	分野	大	中	小	難易度
1	アジャイル宣言の背後にある原則に照らして適切な教訓	イ	M	5	14	1	4
2	プロジェクト全体計画作成の目的（JIS Q 21500）	イ	M	5	14	2	3
3	計画のプロセス群に属するプロセス（JIS Q 21500）	ア	M	5	14	2	3
4	ステークホルダ貢献を最大化する活動（JIS Q 21500）	ア	M	5	14	3	4
5	アーンドバリューマネジメントによる完成時総コスト見積り	エ	M	5	14	7	3
6	CCPMによるプロジェクトバッファを含めた所要日数の計算	イ	M	5	14	6	4
7	PDMによる開発プロジェクトの最少所要日数の計算	イ	M	5	14	6	4
8	クリティカルチェーン法の実施例	ア	M	5	14	6	4
9	開発コストの見積り	ウ	M	5	14	7	3
10	ファンクションポイント法によるソフトウェア規模の見積計算	ア	M	5	14	7	4
11	リスクマネジメントに使用するEMVの算出式	ア	M	5	14	8	3
12	リスクの特定とリスクの評価が属するプロセス群	イ	M	5	14	1	3
13	レビュー技法の適切な名称の組合せ	エ	T	4	12	4	2
14	オブジェクト指向における汎化の説明	イ	T	4	12	4	3
15	アジャイル開発におけるスクラムのルール	ア	T	4	13	1	3
16	テクニカルプロセスの説明（JIS X 0160）	エ	T	4	13	1	4
17	著作権帰属先の記載がない契約で発生するおそれがある問題	ア	T	4	13	2	2
18	システム開発計画案でTCOが最小になるもの	ウ	M	6	15	3	2
19	JIS Q 20000を適用している組織が定めた間隔で実施するもの	ウ	M	6	15	1	3
20	要件定義プロセスにおいて要件が検証可能な例	ウ	S	7	18	2	4
21	プロバイダ責任制限法が定める送信防止措置	イ	S	9	23	2	4
22	36協定と呼ばれる労使協定に関する制度	ウ	S	9	23	3	3
23	セキュリティ評価基準 ISO/IEC 15408の説明	ア	T	3	11	3	3
24	デジタルフォレンジックスに該当するもの	エ	T	3	11	4	3
25	脆弱性検査手法のファジング	イ	T	3	11	5	3

・高度午前Ⅰ（共通知識）試験の出題範囲順

令和3年度秋期，令和4年度秋期，令和5年度秋期

期	問	問 題 タ イ ト ル	正解	分野	大	中	小	難易度
R4秋	1	カルノー図と等価な論理式	エ	T	1	1	1	3
R3秋	1	接線を求めることによる非線形方程式の近似解法	エ	T	1	1	2	3
R4秋	2	AIにおける過学習の説明	イ	T	1	1	3	3
R3秋	2	パリティビットの付加で訂正できるビット数	ア	T	1	1	4	2
R5秋	2	パリティビットの付加で訂正できるビット数	ア	T	1	1	4	2
R3秋	3	バブルソートの説明	ウ	T	1	2	2	3
R4秋	3	ハッシュ表によるデータの衝突条件	イ	T	1	2	2	2
R5秋	3	整列に使ったアルゴリズム	ウ	T	1	2	2	2
R5秋	1	逆ポーランド表記法	ア	T	1	2	7	2
R3秋	4	16ビット整数の加算結果でオーバフローしないもの	エ	T	2	3	1	4
R5秋	4	分岐先を予測して実行するパイプラインの性能向上技法	ウ	T	2	3	1	3
R4秋	4	2段のキャッシュをもつキャッシュシステムのヒット率	エ	T	2	3	2	4
R4秋	5	コンテナ型仮想化の説明	ウ	T	2	4	1	3
R5秋	5	IaCに関する記述	エ	T	2	4	1	4
R3秋	5	物理サーバの処理能力を調整するスケールインの説明	イ	T	2	4	2	3
R3秋	6	仮想記憶システムにおいて処理能力が低下する現象	ア	T	2	5	1	2
R4秋	6	デッドロックの発生を防ぐ方法	イ	T	2	5	1	2
R5秋	6	タスクの最大実行時間と周期の組合せ	ア	T	2	5	1	3
R3秋	7	半加算器の論理回路	ア	T	2	6	1	2
R4秋	7	論理回路	ウ	T	2	6	1	2
R5秋	7	真理値表に示す3入力多数決回路	ア	T	2	6	1	3
R4秋	8	顧客コードの桁数計算	ア	T	3	7	1	2
R5秋	8	レンダリングの説明	イ	T	3	8	2	3
R3秋	8	与えられた結果を求める関係演算	エ	T	3	9	3	2
R3秋	9	データベースの障害回復処理	イ	T	3	9	4	3
R4秋	9	前進復帰で障害回復できるトランザクション	ウ	T	3	9	4	3
R4秋	10	ACID特性の四つの性質に含まれないもの	イ	T	3	9	4	3
R5秋	9	障害発生後のDBMS再立上げにおけるトランザクションの復帰方法	ア	T	3	9	4	2
R3秋	11	ブロードキャストアドレスを計算する方法	エ	T	3	10	1	2
R3秋	10	ARPの説明	ア	T	3	10	3	2

期	問	問 題 タ イ ト ル	正解	分野	大	中	小	難易度
R5 秋	11	マルチキャストの使用例	エ	T	3	10	3	3
R5 秋	10	サブネットワークのアドレス	イ	T	3	10	3	2
R4 秋	11	DHCP サーバが設置された LAN 環境	ウ	T	3	10	5	3
R3 秋	13	否認防止に関する情報セキュリティの特性	ア	T	3	11	1	3
R4 秋	14	WAF による防御が有効な攻撃	イ	T	3	11	1	3
R5 秋	12	レインボーテーブル攻撃に該当するもの	ウ	T	3	11	1	3
R3 秋	12	IoT セキュリティガイドラインにおける対策例	イ	T	3	11	2	4
R4 秋	13	リスクアセスメントを構成するプロセスの組合せ	イ	T	3	11	2	2
R5 秋	14	コーディネーションセンターの機能とサービス対象の組合せ	ア	T	3	11	2	4
R3 秋	14	盗まれたクレジットカードの不正利用防止	ア	T	3	11	4	3
R3 秋	15	認証ヘッダと暗号ペイロードの二つのプロトコルを含むもの	ア	T	3	11	5	3
R4 秋	12	デジタル証明書の失効確認をするプロトコル	ウ	T	3	11	5	3
R4 秋	15	家庭内 LAN 環境のセキュリティ	ア	T	3	11	5	3
R5 秋	13	メールの第三者中継と判断できるログ	ウ	T	3	11	5	3
R5 秋	15	DKIM に関する記述	ア	T	3	11	5	4
R4 秋	16	成果物の振る舞いを机上でシミュレートして問題点を発見する手法	ア	T	4	12	2	2
R3 秋	16	UML のアクティビティ図の説明	ア	T	4	12	3	3
R5 秋	16	開発環境上でソフトウェアを開発する手法	エ	T	4	12	3	3
R3 秋	17	アジャイル開発におけるバーンダウンチャート	ア	T	4	13	1	3
R4 秋	17	KPT 手法で行ったスプリントレトロスペクティブの事例	ウ	T	4	13	1	3
R5 秋	17	IDE の説明	ア	T	4	13	3	3
R5 秋	18	スコープ記述書に記述する項目 (PMBOK®ガイド第7版)	エ	M	5	14	4	2
R3 秋	18	プレシデンスダイアグラムからアローダイアグラムへの書直し	イ	M	5	14	6	4
R4 秋	18	プレシデンスダイアグラム法における作業完了日数	イ	M	5	14	6	3
R5 秋	19	計画変更によるスケジュール短縮日数	ア	M	5	14	6	3
R3 秋	19	リスクの定量的分析で実施すること	イ	M	5	14	8	3
R4 秋	19	多基準意思決定分析の加重総和法を用いた製品の評価	ウ	M	5	14	10	2
R3 秋	20	サービスマネジメントシステムにおける問題管理の活動	エ	M	6	15	2	3
R4 秋	20	問題管理プロセスの目的	イ	M	6	15	2	3
R5 秋	20	許容されるサービスの停止時間の計算	イ	M	6	15	3	3

期	問	問 題 タ イ ト ル	正解	分野	大	中	小	難易度
R3 秋	21	バックアップの運用に必要な磁気テープの本数	ウ	M	6	15	4	3
R5 秋	21	フルバックアップ方式と差分バックアップ方式による運用	イ	M	6	15	4	2
R3 秋	22	コントロールを書面上又は実際に追跡するシステム監査技法	イ	M	6	16	1	3
R4 秋	21	ISMS 内部監査で監査報告書に記載すべき指摘事項	エ	M	6	16	1	2
R4 秋	22	監査手続として適切なもの	ウ	M	6	16	1	3
R5 秋	22	起票された受注伝票に関する監査手続	ウ	M	6	16	1	2
R4 秋	23	BCP の説明	エ	S	7	17	1	2
R5 秋	23	バックキャスティングの説明	イ	S	7	17	1	3
R3 秋	23	業務プロセスの改善活動	ウ	S	7	17	2	3
R5 秋	24	SOA の説明	エ	S	7	17	3	3
R3 秋	24	テレワーク導入後 5 年間の効果	イ	S	7	17	4	3
R4 秋	24	正味現在価値法による投資効果の評価	イ	S	7	18	1	3
R3 秋	25	RFI の説明	イ	S	7	18	3	3
R4 秋	25	ハードウェア製造の外部委託に対するコンティンジェンシープラン	エ	S	7	18	3	3
R5 秋	25	ファウンドリーサービスの説明	エ	S	7	18	3	3
R3 秋	26	バリューチェーンの説明	ア	S	8	19	1	3
R4 秋	26	コンジョイント分析の説明	イ	S	8	19	2	3
R5 秋	26	人口統計的変数に分類される消費者特性	イ	S	8	19	2	4
R3 秋	27	リーンスタートアップの説明	エ	S	8	20	1	3
R4 秋	27	API エコノミーの事例	エ	S	8	20	1	3
R5 秋	27	オープンイノベーションの説明	ウ	S	8	20	1	3
R4 秋	28	サイバーフィジカルシステムの説明	ウ	S	8	21	1	3
R3 秋	28	IoT 技術のエッジコンピューティングの説明	ア	S	8	21	4	3
R5 秋	28	AI を用いたマシンビジョンの目的	イ	S	8	21	5	3
R3 秋	29	マクシミン原理に従って投資する株式	ア	S	9	22	2	3
R4 秋	29	類似する事実やアイディアをグルーピングしていく収束技法	ウ	S	9	22	2	2
R5 秋	29	発生した故障の要因を表現するのに適した図法	イ	S	9	22	2	2
R4 秋	30	作業委託における著作権の帰属	ウ	S	9	23	1	3
R5 秋	30	匿名加工情報取扱事業者が第三者提供する際の義務	ア	S	9	23	2	3
R3 秋	30	特別条項を適用する 36 協定届の事例	ア	S	9	23	3	4

・プロジェクトマネージャ 午前Ⅱ試験の出題範囲順

令和 3 年度秋期, 令和 4 年度秋期, 令和 5 年度秋期

期	問	問 題 タ イ ト ル	正解	分野	大	中	小	難易度
R3 秋	23	共通鍵暗号方式	ア	T	3	11	1	2
R4 秋	23	CRL に関する記述	イ	T	3	11	1	3
R4 秋	24	シングルサインオンの実装方式	エ	T	3	11	1	3
R5 秋	23	セキュリティ評価基準 ISO/IEC 15408 の説明	ア	T	3	11	3	3
R3 秋	24	テンペスト攻撃の説明とその対策	イ	T	3	11	4	3
R4 秋	25	サイバーセキュリティ演習でのレッドチームの役割	ウ	T	3	11	4	3
R5 秋	24	デジタルフォレンジックスに該当するもの	エ	T	3	11	4	3
R3 秋	25	DNSSEC の機能	イ	T	3	11	5	3
R5 秋	25	脆弱性検査手法のファジング	イ	T	3	11	5	3
R3 秋	15	オブジェクト指向開発におけるロバストネス分析	ウ	T	4	12	4	4
R4 秋	14	JIS X 25010で規定された品質副特性における信頼性	ウ	T	4	12	4	4
R5 秋	13	レビュー技法の適切な名称の組合せ	エ	T	4	12	4	2
R5 秋	14	オブジェクト指向における汎化の説明	イ	T	4	12	4	4
R3 秋	16	リーンソフトウェア開発の説明	イ	T	4	13	1	4
R3 秋	17	マッシュアップの説明	エ	T	4	13	1	3
R4 秋	15	アジャイルソフトウェア開発宣言で述べている価値	エ	T	4	13	1	3
R4 秋	16	XP（Extreme Programming）のプラクティス	エ	T	4	13	1	3
R4 秋	17	ユースケース駆動開発の利点	エ	T	4	13	1	4
R5 秋	15	アジャイル開発におけるスクラムのルール	ア	T	4	13	1	3
R5 秋	16	テクニカルプロセスの説明（JIS X 0160）	エ	T	4	13	1	3
R5 秋	17	著作権帰属先の記載がない契約で発生するおそれがある問題	ア	T	4	13	2	3
R3 秋	10	リスクの特定, リスクの評価が属するプロセス群	イ	M	5	14	1	3
R4 秋	1	変更要求を契機に相互作用するプロセス群(JIS Q 21500)	イ	M	5	14	1	3
R5 秋	1	アジャイル宣言の背後にある原則に照らして適切な教訓	イ	M	5	14	1	4
R5 秋	12	リスクの特定とリスクの評価が属するプロセス群	イ	M	5	14	1	3

期	問	問題タイトル	正解	分野	大	中	小	難易度
R4 秋	12	採用すべき案と期待金額価値の組合せ	ア	M	5	14	7	4
R5 秋	5	アーンドバリューマネジメントによる完成時総コスト見積り	エ	M	5	14	7	3
R5 秋	9	開発コストの見積り	ウ	M	5	14	7	3
R5 秋	10	ファンクションポイント法によるソフトウェア規模の見積計算	ア	M	5	14	7	4
R3 秋	11	感度分析の結果を示した図の名称	ウ	M	5	14	8	3
R5 秋	11	リスクマネジメントに使用する EMV の算出式	ア	M	5	14	8	3
R4 秋	13	定量的評価基準で品質に問題があると判定される機能	ア	M	5	14	9	4
R3 秋	13	調達条件を満たすレンタル費用の最低金額	イ	M	5	14	10	4
R3 秋	14	コミュニケーションマネジメントの目的	イ	M	5	14	11	3
R4 秋	5	タックマンモデルでメンバーが意見を主張し合う段階	エ	M	5	14	11	4
R3 秋	18	総合評価点が最も高い改善案	ウ	M	6	15	1	3
R5 秋	19	JIS Q 20000 を適用している組織が定めた間隔で実施するもの	ウ	M	6	15	1	3
R3 秋	19	フェールソフトの考え方	ウ	M	6	15	2	3
R5 秋	18	システム開発計画案で TCO が最小になるもの	ウ	M	6	15	3	2
R4 秋	19	ウォームスタンバイの説明	エ	M	6	15	4	3
R3 秋	20	システム要件の検討で用いる UX デザイン	ウ	S	7	18	2	3
R4 秋	18	最も投資利益率の高いシステム化案	エ	S	7	18	2	3
R5 秋	20	要件定義プロセスにおいて要件が検証可能な例	ウ	S	7	18	2	4
R5 秋	21	プロバイダ責任制限法が定める送信防止措置	イ	S	9	23	2	4
R3 秋	21	労働法に照らした秘密情報を扱う従業員の扱いの見直し	ア	S	9	23	3	3
R4 秋	20	実費償還契約で追加費用を負担すべき会社	ウ	S	9	23	3	4
R5 秋	22	36 協定と呼ばれる労使協定に関する制度	ウ	S	9	23	3	3
R3 秋	22	技術者倫理におけるホイッスルブローイング	ウ	S	9	23	4	3
R4 秋	21	有害物質使用制限のため施行しているもの	イ	S	9	23	4	3
R4 秋	22	SDGs の説明	エ	S	9	23	4	2

（2）午前の出題範囲

IPA 発表の「午前の出題範囲」に準じています。

大分類	中分類	小分類	項　目　名
1	0	0	**基礎理論**
1	1	0	基礎理論
1	1	1	離散数学
1	1	2	応用数学
1	1	3	情報に関する理論
1	1	4	通信に関する理論
1	1	5	計測・制御に関する理論
1	2	0	アルゴリズムと プログラミング
1	2	1	データ構造
1	2	2	アルゴリズム
1	2	3	プログラミング
1	2	4	プログラム言語
1	2	5	その他の言語
2	0	0	**コンピュータシステム**
2	3	0	コンピュータ構成要素
2	3	1	プロセッサ
2	3	2	メモリ
2	3	3	バス
2	3	4	入出力デバイス
2	3	5	入出力装置
2	4	0	システム構成要素
2	4	1	システムの構成
2	4	2	システムの評価指標
2	5	0	ソフトウェア
2	5	1	オペレーティング システム
2	5	2	ミドルウェア
2	5	3	ファイルシステム
2	5	4	開発ツール
2	5	5	オープンソース ソフトウェア
2	6	0	ハードウェア
2	6	1	ハードウェア
3	0	0	**技術要素**
3	7	0	ユーザー インタフェース

大分類	中分類	小分類	項　目　名
3	7	1	ユーザー インタフェース技術
3	7	2	UX/UI デザイン
3	8	0	情報メディア
3	8	1	マルチメディア技術
3	8	2	マルチメディア応用
3	9	0	データベース
3	9	1	データベース方式
3	9	2	データベース設計
3	9	3	データ操作
3	9	4	トランザクション処理
3	9	5	データベース応用
3	10	0	ネットワーク
3	10	1	ネットワーク方式
3	10	2	データ通信と制御
3	10	3	通信プロトコル
3	10	4	ネットワーク管理
3	10	5	ネットワーク応用
3	11	0	セキュリティ
3	11	1	情報セキュリティ
3	11	2	情報セキュリティ管理
3	11	3	セキュリティ技術評価
3	11	4	情報セキュリティ対策
3	11	5	セキュリティ実装技術
4	0	0	**開発技術**
4	12	0	システム開発技術
4	12	1	システム要件定義・ソフ トウェア要件定義
4	12	2	設計
4	12	3	実装・構築
4	12	4	統合・テスト
4	12	5	導入・受入れ支援
4	12	6	保守・廃棄
4	13	0	ソフトウェア開発 管理技術
4	13	1	開発プロセス・手法
4	13	2	知的財産適用管理

大分類	中分類	小分類	項　目　名
4	13	3	開発環境管理
4	13	4	構成管理・変更管理
5	0	0	プロジェクトマネジメント
5	14	0	プロジェクトマネジメント
5	14	1	プロジェクトマネジメント
5	14	2	プロジェクトの統合
5	14	3	プロジェクトのステークホルダ
5	14	4	プロジェクトのスコープ
5	14	5	プロジェクトの資源
5	14	6	プロジェクトの時間
5	14	7	プロジェクトのコスト
5	14	8	プロジェクトのリスク
5	14	9	プロジェクトの品質
5	14	10	プロジェクトの調達
5	14	11	プロジェクトのコミュニケーション
6	0	0	サービスマネジメント
6	15	0	サービスマネジメント
6	15	1	サービスマネジメント
6	15	2	サービスマネジメントシステムの計画及び運用
6	15	3	パフォーマンス評価及び改善
6	15	4	サービスの運用
6	15	5	ファシリティマネジメント
6	16	0	システム監査
6	16	1	システム監査
6	16	2	内部統制
7	0	0	システム戦略
7	17	0	システム戦略
7	17	1	情報システム戦略
7	17	2	業務プロセス
7	17	3	ソリューションビジネス

大分類	中分類	小分類	項　目　名
7	17	4	システム活用促進・評価
7	18	0	システム企画
7	18	1	システム化計画
7	18	2	要件定義
7	18	3	調達計画・実施
8	0	0	経営戦略
8	19	0	経営戦略マネジメント
8	19	1	経営戦略手法
8	19	2	マーケティング
8	19	3	ビジネス戦略と目標・評価
8	19	4	経営管理システム
8	20	0	技術戦略マネジメント
8	20	1	技術開発戦略の立案
8	20	2	技術開発計画
8	21	0	ビジネスインダストリ
8	21	1	ビジネスシステム
8	21	2	エンジニアリングシステム
8	21	3	e-ビジネス
8	21	4	民生機器
8	21	5	産業機器
9	0	0	企業と法務
9	22	0	企業活動
9	22	1	経営・組織論
9	22	2	業務分析・データ利用
9	22	3	会計・財務
9	23	0	法務
9	23	1	知的財産権
9	23	2	セキュリティ関連法規
9	23	3	労働関連・取引関連法規
9	23	4	その他の法律・ガイドライン・技術者倫理
9	23	5	標準化関連

（3）午後Ⅰ問題　予想配点表

IPA によって配点比率が公表されています。それに基づき，アイテックでは各設問の配点を予想し，配点表を作成しました。参考資料として利用してください。

■令和３年度秋期　午後Ⅰの問題　(問１～問３から２問選択)

問番号	設問	設問内容	小問数	小問点	配点	満点
問1	1	(1)	1	7	7	50
		(2)	1	7	7	
		(3)	1	7	7	
	2	(1)	1	7	7	
		(2)	1	7	7	
	3	(1) a～d	4	2	8	
		(2)	1	7	7	
問2	1		1	8	8	50
	2	(1)	1	6	6	
		(2)	1	6	6	
		(3)	1	7	7	
	3	(1)	1	8	8	
		(2)	1	7	7	
		(3)	1	8	8	
問3	1	(1)	1	8	8	50
		(2)	1	8	8	
	2	(1)	1	6	6	
		(2)	1	7	7	
		(3)	1	7	7	
	3	(1)	1	8	8	
		(2)	1	6	6	
					合計	100

■令和4年度秋期　午後Ⅰの問題　(問1～問3から2問選択)

問番号	設問	設問内容	小問数	小問点	配点	満点
問1	1		1	7	7	50
	2	(1)	1	7	7	
		(2)	1	5	5	
		(3)	1	5	5	
		(4)	1	5	5	
	3	(1)	1	7	7	
		(2)	1	7	7	
		(3)	1	7	7	
問2	1	(1)開発課，運用課	2	5	10	50
		(2)	1	7	7	
	2	(1)	1	6	6	
		(2)	1	6	6	
		(3)	1	7	7	
	3	(1)	1	5	5	
		(2)	1	9	9	
問3	1	(1)	1	7	7	50
		(2)	1	5	5	
		(3)	1	7	7	
	2		1	5	5	
	3	(1)	1	5	5	
		(2)	1	7	7	
		(3)	1	7	7	
		(4)	1	7	7	
				合計		100

■令和5年度秋期　午後Ⅰの問題　(問1〜問3から2問選択)

問番号	設問	設問内容	小問数	小問点	配点	満点
問1	1	(1)	1	7	7	50
		(2)	1	7	7	
		(3)	1	7	7	
		(4)	1	6	6	
	2	(1)	1	8	8	
		(2)	1	8	8	
	3		1	7	7	
問2	1		1	8	8	50
	2		1	8	8	
	3		1	6	6	
	4	(1)	1	7	7	
		(2)	1	6	6	
		(3) a〜d	4	2	8	
		(4)	1	7	7	
問3	1		1	6	6	50
	2	(1)	1	7	7	
		(2)	1	7	7	
		(3)	2	6	12	
	3	(1)	2	5	10	
		(2)	1	8	8	
				合計		100

総仕上げ問題集

第3部

実力診断テスト

★解答用紙と解答・解説はダウンロードコンテンツです。アクセス方法は P.10 をご覧ください。

午前Ⅰ（共通知識）の問題

注意事項

1．解答時間は，**50分**です（標準時間）。

2．答案用紙（マークシート）の右上の所定の欄に**受験者番号**，**氏名**，**団体名**及び**送付先コード**などが記載されています。答案用紙が自分のものであることを確認してください。

3．問1〜問30の問題は，**全問必須**です。

4．解答は，ア〜エの中から一つ選んでください。
　次の例にならって，答案用紙の所定の欄に記入してください。
　（例題）
　　問1　日本の首都は次のうちどれか。
　　　　ア　東　京　　　イ　大　阪　　　ウ　名古屋　　　エ　仙　台
　正しい答えは「ア　東　京」ですから，答案用紙には，

のように，該当する欄を鉛筆で黒くマークしてください。

5．解答の記入に当たっては，次の点に注意してください。
　(1)　濃度B又はHBの鉛筆又はシャープペンシルを使用してください。
　(2)　解答を修正する場合や解答以外に印をつけた場合には，「消しゴム」であとが
　　残らないようにきれいに消してください。

6．電卓は使用できません。

7．問題冊子の余白などは，適宜利用して構いません。ただし，問題冊子を切り離して
　利用することはできません。

これらの指示に従わない場合には採点されませんので，注意してください。

指示があるまで開いてはいけません。

問1 集合 A, B, C に対して，$\overline{A} \cap \overline{B} \cup \overline{C}$ が空集合であるとき，包含関係として適切なものはどれか。ここで，∪は和集合，∩は積集合，$\overline{X}$ は X の補集合，また，$X \subseteq Y$ は X が Y の部分集合であることを表す。

(822326)

ア $(B \cap C) \subseteq A$　　　　　　　イ $(B \cap \overline{C}) \subseteq A$

ウ $(\overline{B} \cap C) \subseteq A$　　　　　　　エ $(\overline{B} \cap \overline{C}) \subseteq A$

問2 誤り制御に用いられるハミング符号について，符号長7ビット，情報ビット数4ビットのハミング符号とし，情報ビット x1x2x3x4 に対して，

$(x1+x2+x3+p1) \bmod 2 = 0$

$(x1+x2+x4+p2) \bmod 2 = 0$

$(x2+x3+x4+p3) \bmod 2 = 0$

を満たす冗長ビット p1p2p3 を付加した符号語 x1x2x3x4p1p2p3 について考える。

　この方式で符号化されたハミング符号 1011101 には，1ビットの誤りがある。誤りを訂正したハミング符号はどれか。

(823756)

ア 0011101　　　イ 1001101　　　ウ 1010101　　　エ 1111101

問3　次のような構造をもった線形リストにおいて，要素の個数が増えるとそれに応じて
処理量も増えるものはどれか。

(713570)

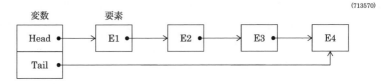

ア　最後尾の要素の削除
イ　最後尾への要素の追加
ウ　先頭の要素の削除
エ　先頭への要素の追加

問4　1次キャッシュ，2次キャッシュ，及びメインメモリから構成される主記憶をもつ
コンピュータがある。1次キャッシュ，2次キャッシュ，メインメモリからの平均読
取り時間が，それぞれ50ナノ秒，100ナノ秒，1マイクロ秒であるとき，このコンピ
ュータにおける主記憶からの平均読取り時間は，およそ何ナノ秒か。なお，キャッシ
ュのヒット率は，1次キャッシュが90%，2次キャッシュが50%であるとする。

(830451)

ア　100　　　　　　イ　145　　　　　　ウ　155　　　　　　エ　380

問5　A社のWebサイトでは，現状のピーク時間帯（11:00〜12:00）にサーバが処理するトランザクション数が 36,000 件あり，毎年，20%のトランザクション数の伸びが予想されている。こうした状況から，Webサイトのサーバ機器を複数の CPU を搭載できる新機種へ更新することを計画しており，次の条件で新機種に求められる性能を見積もるとき，サーバに搭載すべき最小の CPU 数は幾つか。

〔見積りの条件〕
・3年後のピーク時間帯のトランザクション数の予想値を基に見積りを行う。
・サーバが処理するトランザクションは各 CPU に均等に割り振られる。
・各 CPU が処理すべき TPS（Transaction Per Second）が4未満になるようにする。
・OS のオーバーヘッドなどの処理は無視できる。
・トランザクションはピーク時間帯の中で均等に発生する。

(823758)

ア　3　　　　　イ　4　　　　　ウ　5　　　　　エ　6

問6　図は，RTOS を用いたシステムにおいて，優先度の異なるタスク A，タスク B の動作を示したものである。両タスクは，共通の資源を RTOS が提供するセマフォ機能を用いて排他的に使用する。①～④は，各タスクが RTOS のカーネルに対するセマフォ操作のために発行するシステムコールであり，矢印の位置が発行したタイミングを示す。②と③に入るセマフォ操作の組合せとして適切なものはどれか。

(823747)

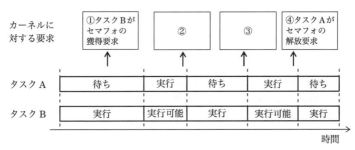

注記　タスク A の優先度は，タスク B の優先度よりも高い。

	②	③
ア	タスク A がセマフォの獲得要求	タスク B がセマフォの解放要求
イ	タスク A がセマフォの獲得要求	タスク B がセマフォの獲得要求
ウ	タスク B がセマフォの解放要求	タスク B がセマフォの解放要求
エ	タスク B がセマフォの解放要求	タスク B がセマフォの獲得要求

問7　0～3V のアナログ電圧を出力する 8 ビットの D/A 変換器がある。データとして 2 進数で 0000 0000 を与えたときの出力電圧は 0V，1000 0000 を与えたときの出力電圧は 1.5V である。データとして 16 進数で E0 を与えたときの出力電圧は何 V か。

(823746)

ア　1.875　　　　イ　2.25　　　　ウ　2.625　　　　エ　2.635

問8　"貸出記録"表を第3正規形に正規化したものはどれか。ここで，下線部は主キーを表す。なお，書籍の貸出に際して貸出番号が採番され，書籍5冊までの貸出を受けることができる。また，同一の書籍が複数存在することはないものとする。

　　　貸出記録（<u>貸出番号</u>，<u>書籍番号</u>，貸出日，会員番号，書籍名，著者名）

ア　貸出（<u>貸出番号</u>，貸出日，会員番号）
　　貸出明細（<u>貸出番号</u>，<u>書籍番号</u>）
　　書籍（<u>書籍番号</u>，書籍名，著者名）

イ　貸出（<u>貸出番号</u>，貸出日，会員番号）
　　貸出明細（<u>貸出番号</u>，<u>書籍番号</u>，著者名）
　　書籍（<u>書籍番号</u>，書籍名）

ウ　貸出（<u>貸出番号</u>，会員番号）
　　貸出明細（<u>貸出番号</u>，<u>書籍番号</u>，貸出日）
　　書籍（<u>書籍番号</u>，書籍名，著者名）

エ　貸出（<u>貸出番号</u>，会員番号）
　　貸出明細（<u>貸出番号</u>，<u>書籍番号</u>，貸出日，書籍名，著者名）

問9　CAP定理は，分散システムに求められる三つの特性について，二つまでしか同時に満たすことができないとしている。この三つの特性の組合せとして，適切なものはどれか。

ア　一貫性，可用性，信頼性　　　　　イ　一貫性，可用性，分断耐性
ウ　一貫性，信頼性，分断耐性　　　　エ　可用性，信頼性，分断耐性

問10　イーサネットの L2 スイッチに関する記述として，適切なものはどれか。

(823748)

ア　経路制御テーブルを参照して，宛先の IP アドレスが示すネットワークに最も近い経路に向けてパケットを転送する。

イ　自動的な学習によって MAC アドレステーブルに登録された情報を参照して，フレームを特定のポートだけに中継する。

ウ　ソフトウェアや遠隔からの指示によって，ポート間の物理的な配線の接続や切断，切替えを行う。

エ　伝送路上の搬送波を検知して，搬送波がないときには，全てのポートからフレームを送出する。

問11　ネットワークアドレスが 192.168.10.80，サブネットマスクが 255.255.255.240 のネットワークについて，適切なものはどれか。

(823760)

ア　CIDR 表記では，192.168.10.80/27 になる。

イ　内部の機器に対して，192.168.10.90 という IP アドレスを割り当てることができる。

ウ　内部の機器に対して，割り当てることができる IP アドレスは最大 30 個である。

エ　ホスト部は 28 ビットである。

問 12　電子メールに添付されたワープロ文書ファイルなどを介して感染する Emotet に関する記述として，適切なものはどれか。

(823132)

ア　暗号化のための CPU 処理時間やエラーメッセージなどが解析され，内部の機密情報を窃取される。

イ　キーボードから入力されたキーストロークが記録され，パスワードなどの情報を窃取される。

ウ　不正なサイトに誘導され，偽の Web ページによって ID やパスワードなどが窃取される。

エ　メールアカウントやアドレス帳の情報が窃取され，感染を広げるなりすましメールが送信される。

問 13　CSIRT の説明として，最も適切なものはどれか。

(823749)

ア　IP アドレスの割当て方針の決定や DNS ルートサーバの運用監視など，インターネットのリソース管理を世界規模で行う。

イ　社外秘情報のような，会社にとって重要な情報を扱うことが多いため，構成メンバーは社員だけに限定する必要がある。

ウ　情報セキュリティインシデントに関する報告を受け取り，技術的な支援，組織内の調整や統制によって，被害の最小化と迅速な復旧を実現する。

エ　情報セキュリティインシデントにつながる予兆の検知活動や，インシデント収束後の再発防止策の立案に重点を置いた活動を行う。

問 14 情報システムのセキュリティコントロールを予防, 検知, 復旧の三つに分けた場合, 予防に該当するものはどれか。

(771792)

ア　公開サーバへの IDS 導入

イ　データセンターのコンティンジェンシープラン策定

ウ　データのバックアップ

エ　データベースのアクセスコントロールリストの設定

問 15 複数のシステムやサービスの間で利用され, 認証や認可に関する情報を交換するための Web サービスの仕様はどれか。

(823750)

ア　DKIM　　　　イ　SAML　　　　ウ　SMTP-AUTH　　　エ　SPF

問 16 モジュールの独立性を, モジュール強度とモジュール結合度によって評価する。このときのモジュール強度及び, モジュール結合度に関する記述として, 適切なものはどれか。

(822470)

ア　モジュールの独立性を高めるためには, モジュール間の関連性に着目したモジュール強度を強くする。

イ　モジュールの独立性を高めるためには, モジュール間の関連性に着目したモジュール結合度を弱くする。

ウ　モジュールの独立性を高めるためには, モジュールを構成する命令（各行）の関連性に着目したモジュール強度を弱くする。

エ　モジュールの独立性を高めるためには, モジュールを構成する命令（各行）の関連性に着目したモジュール結合度を強くする。

問 17　アジャイル型の開発手法のうち,「コミュニケーション」,「シンプル」,「フィード
　　　バック」,「勇気」,「尊重」という五つの価値を原則としてソフトウェア開発を進めて
　　　いくものはどれか。

(823112)

　　　ア　エクストリームプログラミング　　　イ　スクラム
　　　ウ　フィーチャ駆動型開発　　　　　　　エ　リーンソフトウェア開発

問 18　A〜C の三つのアクティビティからなる作業について,依存関係,作業日数をプレ
　　　シデンスダイアグラムによって表現すると図のようになった。この作業を完了させる
　　　ために必要な日数は最小で何日か。

(823762)

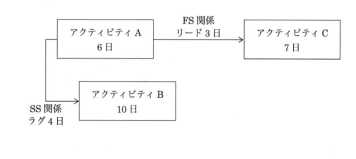

　　　ア　11 日　　　　　　イ　13 日　　　　　　ウ　14 日　　　　　　エ　16 日

問19　a～d のリスク対応と該当するリスク対応戦略の組合せとして，最も適切なものはどれか。

(823751)

a　水害が発生した場合に備え，水没を避けるために安全な高台にデータセンターを移設する。

b　大規模な災害の発生によるシステムの長時間停止に備えて，損害保険に加入する。

c　ノート PC を紛失した場合に備えて，指紋認証の機能と PC 内に保存するデータを暗号化するソフトを導入する。

d　不正アクセスがあっても Web サーバの被害にとどまるので，公開 Web サーバの LAN 上の配置は現状の DMZ のままとする。

	a	b	c	d
ア	リスク移転	リスク低減	リスク保有	リスク回避
イ	リスク回避	リスク移転	リスク低減	リスク保有
ウ	リスク低減	リスク保有	リスク回避	リスク移転
エ	リスク保有	リスク回避	リスク移転	リスク低減

問20　IT サービスマネジメントにおけるインシデントの説明はどれか。

(822872)

ア　検出された不適合又は他の望ましくない状況の原因を除去する，又は再発の起こりやすさを低減させるための処置

イ　根本原因が特定されているか，又はサービスへの影響を低減若しくは除去する方法がある問題

ウ　サービスに対する計画外の中断，サービスの品質の低下，又は顧客若しくは利用者へのサービスにまだ影響していない事象

エ　資産の破壊，暴露，改ざん，無効化，盗用，又は認可されていないアクセス若しくは使用の試み

問 21 月曜日から土曜日までの週6日稼働するシステムにおいて，稼働日には毎回データベースのフルバックアップを取得している。このバックアップの運用を，フルバックアップの取得は毎週土曜日だけにし，月曜日から金曜日については，差分バックアップを取得するように変更する。この運用変更による処理時間の変化に関する記述として，適切なものはどれか。なお，データベースへのデータの追加・変更・削除は，ほぼ一定の少ない頻度で発生し，バックアップ及びリストアに要する時間は，対象のデータ量に比例するものとする。また，バックアップ及びリストアの処理時間については，週の中間に当たる**水曜日に行われることを想定**して考えるものとする。

(821798)

ア　データベースのバックアップ処理時間は変更前に比べて短くなるが，媒体障害からの復旧処理時間は長くなる。

イ　データベースのバックアップ処理時間は変更前に比べて長くなるが，媒体障害からの復旧処理時間は短くなる。

ウ　データベースのバックアップ処理時間，媒体障害からの復旧処理時間ともに，変更前に比べて長くなる。

エ　データベースのバックアップ処理時間，媒体障害からの復旧処理時間ともに，変更前に比べて短くなる。

問 22　システム運用のセキュリティに関して、"情報セキュリティ管理基準"に基づいて監査を実施した。指摘事項に該当するものどれか。

(822348)

ア　イベントを記録して証拠を作成するために、イベントログにはシステムへのアクセスの成功及び失敗した試みの記録を含めている。

イ　イベントを記録して証拠を作成するために、イベントログには侵入検知システムの作動及び停止を含めている。

ウ　認可されていないソフトウェアの使用を防止するために、アプリケーションのブラックリスト化を行っている。

エ　マルウェア検出のために、ネットワーク経由で入手した全てのファイルに対する使用前のスキャンを行っている。

問 23　エンタープライズアーキテクチャの四つのアーキテクチャとその成果物の例の組合せとして、適切なものはどれか。

(821308)

	ビジネス アーキテクチャ	データ アーキテクチャ	アプリケーション アーキテクチャ	テクノロジ アーキテクチャ
ア	UML クラス図	機能情報関連図 (DFD)	CRUD 分析図	ソフトウェア構成図
イ	機能情報関連図 (DFD)	実体関連図（E-R 図）	情報システム関連図	ネットワーク構成図
ウ	業務流れ図（WFA）	ソフトウェア構成図	機能構成図（DMM）	実体関連図（E-R 図）
エ	情報システム関連図	UML クラス図	機能情報関連図 (DFD)	ハードウェア構成図

問24　サービスプロバイダにおけるサービスパイプラインの説明はどれか。

(822220)

　　ア　サービスプロバイダが，現時点で顧客に提供しているサービスの一覧
　　イ　サービスプロバイダが提供を予定している，計画あるいは準備段階のサービスの
　　　　一覧
　　ウ　サービスプロバイダと顧客の間で締結する，サービスレベルに関する合意書
　　エ　ユーザーが，サービスプロバイダに対してサービスの変更を提案あるいは要求す
　　　　るために作成する文書

問25　要件定義に関する記述のうち，最も適切なものはどれか。

(821309)

　　ア　システムの再構築における要件定義の場合，現行システムと同じ機能については
　　　　「今と同じ」とだけ記述しておき，リバースエンジニアリングの手法を活用して設
　　　　計書を作成するとよい。
　　イ　要件定義工程の遅れが全体のシステム開発スケジュールに影響を与えないよう
　　　　に，ステークホルダの合意が得られない事項は継続検討として，スケジュール通り
　　　　に開発工程を進める。
　　ウ　要件定義の一部を外部のソフトウェア開発会社などに委託し，その支援を受けな
　　　　がら実施する場合であっても，要件定義工程で作成した成果物に対する責任は発注
　　　　者が負うべきである。
　　エ　要件定義の段階でシステムの性能や運用形態などが不明確であり，応答時間や障
　　　　害復旧時間などの目標の数値化は困難なので，その重要性や影響度などについて文
　　　　書化しておく。

問26　競争優位のための戦略を立案する，バリューチェーン分析に関する記述はどれか。

(821037)

ア　既存競合者同士の敵対関係，新規参入の脅威，代替製品・サービスの脅威，売り手の交渉力，買い手の支配力の五つを分析する。

イ　自社の製品やサービスといったプロダクトの位置付けを，市場成長率と相対的市場シェアの観点で分析する。

ウ　自社のビジネスプロセスを五つの主活動と四つの支援活動に分類して，各活動のコストと付加価値，強みと弱みを分析する。

エ　他社が容易にまねすることのできない，自社がもつノウハウや技術，プロセス，製品などの強みを分析する。

問27　技術開発における"死の谷"の説明として，適切なものはどれか。

(820533)

ア　売上と費用が等しくなり，利益も損失も出ない状況

イ　技術の進歩の過程で成熟期を迎えると進歩が停滞気味になる状況

ウ　工業製品の故障発生傾向で，安定期の偶発故障期間で故障率が低くなる状況

エ　資金の不足などによって研究開発を進めることができず，事業化に結び付けることが困難な状況

問 28　PM 理論では，P 機能（Performance function）の大小と，M 機能（Maintenance function）の大小によって，リーダーを次の四つのタイプに類型化している。メンバーからの信頼度は高いが，目標の達成が困難なリーダーは，どのタイプに類型化されるか。

(822479)

〔リーダーの類型〕
　・pm 型：P 機能，M 機能ともに小さい
　・pM 型：P 機能は小さいが，M 機能は大きい
　・PM 型：P 機能と M 機能がともに大きい
　・Pm 型：P 機能は大きいが，M 機能は小さい

　　ア　pm 型　　　　　　イ　pM 型　　　　　　ウ　PM 型　　　　　　エ　Pm 型

問 29　製品 A を製造するためには，40 万円の固定費と製品 1 個当たり 300 円の変動費が必要である。製品 A を 1 個 700 円で販売し，440 万円の利益を確保するために必要な販売数量は幾つか。

(823754)

　　ア　4,800 個　　　　イ　10,000 個　　　ウ　12,000 個　　　エ　16,000 個

問 30　ライセンス方式の一つである，クリエイティブコモンズライセンスに関する記述はどれか。

(821304)

　　ア　権利者が改変，営利目的利用，ライセンス継承の可否を指定する。
　　イ　制作者が著作物であるソフトウェアに対する全ての知的財産権を放棄する。
　　ウ　ソースコードの公開を原則に，利用者に使用，複製，改変，再配布の自由を認める。
　　エ　一つの著作物に複数のライセンスを設定し，利用者が選択する。

プロジェクトマネージャ
午前Ⅱの問題

注意事項

1．解答時間は，**40分**です（標準時間）。

2．答案用紙（マークシート）の右上の所定の欄に**受験者番号，氏名，団体名**及び**送付先コード**などが記載されています。答案用紙が自分のものであることを確認してください。

3．**問1～問25**の問題は，**全問必須**です。

4．解答は，ア～エの中から一つ選んでください。
　次の例にならって，答案用紙の所定の欄に記入してください。
　（例題）
　　問1　日本の首都は次のうちどれか。
　　　　ア　東京　　イ　大阪　　ウ　名古屋　　エ　仙台
　　正しい答えは「ア　東京」ですから，答案用紙には，

　　1　　　**ア**　　　イ　　　ウ　　　エ

のように，該当する欄を鉛筆で黒くマークしてください。

5．解答の記入に当たっては，次の点に注意してください。
　(1)　濃度B又はHBの鉛筆又はシャープペンシルを使用してください。
　(2)　解答を修正する場合や解答以外に印をつけた場合には，「消しゴム」であとが残らないようにきれいに消してください。

6．電卓は使用できません。

7．問題冊子の余白などは，適宜利用して構いません。ただし，問題冊子を切り離して利用することはできません。

これらの指示に従わない場合には採点されませんので，注意してください。

　　　　　　　　指示があるまで開いてはいけません。

　　　　　　　　　　　　　　　　　　　　　Ⓒ ㈱アイテック
　　　　　　　　　　　　　　　　　　　　　https://www.itec.co.jp/

問1　IPA著作／監修の"ITプロジェクトの「見える化」上流工程編"にある，見える化アプローチにおける俯瞰図に関する記述として，適切なものはどれか。

(850270)

ア　周辺システム構成俯瞰図はハードウェア間の連動について記述するのに対し，システム構成俯瞰図はシステム間の連動について記述する。

イ　スケジュール俯瞰図では，全ての詳細スケジュールを記載せずに，クリティカルパス関連のスケジュールに絞って作成する。

ウ　プロジェクト推進体制俯瞰図では，専門知識や業務知識をもつなどのキーパーソンが，どの作業をいつまでに終わらせて次の作業に移るのかが分かる。

エ　要員遷移俯瞰図の作成では，発注側と受注側の領域に分け，協力会社も別領域にする。発注側の領域には発注者の顧客も含め，各領域にはキーパーソンの名前を記入する。

問2　プロジェクト憲章に記載する項目として，**適切でないもの**はどれか。

(850496)

ア　WBS辞書　　　　　　　　　イ　顧客やステークホルダからの要求事項
ウ　前提条件・制約条件　　　　　エ　プロジェクトの目的

問3　JIS Q 21500:2018（プロジェクトマネジメントの手引）によれば，プロジェクトマ
　　　ネジメントチームの役割はどれか。

(850658)

　　ア　主として標準化，プロジェクトマネジメントの教育訓練及びプロジェクトの監視
　　　　を行う。
　　イ　プロジェクトの活動を指揮し，マネジメントして，プロジェクトの完了に説明義
　　　　務を負う。
　　ウ　プロジェクトの活動を指揮し，マネジメントするプロジェクトマネージャを支援
　　　　する。
　　エ　プロジェクトを許可し，経営的決定を下し，プロジェクトマネージャの権限を越
　　　　える問題及び対立を解決する。

問4　プロジェクトのスコープベースラインを定義する要素はどれか。

(850452)

　　ア　WBS
　　イ　スケジュールネットワーク図
　　ウ　プロジェクト憲章
　　エ　要求事項トレーサビリティマトリックス

問5　あるシステム開発プロジェクトの開発工数見積りは 200 人月であった。このプロジェクトを 12 か月で終えるように計画を立てた。工程ごとの工数比率と期間比率は，プロジェクト標準によって次表の値を適用する。製造・単体テスト工程には，何名の要員を確保しておく必要があるか。

(850453)

工程	工数比率（%）	期間比率（%）
外部設計	20	15
内部設計	20	25
製造・単体テスト	30	25
結合テスト	15	20
システムテスト	15	15

ア　15　　　　　　イ　20　　　　　　ウ　30　　　　　　エ　60

問6　プロジェクトマネジメントにおける遅延対策として，クラッシングとファストトラッキングを共に用いた例として，適切なものはどれか。

(850659)

ア　クリティカルパス上のアクティビティの開始が遅れたので，ここに人的資源を追加するとともに，後続工程において開発と試験を並行して行えるよう，スケジュールを変更した。

イ　クリティカルパス上のアクティビティの開始が遅れたので，ここに人的資源を追加するとともに，後続工程における WBS を細分化した。

ウ　クリティカルパス上のアクティビティの開始が遅れたので，実行すべきタスクを削減するとともに，後続工程において開発と試験を並行して行えるよう，スケジュールを変更した。

エ　クリティカルパス上のアクティビティの開始が遅れたので，実行すべきタスクを削減するとともに，後続工程において人的資源を追加する計画とした。

問7　アクティビティ A～J によって実施する開発プロジェクトがある。図は，各アクティビティの依存関係を PDM（プレシデンス・ダイアグラム法）で表している。開発プロジェクトの最少の所要日数は何日か。ここで，FS－n は先行アクティビティが終了する n 日前に後続アクティビティが開始できることを，FS＋n は先行アクティビティが終了した n 日後に後続アクティビティが開始できることを示す。

(850660)

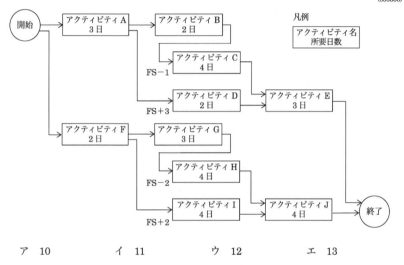

ア　10　　　　　　　イ　11　　　　　　　ウ　12　　　　　　　エ　13

問8　ハーツバーグの理論の動機付け要因について説明したものはどれか。

(850173)

ア　元来，人は監視されなくても積極的に働こうとし，自ら達成しようとする。

イ　元来，人は怠けものであり，作業を行う能力もなく常に監視する必要がある。

ウ　給与，作業条件，対人関係などは仕事をするための基本条件であり，これらが不足すると職務不満足を起こす。

エ　人を動機付けるのは仕事そのものであり，達成感，向上心，自身の成長などである。

問9　工程管理図表に関する記述のうち，アローダイアグラムの特徴はどれか。

(850661)

ア　計画と実績の時間的推移を表現するのに適し，進み具合及びその傾向がよく分か
り，プロジェクト全体の費用と進捗の管理に利用される。

イ　作業の順序や作業相互の関係を表現したり，重要作業を把握したりするのに適し
ており，プロジェクトの作業計画などに利用される。

ウ　作業の相互関係の把握には適さないが，作業計画に対する実績を把握するのに適
しており，個人やグループの進捗管理に利用される。

エ　進捗管理上のマイルストーンを把握するのに適しており，プロジェクト全体の進
捗管理などに利用される。

問10　プロジェクトにどのツールを導入するかを，EMV（期待金額価値）を用いて検討
する。デシジョンツリーが次図のとき，ツールAを導入するEMVがツールBを導入
するEMVを上回るのは，Xが幾らより大きい場合か。

(850457)

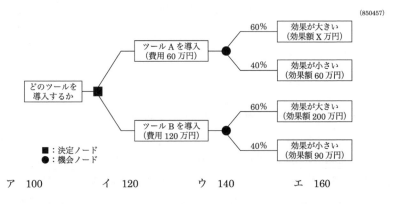

ア　100　　　　　イ　120　　　　　ウ　140　　　　　エ　160

問11　図は EVM 管理を行っているシステム開発プロジェクトにおける，SPI 及び CPI の推移を表したグラフである。この開発プロジェクトの工期は 12 か月（1 月～12 月）であり，グラフは 1 月から 9 月までの推移を表している。このグラフから確実に判断できる事象として，正しいものはどれか。

(850662)

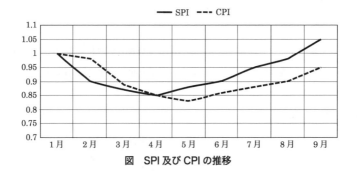

図　SPI 及び CPI の推移

ア　9 月時点での CPI は 1 を下回っているので，本プロジェクトは計画よりコスト増で完了する。

イ　9 月時点での SPI は 1 を超えているので，本プロジェクトは計画どおりのスケジュールで完了する。

ウ　計画よりも最も進捗が遅れているのは 4 月時点であり，その後は回復傾向にある。

エ　計画よりも最も進捗が遅れているのは 5 月時点であり，その後は回復傾向にある。

問12　プロジェクトマネジメントで使用する分析手法のうち，感度分析の説明はどれか。

(850663)

ア　計画値と，出来高や実績値を比較することによってスケジュール差異やコスト差異を分析する。

イ　個々のリスクが現実のものとなったときの，プロジェクトの目標に与える影響の度合いを調べる。

ウ　タスクとその関係を矢印で結んだ図を用いて，タスク同士の関係性を分析する。

エ　発生した障害とその要因の関係を魚の骨に似た図にして分析する。

問 13　システム及びソフトウェア品質モデルの規格である JIS X 25010:2013 で定義されたソフトウェア品質特性の一つである保守性の副特性はどれか。

(850363)

ア　試験性　　　　　　　　　　　　イ　設置性
ウ　相互運用性　　　　　　　　　　エ　ユーザエラー防止性

問 14　新しく編成するプロジェクトチームの開発要員投入計画に基づいて PC をレンタルで調達する。調達の条件を満たすレンタル費用の最低金額は何千円か。

(850664)

〔開発要員投入計画〕　　　　　　　　　　　　　　　　　　　　　単位 人

開発要員 ＼ 時期	1月	2月	3月	4月	5月	6月	7月	8月	9月	10月	11月	12月
設計者		2	2	2	3	3	3	2	2	2	2	
プログラマ				3	4	5	5	3	3	3	2	
テスタ						4	4	4	7			
計	0	2	2	5	7	12	12	9	12	5	4	0

〔調達の条件〕

(1)　PC のレンタル契約は月の初日から月末日までの 1 か月単位であり，日割りによる精算は行わない。

(2)　PC 1 台のレンタル料金は月額 6 千円である。

(3)　台数に関わらず，レンタル PC の受入れ時のセットアップに 3 週間，返却時のデータ消去に 2 週間を要し，この期間はレンタル期間に含める。

(4)　セットアップとデータ消去は，プロジェクトチームの開発要員とは別の要員が行う。

(5)　開発要員は月の初日に着任し，月末日に離任する。

(6)　開発要員の役割に関わらず，レンタル PC を 1 人が 1 台使用する。

(7)　レンタル期間中に PC を他の開発要員に引き渡す場合，データ消去，セットアップ及び引渡しの期間は不要である。

ア　420　　　　　　イ　582　　　　　　ウ　600　　　　　　エ　636

問15　8人のプロジェクトメンバー間のコミュニケーション経路の数は幾つか。

(850409)

　ア　7　　　　　　イ　28　　　　　ウ　36　　　　　エ　56

問16　テスト手法に関する記述のうち，適切なものはどれか。

(729497)

　ア　トップダウンテストでは仮の下位モジュールのスタブを使うが，検証が済むとそ
　　れを基に下位モジュールを作成する。
　イ　ビッグバンテストは，大規模システムの最終的な結合テストのことで，各モジュ
　　ール間インタフェースにエラーが発生しても原因を究明しやすい。
　ウ　ブラックボックステストは，仕様書どおりの機能が実行されるかどうかをテスト
　　する方法で，エラー処理に対応するデータは用意しなくてもよい。
　エ　ボトムアップテストではドライバを用意し，テストしようとするモジュールを順
　　次呼び出しながら，モジュールの出力を検証する。

問17　アジャイル開発では，開発期間を短く区切り，反復をしながら開発を行うことが特
　　徴である。この反復の単位となる短い開発期間はどれか。

(821442)

　ア　イテレーション　　　　　イ　インクリメント
　ウ　タイムボックス　　　　　エ　リファクタリング

問 18 設計工程・製造工程・試験工程の三つの工程をもつシステム開発プロジェクトにおいて，設計工程・製造工程の生産性は次のとおりであった。

(850665)

設計工程 4,000 ステップ／人月

製造工程 2,000 ステップ／人月

この開発プロジェクトにおける全体の生産性が 800 ステップ／人月であったとき，試験工程の生産性は幾らか。

ア 1,000 ステップ／人月 　　　　　　イ 2,000 ステップ／人月

ウ 3,000 ステップ／人月 　　　　　　エ 4,000 ステップ／人月

問 19 IT サービスマネジメントにおけるサービスポートフォリオ管理の活動に含まれるものはどれか。

(885341)

ア IT サービスに関わる要員のスキルリストを作成する。

イ SLA を文書化・合意する。

ウ サービスのパフォーマンスを測定・分析して，チューニングを施す。

エ 要求事項について，関連事業，サービス，SLA，リスクを考慮する。

問 20 ITIL®における問題管理技法の一つで，影響を受けた人数，停止時間の長さ，掛かったコストなどでインシデントや問題が事業へ与える影響を分析する手法はどれか。

(885566)

ア KT 法 　　　イ 痛みの値分析 　　　ウ 時系列分析 　　　エ なぜなぜ分析

問21　次のBPMN図で表現された要件に当てはまる記述はどれか。

(875076)

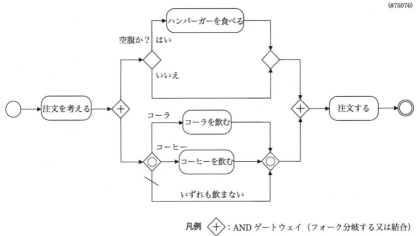

凡例　　⟨+⟩：ANDゲートウェイ（フォーク分岐する又は結合）

　　　　◇：XORゲートウェイ（排他的判断をする又は結合）

　　　　◎：ORゲートウェイ（包含的判断をする又は結合）

　　──▶：シーケンスフロー（アクティビティの実行順序）

　　─➤：デフォルトフロー

ア　コーラとコーヒーの両方は飲めない。

イ　何も食べない，飲まないという注文はできない。

ウ　ハンバーガーを食べて，なおかつ，コーラとコーヒーを飲むことができる。

エ　ハンバーガーを食べると，コーラかコーヒーを飲まなければならない。

問22 A社はあるシステム開発プロジェクトに限定してB社と業務委託契約を締結しており，B社の開発要員がA社に常駐して業務を行っている。A社のプロジェクトマネージャの行動として適切なものはどれか。

(850666)

ア A社の別のプロジェクトでインシデントが発生したことから，B社の常駐者に対応を手伝うように命じた。

イ 週次の定例会議で，B社のプロジェクトマネージャから進捗の遅延が発生しているとの報告を受けたことから，対策を検討して報告するように指示した。

ウ プロジェクトの進捗が遅れ気味であることから，A社の社員にB社の要員を手伝うように命じた。

エ プロジェクトの進捗が遅れ気味であることから，B社の常駐者に残業を命じた。

問23 著作権法によるプログラムの保護に関する記述として，適切なものはどれか。

(794005)

ア 購入したプログラムを，自社のPC上で効果的に使うために改変を加えて使用することは著作権法違反である。

イ 著作権を侵害した複製物であると知らないで購入したプログラムを，そのまま使用していても，著作権法違反とはならない。

ウ バックアップを目的とした複製であっても，購入したプログラムの複製を取ることは著作権法違反である。

エ プログラムはそのアルゴリズムが著作権法によって保護されるので，そのアルゴリズムを利用して他の言語でプログラムを作成すると著作権法違反となる。

問24 電子メールの暗号化とデジタル署名に関する標準はどれか。

(850414)

ア AES   イ SET   ウ SSH   エ S/MIME

問 25　PCや周辺機器などから放射される電磁波を観測し解析する攻撃はどれか。

(850667)

　　ア　タイミング攻撃　　　　　　　イ　テンペスト攻撃

　　ウ　フォールト攻撃　　　　　　　エ　物理プロービング攻撃

プロジェクトマネージャ
午後Ⅰの問題

注意事項

1．解答時間は，1時間30分です（標準時間）。

2．答案用紙の受験者番号欄に，**受験者番号，氏名**をていねいに記入してください。

3．**選択問題（問1～問3）**のうち，2問選択して解答してください。選択した問題については，次の例に従って，答案用紙の問題選択欄の問題番号を○印で囲んでください。
〔問1，問3の2問を選択した場合の例〕

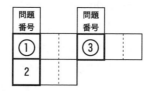

　○印がない場合は，採点の対象になりません。3問とも○印で囲んだ場合は，はじめの2問について採点します。

4．答案用紙の解答欄に解答を記入する際には，問題番号をよく確かめてから記入してください。

5．解答は，はっきりした字できれいに記入してください。読みにくい場合は，減点の対象となりますので，注意してください。

6．電卓は使用できません。

7．問題冊子の余白などは，適宜利用して構いません。ただし，問題冊子を切り離して利用することはできません。

これらの指示に従わない場合には採点されませんので，注意してください。

指示があるまで開いてはいけません。

問1　プロジェクトのコミュニケーションマネジメントに関する次の記述を読んで，設問
に答えよ。

(850552)

　N社は，創業50年を超えるプラスチック金型の製作を専門とする金型メーカである。N社長は，業績回復のための様々な業務改革の陣頭指揮をとってきた。金型の標準化と3DCADシステムを利用した設計開発システムの導入によって，設計・開発業務の生産性は大幅に向上した。現在，経営課題として生産効率の向上をテーマにしており，生産管理システムの導入を計画している。

　N社長は，生産管理システムの導入を進めるためプロジェクト体制を整えることとした。プロジェクトリーダーとして生産部のS部長を任命した。N社は生産管理パッケージベンダーP社の「クラウド型生産管理システム」を利用することとし，その導入支援やカスタマイズもP社に依頼することになった。以前の設計開発システム導入プロジェクトでは，利用者からの些細な仕様変更をとり入れすぎたため，導入スケジュールが大幅に遅延，開発費も予算を超えるという事態になった。また，途中から参加したメンバーと当初から参加していたメンバー間での電子メールによるコミュニケーションがうまくとれず，会話についていけないことが原因で仕様作成に齟齬が生じたこともあった。そこで今回は，P社のプロジェクトマネージャであるW氏にプロジェクトマネジメントを依頼し，同社システムエンジニアであるY氏も導入プロジェクトに参加することとなった。

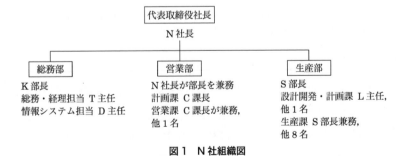

図1　N社組織図

〔プロジェクト体制の検討〕

　　生産部のS部長はN社長・P社W氏と相談しながら，N社組織図より社内のプロジェクト体制を決定した。以下はその体制図である。

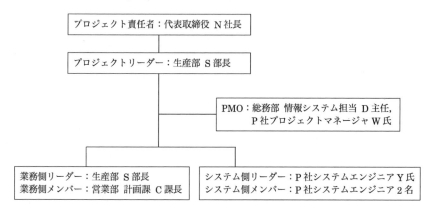

図2　N社内のプロジェクト体制案

　　プロジェクトを進めていくうちに幾つかの課題がでてきた。業務側のリーダーであるS部長が把握していない生産計画業務が幾つかあり，都度担当者に確認することが多かった。また改訂要件をヒアリングしていくと，費用対効果が明確でなく，滅多に使われないと思われる機能の開発要望が増えてきていた。そこで，W氏とS部長は生産部の計画業務担当のL主任と全体最適の視座のある総務部のK部長をプロジェクトメンバーに加えることにした。

〔プロジェクトコミュニケーションツール〕

　　W氏は，コミュニケーションツールとして新しく「ビジネスチャット」を利用する手法を提案した。プロジェクトのコミュニケーションツールとしては，従来は電子メールのグループ送信機能を利用することが多かった。しかしながら，電子メールは一方的な通知には向いているが，メンバー間での意見交換には向いていない。また，時系列で議論の流れや背景が把握しにくい。そのため，メンバー間の意見交換は定例の会議まで持ち越してしまうことが多かった。これらの課題を改善するためにプロジェクトのコミュニケーションツールとしては，電子メールよりも「ビジネスチャット」

が優れていると判断した。また，将来的に社内連絡を全て「ビジネスチャット」に切り替えることも視野に入れている。

表1　電子メールとビジネスチャットの比較

項目	電子メール	ビジネスチャット
送信先の区別	メールアドレス	ID
リアルタイム性	低い	高い
複数人と同時通信	×	○
プッシュ通知	×	○
既読のサイン	△	○
会話の連続性	△	○
お客様対応	○	△
社内コミュニケーション	△	○

〔プロジェクトの会議体〕

　生産部S部長と総務部情報システム担当D主任，P社W氏は，適切な会議体を検討した。以下が検討した会議体である。

表2　プロジェクト会議体

会議名	出席者	内容	頻度
プロジェクトキックオフ会議	プロジェクトメンバー全員	プロジェクトの目的，期限などの共有	1回だけ
プロジェクト進捗会議	N社長，生産部S部長，情報システム担当D主任，P社W氏，P社Y氏	プロジェクトの進捗確認	2週間に1回
業務要件決定会議	生産部S部長，L主任，総務部K部長，営業部計画課C課長，システム利用者	生産管理システムの機能利用を基本とする。業務要件をまとめ，優先順位付けを行う。	業務要件確定まで週次
変更管理委員会	生産部S部長，P社W氏，P社Y氏	生産管理システムとのGAPを分析して改訂工数を見積もり，開発を行うかの最終判断を下す。	2週間に1回
導入判定会議	N社長，生産部S部長，P社W氏，P社Y氏	生産管理システム導入の最終決定を行う。	導入判定時だけ

S部長：このような会議体でどうでしょうか。

W氏　：良いと思います。導入判定会議後は，何か考えられていますか。

S部長：今のところ新しいシステム運用体制に移行するだけだと考えていました。

W氏　：そうですか。プロジェクトを締めくくるという意味で，運用が定着する1か

月後ぐらいをめどに，N社長に対してプロジェクトの総括報告会を実施しませんか。

プロジェクトの運営で良かった点や悪かった点などをメンバーで共有して，記録として残しておくのです。

S部長：それは良いアイディアですね。では，会議体に追加しておきましょう。

〔変更管理委員会の運用ルール〕

本プロジェクトでは，クラウド生産管理システムの機能を最大限に利用し，ソフトウェア開発は最小限に抑えることを基本としている。現場担当者などから要望された機能について，開発が必要なものについては業務要件決定会議にて検討し，開発の優先順位を付ける。優先順位付けされた開発案件は，変更管理委員会の承認のもと，ソフトウェア開発を行う。①変更管理委員会の承認がない場合は，ソフトウェアの開発改訂は一切行えない運用ルールとする。プロジェクトの終了後も変更管理委員会の体制はそのまま通常の運用体制へと引き継がれる。

システムの開発改訂には費用と工数がかかったり，納期が遅延したりすることがあるため，担当者レベルで勝手に判断して改訂することは許されない。また，影響がないと思われた改訂でシステム全体が停止してしまい，事業に影響を及ぼすこともある。システムの変更管理は，業務部門とシステム部門の綿密なコミュニケーションの上，権限を有する者が承認するといったことが重要である。

〔業務テスト中に判明した仕様の差異〕

プロジェクトのキックオフも終わり，プロジェクトは順調に進んだ。数か月後，あるモジュールの機能の業務テスト中に生産部設計開発・計画課L主任は，自身が要望した画面構成と異なっている点を見つけた。L主任は早速ビジネスチャットで報告し，次回のプロジェクト進捗会議で報告することとなった。生産部S部長，総務部の情報システム担当D主任，P社W氏，P社Y氏はその要望と開発仕様書のずれの原因を調査した。業務要件決定会議でL主任がたまたま欠席していたときに開発仕様を検討した画面であった。L主任からは改訂要望書が出ていたが本人が不在だったため，次回の業務要件決定会議でL主任から説明してもらい検討する予定だった。しかし，そのまま検討されずに生産管理システム標準の画面構成になっていたことが判明した。

L主任は改訂要望書を提出していたため，会議で検討されていると思い込んでいたが，確認をしていなかった。また，業務要件決定会議メンバーは，病欠だったL主任から改訂要望書について再度説明があるものと考えていた。このコミュニケーション不足が原因であった。文書管理規程は存在し，改訂要望や結論，議事録を作成してL主任に渡していたが，L主任が結論を見落としていた。また，業務要件決定会議では改訂要望書を採番し，一覧化して管理するといったことを行っていなかった。

L主任の改訂要望書は次回の業務要件決定会議にて検討するが，既に業務テストに入っているため改訂は本システムの稼働後に実施することにした。

設問1　プロジェクトメンバーの選定とコミュニケーションツールについて答えよ。

(1)　プロジェクトメンバーにL主任とK部長の2人を追加することによって，どのような改善が見込めるか。それぞれ25字以内で見込める改善点を答えよ。

(2)　コミュニケーションツールとして「ビジネスチャット」を利用することで，どのような効果が見込めるか，「情報共有の促進」といった，このツールのもつ特性以外の効果を50字以内で答えよ。

設問2　プロジェクトの会議体について答えよ。

(1)　〔プロジェクトの会議体〕について，W氏が追加した方がよいと考えたプロジェクト総括報告会には，どのような利点があるか。25字以内で答えよ。

(2)　〔変更管理委員会の運用ルール〕について，下線①のような運用ルールを設けないと，どのようなことが起きる可能性があるか。40字以内で答えよ。

設問3　業務テストを進めていく中で，要望した内容が反映されていないケースがあった。〔業務テスト中に判明した仕様の差異〕について答えよ。

(1)　L主任の要望した改訂は本システム稼働後に実施することになったのはなぜか。理由を50字以内で答えよ。

(2)　今後のプロジェクトで同様なミスを起こさないために，どのような対応を行うのがよいか，40字以内で答えよ。

問2　ECサイト構築プロジェクトにおける次の記述を読んで，設問に答えよ。

(850668)

　A社は生活雑貨のチェーン店を運営するB社グループの企業である。B社はA社の生活雑貨以外にも多角的に事業を展開しており，十数社を傘下にもつ持株会社である。A社は大型店から小型店まで，地域や立地に合わせて店舗を多数抱え，豊富な品揃えとブランド力が支持されている。かつては，実店舗だけで商品の販売を行っていたが，B社グループのECサイトの開設に伴い，A社もB社グループ運営のサイトに出店する形でECサイトの運営を開始していた。当初は，顧客のECサイトの利用はわずかであり，依然として実店舗の販売が中心であった。しかしながら，大規模な感染症の影響で，店舗での販売ができないケースや対面接客の方法の見直しなどがあり，実店舗での販売に大きな変化が起きた。実店舗での売上は減少傾向にある一方で，ECサイトの販売が少しずつ増加してきていた。

　A社のECサイトは，他社のECサイトとの差別化ができておらず，オンラインで商品を購入できる機能の提供だけに留まっていた。近年のECサイトへの期待の高まりから，より集客力を高め，売上の増加につながる，顧客サービスの継続的な向上が必要であった。しかし，B社グループ運営のサイトに出店している関係から，カスタマイズできる範囲は限られ，ECサイトへの機能追加やサービス追加は迅速にできないといった拡張性に対する課題が存在していた。このままでは，オンラインでの販売において他社に後れをとると考え，A社が運営するECサイトを新規構築し，B社グループで運営するサイトからの移行を決めた。早期開設が重要となるため，開発期間を1年間とし，顧客サービスの継続的な向上を目的としたECサイト構築プロジェクト（以下，Aプロジェクトという）が立ち上げられた。Aプロジェクトのプロジェクトマネージャ（PM）として，システム企画部のK課長が任命された。

〔現状システムの概要〕

　B社グループのECサイトは，法人向けの大規模ECパッケージを導入し，商品管理や在庫管理，顧客管理，注文管理，売上管理，決済機能などECサイト運営に必要な機能はパッケージ標準機能を利用し，一部機能のカスタマイズをしている。A社以外にもグループの十数社が出店して共同利用をしているため，サービス開始以降の機能改善は柔軟に行えないのが現状の課題となっている。

EC サイトでの販売における商品管理や在庫管理，顧客画面へのお知らせ案内や一部コンテンツの登録などは，各出店会社から行うことが可能で，A 社では，商品販促のビジネス部門が担当して運用している。

〔現状のヒアリング〕

　K 課長は，ビジネス部門の現状を運用担当者にヒアリングした。その概要は次のとおりである。

・現在の EC システムは，商品管理や在庫管理など，運用機能については操作性がよい。また，システムの障害も少なく，安定した運用ができている。

・顧客サービスの向上につながる改善要望を B 社に提案しているが，共同利用を理由に拒否されるケースが多く，不満を感じている。

・近年は，EC サイトの重要性が高まっていることから，顧客の行動データ分析や，集客を高める施策を行いたいと考えている。ただし，いずれも B 社による EC サイトのカスタマイズ対応が必要となり，迅速な実現ができていない。

・A 社が運営する EC サイトを新規構築することへは，現在の不満や課題が解消されることへの期待から賛成している。一方で，既存顧客も一定数いることから，現在の EC サイトと比較して機能面や操作性で大きな差異がないことを望んでいる。

〔新規 EC サイト構築の検討〕

　K 課長は，EC サイトの構築方法の検討に着手した。構築方法として，フルスクラッチ開発や，パッケージ導入，クラウドサービス利用が候補となった。各方法の比較を行い，一部を表 1 に示す。

表 1　EC サイト構築方法比較の一部

方法	初期費用	月額費用	拡張性	構築期間
フルスクラッチ	大	大	◎	×
パッケージ	中	中	○	○
クラウドサービス	小	中	△	◎

　費用と構築期間も重要な判断要素となることから，フルスクラッチ開発は対象から

外し，パッケージ導入とクラウドサービス利用に絞って検討を進めた。最終的には，①Aプロジェクトは拡張性を優先する必要があると考え，パッケージ導入の方法を選択した。

　ビジネス部門にて，現在のECサイトの機能と改善や追加を希望する要求事項を整理し，システム企画部にて，スケジュールや技術要求事項などを整理して，パッケージの選定も含めたRFPを作成した。システム開発のベンダーは，3社によるコンペを行い決めた。結果，A社の店舗システムなどを15年以上前から担当しているベンダーのD社に決め，詳細な検討を進めることとした。

　D社は，B社が現在利用しているパッケージではなく，他社への導入実績のあるパッケージを選定し，パッケージ標準機能をベースに，現在の機能との差異や要求事項は，カスタマイズや追加開発をする方針としていた。想定しているカスタマイズや追加開発が必要となる機能は提示され，提案の前提となっていた。また，早急にプロジェクトの開始が必要との提案を受けていた。

　K課長は，ビジネス部門の要望に応えるために，②早期のフィット＆ギャップ分析が必要と考え，詳細な分析を先行して実施するようにD社に依頼をした。

　また，システム企画部はECシステムの開発経験がないこと，システム企画部からはK課長以外に数名しかAプロジェクトに参画できないことから，K課長は，ビジネス部門とD社からの多くの支援が必要であり，適切な体制構築と参画メンバーの高い意識，効率的なプロジェクト管理がAプロジェクトの成功に重要と考えた。

〔プロジェクト計画の策定〕

　K課長は，プロジェクト計画書の作成に取り掛かった。③作成に当たり，ビジネス部門やD社の今後の開発において主要となるメンバーも巻き込んで作成を進めた。プロジェクトの目的，ゴール，前提条件及び制約事項，スコープ，スケジュール，リスクなどを整理した。

　現状では詳細が決まっていない項目があるが，D社から早急なプロジェクトの開始が提案されていることもあり，段階的に詳細化を進めることとして，プロジェクトを開始する準備を進めた。1年後の開設を厳守するためには，迅速な意思決定が可能となるプロセスも必要と考えた。

　プロジェクト体制は，ビジネス部門のメンバー，特に運用担当者に参加してもらい，

④ビジネス側と開発側が一体となった体制を構築した。メンバーの中には他業務と兼務しているメンバーもいたため，同一フロアに全員を集めることは困難であったが，プロジェクトメンバーの一体感を高めるために，毎朝，リモート型のミーティングを開催し，当日の作業や課題，調整事項の議論をすることにした。朝のミーティング以外にも仕様を検討するミーティング，運用を検討するミーティング，進捗確認会議などの定例会を設定した。

その上で，⑤承認が必要となるステークホルダとの定例会も設定した。

〔プロジェクト管理ツールの採用〕

開発と運用プロセスの整備に向けては，進捗管理機能や，タスク管理機能，メンバー間での情報共有も瞬時に行える機能など，多彩な機能をもつ⑥プロジェクト管理ツールの採用を検討した。A社では，これまで複数のソフトを利用してプロジェクト管理を進めていた。

プロジェクト管理ツールの導入には次のようなデメリットもあるが，K課長はメリットの方が大きいと考え，ツールの導入を進めた。

・費用が発生する

・メンバーによっては操作に抵抗を感じる場合がある

プロジェクト管理ツールの導入メリットには，次のような点がある。

・現在の状況を一目で確認可能となり，進捗状況が可視化される

・メンバーがどのような作業を行っているか把握しやすくなり，タスク管理が効率化される

・リアルタイムで情報やファイルの共有が可能となり，メンバー間の円滑な情報共有に役立つ

プロジェクト管理ツール導入に向けては，⑦使用する機能を，最初は必要不可欠な機能だけに限定し，少しずつ使用する機能を増やしていくこととし，システム企画部が中心に導入を推進することとした。

K課長はこれらの案を反映したプロジェクト計画を作成し，A社経営層の承認を得て，Aプロジェクトを推進していった。

設問1　〔新規 EC サイト構築の検討〕について答えよ。

(1)　本文中の下線①について，拡張性を優先する必要があると考えた根拠は何か。35 字以内で答えよ。

(2)　本文中の下線②について，このような分析が早期に必要だと考え，先行して実施を依頼した狙いは，どのようなリスクへの対策か。40 字以内で答えよ。

設問2　〔プロジェクト計画の策定〕について答えよ。

(1)　本文中の下線③について，K 課長が主要メンバーを巻き込んで進めたのは，計画書の内容面に対してと，ビジネス部門や D 社のメンバーに対してどのような効果を期待したからか。それぞれ 25 字以内で答えよ。

(2)　本文中の下線④について，ビジネス側と開発側が一体となった体制としたのは，ビジネス部門のメンバーが将来どのようなスキルをもつことを期待したからか。25 字以内で答えよ。

(3)　本文中の下線⑤について，このような定例会を設定した狙いは何か。35 字以内で答えよ。

設問3　〔プロジェクト管理ツールの採用〕について答えよ。

(1)　本文中の下線⑥について，K 課長が期待した，プロジェクト管理ツールの導入効果とは何か。20 字以内で答えよ。

(2)　本文中の下線⑦について，このような進め方とした理由は何か。30 字以内で答えよ。

問3　プロジェクトのステークホルダマネジメントに関する次の記述を読んで，設問に答えよ。

(850507)

　M社は，創業100年を超える中堅お菓子メーカである。ここ数年の業績不振によって一時は倒産の危機に見舞われたが，昨年，国内のある投資ファンドの支援を受けることとなり，業績回復を目指しているところである。投資ファンドからはA取締役が就任し，業績回復のための様々な業務改革の陣頭指揮を執っている。その中の重要な経営課題としてM社の基幹システムの刷新を実施することとなった。M社は大手ベンダーのN社から20年前に導入した財務会計システム・売上管理システム・生産管理システムを利用していたが，いずれも老朽化している。アプリケーションの保守ができるプログラマが少なくなり，法改正対応などのシステム更改がタイムリーにできなくなっていた。A取締役は早急にシステムの切替えを実行し，間接業務の効率化とIT費用の削減を図りたいと考えている。

表1　M社の主要メンバーのプロフィール

部門	氏名	プロフィール
経営企画本部	K本部長	経理部門出身であり，情報システムへの関心は現在も低い。このシステム導入における投資対効果に疑問をもっている。
経理部	U部長	新システム導入によって，経理業務は大幅に工数が削減できるため，その後の経理部門の人員削減や配置転換を内心おそれており，プロジェクトには非協力的である。
調達部	C部長	調達業務は新システムを導入しても，あまり工数削減につながらないため，無関心である。
営業本部	B本部長	2023年1月に同業他社からヘッドハンティングされてM社に入社したばかりで，業務や部下の掌握はまだ十分にできていない。
	B本部長付 E氏	役職定年で本部長付きとなった前営業本部長であり，長期にわたりM社の営業部門を支えてきた功労者で，部門を問わず人望が厚い。システム切替えには賛成している。また，業務改革に前向きである。
営業推進部	F部長	E氏の元部下であり，首都圏営業所の所長の経験がある。営業部門の生え抜きである。
首都圏営業所	J所長	F部長の元部下である。
生産本部	S本部長	生産部門の生え抜き社員である。E氏とは同期入社で仲が良い。現状の生産管理システムに不満をもっており，新システムへの切替えによる生産効率の向上を熱望している。
生産部	N部長	工場長を兼務しており，ほとんど工場で仕事をしている。現在の業務プロセスが変更になることを危惧している。仕事のやり方は変えたくないと考えている。

〔プロジェクト憲章〕

　情報システム部のWマネージャは，プロジェクトの立上げプロセスとしてプロジェクト憲章を作成し，プロジェクトオーナーである経営幹部の承認を受けた。

表2　プロジェクト憲章（抜粋）

項目	内容
プロジェクトの目的	基幹システムの切換えによって，業務効率化とIT費用の削減を図る。
プロジェクトの目標	経営企画本部の人員を5名削減（配置転換）。年間IT運用費用を30％削減。
要約予算	1億円（アドオン開発費2,000万円を含む）
プロジェクトの承認基準	各プロセスの承認は，業務側リーダー，システム側リーダーの承認を必要とする。
プロジェクトの開発基準	基本的にはパッケージ機能を利用し，追加機能の開発（アドオン開発）は実施しない。ただし，投資金額2,000万円未満，1年以内で投資を回収可能な場合は，プロジェクトリーダーの判断で追加機能の開発も可能とする。
プロジェクトリーダーの氏名	K本部長
プロジェクトマネージャの氏名	Wマネージャ
プロジェクトスポンサーの氏名	A取締役

〔プロジェクト体制の検討〕

　新システムには，S社のERPパッケージが選ばれ，その導入経験が豊富なZ社がベンダーとして選ばれた。A取締役は，M社内のプロジェクトリーダーに経営企画本部K本部長を任命し，プロジェクト体制案の作成を指示した。また，A取締役は，システム導入後は社員の人員削減や大幅な配置転換を実施する予定なので，労働組合委員長のY氏にもプロジェクトの内容を伝えるように，K本部長に指示した。直ちに，K本部長は，情報システム部のT部長と相談しながら，社内のプロジェクト体制を検討した。次の図はその体制案である。

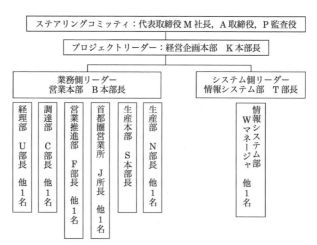

図1　M社のプロジェクト体制案

〔ステークホルダの特定〕

　Wマネージャは，プロジェクト体制案を参考にステークホルダ一覧表を作成することにした。

表3　ステークホルダ一覧表

ステークホルダ	関心事	影響度	対策
経営企画本部K本部長	プロジェクトの投資対効果に疑問をもつ。	大	投資対効果の説明
営業本部B本部長	プロジェクトへの関心は薄い。業務の把握，部下の掌握。	大	業務部門とのコミュニケーション強化
経理部U部長	人員削減や配置転換に対して不安があり，非協力的である。	中	人事部門と連携し意義を説明する。
調達部C部長	特になし	小	
首都圏営業所J所長	特になし	小	
生産本部S本部長	生産効率の向上に期待。	大	
生産部N部長	現行の業務プロセスの継続が最優先。	中	S本部長と連携し意義を説明する。
a	改革に協力的。	大	
b	人員削減や配置転換	中	人事部門と連携し意義を説明する。

　プロジェクト体制案からステークホルダ一覧表を作成したが，①図1のプロジェクト体制案に含まれていないが，重要なステークホルダが2名いると考えた。そこで，T部長にプロジェクトメンバー体制への追加を提案した。

〔プロジェクトの会議体〕

　Wマネージャは，ステークホルダ一覧表から適切な会議体を検討した。次の表はその一部である。

表4　主なプロジェクト会議体

会議名	出席者	内容	頻度
プロジェクト進捗会議	K本部長，B本部長，T部長，Wマネージャ，Z社システムエンジニア	プロジェクトの進捗確認	2週間に1回
業務要件決定会議	B本部長， 　　c　　，業務側メンバー，T部長，Wマネージャ，Z社システムエンジニア	業務要件をまとめる。	週次

　Wマネージャは，プロジェクトのキックオフ会議前にプロジェクトに対して抵抗勢力となりそうな人物と事前に個別面談することにした。②可能であれば，その人の考え方を変え，プロジェクトに貢献してもらいたいと考えたからである。ステークホルダ一覧表から，経営企画本部K本部長と，経理部U部長に対して対策を実施することとした。

〔業務要件定義プロセスでの意見衝突〕

　Z社のシステムエンジニアとWマネージャは，業務側リーダーのB本部長とともに各部署の業務要件のヒアリングを開始した。業務側リーダーのB本部長を中心として，まとめ作業に入っていった。業務要件をまとめていくと，パッケージ機能で不足する機能があり，幾つかの部署でアドオン開発の要望があった。Z社に追加開発の概算見積を依頼して，追加開発案件を次のとおりまとめた。

表5　アドオン開発希望案件

要求部門	追加機能	追加開発金額	回収見込み期間
経理部	自動入金消込み機能	900万円	10か月
生産部	資材購買発注機能	800万円	14か月
営業推進部	予算進捗確認機能	800万円	8か月
首都圏営業所	受注自動登録機能	600万円	6か月

　Wマネージャは，アドオン開発予算の2,000万円以内に抑えなくてはならないと考えたため，T部長とWマネージャで各部署に個別にヒアリングを実施したが，③業務効率化のために必須の機能であり，どの部署も譲れないと語るばかりであった。

　Wマネージャは，このようなプロジェクトメンバー間で意見が衝突した場合，
(1)　プロジェクト憲章や方針に従って決定する。
(2)　プロジェクトの上位組織や決断を下せる人を確保し，決定を委ねる。
(3)　論理的な情報を提示し，納得してもらう。
の三つの対応策があると考え，その中の(1)と(2)を検討した。

　特に(2)では，Wマネージャはプロジェクトの業務側リーダーであるB本部長に対応を委ねようと考えたが，さらに営業本部のE氏にもB本部長とともに対応してもらうよう依頼した。

　B本部長とE氏が各部門にヒアリングを行い，決断を下した。その結果，アドオン開発予算の2,000万円以内に抑えることができた。

設問1　〔ステークホルダの特定〕について，Wマネージャがステークホルダ一覧表の作成途中で，下線①のようにステークホルダとして重要と考えた，表3中の　　a　　と　　b　　に入る二人の名前をそれぞれ答えよ。

設問2　〔プロジェクトの会議体〕について答えよ。
(1)　プロジェクトの会議体について，表4中の　　c　　の業務要件決定会議のメンバーに加えるのにふさわしい人物は誰か，名前を答えよ。
(2)　下線②のように，このプロジェクトに否定的な考えをもつ経理部U部長に対し，Wマネージャはプロジェクトに積極的に参画してもらいたいと考えている。

どのような方法が考えられるか。40字以内で答えよ。

設問3　〔業務要件定義プロセスでの意見衝突〕について答えよ。

(1)　要件定義をまとめた結果，全てのアドオン機能を開発すると予算をオーバーすることが判明した。プロジェクト憲章に照らし合わせた場合，どの案が除外されるのか，案件名を答えよ。また，除外される理由を40字以内で答えよ。

(2)　下線③のように，プロジェクトメンバー間で意見の相違が発生している。こういった場合，上位組織や上司の判断を仰ぐケースがある。Wマネージャは，なぜB本部長だけでなく，E氏にも対応を依頼したのか。40字以内で答えよ。

プロジェクトマネージャ
午後Ⅱの問題

注意事項

1．解答時間は，**2時間**です（標準時間）。

2．答案用紙の表紙に，**受験者番号，氏名**をていねいに記入してください。

3．答案用紙の表紙の左下部分，1，2ページの**合格条件充足度評価表**は採点欄ですので，**記入しないでください。**

4．**問1，問2**のうち，**1問選択**して解答してください。選択した問題番号が分かるように，答案用紙の表紙の1，2の問題番号の数字を○印で囲んでください。
　　○印がない場合は，採点の対象になりません。2問とも○印で囲んだ場合は，はじめの1問について採点します。

5．解答欄
　（1）問題文の趣旨に沿って解答してください。
　（2）解答は，**論述の対象とするプロジェクトの概要**と，**本文**に分けて記述してください。
　（3）**本文**については，
　　　・設問アは800字以内で記述してください。
　　　・設問イは**800字以上**1,600字以内で記述してください。
　　　・設問ウは**600字以上**1,200字以内で記述してください。
　　　　文中に箇条書を含めることは差し支えありませんが，箇条書に終始しないようにしてください。
　（4）解答は，はっきりした字できれいに書いてください。読みにくい場合は，減点の対象になりますので注意してください。

6．問題冊子の余白などは，適宜利用して構いません。ただし，問題冊子を切り離して利用することはできません。

　これらの指示に従わない場合には採点されませんので，注意してください。

指示があるまで開いてはいけません。

© ㈱アイテック
https://www.itec.co.jp/

"論述の対象とするプロジェクトの概要" の記入方法

　論述の対象とするプロジェクトの概要と，そのプロジェクトに，あなたがどのような立場・役割で関わったかについて記入してください。

　質問項目①は，プロジェクトの名称を記入してください。

　質問項目②〜⑦，⑪〜⑬は，記入項目の中から該当する番号又は記号を○印で囲み，必要な場合は（　　）内にも必要な事項を記入してください。複数ある場合は，該当するものを全て○印で囲んでください。

　質問項目⑧，⑩，⑭及び⑮は，（　　）内に必要な事項を記入してください。

　質問項目⑨は，（　　）内に必要な事項を記入し，記入項目の中から該当する記号を○印で囲んでください。

問1　事業環境の変化に対応したリスクマネジメントについて

(850669)

　　プロジェクトマネージャ（PM）は，事業環境の変化に対応したリスクマネジメントを適切に行いながらプロジェクト計画の作成やプロジェクト遂行中のリスクに柔軟に対応することが重要である。

　　リスクはプロジェクト全体に及ぼす不確実性の影響のことと捉えることができる。一般的にネガティブな可能性に対して捉えがちであるが，計画より実態が大きく外れる事象のことをリスクが発生したと捉える考え方もある。つまりポジティブな可能性に関してもプラスのリスクとして考えることもできる。

　　PMは，プロジェクトの計画時にはあらかじめリスクアセスメントを行い，計画書にリスク対応案などを策定しておく必要がある。マイナスのリスクについてだけでなくプラスのリスクについても考慮し，十分に活用してプロジェクトを成功に導くことが必要である。プラスのリスクの対応策としては「活用」，「強化」，「共有」，「受容」があるとされている。

　　例えば，遂行中に対応範囲が拡大する可能性があるプロジェクトでは，新規にプロジェクトメンバーを集める場合がある。新たなメンバーに対しての教育稼働が必要以上に多くなってしまうマイナスのリスクもあれば，今までにない意見ややり方が共有され，プロジェクトがより円滑に遂行できるといったプラスのリスクも存在する。

　　プロジェクト遂行中に，在宅勤務やリモートワークを余儀なくされたプロジェクトでは，対面でのコミュニケーションがとれないというマイナスのリスクもあれば，対面では話しづらい内容もチャットやテレビ会議では積極的に発信できるというプラスのリスクもある。

　　このようにPMは事業環境の変化を多角的に捉えてリスクマネジメントを実行する必要がある。

　　あなたの経験と考えに基づいて，設問ア〜設問ウに従って論述せよ。

設問ア　あなたが携わった，事業環境の変化に対応してリスクマネジメントをしたプロジェクトの特徴，あなたが計画時に見込んだプラスのリスク・マイナスのリスクの内容，及びその対応策について，800字以内で述べよ。

設問イ　設問アで述べたプロジェクトについて，プロジェクト遂行中の事業環境の変化に

よって発生したリスクに対して，プラス・マイナスそれぞれのリスクへの対応内容を，重要と考えたこととともに 800 字以上 1,600 字以内で具体的に述べよ。

設問ウ 設問イで述べたリスクに対応した結果とその評価，その対応を行ったことによって組織にもたらした影響について，600 字以上 1,200 字以内で具体的に述べよ。

問2　要件定義フェーズでの利用部門の参画について

(850463)

　システム開発プロジェクトにおける要件定義フェーズは，利用部門主導で取りまとめる必要がある。しかし，利用部門は IT の知識や能力が不足している場合が多く，開発側の支援によって要件定義を進める必要が出てくる。

　当初より要件定義フェーズをプロジェクトの管理対象の範囲としていた場合には，プロジェクトマネージャ（PM）は計画に従って，要件定義における利用部門支援の環境を整備し，IT 知識や要件定義の項目・整理方法，他の類似プロジェクトの要件定義結果や定量的なベースラインなどの参考資料の提示と説明などを行い，利用部門を支援する。要件定義フェーズをプロジェクトの管理対象の範囲としていない場合であっても，PM は，利用部門の要件定義作業の状況の推移によって，適宜，利用部門の要件定義体制や知識・能力のレベルを勘案し，適切な形での支援を考える必要がある。

　このように当初の要件定義フェーズに対する立場に関わらず，PM は利用部門の要件定義への参画を推進し，円滑なプロジェクトの進行に努める必要がある。

　なお，取りまとめられた要件は，最終的に，優先度や制約を鑑み開発側で調整して完結させる。このとき利用部門の思惑と最終決着との差異が，設計工程以降で問題になることが少なくない。要件定義フェーズの終結のところでは，利用部門の最終結果に対する十分な理解を得て，次工程に進めるようにしなければならない。

　あなたの経験と考えに基づいて，設問ア〜設問ウに従って論述せよ。

設問ア　あなたが携わったシステム開発プロジェクトの特徴と，当初の要件定義フェーズに対する立場について，800 字以内で述べよ。

設問イ　設問アで述べたプロジェクトの特徴や状況を受けて，どのように利用部門の要件定義への参画を推進し，円滑なプロジェクトの進行に努めたか。特に重要と考え工夫した点を中心に，800 字以上 1,600 字以内で具体的に述べよ。

設問ウ　要件定義フェーズの終結での利用部門の確認の際に，どのような問題が発生し，どのように解決したか。600 字以上 1,200 字以内で具体的に述べよ。

＜午前Ⅰ（共通知識）の問題　内容と解答一覧＞

番号	問　題　内　容	答
問 1	集合の包含関係	エ
問 2	ハミング符号による誤り訂正	イ
問 3	線形リスト	ア
問 4	キャッシュの平均読取り時間	ア
問 5	サーバ機器に搭載する CPU 台数	ウ
問 6	セマフォとタスクの状態遷移	ア
問 7	D/A 変換器の出力電圧	ウ
問 8	第 3 正規形	ア
問 9	CAP 定理における三つの特性の組合せ	イ
問 10	イーサネットの L2 スイッチ	イ

番号	問　題　内　容	答
問 21	データバックアップ	ア
問 22	システム運用のセキュリティに関する監査の指摘事項	ウ
問 23	EA のアーキテクチャと成果物	イ
問 24	サービスパイプライン	イ
問 25	要件定義の留意点	ウ
問 26	バリューチェーン分析	ウ
問 27	技術開発における "死の谷" の説明	エ
問 28	PM 理論によって類型化されたリーダーのタイプ	イ
問 29	利益を確保するために必要な販売数量	ウ
問 30	CC ライセンス	ア

番号	問　題　内　容	答
問 11	ネットワークアドレスとサブネットマスク	イ
問 12	Emotet に感染した場合の影響	エ
問 13	CSIRT の説明	ウ
問 14	情報システムのセキュリティコントロール	エ
問 15	ドメイン間で認証情報などを伝送・交換する Web サービス	イ
問 16	モジュール強度とモジュール結合度	イ
問 17	五つの価値を原則とするアジャイル開発手法	ア
問 18	プレシデンスダイアグラムにおける作業完了日数	ウ
問 19	リスク対応とリスク対応戦略の組合せ	イ
問 20	IT サービスマネジメントにおけるインシデント	ウ

＜プロジェクトマネージャ　午前Ⅱの問題　内容と解答一覧＞

1問4点，100点満点

番号	問　題　内　容	答
問1	見える化アプローチにおける俯瞰図	イ
問2	プロジェクト憲章に記載する項目として適切でないもの	ア
問3	プロジェクトマネジメントチームの役割	ウ
問4	スコープベースラインを定義する要素	ア
問5	確保すべき要員の計算	イ
問6	プロジェクトの遅延対策	ア
問7	プレシデンス・ダイアグラム法における最少の所要日数	ウ
問8	動機付け要因	エ
問9	アローダイアグラムの特徴	イ
問10	EMV を用いたツールの検討	イ

番号	問　題　内　容	答
問11	EVM 管理のグラフから見えること	ウ
問12	感度分析の説明	イ
問13	JIS X 25010:2013 保守性の副特性	ア
問14	調達条件を満たすレンタル費用の最低金額	イ
問15	コミュニケーション経路の数	イ
問16	テスト手法	エ
問17	アジャイル開発の反復単位	ア
問18	試験工程の生産性	イ
問19	サービスポートフォリオ管理の活動	ア
問20	問題分析手法	イ

番号	問　題　内　容	答
問21	BPMN 図で表現された要件	ウ
問22	業務委託契約で適切な行動	イ
問23	プログラムの著作権	イ
問24	電子メールの暗号化とデジタル署名	エ
問25	電磁波を観測し解析する攻撃	イ

＜プロジェクトマネージャ　午後Ⅰの解答例＞

問1　プロジェクトのコミュニケーションマネジメント

(850552)
■公 20HPMP Ⅰ 3

【解答例】

[設問1]　(1)　L主任：生産計画業務の要件定義をスムーズにできる。

　　　　　　　　K部長：改訂案件の費用対効果を意識させることができる。

　　　　(2)　定例の会議まで待たなくてもプロジェクトメンバー間の意見交換ができ，合意をとることも可能となる。

[設問2]　(1)　プロジェクトで学んだノウハウを今後に活かせる。

　　　　(2)　影響がないと思われた改訂でシステム全体が停止してしまう可能性がある。

　　　　　　（又は，改訂工数が増えることで開発費用が増加し開発予算を超える可能性がある。）

　　　　　　（又は，作業量が増大して納期遅延となる可能性がある。）

[設問3]　(1)　今から改訂すると再度，開発・業務テストを行うこととなり，スケジュールが遅れる可能性が高いから

　　　　(2)　改訂要望書が提出された案件は採番管理し，全て業務要件決定会議で検討する。

問2　EC サイト構築プロジェクト

(850668)
■公 23APMP Ⅰ 2

【解答例】

[設問1]　(1)　顧客サービスの継続的な向上がAプロジェクトの目的となっているため

　　　　(2)　カスタマイズや追加開発が必要となる想定外の機能が追加されるリスク

[設問2]　(1)　計画書の内容面：計画書の精度を高めることができる。

　　　　　　　　メンバー：メンバーの参画意識を高めることができる。

　　　　(2)　新規 EC サイトの運用，管理に関するスキル

　　　　(3)　迅速な意思決定ができるプロセスとしてスケジュール遅延を避けるため

[設問3]　(1)　プロジェクト管理の効率化（又は，情報入力の省力化，一元管理化及び可視化）

　　　　(2)　新しいツールへの抵抗感をなくし，スムーズに運用するため

問3　　プロジェクトのステークホルダマネジメント

(850507)
■公 19HPMP I 3

【解答例】

[設問1]　　a：(営業本部 B 本部長付) E 氏　　　b：(労働組合委員長) Y 氏 (又は, Y 労働組合委員長)

[設問2]　　(1)　c：E 氏

　　　　　　(2)　上司や人事部門と連携して人員削減や配置転換の説明を実施する。

[設問3]　　(1)　案件名：生産部の資材購買発注機能

　　　　　　　　　理由：投資の回収期間が 14 か月のためプロジェクト開発基準に適合しない。

　　　　　　(2)　E 氏は業務知識もあり人望もあるので, メンバーが納得できる判断ができるから

　　　　　　　　　(又は, B 本部長はまだ業務の理解が不十分で, 的確な判断ができないと思われるため)

問番号	設問番号	配点	小計	得点
問1	[設問1]	(1) L 主任：3 点, K 部長：3 点, (2) 8 点	50 点	2問解答＝100 点
	[設問2]	(1) 6 点, (2) 10 点		
	[設問3]	(1) 10 点, (2) 10 点		
問2	[設問1]	(1) 7 点, (2) 7 点	50 点	
	[設問2]	(1) 計画書の内容面：5 点, メンバー：5 点, (2) 6 点, (3) 7 点		
	[設問3]	(1) 6 点, (2) 7 点		
問3	[設問1]	a：5 点, b：5 点	50 点	
	[設問2]	(1) c：5 点, (2) 10 点		
	[設問3]	(1) 案件名：5 点, 理由：10 点, (2) 10 点		
合　計				100 点

■執 筆

北條　武
渡邊　功
阿部　政夫

アイテック IT 人材教育研究部
多賀　康之
山本　森樹
小口　達夫
石川　英樹

2024-2025 プロジェクトマネージャ 総仕上げ問題集

編著■アイテック IT 人材教育研究部
制作■山浦　菜穂子　　三浦　晴代
DTP・印刷■株式会社ワコー

発行日　2024 年 4 月 17 日　第 1 版　第 1 刷
発行人　土元　克則
発行所　株式会社アイテック
　　　　〒143-0006
　　　　東京都大田区平和島 6-1-1　センタービル
　　　　電話　03-6877-6312
　　　　https://www.itec.co.jp/

プロ講師の解法テクニック伝授で合格を勝ち取る！

２０２４秋　アイテックオープンセミナー
情報処理技術者試験対策講座『合格ゼミ』

https://www.itec.co.jp/howto/seminar/#a02

高いスキルと豊富な経験を誇るベテラン講師の解説で，テキストで学ぶ以上の知識や
テクニックを習得できます。最新の試験傾向をいち早く分析し対応している，
アイテックと講師のノウハウが詰まった，最善のカリキュラムを提供します。
『合格ゼミ』で合格を勝ち取りましょう！

試験区分	略号	セミナー名	価格	第１回	第２回	第３回
基本情報技術者	FE	一日対策講座	¥16,980	9/21(土)		
応用情報技術者	AP	テクノロジ系午後対策講座	¥47,000	8/3(土)	8/24(土)	9/14(土)
		マネジメント系 / ストラテジ系 午後対策講座	¥18,980	9/7(土)	ー	ー
		直前対策講座	¥18,980	9/22(日)	ー	ー
情報処理安全確保 支援士	SC	午後対策講座	¥57,000	8/4(日)	8/25(日)	9/15(日)
		直前対策講座	¥19,980	9/22(日)	ー	ー
データベース スペシャリスト	DB	午後対策講座	¥57,000	8/3(土)	8/24(土)	9/14(土)
		直前対策講座	¥19,980	9/21(土)	ー	ー
エンベデッドシステム スペシャリスト	ES	試験対策講座	¥19,980	9/7(土)	ー	ー
プロジェクトマネージャ	PM	午後対策講座(論文添削付き)	¥81,000	8/3(土)	8/24(土)	9/14(土)
		直前対策講座	¥20,980	9/21(土)	ー	ー
システム監査技術者	AU	午後対策講座(論文添削付き)	¥81,000	8/3(土)	8/24(土)	9/14(土)
		直前対策講座	¥20,980	9/21(土)	ー	ー

※表示の価格はすべて税抜きの価格です。本内容は予告なく変更となる可能性がございます。
　詳細は Web にてご確認ください。